权威·前沿·原创

皮书系列为
"十二五""十三五"国家重点图书出版规划项目

BLUE BOOK

智 库 成 果 出 版 与 传 播 平 台

连片特困区蓝皮书
BLUE BOOK OF CONTIGUOUS DESTITUTE AREAS

中国连片特困区发展报告（2020~2021）

THE DEVELOPMENT REPORT OF CHINA CONTIGUOUS DESTITUTE AREAS (2020-2021)

脱贫攻坚山乡巨变　乡村振兴继往开来

主　编/游　俊　冷志明　丁建军

社会科学文献出版社
SOCIAL SCIENCES ACADEMIC PRESS (CHINA)

图书在版编目(CIP)数据

中国连片特困区发展报告.2020~2021:脱贫攻坚山乡巨变 乡村振兴继往开来/游俊,冷志明,丁建军主编.--北京:社会科学文献出版社,2021.12
　(连片特困区蓝皮书)
　ISBN 978-7-5201-9268-2

　Ⅰ.①中… Ⅱ.①游…②冷…③丁… Ⅲ.①贫困区-区域经济发展-研究报告-中国-2020-2021 Ⅳ.
①F127

中国版本图书馆 CIP 数据核字(2021)第 218298 号

连片特困区蓝皮书
中国连片特困区发展报告(2020~2021)
——脱贫攻坚山乡巨变 乡村振兴继往开来

主　　编／游　俊　冷志明　丁建军

出 版 人／王利民
责任编辑／薛铭洁
责任印制／王京美

出　　版／社会科学文献出版社·皮书出版分社 (010)59367127
　　　　　地址:北京市北三环中路甲29号院华龙大厦　邮编:100029
　　　　　网址:www.ssap.com.cn
发　　行／社会科学文献出版社 (010)59367028
印　　装／天津千鹤文化传播有限公司
规　　格／开　本:787mm×1092mm　1/16
　　　　　印　张:27.25　字　数:411千字
版　　次／2021年12月第1版　2021年12月第1次印刷
书　　号／ISBN 978-7-5201-9268-2
定　　价／158.00元

读者服务电话:4008918866

▲ 版权所有 翻印必究

连片特困区蓝皮书编委会

顾　　　　问　黄承伟　田联刚　谭卫平　欧晓理
编委会主任　　游　俊　白晋湘
编委会副主任　钟海平　龙先琼　冷志明
编　　　　委　张生强　黎克双　张登巧　黄伯权　梁　琦
　　　　　　　李俊杰　邓正琦　余继平　彭晓春　梁正海
　　　　　　　张跃平　陈祖海　李　晖　成艾华　丁建军
主　　　　编　游　俊　冷志明　丁建军
成　　　　员　龙海军　张琰飞　李　峰　袁明达　商兆奎
　　　　　　　朱朴义　黄祥芳　唐振宇　殷　强　黄利文
　　　　　　　朱海英　孙爱淑　王泳兴　李晓冰　赵丽芳
　　　　　　　李仕玉　刘卓维　肖满红　韩荣荣　陈少华
　　　　　　　姚　爽　余方薇　柳艳红　王淀坤　刘　贤
　　　　　　　尹瑾雯　王文菊　冯云鹤

主要编撰者简介

游 俊 二级教授,博士生导师,国务院政府特殊津贴专家。"武陵山片区扶贫与发展"湖南省2011协同创新中心主任、湖南省特色专业智库"民族地区扶贫与发展研究中心"主任,兼任中国民族史学会、中国民族学学会副会长,连片特困区蓝皮书《中国连片特困区发展报告》主编之一。主要从事民族历史、民族文化教学与研究。著有《湖南少数民族史》等多部学术专著,在《民族研究》《中国高等教育》等学术刊物上发表论文50余篇。主持国家社会科学基金重大、重点项目各1项,国家自然科学基金管理学部应急管理项目1项,主持并完成湖南省社科基金项目、软科学基金等省部级项目多项。获得国家级教学成果二等奖、湖南省教学成果一等奖和二等奖、湖南省"五个一工程"理论文章奖、湖南省哲学社会科学优秀成果奖一等奖等多项成果奖。

冷志明 博士,二级教授,博士生导师,教育部"新世纪优秀人才支持计划"人选,湖南省学科带头人,湖南省"121"人才工程人选,湖南省管理科学学会副会长,连片特困区蓝皮书《中国连片特困区发展报告》主编之一。现任吉首大学副校长。主要从事区域协同创新、区域发展资源环境评价、贫困地区企业创新研究。主持国家自然科学基金、国家社会科学基金、教育部人文社科等国家和省部级项目10余项。获湖南省人民政府社科成果二、三等奖各1项,获湖南省教学成果一、二等奖各1项。在《地理学报》《经济学动态》等权威刊物上发表论文60余篇,出版专著、教材共5部。

丁建军　博士，教授，博士生导师，美国马歇尔大学商学院访问学者，中国区域经济学会常务理事，湖南省优秀青年社会科学专家、湖南省"121"人才工程人选，"武陵山民族地区绿色减贫与发展"国家民委人文社会科学重点研究基地负责人，湖南省特色专业智库"民族地区扶贫与发展研究中心"常务副主任，连片特困区蓝皮书《中国连片特困区发展报告》主编之一。现任吉首大学商学院院长。主要从事区域减贫与发展研究。主持国家自然科学基金、国家社会科学基金、湖南省杰出青年科学基金项目等10余项，获国家民委优秀社科成果奖一等奖等省部级奖励10余项。在《中国工业经济》《地理学报》等权威刊物上发表论文60余篇，出版著作、教材9部。

从脱贫攻坚到乡村振兴：理论、实践逻辑与历史担当

黄承伟*

习近平总书记指出，民族要复兴，乡村必振兴。根据中央决策部署，2021年上半年全国扶贫工作机构重组为乡村振兴部门的工作基本完成。同年6月1日，我国第一部有关"乡村振兴"的基础性、综合性法律《中华人民共和国乡村振兴促进法》生效，与2018年以来中央一号文件、《乡村振兴战略规划（2018—2022年）》和《中国共产党农村工作条例》，共同构成实施乡村振兴战略的"四梁八柱"。随着《中共中央 国务院关于实现巩固拓展脱贫攻坚成果同乡村振兴有效衔接的意见》以及各部门相关配套政策的相继印发，从脱贫攻坚到乡村振兴的历史性转移全面启动，乡村振兴战略的实施进入了新阶段。① 打赢脱贫攻坚战和全面实施乡村振兴战略都是新时代中国共产党决胜全面建成小康社会的重要战略部署，是在建设社会主义现代化国家进程中，化解发展不平衡不充分突出问题、不断满足人民日益增长的美好生活需要的重要途径。2020年打赢脱贫攻坚战后，我国整体消除绝对贫困现象，夯实了向共同富裕迈进的基础。而实现"全体人民共同富裕"是一个历史过程，脱贫攻坚是这一过程的阶段性任务，实施乡村振兴

---

* 黄承伟，国家乡村振兴局中国扶贫发展中心主任、研究员，北京大学贫困治理研究中心主任，中国农业大学人文发展学院博士生导师。
① 黄承伟：《推进乡村振兴的理论前沿问题》，《行政管理改革》，https://doi.org/10.14150/j.cnki.1674-7453.20210703.001，最后检索日期：2021年7月20日。

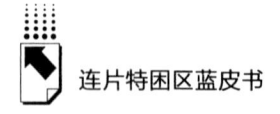

战略既是巩固拓展脱贫攻坚成果的必要举措，也是"全体人民共同富裕取得更明显的实际性进展"的必然要求，二者之间具有内在的逻辑一致性。

从脱贫攻坚到乡村振兴的理论逻辑

从理论逻辑看，脱贫攻坚和乡村振兴都体现了中国特色社会主义本质要求和坚持以人民为中心的发展思想，属于迈向共同富裕的两大关键步骤，是补齐发展短板底线思维的实践要求。①

首先，从脱贫攻坚到乡村振兴是中国特色社会主义本质的具体体现。习近平总书记强调："如果贫困地区长期贫困，面貌长期得不到改变，群众生活长期得不到明显提高，那就没有体现我国社会主义制度的优越性，那也不是社会主义。"② "如果在现代化进程中把农村四亿多人落下，到头来'一边是繁荣的城市、一边是凋敝的农村'，这不符合我们党的执政宗旨，也不符合社会主义的本质要求。"③ 在实现了现行标准下农村贫困人口全部脱贫后，以习近平同志为核心的党中央依然把中国农村数亿人口的发展问题摆在突出位置，做出实施乡村振兴战略的决策部署，"三农"工作重心转向以乡村振兴为总抓手推进农村建设，生动体现了中国特色社会主义的本质要求。

其次，从脱贫攻坚到乡村振兴是坚持以人民为中心发展思想的重要实践。习近平总书记指出："脱贫攻坚必须依靠人民群众，组织和支持贫困群众自力更生，发挥人民群众主动性。"④ "要充分尊重广大农民意愿，调动广

---

① 黄承伟：《从脱贫攻坚到乡村振兴的历史性转移》，《华中农业大学学报》（社会科学版）2021年第4期，第5~10页。
② 习近平：《实现中华民族伟大复兴中国梦的关键一步》，http://www.xinhuanet.com/politics/2020-05-12/c-1125973053.htm，最后检索日期：2021年7月20日。
③ 习近平：《把乡村振兴战略作为新时代"三农"工作总抓手》，http://www.qstheory.cn/dukan/qs/2019-06/01/c-1124561415.htm，最后检索日期：2021年7月20日。
④ 习近平：《在十八届中央政治局第三十九次集体学习时的讲话》，http://cpc.people.com.cn/xuexi/n1/2017/1103/c38547429626301-4.html，最后检索日期：2021年7月20日。

大农民积极性、主动性、创造性"①。精准扶贫的根本宗旨就是确保党的各项政策能够精准落实到每一个贫困群众,做到脱贫"一个不能少",让贫困群众最大限度分享改革发展成果,帮助他们融入共同发展的主流。无论是打赢脱贫攻坚战,还是实施乡村振兴战略,都需要坚持群众主体,依靠群众力量,激发内生动力。

再次,从脱贫攻坚到乡村振兴是迈向共同富裕的关键步骤。脱贫攻坚与乡村振兴共同承载了促进社会公平正义和缩小区域、城乡发展差距的使命,是让改革发展成果更多更公平惠及全体人民的重大战略举措。脱贫攻坚是乡村振兴的优先任务,乡村振兴则是脱贫攻坚的延续和发展,两者从根本上都是为了实现全体人民共同富裕的奋斗目标。

最后,从脱贫攻坚到乡村振兴是补齐发展短板底线思维的实践要求。面对人民日益增长的美好生活需要和不平衡不充分发展之间的社会主要矛盾,"补短板"已成为中国经济社会发展诸领域重要的方法论和基本要求。脱贫攻坚瞄准发展滞后的贫困乡村,补齐贫困群众的民生短板;乡村振兴覆盖整个乡村,重在补齐农业农村发展短板,促进城乡、区域发展差距及不同群体之间生活水平差距的持续缩小。二者均以补齐发展短板的底线思维作为指导实践的重要准则。

从脱贫攻坚到乡村振兴的实践逻辑

从实践逻辑看,从脱贫攻坚到乡村振兴是统一发展进程的持续,不仅要继承,更要创新。

从脱贫攻坚到乡村振兴是一个历史过程。"党中央决定,脱贫攻坚目标任务完成后,对摆脱贫困的县,从脱贫之日起设立5年过渡期。过渡期内要保持主要帮扶政策总体稳定。对现有帮扶政策逐项分类优化调整,合理把握

---

① 习近平:《调动广大农民积极性、主动性、创造性》,http://www.chinanews.com/gn/2020/08/-03/9254990.html,最后检索日期:2021年7月20日。

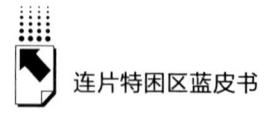

调整节奏、力度、时限，逐步实现由集中资源支持脱贫攻坚向全面推进乡村振兴平稳过渡。"① "脱贫攻坚取得胜利后，要全面推进乡村振兴，这是'三农'工作重心的历史性转移。要坚决守住脱贫攻坚成果，做好巩固拓展脱贫攻坚成果同乡村振兴有效衔接，工作不留空当，政策不留空白。"② 习近平总书记这些重要论述，为确保平稳有序实现巩固拓展脱贫攻坚成果同乡村振兴有效衔接提供了遵循和指引。③

设立脱贫攻坚到乡村振兴的过渡期有着客观必然性。一是统筹做好有效衔接，促使二者实现互促共进、平稳转型需要一个过渡期；二是在国内发展不平衡和国际发展不确定的背景下，脱贫攻坚成果巩固拓展需要国家随着发展形势、阶段特点、环境条件等变化对相关机制、政策、工作体系等如何衔接乡村振兴做出调整和安排；三是应对部分人口稳定脱贫质量不高、部分易地扶贫搬迁群众稳定脱贫困难较多、部分脱贫地区后续发展基础依然相对薄弱、新冠肺炎疫情对稳定脱贫的后续影响持续加深、脱贫人口返贫和边缘人口致贫两种风险并存等困难挑战的必然选择；四是基于完成"十四五"时期确定的阶段性任务和实现全面乡村振兴、农业农村现代化目标的战略考量。④

在全面认识设立脱贫攻坚过渡期的客观必然性的基础上，要准确把握设立脱贫攻坚过渡期的政策指向，深刻理解设立脱贫攻坚过渡期的多重意蕴，做好实践层面上的战略重心转移。具体而言，从脱贫攻坚到乡村振兴，其工作体系、工作方法、工作内容和工作主体都有继承性，需要根据新的要求进

---

① 《实现巩固拓展脱贫攻坚成果同乡村振兴有效衔接，总书记这样论述》，http://www.qstheory.cn/laigao/ycjx/2021-03-25/c-1127254612.htm，最后检索日期：2021年7月20日。
② 《实现巩固拓展脱贫攻坚成果同乡村振兴有效衔接，总书记这样论述》，http://www.qstheory.cn/laigao/ycjx/2021-03-25/c-1127254612.htm，最后检索日期：2021年7月20日。
③ 黄承伟：《从脱贫攻坚到乡村振兴的历史性转移》，《华中农业大学学报》（社会科学版）2021年第4期，第5~10页。
④ 黄承伟：《设立脱贫攻坚过渡期的政策指向和多重意蕴》，《人民论坛》2021年第4期，第49~52页。

行创新性发展。在工作体系上，要坚持"一张蓝图绘到底"，确保平稳有序，逐步实现巩固拓展脱贫攻坚成果同乡村振兴有效衔接。在工作方法上，要逐步实现从精准、特惠到共享、普惠有效衔接。在工作内容上，要将精准扶贫的"五个一批"有效衔接到乡村振兴的"五个振兴"，促进乡村全面发展。在工作主体上，要从脱贫攻坚时期聚焦帮助贫困群体转移到乡村振兴战略覆盖全体农村居民。

从脱贫攻坚到乡村振兴的历史担当

乡村振兴战略是党的十九大提出的国家战略，是关系全面建设社会主义现代化国家的全局性、历史性任务。在"新发展阶段、新发展理念、新发展格局"战略下，深化农业农村供给侧结构性改革，巩固拓展脱贫攻坚成果，实现高质量发展，都对乡村振兴战略实施提出了新的要求。中国地域广阔及区域、城乡发展的差异性，也对全面推进乡村振兴提出了新挑战，这些时代背景决定了乡村振兴的艰巨性、复杂性和长期性。

脱贫攻坚阶段，14个集中连片特困区如期实现脱贫攻坚目标，为我国如期打赢脱贫攻坚战、全面建成小康社会和创造人类减贫史上的中国奇迹做出了关键性贡献。2013年以来，全国现行标准下9899万农村贫困人口全部脱贫，832个贫困县全部摘帽，12.8万个贫困村全部出列，区域性整体贫困得到解决，完成了消除绝对贫困的艰巨任务。其中，连片特困区5722万贫困人口脱贫，680个贫困县摘帽，贡献率分别达到57.8%、82%，充分展现了全党全社会和片区人民的历史担当。

然而，当2019年全国贫困发生率降为0.6%时，连片特困区的贫困发生率为1.5%，贫困程度依然高于全国平均水平。2020年现行标准下的绝对贫困彻底消除之后，巩固拓展脱贫攻坚成果任务依然艰巨。脱贫地区、脱贫人口在空间上既有连片分布，也有零星分布，大分散、小集中依然是我国农村脱贫人口分布的显著特征。因此，实现巩固拓展脱贫攻坚成果同乡村振兴有效衔接，14个片区仍将是重点和难点所在，依然任重道远。这仍然需要

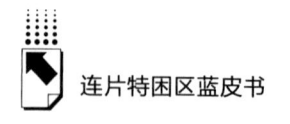

全党全社会和片区人民有历史担当，走好中国特色社会主义乡村振兴道路，持续缩小城乡、区域发展差距，让低收入人口和欠发达地区共享发展成果，在现代化进程中赶上来、不掉队。

担当起巩固拓展脱贫攻坚成果、全面推进乡村振兴、逐步实现共同富裕的历史使命，需要各方面的凝心聚力。游俊教授等主编的《中国连片特困区发展报告（2020~2021）》也是这一历史担当的具体表现。该书以"脱贫攻坚山乡巨变 乡村振兴继往开来"为主题，总结作为脱贫攻坚主战场的连片特困区过去10年来取得的巨大成就，逐步走向全面乡村振兴的新挑战、新使命和新探索。该书基于乡村重构转型的视角，阐释了"脱贫攻坚加速乡村重构，乡村重构推进乡村转型，乡村转型支撑乡村振兴"的内在逻辑，并从"人业地"三个维度构建了乡村转型测度指标体系和方法，测度和比较了连片特困区整体以及11个片区内部乡村转型进展及其区域差异，为各片区"十四五"时期加快巩固拓展脱贫攻坚成果同乡村振兴有效衔接的进程提供了理论与实践的参考。这部蓝皮书延续了以往4部蓝皮书"以统一的理论框架贯穿全书各章节"的风格和"人业地"乡村地域系统分析范式，体现了该蓝皮书系列的系统性和延续性。实现从脱贫攻坚到乡村振兴的历史性转移，不仅是工作重心的简单转移，更涉及相关发展目标、战略任务和工作体系等方面的系统继承和创新。希望游教授的团队继续努力，在习近平总书记关于脱贫攻坚重要论述、关于巩固拓展脱贫攻坚成果同乡村振兴有效衔接重要论述、关于全面推进乡村振兴重要论述的科学指引下，持续关注14个片区的脱贫成果巩固、全面推进乡村振兴、逐步走向共同富裕的历史进程和相关理论实践问题，不断深化研究，为我国乡村振兴战略的实施、为我国乡村的全面振兴做出新的贡献。

摘　要

作为《中国农村扶贫开发纲要（2011—2020年）》中明确的主战场，14个集中连片特困区在过去10年的脱贫攻坚中发挥了"中流砥柱"的作用，为如期打赢脱贫攻坚战、全面建成小康社会和创造人类减贫史上的中国奇迹做出了关键性贡献。全国832个脱贫县中，680个在连片特困区，占比达82%。然而，片区脱贫县虽然在脱贫攻坚阶段减贫成效显著，但巩固拓展脱贫攻坚成果和乡村振兴任重道远，仍将是全国脱贫地区乡村振兴的重点和难点区域。

《中国连片特困区发展报告（2020~2021）》以"脱贫攻坚山乡巨变 乡村振兴继往开来"为主题，采用"总分结合"的方式，将全国14个集中连片特困区整体和其中的11个片区个体作为研究对象，回顾了2011年以来连片特困区取得的巨大减贫成效，测度和比较了在脱贫攻坚举措驱动下的乡村转型进展，列举了各片区脱贫攻坚与乡村重构转型的典型案例，分析了乡村振兴阶段面临的困境和挑战，最后思考和讨论了"十四五"期间片区整体及各片区乡村振兴的着力点。本书由总报告、分报告两部分共12篇文章构成。其中，总报告以14个连片特困区的整体数据，总结了10年来片区脱贫攻坚取得的总体成效，阐释了脱贫攻坚与乡村重构转型、乡村振兴的内在逻辑，构建了乡村转型测度指标体系和方法，比较了11个片区乡村转型进展状况，讨论了片区整体在乡村振兴阶段面临的挑战及其应对思路。分报告包括11篇文章，分别对武陵山片区、大别山片区、六盘山片区、秦巴山片区、乌蒙山片区、滇桂黔石漠化片区、滇西边境片区、

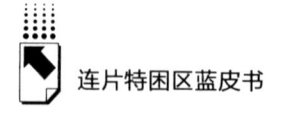

大兴安岭南麓山片区、燕山-太行山片区、罗霄山片区和吕梁山片区的脱贫攻坚成效和乡村振兴进行了回顾和展望，并对各片区内部乡村转型进展的区域差异进行了比较。

本书基于乡村重构转型的视角，从"人业地"三个维度阐释了"脱贫攻坚加速乡村重构，乡村重构推进乡村转型，乡村转型支撑乡村振兴"的内在逻辑，指出连片特困区的脱贫攻坚成效不仅体现在贫困人口减少、居民收入和消费水平提升、基础设施和公共服务改善、经济增长提速等显性指标上，更重要的是在脱贫攻坚的行政势能、精英带动、市场链接以及内力驱动下，贫困乡村经历了经济、社会和空间的重构，促进了片区乡村"人业地"的转型，在要素、结构和功能上为乡村振兴奠定了基础。乡村转型测度结果表明，过去10年，连片特困区乡村转型明显加速，但整体水平仍然较低，在巩固拓展脱贫攻坚成果同乡村振兴有效衔接的过渡期内，围绕"人才、产业、组织、生态和文化"5个方面，继续推进片区乡村重构转型应是片区乡村振兴的着力点。

关键词： 连片特困区　脱贫攻坚　乡村振兴　乡村重构　乡村转型

目 录

Ⅰ 总报告

B.1 十年巨变：连片特困区脱贫攻坚回顾与乡村振兴展望
　　………………………… 游　俊　冷志明　丁建军 / 001
　一　引言 …………………………………………………… / 002
　二　连片特困区十年脱贫攻坚总体成效 ………………… / 004
　三　连片特困区的乡村发展：脱贫、重构转型与振兴 …… / 022
　四　连片特困区乡村转型进展及比较 …………………… / 030
　五　连片特困区乡村振兴展望 …………………………… / 040

Ⅱ 分报告

B.2 武陵山片区脱贫攻坚成效与乡村振兴进展
　　………………………… 冷志明　殷　强　孙爱淑 / 047
B.3 大别山片区的脱贫成效、乡村转型与乡村振兴展望
　　………………………………………… 游　俊　李晓冰 / 081
B.4 六盘山片区脱贫成效、乡村转型进展及振兴路径
　　………………………… 龙海军　赵丽芳　李仕玉 / 107

001

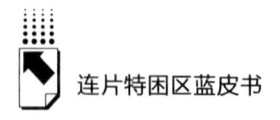

B.5　秦巴山片区的脱贫成效、乡村转型类型与振兴思路
　　……………………………………… 朱海英　张琰飞　刘卓维　肖满红 / 146

B.6　乌蒙山片区脱贫成效、乡村转型进展与振兴展望
　　………………………………………………………… 袁明达　韩荣荣 / 182

B.7　滇桂黔石漠化片区的脱贫攻坚成效与乡村振兴展望
　　……………………………………………………………………… 李峰 / 212

B.8　滇西边境片区的脱贫成效回顾与乡村振兴展望………… 朱朴义 / 238

B.9　大兴安岭南麓山片区的脱贫成效、转型特征与乡村振兴展望
　　………………………………………………… 商兆奎　陈少华　姚爽 / 273

B.10　燕山-太行山片区脱贫成效、乡村转型比较及振兴展望
　　……………………………………………………………………… 黄祥芳 / 303

B.11　罗霄山片区脱贫成效、乡村转型进展差异及振兴展望
　　………………………………………… 唐振宇　王文菊　冯云鹤 / 335

B.12　吕梁山片区脱贫成效回顾、乡村转型测度及振兴展望
　　………………………………………… 黄利文　柳艳红　余方薇 / 366

Abstract ……………………………………………………………………… / 398
Contents ……………………………………………………………………… / 401

皮书数据库阅读 **使用指南**

总报告
General Report

B.1
十年巨变：连片特困区脱贫攻坚回顾与乡村振兴展望*

游 俊　冷志明　丁建军**

摘　要： 连片特困区是过去10年我国脱贫攻坚的主战场，成功摘帽680个贫困县，占全国832个脱贫县的82%，为全国如期打赢脱贫攻坚战、全面建成小康社会和创造世界减贫史上的中国奇迹做出了关键性的贡献。10年来，14个集中连片特困区的贫困

---

* 本文受到国家自然科学基金项目"武陵山片区城镇化的农户生计响应与减贫成效分异研究"（项目编号：41761022）、湖南省杰出青年科学基金项目"武陵山深度贫困区多重贫困陷阱的空间格局与生成过程"（项目编号：2020JJ2025）、湖南省社科基金重点项目"武陵山片区乡村振兴与新型城镇化联动研究"（项目编号：18ZDB031）的资助。

** 游俊，二级教授，博士生导师，国务院政府特殊津贴专家，"武陵山片区扶贫与发展"湖南省2011协同创新中心主任，湖南省特色专业智库"民族地区扶贫与发展研究中心"主任，中国民族史学会、中国民族学会副会长，主要研究方向为民族历史、民族文化教学与研究；冷志明，博士，二级教授，博士生导师，吉首大学副校长，主要研究方向为区域协同创新、区域发展资源环境评价、贫困地区企业创新；丁建军，博士，教授，博士生导师，吉首大学商学院院长，主要研究方向为区域减贫与发展。2020级研究生王淀坤、刘贤、尹瑾雯等做了大量的基础性工作。

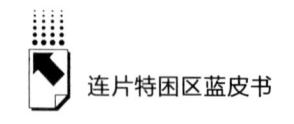

县全部摘帽，贫困人口和贫困发生率大幅下降，经济快速增长且总体形势向好，农村居民收入稳步增长且结构更趋合理，消费水平稳步提升且结构持续优化，基础设施和公共服务持续改善，生活品质全面提升。同时，在精准扶贫方略等脱贫攻坚举措的驱动下，连片特困区的乡村加速重构转型，并在要素整合、结构优化、功能拓展三个方面为乡村振兴奠定基础，应用乡村转型测度指标体系测度和比较发现，2014年以来，片区乡村加速转型，综合转型速度达到年均3.68%，"地"的转型速度最快，但转型度最低，"人"的转型速度最慢，但转型度最高，不过，片区乡村整体转型度仍较低，各片区各维度之间差异较为明显，如罗霄山片区、燕山-太行山片区、大兴安岭南麓山片区、大别山片区乡村转型度较高，而六盘山片区、武陵山片区、乌蒙山片区、滇桂黔石漠化片区乡村转型度较低，最高值与最低值之间相差近2倍。然而，由于要素劣势明显、结构升级缓慢、功能系统不优等短板依然突出，片区仍将是国家乡村振兴的难点区域。因而，从人才、产业、组织、文化、生态5个方面做好巩固拓展脱贫攻坚成果同乡村振兴有效衔接，为全面推进乡村振兴打好基础是"十四五"时期各片区工作的着力点。

关键词： 脱贫攻坚　乡村重构转型　乡村振兴　连片特困区

一　引言

2021年2月25日，全国脱贫攻坚总结表彰大会在北京人民大会堂隆重举行，习近平总书记庄严宣告，经过全党全国各族人民共同努力，在迎来中国共产党成立 100 周年的重要时刻，全国脱贫攻坚战取得了全面胜利，现行标准下 9899 万农村贫困人口全部脱贫，832 个贫困县全部摘帽，12.8 万个贫困村全部出列，区域性整体贫困得到解决，完成了消除绝对贫困的艰巨任务，创造了又一个彪炳史册的人间奇迹。[1] 在这场伟大的脱贫攻坚战役中，作为主战场的 14 个集中连片特困区更是发挥了中流砥柱的作用，做出了决定性的贡献。2011 年《中国农村扶贫开发纲要（2011—2020 年）》明确界定 14 个集中连片特困地区[2]，并将其作为之后 10 年脱贫攻坚的主战场。片区共包括 680 个贫困县，其中 440 个为原国家扶贫开发工作重点县，片区贫困县占国家级贫困县比例为 82%；片区覆盖 21 个省、自治区、直辖市，行政区划面积达 415 万平方公里，约占全国陆地面积的 43%，涉及近 5000 个乡镇，但地区生产总值仅占全国的 6%[3]，农村贫困人口占全国农村贫困人口的近 50%，贫困发生率为 29%，高出全国 16 个百分点。2020 年随着最后 51 个贫困县摘帽，片区 680 个贫困县全部摘帽，为全国脱贫攻坚战的全面胜利画上了浓墨重彩的关键一笔。

过去 10 年，是全国人民在中国共产党的坚强领导下向贫困彻底宣战并不断取得胜利的 10 年。2011 年《中国农村扶贫开发纲要（2011—2020 年）》颁布，明确 14 个集中连片特困地区为脱贫攻坚主战场，2012 年党的十八大提出没有贫困地区的小康就没有全面建成小康社会，必须时不我待抓好脱贫攻坚工作，拉开新时代脱贫攻坚的序幕。2013 年，提出精准扶贫理念，创新扶贫工作机制。2015 年，召开全国扶贫开发工作会议，提出"六个精准""五个一批"，发出打赢脱贫攻坚战的总攻令。2017 年，聚力攻克

---

[1] 习近平：《在全国脱贫攻坚总结表彰大会上的讲话》，http://www.gov.cn/xinwen，2021-02/25/content_55886/htm，最后检索时间：2021 年 11 月 21 日。

[2] 具体包括六盘山片区、秦巴山片区、武陵山片区、乌蒙山片区、滇桂黔石漠化片区、滇西边境片区、大兴安岭南麓片区、燕山-太行山片区、吕梁山片区、大别山片区、罗霄山片区等区域的连片特困地区和已明确实施特殊政策的西藏片区、涉藏工作重点省、新疆南疆三地州。

[3] 孙久文、张静、李承璋、卢怡贤：《我国集中连片特困地区的战略判断与发展建议》，《管理世界》2019 年第 10 期，第 150~159+185 页。

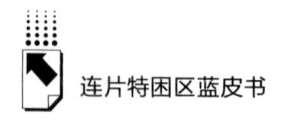

深度贫困堡垒，决战决胜脱贫攻坚。2020年，做好应对新冠肺炎疫情和特大洪涝灾情"加试题"的同时打好脱贫攻坚收官战。10年来，全国农村贫困人口全部脱贫，脱贫地区经济社会发展整体面貌发生历史性巨变，脱贫群众精神风貌焕然一新，党群干群关系明显改善，创造了减贫治理的中国样本。伴随脱贫攻坚战的全面胜利和绝对贫困的全部消除，中国进入相对贫困治理的新时期。党的十九大报告提出乡村振兴"三步走"战略，《中共中央关于制定国民经济和社会发展第十四个五年规划和二〇三五年远景目标的建议》明确"十四五"期间为巩固拓展脱贫攻坚成果同乡村振兴有效衔接的过渡期。在这"两个一百年"奋斗目标的历史交汇期和巩固拓展脱贫攻坚成果同乡村振兴有效衔接的过渡期，14个连片特困区虽已脱贫摘帽，但仍然是相对贫困的集中区，脱贫攻坚成果巩固拓展和乡村振兴的重点、难点地区，继续将这些区域作为乡村振兴的战略要地，持续探索巩固拓展脱贫攻坚成效和相对贫困治理的长效机制，创新乡村振兴路径，对于巩固脱贫攻坚成果、解决"三农"问题、加快农业农村现代化进程从而实现全面乡村振兴意义重大。

本文将在回顾连片特困区10年脱贫攻坚历程和成效的基础上，从乡村重构转型的视角，阐释连片特困区脱贫攻坚与乡村重构转型、乡村振兴之间的内在逻辑，测度和比较各片区乡村转型进展及其差异，分析片区乡村振兴面临的主要挑战以及乡村振兴阶段应重点突破的方向，以期为片区实施乡村振兴战略提供参考。

二 连片特困区十年脱贫攻坚总体成效

（一）贫困县全部摘帽，贫困人口和贫困发生率大幅下降

1. 贫困县全部有序摘帽

在全国832个贫困县的摘帽进程中，片区成功摘帽680个，占比达80%以上，贡献了主要力量。2016～2020年，片区脱贫县占全国比重分别

为60.71%、79.20%、77.66%、85.22%、98.08%（见表1），不断上升，展现了片区在脱贫攻坚中的主战场地位和贡献。

表1 2016~2020年连片特困区脱贫摘帽情况

单位：个，%

片区名称	2016年	2017年	2018年	2019年	2020年
六盘山片区	0	5	20	30	6
秦巴山片区	0	7	19	46	3
武陵山片区	4	8	19	32	1
乌蒙山片区	1	5	4	16	12
滇桂黔石漠化片区	0	7	22	36	15
滇西边境片区	0	13	22	17	4
大兴安岭南麓山片区	0	3	9	7	0
燕山-太行山片区	1	2	11	19	0
吕梁山片区	0	2	8	10	0
大别山片区	1	5	19	11	0
罗霄山片区	1	6	12	4	0
西藏片区	5	25	25	19	0
涉藏工作重点省	3	11	26	37	0
新疆南疆三地州	1	0	3	10	10
连片特困区总体	17	99	219	294	51
全国脱贫县个数	28	125	282	345	52
片区脱贫县占比	60.71	79.20	77.66	85.22	98.08

资料来源：整理自国家乡村振兴局脱贫县名单以及连片特困区名单。

从年度摘帽数量来看，从2016年的17个到2017年的99个、2018年的219个、2019年的294个与2020年的51个，呈先增加后减少的趋势，直至全部摘帽。2016年摘帽的贫困县经济发展基础较好，2017~2019年贫困县摘帽数量逐年倍增，是脱贫攻坚的关键期。2020年是脱贫攻坚的收尾阶段，年末完成了片区内深度贫困县脱贫，也宣告了片区680个贫困县全部脱贫摘帽。

从片区比较来看，由于各分片区经济发展程度、资源禀赋状况、自然环境状态等方面的差异，自2016年以来各分片区贫困县摘帽进展有所差异。2016年，西藏片区5个贫困县摘帽，居首位，其次是武陵山片区（4个），再次是涉藏工作重点省（3个），最后是乌蒙山片区、燕山-太行山片区、

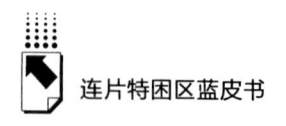

大别山片区、罗霄山片区与新疆南疆三地州各1个。2017年仍以西藏片区为首，滇西边境片区与涉藏工作重点省加快了脱贫速度，其他各分片区也不同程度地加快了贫困县脱贫进程。2018年除新疆南疆三地州、乌蒙山片区、吕梁山片区和大兴安岭南麓山片区外，其余分片区摘帽县数量均超过两位数，西藏片区与涉藏工作重点省更是分别高达25个、26个。2019年贫困县摘帽数量最多，大兴安岭南麓山片区、燕山-太行山片区、吕梁山片区、大别山片区、罗霄山片区、西藏片区、涉藏工作重点省共7个片区完成了整体摘帽，秦巴山片区与涉藏工作重点省为摘帽主力，其余分片区也显著加快了摘帽进程。2020年则是收尾期，各片区实现了贫困县全部摘帽。

2. 贫困人口和贫困发生率大幅下降

按照2010年不变价格年人均可支配收入2300元的农村贫困标准测算，片区整体贫困发生率由2011年的29%降到2019年的1.5%（见表2），下降了27.5个百分点。贫困人口从2011年的6035万人减少到2019年的313万人（见表3），共5722万贫困人口脱贫，年均降幅达28.37%，略低于全国的降幅29.44%。片区整体层面，各时期减贫速度不同，2011~2014年贫困发生率由29%下降到17.1%，仍维持在较高的两位数水平，贫困人口减少了2517万人，年均降幅小于20%；而2015~2019年贫困发生率降幅增大，减少贫困人口2562万人，是2011~2014年的1.02倍，年均降幅超过20%。

表2 2011~2019年连片特困区贫困发生率情况

单位：%

片区名称	2011年	2012年	2013年	2014年	2015年	2016年	2017年	2018年	2019年	年均降幅
六盘山片区	35	28.9	24.1	19.2	16.2	12.4	8.8	5.6	2.6	26.55
秦巴山片区	27.6	23.1	19.5	16.4	12.3	9.1	6.1	3.6	1	30.62
武陵山片区	26.3	22.3	18	16.9	12.9	9.7	6.4	3.8	1.7	27.37
乌蒙山片区	38.2	33	25.2	21.5	18.5	13.5	9.9	6.2	2	28.09
滇桂黔石漠化片区	31.5	26.3	21.9	18.5	15.1	11.9	8.4	5.3	1.4	28.53
滇西边境片区	31.6	24.8	20.5	19.1	15.5	12.2	9.3	5.8	2.3	25.95
大兴安岭南麓山片区	24.1	21.1	16.6	14	11.1	8.7	6.6	3.5	0.7	30.36

续表

片区名称	2011年	2012年	2013年	2014年	2015年	2016年	2017年	2018年	2019年	年均降幅
燕山-太行山片区	24.3	20.9	17.9	16.8	13.5	11	7.9	4.5	1.2	27.15
吕梁山片区	30.5	24.9	21.7	19.5	16.4	13.4	8.4	4.6	1.4	28.46
大别山片区	20.7	18.2	15.2	12	10.4	7.6	5.3	3	1	28.77
罗霄山片区	22	18.8	15.6	14.3	10.4	7.5	5	3.2	1	29.14
西藏片区	43.9	35.2	28.8	23.7	18.6	13.2	7.9	5.1	1.4	31.80
涉藏工作重点省	42.8	38.6	27.6	24.2	16.5	12.7	9.5	5.6	1.8	29.95
新疆南疆三地州	38.7	33.6	20	18.8	15.7	12.7	9.1	5.9	1.7	28.74
片区贫困发生率	29	24.4	20	17.1	13.9	10.5	7.4	4.5	1.5	28.37
全国贫困发生率	12.7	10.2	8.5	7.2	5.7	4.5	3.1	1.7	0.6	29.31

资料来源：整理自《中国农村贫困监测报告》(2012~2020)，中国统计出版社，2012~2020。

表3 2011~2019年连片特困区贫困人口情况

单位：万人，%

片区名称	2011年	2012年	2013年	2014年	2015年	2016年	2017年	2018年	2019年	年均降幅
六盘山片区	642	532	439	349	280	215	152	96	45	27.17
秦巴山片区	815	684	559	444	346	256	172	101	27	31.30
武陵山片区	793	671	543	475	379	285	188	111	49	27.86
乌蒙山片区	765	664	507	442	373	272	199	124	41	27.98
滇桂黔石漠化片区	816	685	574	488	398	312	221	140	36	28.42
滇西边境片区	424	335	274	240	192	152	115	72	28	26.91
大兴安岭南麓山片区	129	108	85	74	59	46	35	19	4	30.17
燕山-太行山片区	223	192	165	150	122	99	71	40	11	27.38
吕梁山片区	104	87	76	67	57	47	29	16	5	28.15
大别山片区	647	566	477	392	341	252	173	99	32	28.37
罗霄山片区	206	175	149	134	102	73	49	31	9	29.11
西藏片区	106	85	72	61	48	34	20	13	4	30.78
涉藏工作重点省	206	161	117	103	88	68	51	30	10	28.91
新疆南疆三地州	159	122	104	99	90	73	64	42	12	23.62
片区贫困人口	6035	5067	4141	3518	2875	2182	1540	935	313	28.37
全国贫困人口	12238	9899	8249	7017	5575	4335	3046	1660	551	29.44

资料来源：整理自《中国农村贫困监测报告》(2012~2020)，中国统计出版社，2012~2020。

片区贫困发生率变化趋势总体同全国保持一致，虽然贫困发生率一直高于全国，但下降速度也快于全国，贫困发生率的相对差距逐年缩小，如2011年全国贫困发生率为12.7%、片区为29%，2019年全国的为0.6%、片区为1.5%，相对差距从16.3个百分点缩小到0.9个百分点（见图1）。片区贫困人口占全国比重从2011年的49.3%上升到2019年的56.8%，片区贫困人口降幅为94.8%，略低于全国的95.5%。

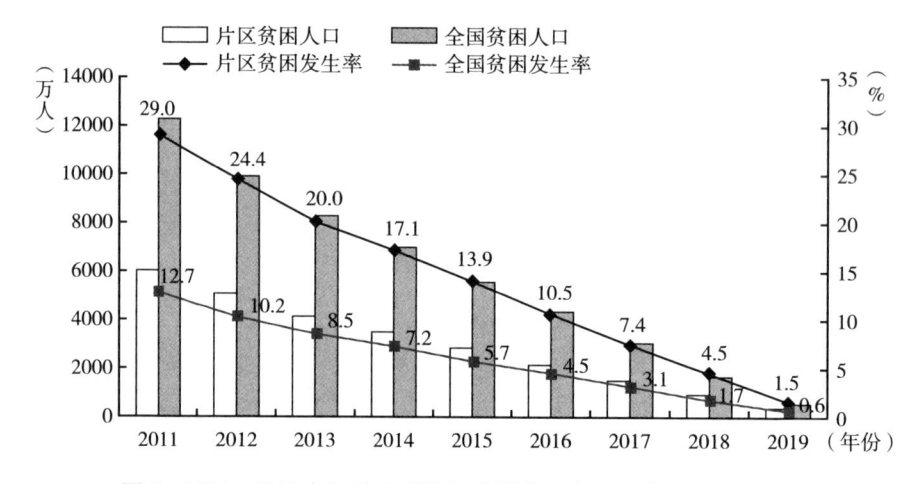

图1 2011~2019年连片特困区与全国贫困人口及贫困发生率比较

资料来源：整理自《中国农村贫困监测报告》（2012~2020），中国统计出版社，2012~2020。

3. 片区减贫力度和脱贫成效各有不同

从各片区比较来看，贫困人口空间分布整体上集中于我国西南地区的秦巴山片区、六盘山片区、滇桂黔石漠化片区、武陵山片区、乌蒙山片区、滇西边境片区6个片区，2011年贫困人口分别占片区整体和全国的70.5%和34.8%，2019年分别占72.2%和41%。2011~2019年，各分片区贫困发生率年均下降均超过25%，贫困人口均减少90%以上。

从减贫人口看，秦巴山片区减贫人口最多，由815万人降到27万人，减少了788万人；其次是滇桂黔石漠化片区，由816万人降到36万人，减少了780万人；第三是武陵山片区，由793万人降到49万人，减少了744万人。减贫人口较少，但脱贫人口占比最高的是大兴安岭南麓山片区，从

129万人减少到4万人；其次是西藏片区，从106万人减少到4万人；第三是罗霄山片区，从206万人减少到9万人。3个片区降幅均超过全国降幅（95.5%）。

从贫困发生率看，西藏片区下降幅度最大，贫困发生率从43.9%下降到1.4%，下降了42.5个百分点；其次是涉藏工作重点省，下降了41个百分点；第三是新疆南疆三地州，下降了37个百分点。下降40个百分点以上的有2个片区，下降30~40个百分点的有4个片区，其余片区中除大别山片区下降19.7个百分点外，均下降20个百分点以上。

从减贫阶段看，2011~2014年，西南地区的6个片区贫困人口减少速度较快，每年减少40万~160万人，其余各片区每年减少幅度为10万~90万人；2015~2018年，西南地区6个片区中滇桂黔石漠化片区、乌蒙山片区、秦巴山片区、大别山片区与武陵山片区的贫困人口波动下降，每年减幅维持在90万人左右，六盘山片区与滇西边境片区分别为60万人、40万人，其余片区年均减少10万~30万人；2019年各片区变化有较大差异，滇桂黔石漠化片区、乌蒙山片区与秦巴山片区的贫困人口减幅有所上升，均在70万人以上，罗霄山片区、新疆南疆三地州与滇西边境片区也保持上升趋势，其余各片区的降幅则保持平缓下降趋势。

（二）经济快速增长且总体发展形势向好

1. 总体发展形势向好，发展差距不断缩小

从片区总体层面来看（见图2），2013~2019年片区人均GDP[①]绝对值规模呈现逐年增长态势，从人均17342.78元增长到人均27974.04元，2019年是2013年的1.61倍；同期，全国人均GDP从人均43684.39元增长至人均70892元，2019年是2013年的1.62倍。相比2013年，连片特困区的经

[①] 相比地区GDP的绝对规模，人均GDP更能反映在一定辖区居民规模下所拥有的经济实力，故采用县域人均GDP作为衡量地区经济发展程度的指标。限于人口规模数据的可得性，本文采用县域户籍人口规模作为人均GDP的计算基础，由于计算方式不同，故与各政府部门统计公报等发布的数据略有差别。

济状况明显改善，但是从人均 GDP 的全国占比来看，2016 年该比例维持在 38.85%，仍然处于较低水平，并且该比例在 2013~2017 年大体呈下降趋势，2017~2019 年有所反弹，接近 40%。

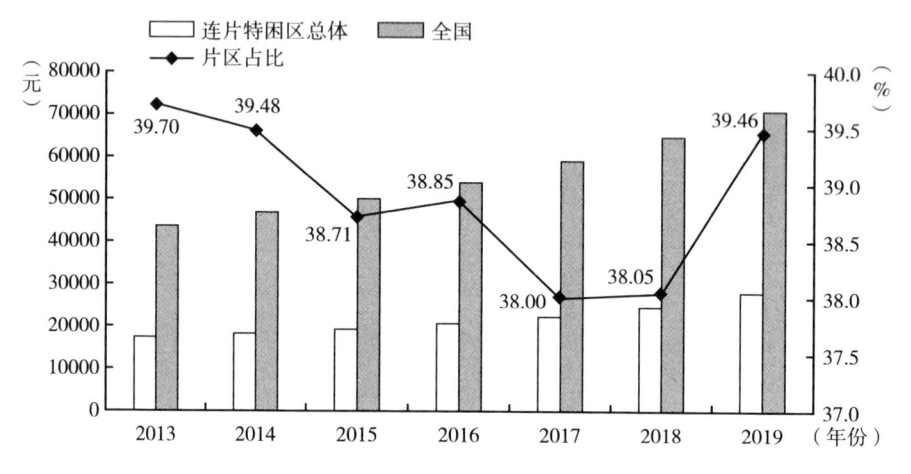

图 2　2013~2019 年连片特困区与全国人均 GDP 情况

资料来源：整理自《中国农村贫困监测报告》（2012~2020），中国统计出版社，2012~2020。

从人均 GDP 增速来看（见图 3），2014~2019 年片区整体人均 GDP 年均增速达到 8.33%，略低于同期全国平均水平 8.41%。2017 年及以前，片区整体增长率低于全国平均水平，但 2018 年及以后，增长率高于同期全国平均水平，并呈上升趋势。可见，在脱贫攻坚的强力干预下，连片特困区逐渐激发了经济增长潜力，与全国平均水平的差距正不断缩小。

2. 经济持续增长，实力不断增强

分片区来看（见图 4），2019 年人均 GDP 最高的为涉藏工作重点省，达人均 38289.76 元，最低的为乌蒙山片区，仅为人均 19666.90 元，相差近 1 倍，不同片区之间存在较大差异。2019 年 14 个片区人均 GDP 均值为 26612.27 元，六盘山片区、武陵山片区、乌蒙山片区、滇桂黔石漠化片区、大兴安岭南麓山片区、燕山-太行山片区、吕梁山片区、大别山片区、罗霄山片区、新疆南疆三地州 10 个片区低于均值，其中乌蒙山片区、新疆南疆三地州由于生态环境脆弱、基础设施落后成为"困中之困"。

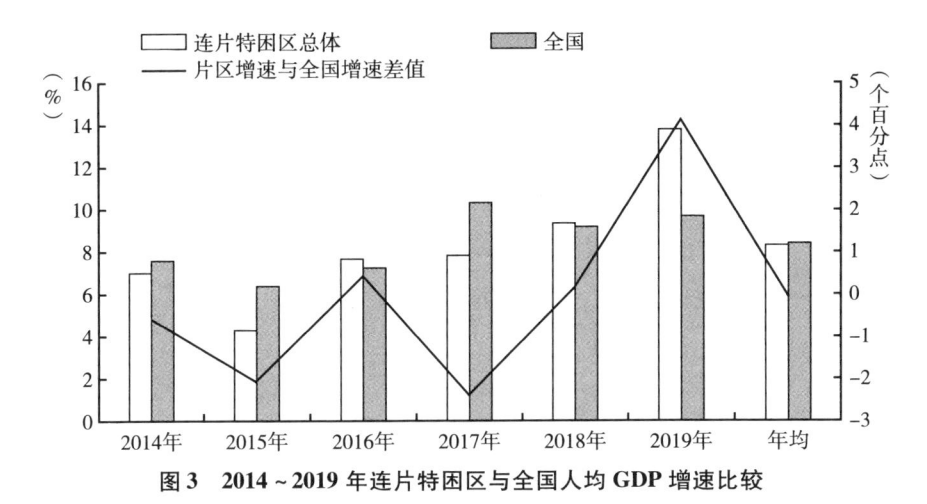

图 3　2014～2019 年连片特困区与全国人均 GDP 增速比较

资料来源：整理自《中国农村贫困监测报告》（2012～2020），中国统计出版社，2012～2020。

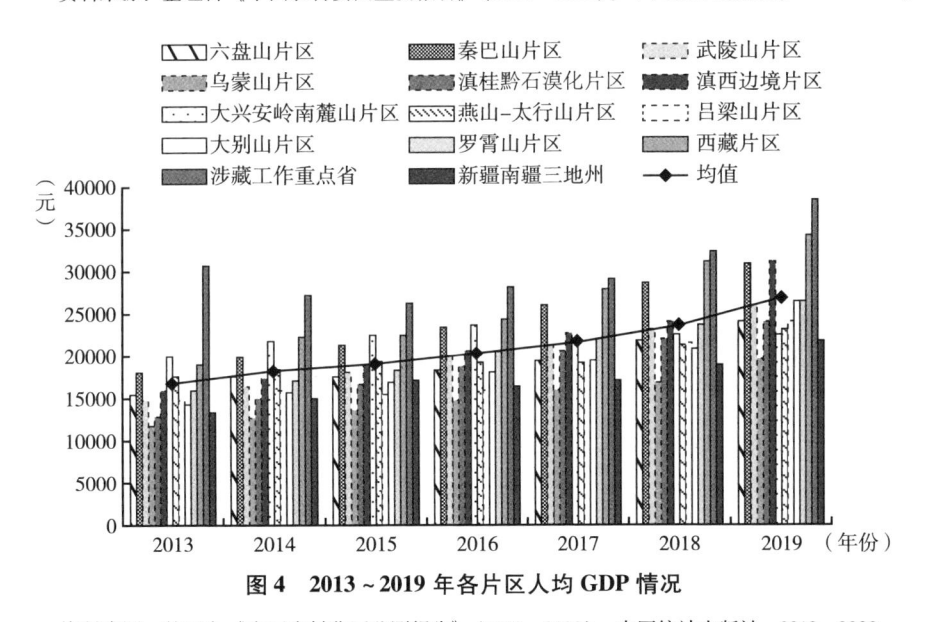

图 4　2013～2019 年各片区人均 GDP 情况

资料来源：整理自《中国农村贫困监测报告》（2012～2020），中国统计出版社，2012～2020。

从人均 GDP 增速来看（见图 5），2014～2019 年增速大于全国平均水平的有 10 个片区，分别为秦巴山片区、武陵山片区、乌蒙山片区、滇桂黔石漠化片区、滇西边境片区、吕梁山片区、大别山片区、罗霄山片区、西藏片区以及新疆南疆三地州，其中年均增速最快的为滇西边境片区，达到

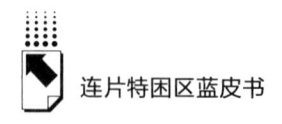

12.21%，从人均15827.45元增长至31208.7元，接近"翻一番"；其次为滇桂黔石漠化片区和西藏片区，增长率分别为10.97%和10.41%。增长率最低的为大兴安岭南麓山片区，仅为年均2.28%，涉藏工作重点省、燕山－太行山片区也较低，分别为4.27%、4.66%，远低于同期其他片区平均水平。但整体来看，片区经济实力不断增强，趋势向好。

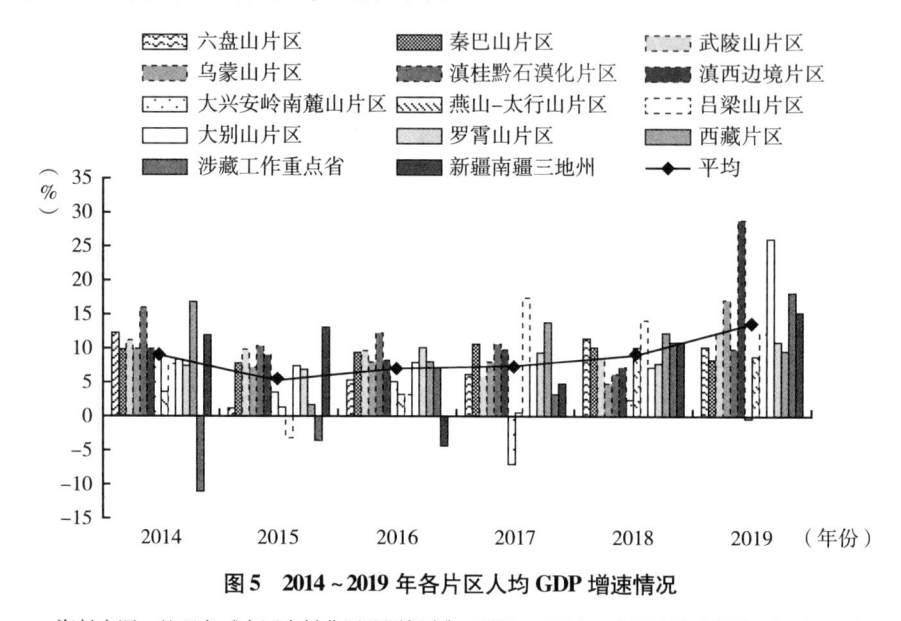

图5 2014~2019年各片区人均GDP增速情况

资料来源：整理自《中国农村贫困监测报告》(2012~2020)，中国统计出版社，2012~2020。

（三）农村居民收入稳步增长且结构更趋合理

1. 农村居民收入稳步增长，占全国农村平均水平比重显著提升

从片区农村常住居民人均可支配收入变化来看（见表4和图6），总体呈逐年上升的趋势，从2013年的人均5956元增长到2019年的人均11443元，得到显著提升；与全国贫困地区比较来看，片区农村常住居民人均可支配收入仍低于全国贫困地区农村平均水平，2019年占比为98.93%。不过，与全国农村平均水平对比来看，片区农村常住居民人均可支配收入占全国农村平均水平的比重从2013年的63.16%上升到2019年的71.43%，与全国农村人均可支配收入平均水平的相对差距不断缩小。

表4 2013~2019年连片特困区农村常住居民人均可支配收入情况

单位：元

片区名称	2013年	2014年	2015年	2016年	2017年	2018年	2019年
全部片区	5956	6724	7525	8348	9264	10260	11443
六盘山片区	4930	5616	6371	6915	7593	8429	9370
秦巴山片区	6219	7055	7967	8769	9721	10751	11934
武陵山片区	6084	6743	7579	8504	9384	10397	11544
乌蒙山片区	5238	6114	6992	7994	8776	9650	10684
滇桂黔石漠化片区	5907	6640	7485	8212	9109	10073	11262
滇西边境片区	5775	6471	6943	7754	8629	9560	10931
大兴安岭南麓山片区	6244	6801	7484	8399	9346	10721	11876
燕山-太行山片区	5680	6260	7164	7906	8593	9701	10797
吕梁山片区	5259	5589	6317	6884	7782	8890	10229
大别山片区	7201	8241	9029	9804	10776	11974	13341
罗霄山片区	5987	6776	7700	8579	9598	10637	11746
西藏片区	6553	7359	8244	9094	10330	11450	12951
涉藏工作重点省	4962	5726	6457	7288	8018	9160	10458
新疆南疆三地州	5692	6403	7053	7868	9845	10762	12009

资料来源：整理自《中国农村贫困监测报告》（2012~2020），中国统计出版社，2012~2020。

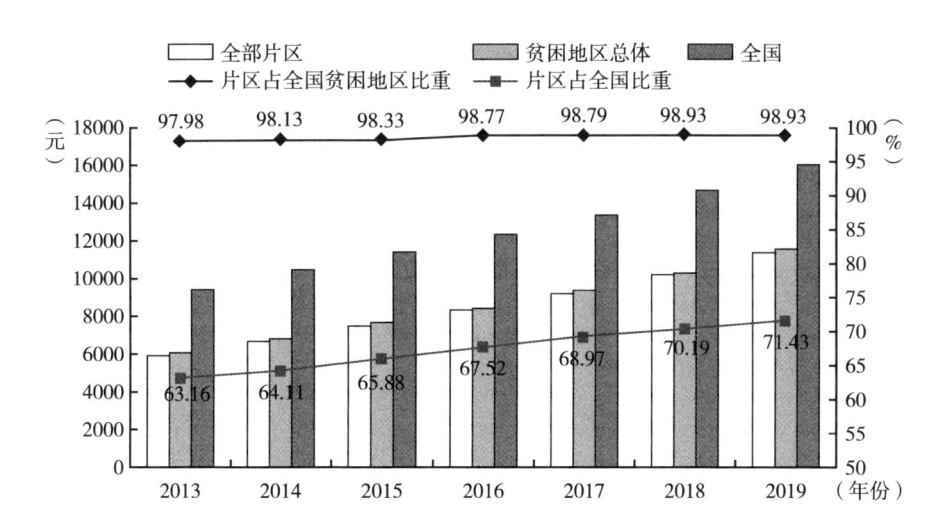

图6 2013~2019年连片特困区与全国农村常住居民人均可支配收入比较

资料来源：整理自《中国农村贫困监测报告》（2012~2020），中国统计出版社，2012~2020。

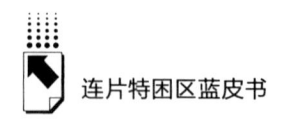

2. 各片区农村居民收入增速普遍较高，但片区之间差距明显

从片区之间比较来看，农村常住居民人均可支配收入差异明显。2019年农村人均可支配收入最低的为六盘山片区，仅为人均9370元，而最高的为大别山片区，人均13341元，两者相差近4000元。纵向对比来看，2013年没有一个片区的农村人均可支配收入高于8000元，最贫困的六盘山片区仅为4930元，与同年全国农村人均可支配收入水平8896元差距大；而2019年有13个片区人均可支配收入达到10000元以上，变化十分明显。

从增速来看（见表5），2013~2019年片区农村常住居民人均可支配收入呈逐年上升的趋势，年均增长率达到11.97%，增速高于同期全国平均水平；各片区中，增速最快的是涉藏工作重点省，从人均4962元提升到10458元，达到13.21%的年均增幅，增速最低的为新疆南疆三地州，从人均5692元增加到人均12009元，但也达到11.34%的年均增幅。

表5 2013~2019年片区农村常住居民人均可支配收入增长情况

单位：%

片区名称	2013年	2014年	2015年	2016年	2017年	2018年	2019年	年均增速
全部片区	15.40	12.90	11.90	10.90	10.50	10.70	11.50	11.97
六盘山片区	11.80	13.90	13.40	8.50	9.80	11.00	11.20	11.37
秦巴山片区	15.90	13.40	12.90	10.10	10.80	10.60	11.00	12.10
武陵山片区	21.00	10.80	12.40	12.20	10.30	10.80	11.00	12.64
乌蒙山片区	13.50	16.70	14.40	14.30	9.80	10.00	10.70	12.77
滇桂黔石漠化片区	15.30	12.40	12.70	9.70	10.90	10.60	11.80	11.91
滇西边境片区	18.40	12.10	7.30	11.70	11.30	10.80	14.30	12.27
大兴安岭南麓山片区	15.10	8.90	10.00	12.20	11.30	14.70	10.80	11.86
燕山-太行山片区	14.20	10.20	14.40	10.40	8.70	12.90	11.30	11.73
吕梁山片区	14.50	6.30	13.00	9.00	13.10	14.20	15.10	12.17
大别山片区	14.90	14.40	9.60	8.60	9.90	11.10	11.40	11.41
罗霄山片区	12.20	13.20	13.60	11.40	11.90	10.80	10.40	11.93
西藏片区	15.00	12.30	12.00	10.30	13.80	12.80	13.10	12.44
涉藏工作重点省	12.90	15.40	12.80	12.90	10.00	14.30	14.20	13.21
新疆南疆三地州	14.50	12.50	10.20	11.60	9.70	9.30	11.60	11.34

注：表中人均可支配收入名义增速来源于《中国农村贫困监测报告》（2012~2020），基于小数点原因与部分年度数据和汇总数据、原始数据有出入，但本报告仍然依循《中国农村贫困监测报告》，未做调整。（下同）

资料来源：整理自《中国农村贫困监测报告》（2012~2020），中国统计出版社，2012~2020。

3.农村居民增收方式多元，收入结构日趋合理

2014年与2019年片区农村常住居民收入结构的对比表明（见表6），收入构成各部分均增长明显，工资性收入、财产性收入以及转移支付收入占比上升，经营性收入占比下降，下降8个百分点。同时，工资性收入来源增多，就业扶贫发挥了十分重要的作用，转移支付收入占比增加较大，对片区贫困群众增收也起到了不可忽视的作用。

表6　2014年及2019年连片特困区农村常住居民收入结构情况

可支配收入构成	2014年			2019年		
	水平（元）	构成（%）	名义增速（%）	水平（元）	构成（%）	名义增速（%）
人均可支配收入	6724	100	12.9	11440	100	11.5
1.工资性收入	2188	32.5	16.1	3990	34.9	12.4
2.经营性收入	3019	44.9	10	4226	36.9	8
一产净收入	2439	36.3	9.7	2986	26.1	7.9
农业	—	—	—	1973	17.2	2
牧业	—	—	—	748	6.5	26.7
二、三产净收入	580	8.6	9.85	1240	10.8	8
3.财产性收入	70	1	29	152	1.3	18
4.转移支付收入	1446	21.5	13.7	3076	26.9	15.4

资料来源：整理自《中国农村贫困监测报告》（2012~2020），中国统计出版社，2012~2020。

（四）农村居民消费水平稳步提升且结构持续优化

1.农村居民消费水平稳步提高

从人均消费支出来看（见表7和图7），片区整体农村人均消费支出呈逐年上升态势，从2013年的人均5327元上升到2019年的9898元，2019年占全国贫困地区和全国农村人均消费支出的比重分别维持在98%以上和70%以上，特别是占全国农村人均消费支出的比重在2014年后呈逐年上升趋势。

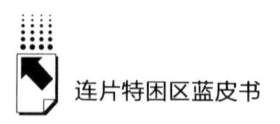

表7 2013~2019年连片特困区农村常住居民人均消费支出情况

单位：元

片区名称	2013年	2014年	2015年	2016年	2017年	2018年	2019年
全部片区	5327	5898	6573	7273	7915	8854	9898
六盘山片区	4677	5362	5875	6395	6884	7623	8446
秦巴山片区	5739	6229	7057	7678	8450	9421	10568
武陵山片区	5701	6353	6994	7832	8721	10192	11079
乌蒙山片区	4718	5298	6077	6795	7659	8053	8987
滇桂黔石漠化片区	5186	5788	6508	7284	7730	8712	9657
滇西边境片区	4547	5131	5848	6385	6706	7844	8936
大兴安岭南麓山片区	5191	5958	6373	7208	7492	8396	10096
燕山-太行山片区	5895	6181	6538	6875	7572	8540	9696
吕梁山片区	5537	5315	5800	6178	6637	7528	8401
大别山片区	6107	6799	7631	8518	9309	10169	11393
罗霄山片区	5510	6140	6909	7642	8470	9087	10123
西藏片区	4102	4822	5580	6070	6691	7452	8418
涉藏工作重点省	4691	5010	5437	6186	6586	8246	9309
新疆南疆三地州	4803	5033	5207	5512	5999	6942	8138

资料来源：整理自《中国农村贫困监测报告》（2012~2020），中国统计出版社，2012~2020。

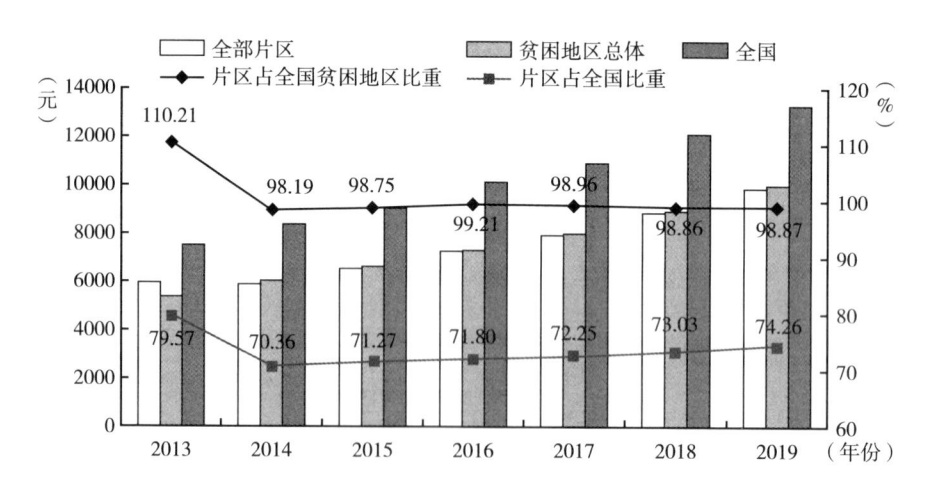

图7 2013~2019年连片特困区与全国农村常住居民人均消费支出比较

资料来源：整理自《中国农村贫困监测报告》（2012~2020），中国统计出版社，2012~2020。

2. 消费支出较快增长，但消费支出占比总体下降

从片区之间对比来看，秦巴山片区、武陵山片区、大兴安岭南麓山片区、大别山片区以及罗霄山片区5个片区的农村居民人均消费支出高于片区整体平均水平，其中大别山片区最高。同时，片区总体农村人均消费支出呈现逐年增长的趋势，年均增长率达到11.39%（见表8），增速同样高于同期全国平均水平。2013～2019年大多数片区年均增速维持在10%以上，其中增长最快的为西藏片区，从2013年的人均4102元增长到8418元，年均增速达13.87%。燕山-太行山片区虽年均增速最低，但也从2013年的人均5895元增长到9696元，年均增速8.76%。

表8 2013～2019年连片特困区农村常住居民人均消费支出增长情况

单位：%

片区名称	2013年	2014年	2015年	2016年	2017年	2018年	2019年	年均增速
全部片区	14.20	10.70	11.40	10.70	9.00	11.90	11.80	11.39
六盘山片区	8.70	14.60	9.60	8.90	7.60	10.70	10.80	10.13
秦巴山片区	12.40	8.50	13.30	8.80	10.00	11.50	12.20	10.96
武陵山片区	14.60	11.40	10.10	12.00	11.30	16.90	8.70	12.14
乌蒙山片区	17.60	12.30	14.70	11.80	12.70	5.10	11.60	12.26
滇桂黔石漠化片区	20.80	11.60	12.40	11.90	6.10	12.70	10.80	12.33
滇西边境片区	15.50	12.80	14.00	9.20	5.00	17.00	13.90	12.49
大兴安岭南麓山片区	7.70	14.80	7.00	13.10	3.90	12.10	20.20	11.26
燕山-太行山片区	9.00	4.90	5.80	5.20	10.10	12.80	13.50	8.76
吕梁山片区	30.60	-4.00	9.10	6.50	7.40	13.40	11.60	10.66
大别山片区	14.90	11.30	12.20	11.60	9.30	9.20	12.00	11.50
罗霄山片区	14.50	11.40	11.20	10.60	10.10	7.30	11.80	11.21
西藏片区	20.40	17.60	15.70	8.80	10.20	11.40	13.00	13.87
涉藏工作重点省	12.50	6.80	8.50	13.80	6.50	25.20	12.90	12.31
新疆南疆三地州	18.70	4.80	3.50	5.80	6.40	15.70	17.20	10.30

资料来源：整理自《中国农村贫困监测报告》（2012～2020），中国统计出版社，2012～2020。

此外，农村居民的消费支出占其可支配收入的比重在10个片区呈现下降趋势，表明片区居民的消费支出负担下降，脱贫攻坚降低了片区农村居民

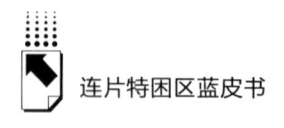

的支出压力及流动性约束,有利于提升片区贫困群众的可行能力。

3. 消费结构优化升级,发展型消费支出不断提升

2014年与2019年连片特困区农村常住居民消费结构对比(见表9)表明,交通通信、教育文化娱乐以及医疗保健消费占比上升,而且增速也明显快于总体消费支出增速,食品烟酒、衣着和生活用品及服务占比下降,且2019年增速也低于总体消费支出增速。可见,脱贫攻坚以来片区农村居民消费支出结构明显改善,生存型消费比重下降,发展型消费支出占比上升。这得益于脱贫攻坚"两不愁、三保障"的底线要求对于片区农村居民生活必需品的保障作用,伴随对教育、精神追求以及社会融入等高层次需求投入增加,片区农村居民的可行能力也将不断增强。

表9 2014年及2019年连片特困区农村常住居民消费结构情况

消费支出构成	2014年			2019年		
	水平(元)	占比(%)	名义增速(%)	水平(元)	占比(%)	名义增速(%)
人均消费支出	5898	100	10.7	9898	100	11.8
食品烟酒	2205	37.4	6.5	3089	31.2	10.7
衣着	358	6.1	11.9	532	5.4	11.7
居住	1219	20.7	8.2	2163	21.9	9
生活用品及服务	374	6.3	13.4	579	5.8	9.3
交通通信	595	10.1	18.1	1210	12.2	17.1
教育文化娱乐	575	9.7	17.8	1160	11.7	14.6
医疗保健	477	8.1	16.9	1002	10.1	14
其他用品及服务	96	1.6	16.8	163	1.6	11.3

资料来源:整理自《中国农村贫困监测报告》(2012~2020),中国统计出版社,2012~2020。

(五)基础设施和公共服务持续改善,生活品质全面提升

1. 基础设施更加完善,公共服务体系更加健全

2014年与2019年片区基础设施(见表10和表11)对比表明,不论是片区整体还是各分片区层面,基础设施状况都得到显著改善。2019年大多数片

区达到100%的"通电、通路、通信号",交通通信、医疗卫生、子女教育等也覆盖更加全面。

表10 2014年连片特困区基础设施状况

单位：%

片区名称	通电的自然村比重	通电话的自然村比重	通有线电视信号的自然村比重	通宽带的自然村比重	主干道路面经过硬化处理的自然村比重	通客运班车的自然村比重	饮用水经过集中净化处理的自然村比重	有卫生站(室)的行政村比重	有幼儿园或学前班的行政村比重	有小学且就学便利的行政村比重
全部片区	99.5	95.1	72.6	44.4	62.8	42	34.5	93.4	55.4	63.7
六盘山片区	99.3	97.7	94	43.8	64.9	70	58	94.1	49.7	72.1
秦巴山片区	99.6	95.7	80.3	46.4	62.2	39	30.9	94	51.3	53.1
武陵山片区	99.9	94.9	66.8	43.8	61.3	44	29.1	89.8	43.3	49.2
乌蒙山片区	98.7	90.5	54.3	21.1	47.8	40.5	27.6	90.5	54.6	71.1
滇桂黔石漠化片区	99.8	91.2	48.9	27.8	55.8	35.7	31.8	96.2	62.7	74.9
滇西边境片区	99.4	96.2	68.4	30.9	49.8	33.5	40	97.1	60.9	77.6
大兴安岭南麓山片区	99.3	94.4	94	68.8	78.8	66.8	24.7	86.1	35.9	35.9
燕山－太行山片区	99.7	96.1	79.7	61.1	72.5	60.6	25	97	58.5	45.2
吕梁山片区	98.8	94.4	84.2	51.3	83.9	64.4	33.4	92.3	37.7	39.5
大别山片区	99.5	98.6	89.4	65.9	75.5	34.7	38.5	99	68.1	77.4
罗霄山片区	99.9	97.4	81.9	63.7	70.5	46.5	25.9	96.3	71	77.3
西藏片区	87.8	86.7	75.8	7.2	51.6	28.9	11.5	64.6	30	21
涉藏工作重点省	90.7	90.9	58.5	19	55.4	38.7	23.1	74.2	26	29.7
新疆南疆三地州	98.4	95.4	70	50.1	87.8	86.8	87.3	78.5	74.9	78.1

资料来源：整理自《中国农村贫困监测报告》(2012~2020)，中国统计出版社，2012~2020。

表11 2019年连片特困区基础设施状况

单位：%

片区名称	所在自然村通公路的农户比重	所在自然村通电话的农户比重	所在自然村能接收有线电视信号的农户比重	所在自然村进村主干道路硬化的农户比重	所在自然村能便利乘坐公共汽车的农户比重	所在自然村通宽带的农户比重	所在自然村垃圾能集中处理的农户比重	所在自然村有卫生站的农户比重	所在自然村上幼儿园便利的农户比重	所在自然村上小学便利的农户比重
全部片区	100	100	99	99.4	75.7	97.2	85.1	96.1	90.1	92.3
六盘山片区	100	100	100	99	86.9	97.1	85.5	98.1	90.6	93.4

续表

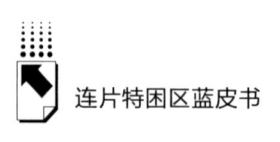

片区名称	所在自然村通公路的农户比重	所在自然村通电话的农户比重	所在自然村能接收有线电视信号的农户比重	所在自然村进村主干道路硬化的农户比重	所在自然村能便利乘坐公共汽车的农户比重	所在自然村通宽带的农户比重	所在自然村垃圾能集中处理的农户比重	所在自然村有卫生站的农户比重	所在自然村上幼儿园便利的农户比重	所在自然村上小学便利的农户比重
秦巴山片区	100	100	99.7	99.3	74.3	98.6	88.2	99	89.4	91.7
武陵山片区	100	100	99	99.9	79.1	98.3	83.6	97.4	89.3	90.4
乌蒙山片区	100	100	100	98.6	62.2	95	75.2	94.6	90	92.3
滇桂黔石漠化片区	100	100	98.9	98.6	63.3	95.9	86.7	92.3	88.6	91.2
滇西边境片区	100	100	99.5	98.8	57.5	95.4	76.3	89.7	87.7	91.5
大兴安岭南麓山片区	99.5	100	100	100	92.5	100	61.2	96.5	88.9	86.4
燕山-太行山片区	100	100	99	100	88.6	98.8	91.7	99.5	85	88.6
吕梁山片区	100	100	95.7	100	90	96.9	76.6	93.7	71.4	72.2
大别山片区	100	100	99.7	99.8	81.7	98.4	94.2	96.4	96.9	98.8
罗霄山片区	100	100	96.6	100	76.1	98.5	97.8	96.9	92	97.4
西藏片区	100	100	85.4	99.5	72.6	78.9	84.3	82.5	98.7	98.4
涉藏工作重点省	99.5	96.2	87.3	95.8	51.7	75.2	75.6	87.9	81.3	86.1
新疆南疆三地州	100	100	100	100	92.5	100	80.7	100	100	99

资料来源：整理自《中国农村贫困监测报告》（2012～2020），中国统计出版社，2012～2020。

2. 人居环境显著改观，生活质量全面提升

2014年与2019年片区农户住房及家庭设施（见表12和表13）对比显示，居住竹草土坯房、炊用柴草农户的比重显著下降，使用管道供水、净化自来水、独用厕所的农户比重明显上升。经过脱贫攻坚下的危房改造、自来水管道铺设、厕所改造等，片区农户的住房安全、饮水安全以及卫生条件得到充分保障；片区内农户的汽车、洗衣机、电冰箱、移动电话、计算机等耐用消费品、家用电器的拥有量大幅提升，生活便利性和信息通达性显著改善。

表 12　2014 年连片特困区农户住房及家庭设施状况

片区名称	居住竹草土坯房的农户比重（%）	使用管道供水的农户比重（%）	使用经过净化处理自来水的农户比重（%）	独用厕所的农户比重（%）	炊用柴草的农户比重（%）	汽车（辆/百户）	洗衣机（台/百户）	电冰箱（台/百户）	移动电话（部/百户）	计算机（台/百户）
全部片区	7	55.9	31.7	92.5	58.8	6.2	70.1	58.5	196	9.8
六盘山片区	11.7	62.9	52.9	98.9	41.3	8.6	85.2	48.8	219.4	10.5
秦巴山片区	12.2	51.2	26.9	97.5	69.8	3.8	77.3	56.2	191.6	10.1
武陵山片区	3	54.8	29	97	63.6	4.6	68.4	65.9	205	12.1
乌蒙山片区	7.5	63.3	25.7	88.4	32.5	4.3	72.7	27.8	174.1	4.9
滇桂黔石漠化片区	1.8	74.5	36.9	92.7	52.9	8.8	71.2	68.9	229.3	11.7
滇西边境片区	5.7	73.1	27.8	71	66.2	9.3	55	49.2	230.6	5.9
大兴安岭南麓山片区	17.9	39.7	30.6	98.9	96.8	8.2	82.2	68.7	166.6	9
燕山－太行山片区	13.6	50.5	25.1	98.1	47.3	6.9	71.4	59.8	155.2	11.4
吕梁山片区	3.5	56.3	20.1	88.7	25.8	5.2	76.7	41.2	171.9	13.3
大别山片区	1.5	30.1	26.1	93.6	69.7	5	71	73.6	183	11.3
罗霄山片区	5.1	48.9	25.5	86.3	57.6	6.2	33.4	71.6	216.4	13.5
西藏片区	3.4	50	21.3	69.4	68.2	17.1	33.5	37.9	146.2	0.2
涉藏工作重点省	9.5	60.5	20.8	78.4	50.6	12	68.1	55.2	174	3.8
新疆南疆三地州	21.4	87.6	86.2	96.9	63.8	6.2	70.3	56.6	112	1.9

资料来源：整理自《中国农村贫困监测报告》（2012～2020），中国统计出版社，2012～2020。

表 13　2019 年连片特困区农户住房及家庭设施状况

片区名称	居住竹草土坯房的农户比重（%）	使用管道供水的农户比重（%）	使用经过净化处理自来水的农户比重（%）	独用厕所的农户比重（%）	炊用柴草的农户比重（%）	汽车（辆/百户）	洗衣机（台/百户）	电冰箱（台/百户）	移动电话（部/百户）	计算机（台/百户）
全部片区	1.3	90	58.2	96.5	35.7	19.6	90.8	91.5	272	16.5
六盘山片区	2.8	90	79.4	98.7	30.2	23	97.8	86	295.7	17.4

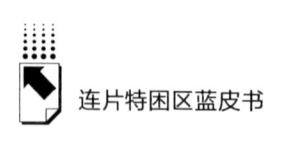

续表

片区名称	居住竹草土坯房的农户比重（%）	使用管道供水的农户比重（%）	使用经过净化处理自来水的农户比重（%）	独用厕所的农户比重（%）	炊用柴草的农户比重（%）	汽车（辆/百户）	洗衣机（台/百户）	电冰箱（台/百户）	移动电话（部/百户）	计算机（台/百户）
秦巴山片区	2.6	93.1	50.3	98.4	52.3	15.7	93.5	90	265.9	17.5
武陵山片区	0.3	91.5	55.3	98	36.3	18.5	92.7	99.9	283.1	22.7
乌蒙山片区	2.6	91.2	37	92.9	13.4	14.8	92.3	68.7	281.1	6.7
滇桂黔石漠化片区	0.1	91.5	57.5	97	24.6	24.2	93.1	98.3	311.1	15.6
滇西边境片区	0.7	88	51.3	89.5	43.7	22.6	83.6	87.9	295.8	8.8
大兴安岭南麓山片区	4.5	85.1	73.9	99.6	74.4	20	92.5	93.7	219.5	15.4
燕山-太行山片区	1.7	82.4	48.1	98.7	23.1	21	90.8	90	216	19.6
吕梁山片区	1.4	91.2	60.6	95.6	20.7	12.3	85.8	77.6	210.7	14.4
大别山片区	0	92.9	74.9	96.9	35	21.1	88.9	99.2	263.5	21.4
罗霄山片区	0.2	80.7	47.4	94.4	36.6	19.9	71	96.4	284.7	22
西藏片区	0.9	68.8	39.4	81.3	55.5	32.5	78.8	77.8	258	4.6
涉藏工作重点省	3.3	78.8	40.9	90.2	36.6	36.2	89.5	86	266.2	9.4
新疆南疆三地州	0	94.1	89.3	99	43.5	11.6	96.2	98.9	203.6	2.8

资料来源：整理自《中国农村贫困监测报告》（2012～2020），中国统计出版社，2012～2020。

三 连片特困区的乡村发展：脱贫、重构转型与振兴

连片特困区的脱贫攻坚成效不仅体现在前文分析的五个方面，更重要的是促进了片区乡村的重构转型，为乡村振兴创建了更好的基础和条件。但相对于一般的脱贫地区而言，连片特困区的乡村现代化依然面临以"边缘性、脆弱性、衰败性"为主要特征的发展难题，这多由乡村地域系统发展过程中经济、社会、自然等要素缺乏或组合失调引起，是乡村地域系统中人地关

系陷入矛盾冲突的结果。① 因此，巩固拓展脱贫攻坚成效、接续全面推进乡村振兴是片区脱贫后面临的首要任务，而把握脱贫攻坚、乡村重构转型与乡村振兴之间的内在规律，创建"人业地"协同的新型乡村地域系统则是完成该任务的前提和关键。

（一）脱贫攻坚加速乡村重构

连片特困区是贫困相对集中区，区域内的贫困主体"人"受到自然条件恶劣、区位劣势明显、交通条件较差等"地"的制约，加剧了物质资本、人力资本、社会资本等生计资本短缺，同时受制于生产性服务发展滞后，资本难以实现有效转化，进一步导致产业规模小、形式传统单一、缺乏市场竞争力、技术水平低、区域交换系统不健全等"业"的落后，陷入区域"人业地"要素严重缺失、结构严重失衡、功能严重退化的贫困陷阱。精准扶贫方略作为新时期脱贫攻坚的根本方略，是一种强有力的外部干预和调控，也是一揽子系统性干预工程，该方略通过政治势能、市场链接和精英带动，助推贫困乡村加速重塑经济、社会、空间结构，增强内生发展动力，摆脱贫困陷阱，创建新的"人业地"耦合协调的良性发展均衡（见图8）。

具体来讲，精准扶贫方略形成了"四支队伍""四个切实""五个一批""六个精准""十项工程"② 等精准帮扶工作机制和方法。其中，"四个切实"集中回答了"如何干"的问题，为精准施策、扶贫到位指明了方向，"四支队伍"通过派驻第一书记，组建扶贫工作队，干部包村，盘活"村、

---

① 周扬、郭远智、刘彦随：《中国县域贫困综合测度及2020年后减贫瞄准》，《地理学报》2018年第8期，第1478~1493页。
② 以上为精准帮扶工作机制的简称。"四支队伍"指第一书记（兼任驻村工作队长）、驻村工作队、镇办包村干部、村"两委"成员；"四个切实"指切实落实领导责任制、切实做到精准扶贫、切实强化社会合力、切实加强基层组织建设；"五个一批"指发展生产脱贫一批、易地搬迁脱贫一批、生态补偿脱贫一批、发展教育脱贫一批、社会保障兜底一批；"六个精准"指对象精准、项目安排精准、资金使用精准、措施到位精准、因村派人精准、脱贫成效精准；"十项工程"指干部驻村帮扶、职业教育培训、扶贫小额信贷、易地扶贫搬迁、电商扶贫、旅游扶贫、光伏扶贫、构树扶贫、致富带头人创业培训、龙头企业带动。

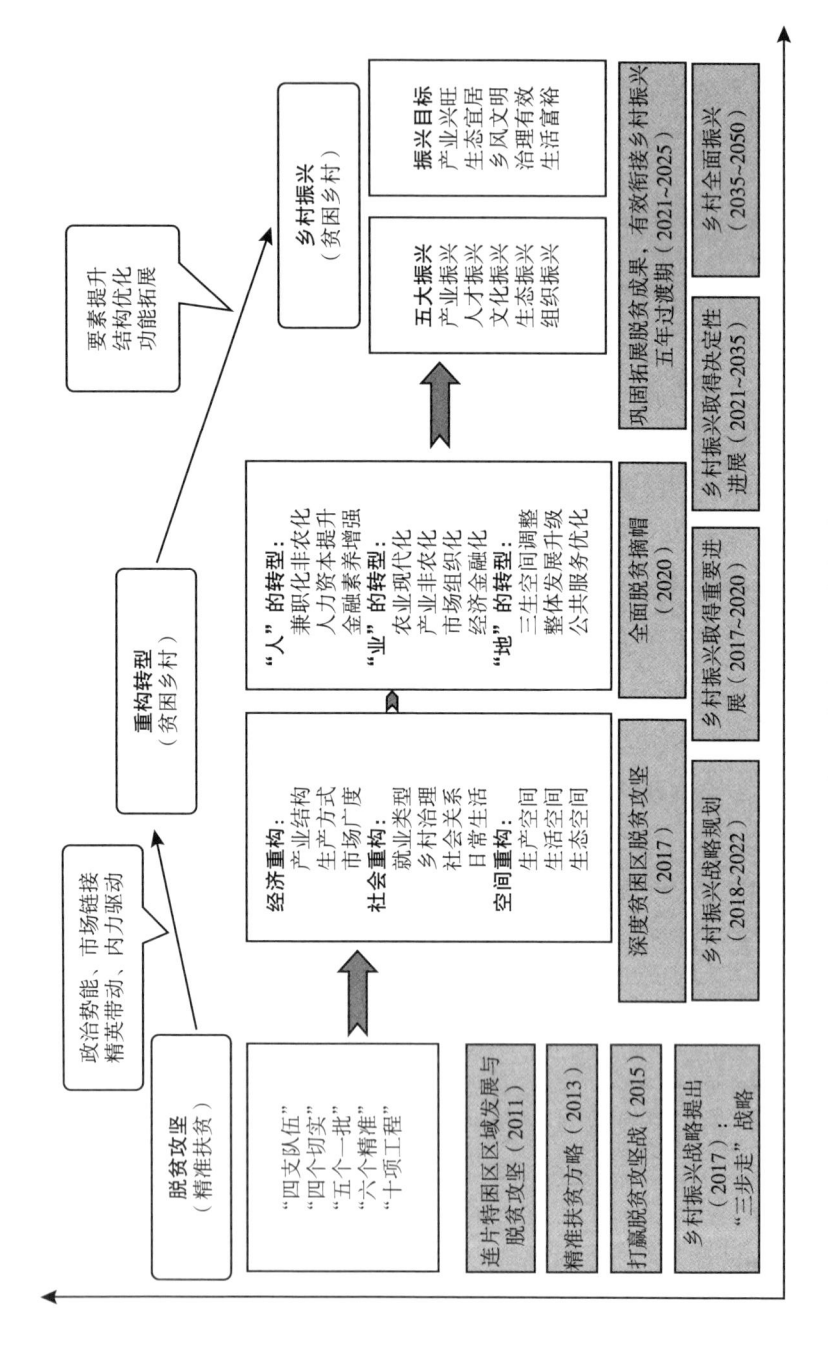

图8 脱贫攻坚与乡村振兴内在逻辑关系

支两委"班子等帮扶力量下沉,一方面依托政治势能强化基层组织建设和保证扶贫措施有序实施,另一方面借助外部精英提升乡村治理和公共服务能力,重塑社会关系和乡村治理方式,助推贫困乡村社会重构,并为经济重构、空间重构增强主体力量。"五个一批"是从精准识别个体、村域、县域、区域致贫因素出发,实现"大水漫灌"扶贫开发方式向因地制宜、分类施策的"精准滴灌"扶贫开发方式转型的具体途径,即通过发展生产、发挥市场机制的作用引导产业结构优化,通过易地搬迁弥补地理区位的劣势创建新的生产空间和生活空间,通过生态补偿保护脆弱生态环境走绿色可持续发展道路,通过发展教育提升人力资本消除贫困代际传递,通过社会保障兜底打通脱贫攻坚"最后一公里"。"五个一批"以"三生"空间为主体,不断优化生产空间、改善生活空间、美化生态空间,加速空间重构,助推经济与社会重构。"十项工程"则依托扶贫小额信贷、电商扶贫、旅游扶贫、光伏扶贫、致富带头人创业培训、龙头企业带动等集聚要素资源,支持贫困地区产业发展,同时,"六个精准"聚焦提升政策、资金等扶贫资源使用效率,创建发展优势和升级产业结构,助推乡村经济重构,并为社会、空间重构提供产业基础。

(二)乡村重构推进乡村转型

乡村重构是一个"为适应乡村内部要素和外部调控的变化,通过优化配置和有效管理影响乡村发展的物质和非物质要素,重构乡村社会经济形态和优化地域空间格局,以实现乡村地域系统内部结构优化、功能提升以及城乡地域系统之间结构协调、功能互补的过程"[1],包括经济重构、社会重构和空间重构。乡村转型是乡村地域系统的要素、结构、功能在外部发展环境和内部发展要素发生变化和重组驱动下发生相应转变[2],涵盖农村产业发展

---

[1] 龙花楼、屠爽爽:《乡村重构的理论认知》,《地理科学进展》2018年第5期,第581~590页。
[2] 马晴、程明洋、刘彦随:《多功能视角的贫困村转型发展与乡村振兴路径研究——以重庆市茶山村为例》,《地域研究与开发》2021年第3期,第151~156+168页。

模式、村镇空间组织结构、就业方式、工农关系和城乡差距等方面的转变，产业转型、土地转型和人口转型是乡村转型的重要组成部分。二者的区别在于，乡村重构的本质是一种结构变化，是由社会、经济、空间相互联系和作用形成的乡村发展系统的要素重组和关系重塑；乡村转型的本质是一种性质变化，是指一定乡村地域中人口、土地、产业等要素重组和关系重塑催生的地域功能变化，是乡村重构的结果。① 二者的联系是，以精准扶贫方略为抓手的脱贫攻坚通过加速乡村由"量变"向"质变"重构，推进乡村转型。

乡村"人"的重构转型上，脱贫攻坚通过精英带动为贫困乡村提供人才和智力支持，帮助重塑乡村社会治理结构，并为经济重构与空间重构提供良好的社会环境。同时，经济重构提升了经济活动的组织化、市场化程度，空间重构打破了熟人社会、宗族关系等传统社会关系网络，乡村社会组织结构在脱贫攻坚的有序推进下面临解构与重组。作为外部帮扶力量，扶贫干部、企业、社会组织、易地搬迁社区和扶贫车间，通过嵌入贫困乡村产业体系、社会关系网络，既丰富了贫困乡村的发展资源，又潜移默化地影响其社会关系、治理方式与生活状态。一方面，扶贫队伍与扶贫企业融入乡村社会，影响村民的日常生活，重构社会关系。企业与合作社作为乡村扶贫产业的发展主体，它们的员工不仅具有较高的人力资本、金融素养、技术能力，还通过利益联结机制带动乡村集体经济发展，调动村民的积极性，塑造了新型的社会关系网。另一方面，脱贫攻坚中的帮扶干部、扶贫企业（合作社）员工、村民等以利益相关者的身份融入乡村治理体系之中，提升了村民参与乡村治理与乡村发展的理念和能力。此外，"企业+合作社"等扶贫产业发展模式通过增加非农就业岗位，传播现代企业理念、团队文化，引导返乡创业新乡贤以及培育本土精英等，带动贫困乡村"人"的跨越式发展。可见，脱贫攻坚以帮扶精英为主体，嵌入乡村社会，刺激乡村治理结构转型，通过产业化和利益联结机制提升贫困人口人力资本和各方面素养，协同经济、空

---

① 高俊、王灵恩、黄巧：《边境旅游地乡村转型及可持续发展路径——云南打洛口岸地区的民族志研究》，《地理研究》2020年第10期，第2233~2248页。

间和社会重构，推进了乡村"人"的转型。

乡村"业"的重构转型上，脱贫攻坚依托市场链接充分发挥市场主体和市场机制在贫困乡村产业发展中的核心作用，推进乡村经济向多元化、组织化和市场化转型，并为空间重构与社会重构奠定物质基础。一是"三变改革"与"三权分置"① 激活了土地要素，扶贫小额信贷、电商扶贫、新型经营主体扶持等增强了市场链接能力，助推了农村人力资本、新技术、新资本等要素结合，提升了乡村经济的组织化程度，拓展了市场广度。二是产业扶贫助推了"互联网+农业""旅游+农业""生态+农业"等多产业融合的新业态、新模式的成长，重塑了农村的产业体系，优化了乡村的产业结构。三是精准考核调动了各方的积极性，为乡村经济重塑注入市场元素，完善了贫困地区的市场组织和市场结构，充分发挥了市场的基础性作用，打通了乡村发展中"走出去"与"引进来"的双向通道。四是脱贫攻坚政策资金与社会资本结合弥补了贫困乡村的资本缺口，建立了金融精准扶贫的组织体系和产品体系，提高了乡村经济的金融化水平，激活了区域性市场交换活力。五是精英帮扶与农民职业技能培训弥补了贫困地区高等级人力资本缺乏的不足，致富带头人、东西协作等重塑了乡村产业经营模式，延伸了乡村产业链，创造更多非农就业岗位，农户生计选择更趋多元化。六是技术下乡、电商下乡等政策，推动了农业品种选育、耕作技术支持、销售平台搭建等创新，提升了乡村发展的技术水平，转变了乡村的生产方式。总之，脱贫攻坚通过助推乡村产业发展中要素重组、产业结构优化、市场功能强化，加速了贫困乡村经济重构，也推进了乡村"业"的转型。

乡村"地"的重构转型上，脱贫攻坚的政治势能为乡村地域系统生活、生产、生态空间重构转型提供了强力支撑，进而为经济与社会重构奠定了空间基础。一是针对贫困乡村聚落空间分散现象，结合自然环境、社会经济发

---

① 农村"三变改革"即"资源变资产、资金变股金、农民变股民"，最初在贵州六盘水乡村先行探索，后经中央总结经验全国推广；农用地"三权分置"即"所有权归集体，承包权归农户，经营权可以市场化流转"，宅基地"三权分置"即"所有权归集体，资格权归农户，使用权可以市场化流转"。

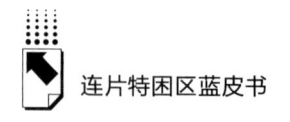

展、交通条件等，通过易地搬迁、交通扶贫等提升空间集聚、土地资源利用效率和社会公共资源可获得性，优化生活空间。二是针对土地资源"散乱空"的现状，结合地方发展实际，整治荒地、流转可耕土地、复垦闲置宅基地等，整治农地碎片化经营模式，实现基本农田和生产用地的集约化、规模化，引导产业集聚、集中和集约发展，推进乡村生产空间重构转型。三是针对乡村"脏乱差"、土地无序开发、生态环境破坏等问题，通过生态扶贫、生态补偿等，推进乡村产业绿色发展、生产生活废物治理以及农村生态系统修复，为乡村的生产生活提供优质生态空间。综上，在脱贫攻坚尤其是精准扶贫方略的驱动下，贫困乡村的生活、生产、生态空间加速重构，也为乡村经济、社会重构提供了合理高效的空间，反过来，经济重构和社会重构为空间重构中的农户搬迁、土地复垦和社区配套完善等提供了资金和服务支撑，进一步提高了乡村整体发展和公共服务水平，推进乡村"地"的转型。

（三）乡村转型支撑乡村振兴

脱贫攻坚与精准扶贫是面向贫困农户、乡村和区域的针对性战略选择，连片特困区是该战略实施的主战场，乡村振兴战略则是面向新时代区域发展不平衡不充分与人民对美好生活向往之间的主要矛盾，实现农业农村现代化发展的更长远的战略，面向全国所有的乡村地区。二者在时空上具有一致性、互补性和顺承性，这在连片特困区中表现得更为突出。脱贫攻坚阶段，以精准扶贫方略为根本的脱贫攻坚举措面向自然禀赋较差的区域、经济滞后的县域、贫穷落后的村域、不同原因致贫的农户，旨在稳定实现农村贫困人口"不愁吃、不愁穿"（两不愁）和保障其"义务教育、基本医疗、住房安全"（三保障），满足贫困人口基本的生存生活需求。乡村振兴阶段，则聚焦"三农"工作重点和实现乡村可持续发展，旨在通过优先发展农业农村增强乡村发展内生动能和重塑农村发展的造血机制，提高农业劳动生产效率和推动城乡融合，进而实现农业农村现代化。伴随脱贫攻坚和乡村振兴战略实施的是乡村加速重构和转型，这既是两大战略实施的成效，反过来又进一步支撑战略的实施和升级。对于在脱贫攻坚阶段是主战场、乡村振兴阶段是难点区域的连片特困区而言，巩固拓展脱贫攻坚成果同乡村振兴有效衔接是当前的重中之重，而乡村重构转型将为二者有效衔接和乡村振兴提供重要支撑。

在脱贫攻坚的政治势能、市场链接和精英带动等系统干预下，贫困乡村的经济、社会、空间进行了重构，初步实现了"人业地"关系重组转型，一定程度上补充了贫困乡村的短缺要素，优化了发展结构，提升了整体系统功能，正朝着农业农村现代化转型之路前进。这一转型将从要素提升、结构优化、功能拓展三大方面支撑乡村振兴。

要素提升支撑方面，乡村振兴阶段对作为乡村发展主体和最关键要素的"人"提出了更高的要求，如需要更多"懂农业、爱农村、爱农民"的"三农"工作队伍、新型农业经营主体、新乡贤、返乡创业青年等。伴随脱贫攻坚战略实施，农户在兼职化非农化过程中，提升了人力资本、增强了金融素养，这种内部传统要素的"提质升级"充实了乡村振兴的本土人才队伍。同时，在"政策制度派人、产业发展留人、教育培训强人、美好乡村引人"的支持下，人才下沉流动进一步壮大了乡村建设的外来人才队伍，并且在基层组织强化和乡村治理转型中，人才的组织化程度不断提升，发展合力得以强化。而在"人"这一核心要素的引导下，资本、技术等其他高等级发展要素又向乡村集聚、融合，进而为乡村产业振兴、组织振兴、人才振兴、文化振兴以及生态振兴提供要素支撑。结构优化支撑方面，产业兴旺是乡村振兴的基础，也是乡村振兴的核心驱动力和根本途径，只有产业实现稳定发展，乡村发展才具有可持续性，生活富裕、生态宜居、乡风文明、治理有效才有基础。脱贫攻坚通过产业扶贫、乡村经济重构、空间重构，为乡村产业振兴奠定了基础。一方面，产业结构优化、生产方式转变、市场组织化、经济金融化①等经济活动转型，为乡村一、二、三产业融合发展，实现农业现

---

① 本文中的"经济金融化"是指乡村经济活动中金融服务（如信贷支持）的参与程度，参与程度越高，代表经济金融化程度越高。

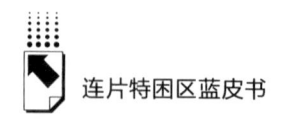

代化和产业振兴创造了条件。另一方面，生产、生活和生态"三生"空间重构，在优化空间布局的同时，提升了空间效率，既为已有生产、生活、生态活动提供了有效的载体，也为引入新技术、新平台，发展新产业，实现绿色可持续发展提供了支撑。功能拓展支撑方面，乡村振兴要实现"农村美、农业强、农民富"的农业农村现代化发展目标，则既要留住乡愁、承载文明乡风，还要提供良好的生态保障，这就要求乡村是一个承载多功能的地域系统。在城乡关系变迁和脱贫攻坚的推动下，乡村转型与城乡融合同行。三产融合的产业转型拓展了乡村的文旅休闲功能，"三生"空间重构强化了乡村的生态保障功能，传统文化的传承和弘扬提升了乡村的文化功能，现代农业产业的发展夯实了乡村的生产功能，基层组织建设和乡村治理转型提升了乡村的人才培养功能。而这些功能的强化和拓展，又为乡村的人才振兴、产业振兴、组织振兴、生态振兴和文化振兴提供了有力的支撑。

总之，对于连片特困区的乡村而言，脱贫攻坚加速乡村重构，乡村重构推进乡村转型，乡村转型支撑乡村振兴，显然，伴随脱贫攻坚和乡村振兴战略的实施，贫困乡村将不断重构和转型，直至乡村全面振兴。

四 连片特困区乡村转型进展及比较

（一）指标设定、资料来源及权重计算

为更好地测度脱贫攻坚中连片特困区乡村转型进展，结合现有研究和数据的可获得性，构建包含3个一级指标、9个二级指标、13个三级指标的乡村转型测度指标体系。其中：一级指标为"人"的转型（H）、"业"的转型（I）、"地"（社会环境）的转型（E）；二级指标包括兼职化非农化（H1）、人力资本提升（H2）、金融素养增强（H3）、产业非农化（I1）、农业现代化（I2）、市场组织化（I3）、经济金融化（I4）、整体发展水平（E1）、公共服务优化（E2）。同时，"地"的转型还包括自然环境方面的"三生"空间调整，但受数据限制，本文暂不考虑，而是重点关注社会环境

方面的变化。

资料来源于 2012~2020 年的中国区域统计年鉴和各县市区国民经济和社会发展统计公报。由于统计口径在 2013 年发生变化,兼职化非农化(H1)、农业现代化(I2)、公共服务优化(E2)① 3 个二级指标在 2013 年前后使用不同的代理变量,不能直接比较。为了解决这一问题,分 2011~2012 年、2013~2019 年两个阶段进行测度和比较分析。同时,为了消除变量间量纲差异,采用极差标准化法对原始数据进行标准化处理,公式如下。

$$y_i = \frac{x_i - \min\limits_{1 \leqslant j \leqslant n}\{x_j\}}{\max\limits_{1 \leqslant j \leqslant n}\{x_j\} - \min\limits_{1 \leqslant j \leqslant n}\{x_j\}} \tag{1}$$

其中,y_i 是第 i 个样本极差标准化后的数值,x_i 为第 i 个样本的实际值,$\max\limits_{1 \leqslant j \leqslant n}\{x_j\}$ 为样本中的最大值,$\min\limits_{1 \leqslant j \leqslant n}\{x_j\}$ 为样本中的最小值。经过标准化之后,数值都介于 0~1 之间。数值越趋于 1,说明指标水平越高,数值越趋于 0,说明指标水平越低。此外,本文运用层次分析法进行权重确定,权重结果由 yaahp10.3 计算得到。具体权重见表 14。

表 14 乡村转型度指标及权重

转型维度	转型维度权重	转型指标	转型指标权重	指标度量	指标度量权重
"人"的转型(H)	0.3274	兼职化非农化(H1)	0.1097	非农人口占比:年末总人口与乡村农业从业人口之差/年末总人口或户籍人口(2013 年前);二、三产业从业人口/年末总人口或户籍人口(2013 年后)	0.1097
		人力资本提升(H2)	0.1343	每万人中学生人数占比:普通中学在校人数/户籍人口	0.1343
		金融素养增强(H3)	0.0807	人均年末贷存比:人均年末金融机构贷款余额/人均居民储蓄存款余额	0.0807

---

① 2013 年前每万人医疗机构床位数缺失,故在 2011 年、2012 年的测算中未包含该三级指标。

续表

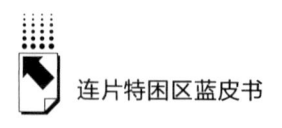

转型维度	转型维度权重	转型指标	转型指标权重	指标度量	指标度量权重
"业"的转型（I）	0.4875	产业非农化（I1）	0.1197	非农产业产值占比：二、三产业产值/GDP	0.1197
		农业现代化（I2）	0.1583	农业机械动力（2013年前）：农业机械总动力（万千瓦特）/第一产业增加值（万元）设施农业面积占比（2013年后）：设施农业占地面积（公顷）/第一产业增加值（万元）	0.1583
		市场组织化（I3）	0.1365	每万人规模以上工业企业数	0.1365
		经济金融化（I4）	0.0730	人均年末金融机构各项贷款余额：年末金融机构各项贷款余额（万元）/户籍人口（万人）	0.0730
"地"的转型（E）	0.1878	整体发展水平（E1）	0.1144	人均GDP	0.0433
				人均一般公共预算收入	0.0333
				人均一般公共预算支出	0.0442
		公共服务优化（E2）	0.0734	每万人社会福利单位数	0.0233
				每万人社会福利床位数	0.0192
				每万人医疗机构床位数（2013年后）	0.0245

资料来源：指标权重基于专家访谈由yaahp10.3计算得到。

（二）乡村转型度测算与分析①

1. 片区整体层面乡村转型进展

从片区整体层面乡村转型及其各维度来看（见图9），2014～2019年片区乡村整体以及"人业地"三个维度的转型度指数均呈逐年上升的趋势。

---

① 由于2014年精准扶贫方略正式实施（2013年11月提出）且2014年以前县域数据相关指标统计不全、口径变换，为使得在片区层面可比较，该部分将研究期间设定为2014～2019年。同时，由于西藏片区、涉藏工作重点省和新疆南疆三地州县域数据缺失严重，该部分仅研究除这3个片区之外的11个片区。此外，由于乡村转型度指标体系构建中受数据可得性的影响，指标体系还不够全面，个别指标选择的代理变量也不够科学合理，这将在一定程度上影响结果的可靠性，但通过多方交叉验证后，发现结果总体可靠且具有显著的现实意义。

具体来说，2014~2019年乡村转型度从0.269上升到0.323，乡村"人"的转型度从0.327上升到0.362，乡村"业"的转型度从0.261上升到0.306，乡村"地"的转型度从0.191上升到0.298。"人业地"的转型程度依次递减。但从转型速度（转型度的变化率）来看，三个维度的转型速度恰好反过来，"地"的转型速度最快，年均增速为9.29%，其次是"业"的转型速度，年均增速为3.27%，"人"的转型速度最慢，年均增速为2.03%。乡村整体转型速度则为年均3.68%。可见，在精准扶贫方略等脱贫攻坚举措驱动下，连片特困区乡村不仅取得了显著的直接脱贫成效，而且加速了贫困乡村的转型。在乡村转型度中，"人"的转型贡献度最大，"业"的转型贡献度次之，"地"的转型贡献度正日趋增强，但片区整体乡村转型依旧处于较低的水平。

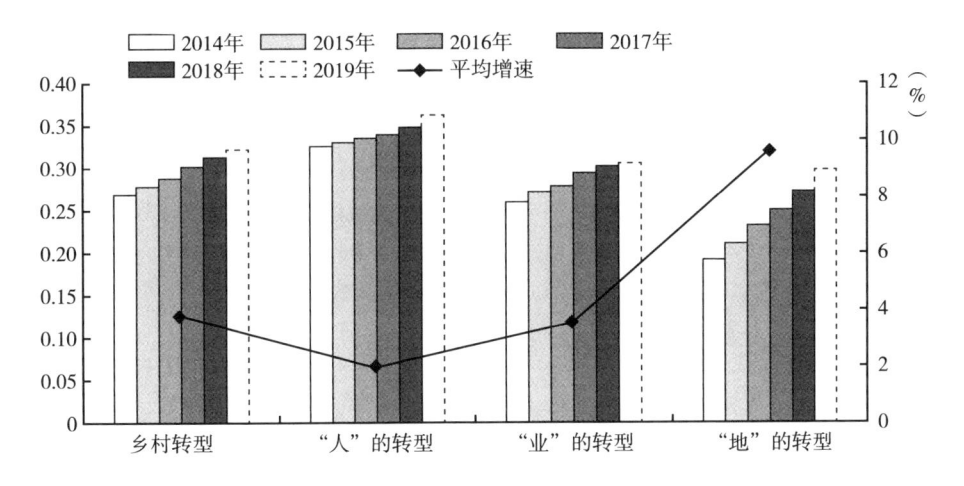

图9　2014~2019年片区整体乡村转型及其各维度指数及平均增速情况

资料来源：基于《中国县域统计年鉴》（2012~2020）相关指标计算获得。

2. 分片区层面乡村转型比较

从分片区乡村转型度比较来看（见表15），11个片区的乡村转型度总体偏低，且差距较大。2014~2019年乡村转型度平均水平仅分别为0.269、0.280、0.288、0.301、0.311、0.323，其中六盘山片区、武陵山片区、乌蒙山片区、滇桂黔石漠化片区乡村转型度较低，而罗霄山片区、燕山-太行山片区、大兴安岭南麓山片区、大别山片区乡村转型度相对较高。2019年，六盘山片区乡村转型度最低，仅为0.163，罗霄山片区最高，为0.436，相差近2倍。除六盘山片区和大兴安岭南麓山片区在2018～2019年略有下降以外，其余片区乡村转型度在研究期间均呈上升趋势。可见，脱贫攻坚10年期间，大部分片区的乡村开始有序转型，部分片区乡村转型成效较为明显，如罗霄山片区、大别山片区2019年乡村转型度已超过或接近0.4的相对较高水平。

表15 2014～2019年各片区乡村转型度变化及排名

片区名称	2014年 乡村转型度	排名	2015年 乡村转型度	排名	2016年 乡村转型度	排名	2017年 乡村转型度	排名	2018年 乡村转型度	排名	2019年 乡村转型度	排名
六盘山片区	0.157	11	0.161	11	0.166	11	0.183	11	0.177	11	0.163	11
秦巴山片区	0.266	6	0.275	6	0.286	5	0.307	5	0.318	5	0.324	6
武陵山片区	0.216	10	0.226	10	0.237	10	0.251	10	0.263	10	0.272	10
乌蒙山片区	0.249	9	0.258	9	0.266	9	0.277	8	0.291	8	0.318	8
滇桂黔石漠化片区	0.260	7	0.261	8	0.266	8	0.274	9	0.281	9	0.282	9
滇西边境片区	0.257	8	0.273	7	0.283	6	0.294	6	0.310	6	0.322	7
大兴安岭南麓山片区	0.343	1	0.363	1	0.363	2	0.346	4	0.346	4	0.331	4
燕山-太行山片区	0.307	3	0.315	3	0.324	4	0.352	2	0.371	2	0.376	3
吕梁山片区	0.275	5	0.279	5	0.271	7	0.288	7	0.296	7	0.328	5
大别山片区	0.302	4	0.314	4	0.327	3	0.348	3	0.355	3	0.395	2
罗霄山片区	0.330	2	0.351	2	0.378	1	0.391	1	0.412	1	0.436	1
均值	0.269		0.280		0.288		0.301		0.311		0.323	

资料来源：基于《中国县域统计年鉴》（2012～2020）相关指标计算获得。

从乡村转型速度来看（见图10），2014～2019年除个别片区在个别年份乡村转型度指数出现下降外，大部分片区均表现出逐年增长的趋势。因而，乡村转型度变化率均值在每一年份均为正值，且基本维持在4%左右，2014年、2017年分别达到4.48%、4.94%，2016年最低，为2.95%。可见，脱贫攻坚10年期间，大部分片区乡村呈现较快的稳定转型势头。

图例		
六盘山片区	秦巴山片区	武陵山片区
乌蒙山片区	滇桂黔石漠化片区	滇西边境山片区
大兴安岭南麓山片区	燕山-太行山片区	吕梁山片区
大别山片区	罗霄山片区	平均

图10 2014～2019年各片区乡村转型度变化率

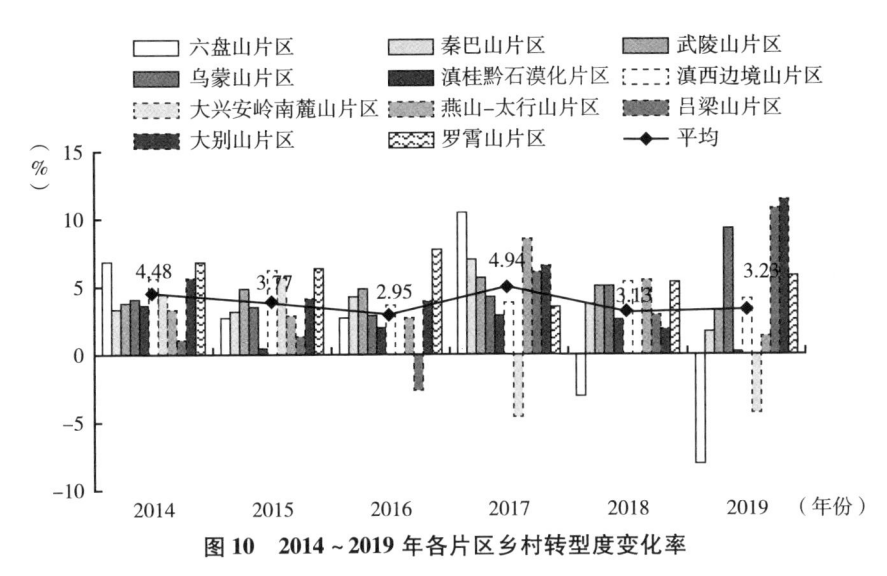

资料来源：基于《中国县域统计年鉴》（2012～2020）相关指标计算获得。

3. 分片区层面乡村"人"的转型比较

2014～2019年各片区乡村"人"的转型度均值（见表16）分别为0.327、0.331、0.336、0.340、0.351、0.362，呈现不断增长的趋势，增幅为10.70%。在所有片区中，大兴安岭南麓山片区的转型度最高，从2014年的0.425增长到2019年的0.450，而六盘山片区的转型度最低，2014～2019年分别为0.120、0.125、0.128、0.137、0.134、0.125，与大兴安岭南麓山片区相差悬殊，并呈"先升后降"的倒U形轨迹。此外，转型度较低的还有滇西边境片区、滇桂黔石漠化片区、武陵山片区，而乌蒙山片区、燕山-太行山片区则相对较高。可见，各片区乡村"人"的转型进展不一，存在较大差异。六盘山片区等在乡村振兴阶段要继续加大人力资本、社会治理方面的投入，加快推进乡村"人"的转型。

分片区层面乡村"人"的转型度变化率（见图11）进一步表明，2014～2019年片区总体上呈现每年正增长的趋势，但是增长幅度不大，平均增长速度基本为2%左右，并呈"先降后升再降"的特点，即2014年平均增长率最高，达到3.24%，2015年、2016年增长率下滑，分别为1.54%、1.45%，2017年、2018年再度上升，分别达到1.86%、2.92%，2019年回

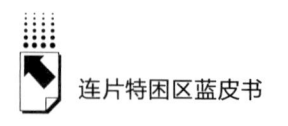

表16 2014~2019年各片区"人"的转型度变化及排名

片区名称	2014年		2015年		2016年		2017年		2018年		2019年	
	"人"的转型度	排名	"人"的转型度	排名	"人"的转型度	排名	"人"的转型度	排名	"人"的转型度	排名	"人"的转型度	排名
六盘山片区	0.120	11	0.125	11	0.128	11	0.137	11	0.134	11	0.125	11
秦巴山片区	0.351	6	0.352	5	0.359	6	0.366	6	0.377	5	0.370	7
武陵山片区	0.283	9	0.293	9	0.303	9	0.305	9	0.311	9	0.333	8
乌蒙山片区	0.390	3	0.404	2	0.399	2	0.402	2	0.428	2	0.446	2
滇桂黔石漠化片区	0.310	8	0.308	8	0.309	8	0.309	8	0.328	8	0.328	9
滇西边境片区	0.253	10	0.267	10	0.266	10	0.270	10	0.278	10	0.297	10
大兴安岭南麓山片区	0.425	1	0.464	1	0.478	1	0.445	1	0.445	1	0.450	1
燕山-太行山片区	0.364	4	0.354	4	0.365	5	0.395	3	0.420	3	0.436	3
吕梁山片区	0.414	2	0.380	3	0.367	4	0.361	7	0.373	6	0.389	6
大别山片区	0.362	5	0.352	6	0.349	7	0.368	5	0.370	7	0.402	4
罗霄山片区	0.325	7	0.342	7	0.368	3	0.382	4	0.396	4	0.400	5
均值	0.327		0.331		0.336		0.340		0.351		0.362	

资料来源：基于《中国县域统计年鉴》（2012~2020）相关指标计算获得。

落到2.62%。这种波动与部分片区在相应年份出现负增长有关，可见，少数片区要确保乡村"人"的转型稳定，要保持支撑乡村"人"的转型相关政策和举措的持续性，确保过渡期内"四个不摘"要求落实到位。

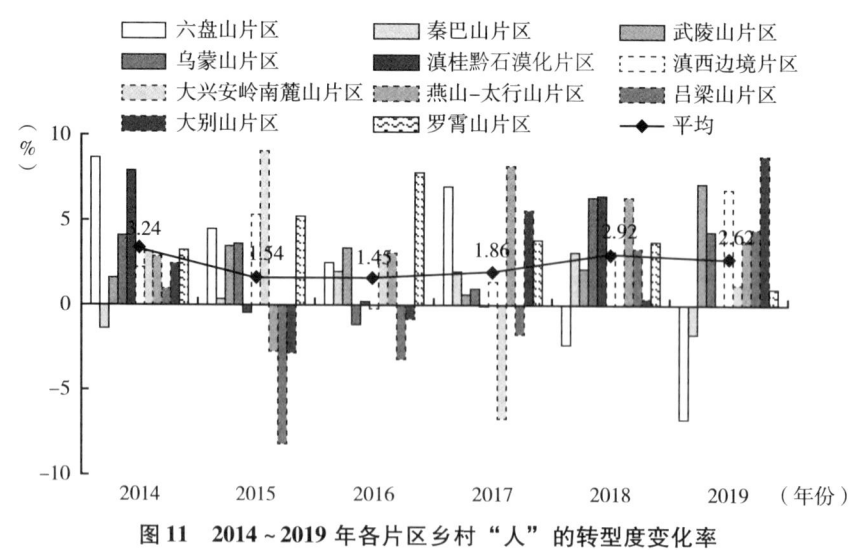

图11 2014~2019年各片区乡村"人"的转型度变化率

资料来源：基于《中国县域统计年鉴》（2012~2020）相关指标计算获得。

4. 分片区层面乡村"业"的转型比较

2014~2019年各片区乡村"业"的转型度均值（见表17）分别为0.261、0.272、0.278、0.294、0.300、0.306，呈现不断增长的趋势，增幅为17.24%。在所有片区中，罗霄山片区乡村"业"的转型度最高，2014~2019年分别为0.368、0.386、0.405、0.420、0.443、0.472，均为各年各片区的最高值；乌蒙山片区"业"的转型度最低，2014~2019年分别为0.179、0.181、0.194、0.206、0.209、0.234，与罗霄山片区的差距悬殊。此外，转型度较低的还有武陵山片区、六盘山片区，燕山-太行山片区、大别山片区转型度则较高。可见，各片区乡村"业"的转型分化明显。

表17　2014~2019年各片区"业"的转型度变化及排名

片区名称	2014年		2015年		2016年		2017年		2018年		2019年	
	"业"的转型度	排名	"业"的转型度	排名	"业"的转型度	排名	"业"的转型度	排名	"业"的转型度	排名	"业"的转型度	排名
六盘山片区	0.209	9	0.210	9	0.216	9	0.243	9	0.231	9	0.208	11
秦巴山片区	0.258	6	0.267	6	0.282	6	0.316	5	0.328	5	0.338	4
武陵山片区	0.182	10	0.187	10	0.196	10	0.215	10	0.228	10	0.225	10
乌蒙山片区	0.179	11	0.181	11	0.194	11	0.206	11	0.209	11	0.234	9
滇桂黔石漠化片区	0.255	7	0.251	8	0.251	7	0.262	8	0.261	8	0.256	8
滇西边境片区	0.285	4	0.300	5	0.313	4	0.323	4	0.342	4	0.337	5
大兴安岭南麓山片区	0.306	3	0.317	3	0.303	5	0.287	6	0.287	6	0.263	7
燕山-太行山片区	0.315	2	0.330	2	0.331	2	0.345	3	0.349	2	0.343	3
吕梁山片区	0.230	8	0.262	7	0.246	8	0.274	7	0.270	7	0.312	6
大别山片区	0.281	5	0.304	4	0.323	3	0.346	2	0.348	3	0.380	2
罗霄山片区	0.368	1	0.386	1	0.405	1	0.420	1	0.443	1	0.472	1
均值	0.261		0.272		0.278		0.294		0.300		0.306	

资料来源：基于《中国县域统计年鉴》（2012~2020）相关指标计算获得。

分片区层面乡村"业"的转型度变化率（见图12）进一步表明，2014~2019年片区总体上保持每年正增长的趋势，但增长速度波动较大，个别年份出现负增长的片区较多。2014~2016年，片区乡村"业"的转型平均增长率由4.49%降至2.34%，2017年反弹，上升到研究期内最高的6.33%，

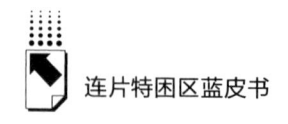

然后，2018年、2019年分别回落至1.63%、1.95%。可见，相对于分片区层面乡村"人"的转型而言，"业"的转型虽然有更高的增速，但波动性也更大，且在2017年达到顶峰后下降显著，这意味着片区乡村"业"的转型后劲不足，可持续性面临挑战。因而，乡村振兴阶段要在乡村产业市场化上继续发力，完善乡村三产融合和拓展产业链，优化特色产业发展模式，创造乡村"业"的转型新动能。

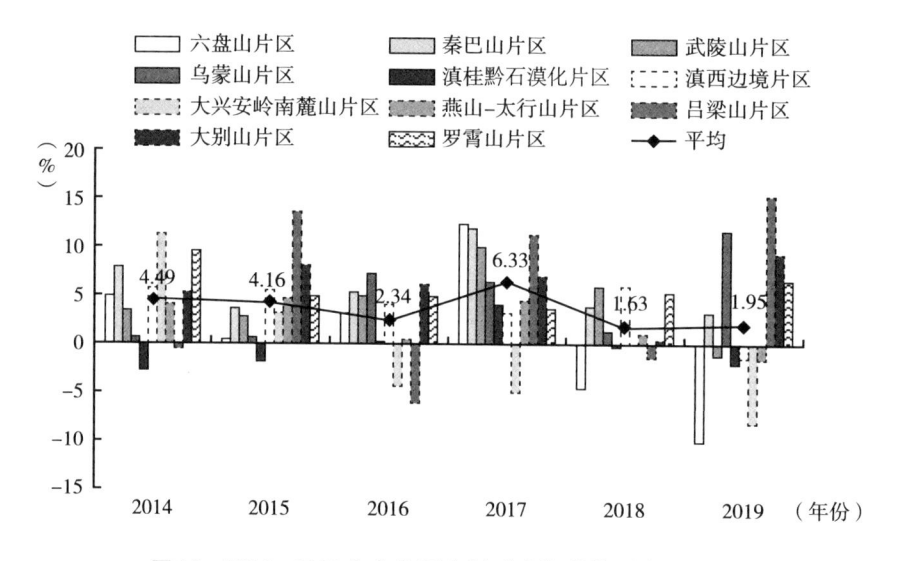

图12 2014~2019年各片区乡村"业"的转型度变化率

资料来源：基于《中国县域统计年鉴》（2012~2020）相关指标计算获得。

5. 分片区层面乡村"地"的转型比较

2014~2019年各片区乡村"地"的转型度均值（见表18）分别为0.191、0.210、0.232、0.251、0.272、0.298，转型度均值偏低，但是保持持续快速增长，增幅达56.02%，在乡村"人业地"三个维度中转型进展最快。所有分片区中，大别山片区、罗霄山片区、燕山-太行山片区转型度相对较高，特别是大别山片区在2019年达到0.421，为各片区历年最高值，2014~2019年增幅也高达67.06%；六盘山片区的转型度最低，2014~2019年分别为0.085、0.099、0.101、0.108、0.113、0.113，均为各年度所有片区中的最低值，秦巴山片区、吕梁山片区、滇桂黔石漠化片区的转型度也相对较低。可见，片区间乡村"地"的转型同样存在较大差异。

表18 2014~2019年各片区"地"的转型度变化及排名

片区名称	2014年 "地"的转型度	排名	2015年 "地"的转型度	排名	2016年 "地"的转型度	排名	2017年 "地"的转型度	排名	2018年 "地"的转型度	排名	2019年 "地"的转型度	排名
六盘山片区	0.085	11	0.099	11	0.101	11	0.108	11	0.113	11	0.113	11
秦巴山片区	0.143	10	0.161	9	0.173	9	0.181	10	0.194	10	0.207	10
武陵山片区	0.186	6	0.213	5	0.232	6	0.250	6	0.274	6	0.287	7
乌蒙山片区	0.188	5	0.207	7	0.223	8	0.246	8	0.268	7	0.316	5
滇桂黔石漠化片区	0.184	8	0.206	8	0.231	7	0.247	7	0.254	8	0.273	8
滇西边境片区	0.194	4	0.215	4	0.237	4	0.263	5	0.280	5	0.328	4
大兴安岭南麓山片区	0.297	1	0.306	1	0.319	2	0.327	2	0.327	4	0.299	6
燕山-太行山片区	0.185	7	0.211	6	0.237	5	0.294	4	0.346	3	0.360	3
吕梁山片区	0.149	9	0.147	10	0.171	10	0.198	9	0.232	9	0.265	9
大别山片区	0.252	2	0.277	2	0.300	3	0.319	3	0.346	2	0.421	1
罗霄山片区	0.237	3	0.273	3	0.324	1	0.333	1	0.362	1	0.406	2
均值	0.191		0.210		0.232		0.251		0.272		0.298	

资料来源：基于《中国县域统计年鉴》（2012~2020）相关指标计算获得。

分片区层面乡村"地"的转型度变化率（见图13）进一步表明，2014~2019年各片区乡村"地"的转型度平均变化率基本维持在10%左右，总体处于快速增长区间，出现负增长的年份和片区极少，但近年来增速有放缓的趋势，2015年达到增速峰值10.56%以后持续下滑，2018年降到最低点8.37%，2019年稍有反弹，上升至8.91%。这表明，一方面乡村"地"的转型是过去10年中片区乡村转型推进的主要动力，另一方面，脱贫攻坚阶段精准扶贫方略等举措在优化乡村生活、生产、生态空间，提升公共服务水平和地理资本方面成效显著。乡村振兴阶段，片区乡村"地"的转型仍有较大的提升空间，并将继续成为乡村转型的重要推力，对于六盘山片区等转型度较低的片区而言更是如此。

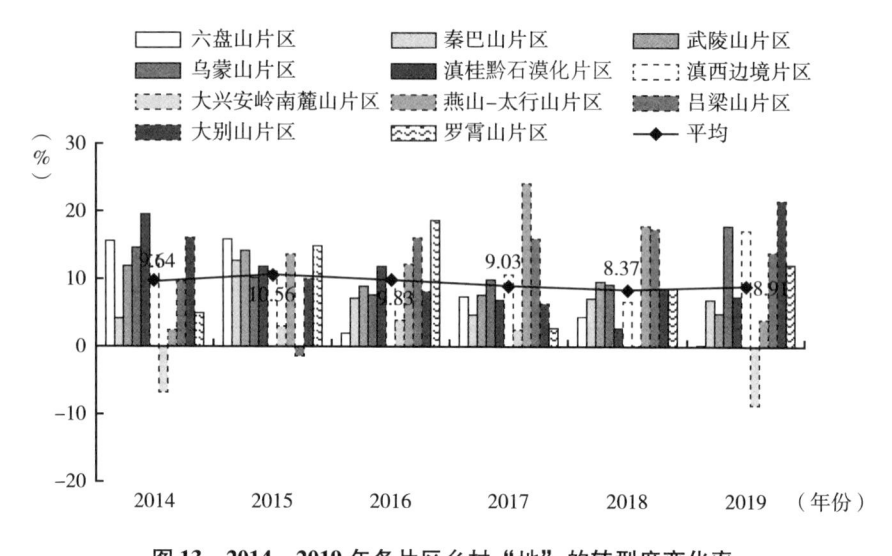

图 13　2014～2019 年各片区乡村"地"的转型度变化率

资料来源：基于《中国县域统计年鉴》（2012～2020）相关指标计算获得。

五　连片特困区乡村振兴展望

过去10年，连片特困区和全国一道取得了脱贫攻坚的全面胜利，680个贫困县全部摘帽，县域经济实力不断增强，农村居民的可支配收入和消费支出显著提升，收入和消费结构明显优化，乡村基础设施、居住条件和公共服务持续改善，绝对贫困问题根本消除，乡村重构转型取得一定进展。但片区整体经济发展依然滞后，收入和消费与全国平均水平的绝对差距仍在扩大，各片区内部差异显著，乡村转型度整体不高，相对贫困问题突出。因此，巩固拓展脱贫攻坚成果，持续推进乡村"人业地"重构与转型，优化乡村地域系统内部结构，提高乡村可持续发展能力，是全面推进乡村振兴的重要前提和根本保障。

（一）连片特困区乡村振兴面临的困境

1. 要素劣势明显，"人"的转型进展缓慢

一是城乡要素分割，流动面临壁垒。劳动力要素"进城"仍存在隐形

壁垒，连片特困区农村人口多以农民工形式向外流动，城市公共服务、教育资源和社会保障与户口绑定等制度问题及其衍生的生存压力制约了劳动力的流动，农民增收渠道有限。资本要素"下乡"也面临多重限制，城市资本下乡开发农村资源从事"非农化"经营受严格管控，或者面临投入大、风险高、收益低的农业产业发展难题，加之连片特困区农村金融发展滞后，金融产品单一、农民金融素养不高等，资本下乡十分谨慎。

二是高素质人才稀缺，振兴主体不强。连片特困区虽然取得了脱贫攻坚的全面胜利，但生存发展条件、区位条件不理想，义务教育质量不高，农户思想和技术相对落后，个人素养偏低以及劳动力大量外流仍是制约其发展的重要因素。"本地人才留不住，外地人才引不来"的双重困境致使片区人才培养及队伍建设举步维艰。"乡村振兴，人才为本"，高素质人才缺失，振兴主体不强，是巩固拓展脱贫攻坚成果的障碍，也对全面推进乡村振兴形成掣肘。

2. 结构升级缓慢，"业"的转型可持续性弱

一是扶贫产业自生能力有限，支撑能力弱。产业扶贫是实施精准扶贫方略的关键路径，有效促进了贫困地区的产业发展，但产业扶贫长效机制不健全、扶贫产业自生能力弱、"扶贫车间"未来发展方向不明确、后续发展资金面临压力、带动就业前景不乐观、劳动力参与度降低等引发扶贫产业不可持续的因素广泛存在。片区产业基础薄弱，发展模式单一，生产方式粗放，再加上区域发展滞后，高素质人才、新资本、新技术等要素难以引进和吸收转化，产业发展短时期内难以发生根本性转变。产业发展不力成为巩固拓展脱贫攻坚成果同乡村振兴有效衔接的又一难题。

二是土地利用结构不合理，土地资源增值效益低。土地是财富之母，更是连片特困区发展的重要资源，也是乡村振兴的空间载体，土地空间既是产业兴旺的基础要素、治理有效和乡风文明的平台支撑，更是生态宜居和生活富裕的空间保障。通过脱贫攻坚，农用地整治和建设用地整治为片区农村土地资源的集中、集约利用创造了条件，但土地整治整体成效不显著，土地资源利用效率和增值效益低。再加上片区土地"三权分置"改革和确权到户

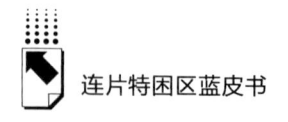

进展不一，农户土地流转积极性不高，土地集中流转进展缓慢，土地荒芜、闲置现象依然存在，土地资源未得到充分利用，未能有效发挥农村土地整治的产业支撑和增值增效效应。

3. 功能系统不优，"地"的转型尚存巨大空间

一是生态本底脆弱，生态功能作用难以发挥。连片特困区自然、生态环境相对脆弱，生产、生活和生态三者之间的平衡关系较为敏感，虽在脱贫攻坚阶段，"三生"空间得到一定的优化，"绿水青山就是金山银山"的绿色发展理念也进一步深入人心，但"三生"空间优化的长效机制尚未建立，空间效率仍有巨大提升空间。部分片区的部分地区自然生态、农业生产环境和人居环境问题依然突出。在自然生态环境上，片区的保护修复工作机制尚未形成，国土空间规划的统筹效应较为有限。在农业生产环境上，农业用地土壤污染治理与畜禽养殖污染处理力度不大，田园生态综合体建设尚未落到实处。在人居环境上，农村能源供给结构不够合理、农民节能环保意识依然不强，农村垃圾、生活污水治理机制尚未完全建立。

二是社会公共服务水平较低，生产生活功能较弱。得益于脱贫攻坚的伟大实践，连片特困区基础设施的建设改造取得了较大进展，在交通通信、医疗卫生、子女教育等方面更加普惠，贫困农户生活便利程度及信息可获得性不断提高，但总体水平依然偏低且脆弱性较强，难以满足农户日益增长的多维需要，也制约了生产生活功能的提升。例如，2019年片区整体饮用净化水农户比重较2014年确有增加，农户饮水安全问题有所改善，但比例依然较小，仅有58.2%的农户使用经过净化的饮用水，除新疆南疆三地州、六盘山片区、大别山片区、大兴安岭南麓山片区、吕梁山片区5个片区以外，其余9个片区的饮用净化水农户比重均只有50%左右，难以满足农户日益增长的美好生活需要。

（二）连片特困区乡村振兴的思路与建议

"十四五"期间，连片特困区要守住返贫底线，围绕乡村"人业地"转型中"要素劣势明显、结构升级缓慢、功能系统不优"的困境，从五个方

面做好巩固拓展脱贫攻坚成果同乡村振兴有效衔接，为全面推进乡村振兴打好基础。

1. 增强人力资本积累，从人才帮扶到人才振兴，培育振兴主体

人才振兴是乡村振兴的关键动力，劳动力素质提升是实现自我脱贫与振兴发展的前提所在。片区乡村要把握城市析出过剩人才和资本回流乡村的客观趋势，"筑巢引凤"汇聚乡村振兴所需高等级人才要素，满足农业农村现代化发展的需求。一方面，要创造条件吸引高校毕业生、掌握新技术新知识的城市青年"下沉"农业农村，继续利用行政势能"因村派人"，精准分派专业技术人才到相应帮扶岗位当好"领头羊"，引导发达地区、城市的优势教育资源向农村延伸、辐射，提升乡村义务教育质量、职业技术教育水平，在教育扶贫的基础上进一步助推乡村人才振兴。另一方面，构建多方激励机制和政策，为返乡人才、新乡贤建立起与村集体经济、合作社等的稳定利益联结机制，保障回乡人员享受教育、医疗等基本公共服务权益，促进公共服务均等化；加大城乡融合理念的宣传，加强文化引导，转变"城乡发展差距大，回乡缺乏发展前景"的固有观念，让乡村成为美好生活追求的"第二战场"，为社会力量参与农业农村现代化发展营造宽松包容的社会环境，汇聚更多的人力资本，强化片区乡村振兴的人才支撑。

2. 优化产业结构，从产业扶贫到产业振兴，推动提档升级

连片特困区乡村特点不一，虽与发达地区差距较大，但普遍生态资源较为丰富，在"两山理论"的指导下和生态文明发展阶段，仍可能发挥后发优势，实现经济高速和高质量发展。产业振兴是乡村振兴的基础，产业的可持续发展是实现"输血"式帮扶向"造血"式帮扶转变的根本路径。农业产业链延伸升级并融入现代产业体系是产业兴旺的基本要求。因此，各片区要坚定"因地制宜"的发展理念，结合当地资源禀赋和独特的自然条件，发掘和创建比较优势，提升产业特色化、规模化发展的潜力和吸引力；充分发挥市场在资源配置中的决定性作用，通过土地"三权分置"等要素市场改革和利益联结机制创新汇集社会组织、企业、个人的资源和力量，共同推动乡村产业集中、集聚、集约和融合发展，以"互联网+""旅游+"等新

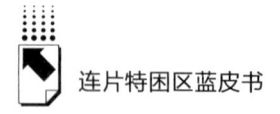

业态、新形式重塑各具特色和竞争力的农业产业体系，优化产业结构，鼓励和引进现代农业生产性服务社会机构和组织，创新现代先进农业技术、现代农机设备与"小农户"生产的衔接方式，全面提升农业生产现代化水平；此外，各片区还要继续统筹基础设施建设，深化农村土地制度改革，盘活闲置的生产资料和要素资源，做好已有扶贫产业的转型提档升级工作。

3. 协同人与自然关系，从生态扶贫到生态振兴，实现生态宜居

从农业农村可持续发展以及人与自然和谐共生的角度来看，加强生态文明建设和完善乡村生态环境保护制度体系是实现乡村振兴的必要条件。相比于城市地区，连片特困区对生态环境治理的重视程度和投入整治力度都更为欠缺，再加上这些地区的生态相对脆弱，更易遭到破坏，且一旦遭到破坏，将产生巨大的负外部性，给下游或周边区域产生深远影响。脱贫攻坚以来，生态扶贫取得了较好的成效，生态保护和产业发展之间的协同路径初步创建，"三生"空间初步得到优化，但仍然较为脆弱。因此，乡村振兴阶段，一方面要进一步创新和完善乡村生态保护和治理体系，整合农民、政府、企业、社会组织等多元利益主体，明确各部门治理职责，借助各级各类乡村振兴规划编制机会，系统规划农村空间布局，重视农业、农村、农民的关联性和整体性，继续优化"三生"空间，完善生态环境协同治理机制；另一方面，确保村民合理合法表达自身诉求及知悉环境治理信息的权益，同时强化村民生态环境保护意识及生态行为的自觉性，发挥村民在生活垃圾、污水处理等日常生活中保护环境的能动性。此外，对于脱贫攻坚阶段实施了易地扶贫搬迁的乡村，在继续推进搬出地的土地整治、生态修复的同时，重点要完善升级集中安置区的生产、生活和生态功能，避免出现二次搬迁而导致的返贫和生态破坏问题。

4. 优化公共文化服务，从文化扶贫到文化振兴，助力乡风文明

文化振兴是全面乡村振兴中的重要精神支撑[1]，也是乡村振兴的题中之

---

[1] 孙久文、李方方、张静：《巩固拓展脱贫攻坚成果 加快落后地区乡村振兴》，《西北师大学报》（社会科学版）2021年第3期，第5~15页。

义和发展之基。连片特困区乡村整体文化教育程度相对较低、现代文明进程相对滞后,但传统文化保护和传承又相对较好,并且不少区域是民族地区、革命老区,有着丰富的传统村落、民族歌舞等非物质文化遗产和红色文化资源。脱贫攻坚阶段,在教育扶贫、产业扶贫等举措的推动下,片区的公共文化服务水平有所提升,文化资源有所挖掘,但整体而言还存在较大差距,有巨大的提升空间。在乡村振兴阶段,一方面要继续补齐片区现代文化和文明建设的短板,如继续加强基础教育、职业教育、成人教育等教育体系和资源建设,提升片区乡村现代教育能力和质量,完善和优化乡村公共文化服务体系,形成村图书室、文化墙、道德大讲堂、文化下乡等形式多样的现代文化传播载体和场所,丰富村民的文化娱乐生活,满足其日益增长的文化需求,全面提升村民的现代文化素养;另一方面要挖掘好、开发利用好非物质文化遗产等传统文化资源,让传统文化、村规民约等在文化振兴和乡风文明中做出更大的贡献,如引进现代文化企业、文旅创新团队,以传统村落、文化遗址、民族歌舞、民族服饰、民族特色产品、革命遗址等为依托,开发文化创意产品,开展乡村旅游、红色旅游,让传统文化在发展中保护和传承,让村民在传承传统文化的同时增强文化自信,提升现代文化素养,助推文化振兴和乡风文明。

5. 重视精英带动,从组织引领到组织振兴,促进治理有效

组织振兴是乡村振兴的关键内容和重要内核,只有充分发展基层党组织、集体经济组织、社会组织等各类乡村组织并完善其功能,才能使治理有效落到实处,为乡村振兴提供良好的组织保障。实施脱贫攻坚以来,基层党建取得了显著成效,集体经济、合作社等均有了较好的发展,部分地区也探索了较为有效的乡村治理模式,乡村治理能力整体得到较大提升,但离治理有效的乡村振兴目标还存在较大差距。乡村振兴阶段要继续加强组织建设,提升组织振兴程度。一是继续强化乡村基层党组织建设,发挥好党的政治引领作用。重点是要选派、培养高素质的基层党组织负责人,并且在基层党组织负责人的培养中要突出"传帮带"的机制,要注重外部精英与本土精英、政治精英与经济精英、单一精英与复合精英之间的协同和转化,培养当地的

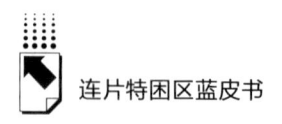

高素质基层党组织负责人,同时要积极发展青年党员,壮大党员队伍和加强党员的党性修养。二是鼓励和支持其他经济社会组织建设,发挥其在乡村治理中的积极作用。其中农业合作社、农村新型经营主体协会、红白喜事理事会等村民自治组织建设是重点,指导和规范组织建设,引导其参与乡村治理。三是创新和推广乡村治理模式,发挥协同治理机制的优势。继续完善和推广脱贫攻坚阶段探索出的乡村治理模式,如湘西州的"互助五兴"基层治理模式等,将德治、法治和自治三者有机融合,因地制宜地落实到片区乡村治理中,促进乡村治理有效。

分 报 告
Sub-Reports Part

B.2
武陵山片区脱贫攻坚成效与乡村振兴进展*

冷志明　殷　强　孙爱淑**

摘　要： 基于2011～2019年武陵山片区县域数据，采用空间计量等方法，解析了武陵山片区脱贫攻坚成效、乡村转型趋势及地域格局。结果表明：武陵山片区脱贫攻坚总体成效显著，具体表现为农村贫困人口和贫困发生率大幅下降、农村居民收入和支出都与日俱增、农村居民生产生活日新月异、教育文化和医疗卫生事业发展迅速等。进而，通过对

---

* 本文得到湖南省教育厅优秀青年项目（项目编号：19B454）、湖南省教育厅重点项目（项目编号：19A405）、湖南省社会科学成果评审委员会课题（项目编号：XSP20YBZ158；XSP19YBC099）的资助。

** 冷志明，博士，二级教授，博士生导师，吉首大学副校长，主要研究方向为区域协同创新、区域发展资源环境评价、贫困地区企业创新；殷强，博士，吉首大学助理研究员，主要研究方向为区域经济与区域金融；孙爱淑，博士，主要研究方向为区域经济学。

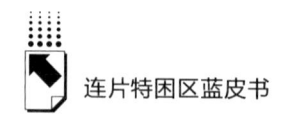

武陵山片区乡村转型趋势和地域格局的分析,发现武陵山片区乡村转型度指数呈增长趋势,且各分片区存在内部差异。同时,武陵山片区乡村转型的地域格局也呈现明显差异:整体而言,武陵山片区乡村转型度指数所处阶段不高,但呈现逐年变好的趋势;从各分片区乡村转型度指数水平来看,各分片区各年乡村转型度指数呈现明显的地域分异特征;从县域乡村转型度指数空间格局来看,各县的乡村转型度指数存在明显的空间差异;从县域乡村转型度指数空间自相关情况来看,县域乡村转型度指数呈现一定程度的空间依赖。另外,还对"乡村转型工作重点县"进行了识别。在此基础上,以十八洞村为例剖析了武陵山片区脱贫攻坚与乡村转型的具体实践。最后提出了武陵山片区乡村振兴的对策。

关键词: 武陵山片区 脱贫成效 乡村重构 乡村振兴

一 引言

根据《武陵山片区区域发展与扶贫攻坚规划(2011—2020年)》对武陵山片区区域范围的划分,武陵山片区包括湖北、湖南、重庆、贵州四省市的71个县(市、区),其中湖北省11个县市、湖南省37个县市区、重庆市7个县区、贵州省16个县市。武陵山片区境内有土家族、苗族、侗族、白族、回族、仡佬族等9个世居少数民族。武陵山片区国土总面积为17.18万平方公里,一般海拔高度1000米以上,地貌呈岩溶发育状态,是我国地质灾害高发区。境内水能资源蕴藏量大,土地资源丰富,矿产资源品种多样,旅游资源丰富,自然景观独特,生物物种多样。

2010年末，武陵山片区总人口3645万人，其中城镇人口853万人，乡村人口2792万人。2010年片区人均地区生产总值和农民人均纯收入分别是全国平均水平的33.76%、59.1%。2010年片区内城乡居民收入比为3.04∶1，城乡差距明显。片区面临贫困面广、贫困程度深，基础设施薄弱、市场体系不完善，经济发展水平低、特色产业滞后，社会事业发展滞后、基本公共服务不足，生态环境脆弱、承载能力有限，区域发展不平衡、城乡差距大等问题。① 在党和政府的大力支持和片区人民的共同努力下，片区脱贫攻坚成效取得重大进展，目前片区内所有县市区都已脱贫，基础设施、经济发展状况、社会事业、生态环境、区域发展等方面都得到极大的改善。根据2020年片区各县市区国民经济和社会发展统计公报以及第七次全国人口普查结果：片区常住人口为2985万人，2020年片区人均地区生产总值和农村居民人均可支配收入分别为35459元、12665元，分别占全国平均水平的48.95%、73.93%；城镇居民人均可支配收入为34036元，占全国平均水平的77.65%。与2010年相比，区域不平衡程度大幅减缓。同时，2020年片区内城乡居民收入比为2.69∶1，较2010年而言，城乡差距也进一步缩小。

另外，为有效推进巩固拓展脱贫攻坚成果同乡村振兴有效衔接，片区四省市相继发布《中共贵州省委 贵州省人民政府关于全面推进乡村振兴加快农业农村现代化的实施意见》《湖北省扶贫攻坚领导小组关于印发〈关于建立防止返贫监测和帮扶机制的实施意见〉的通知》《中共湖南省委 湖南省人民政府关于实现巩固拓展脱贫攻坚成果同乡村振兴有效衔接的实施意见》《中共重庆市委农村工作暨实施乡村振兴战略领导小组关于印发〈重庆市健全防止返贫动态监测和帮扶机制工作方案〉的通知》等文件，分别从帮扶机制、政策支持、组织保障等方面助力片区各县市区的乡村振兴，取得了一定的成效。而要进一步深入地推进片区各县市区的乡村振兴，对片区脱贫攻

---

① 国务院扶贫办、国家发展改革委：《关于印发武陵山片区区域发展与扶贫攻坚规划的通知》（国开办发〔2011〕95号），http：//zfxxgk.ndrc.gov.cn/web/iteminfo.jsp? id = 1660，最后检索时间：2021年6月26日。

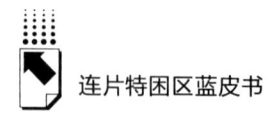

坚成效进行总结和回顾并厘清乡村振兴的内在逻辑和发展规律显得尤为重要，因此，本文将在总结武陵山片区脱贫攻坚成效的基础上，探讨片区乡村转型和地域格局，进而提出乡村振兴的发展对策。

二 武陵山片区脱贫攻坚总体成效

脱贫攻坚实施以来，武陵山片区的减贫成效卓著，农村居民收入和支出、农村居民生产生活、教育文化和医疗卫生等方面都得到极大的改善，以下将围绕这几个方面进行分析。本部分资料来源于历年《中国农村贫困监测报告》，考虑到部分县市区数据的可得性，以下数据的统计与《中国农村贫困监测报告2011》中对武陵山片区的区域划分①保持一致，只包含武陵山片区中的64个县市区，未包含张家界市的武陵源区和永定区、怀化市的鹤城区和洪江市、娄底市的冷水江市、湘西土家族苗族自治州的吉首市以及遵义市的余庆县等7个县市区。其中武陵山片区包含的铜仁市和万山特区，因2011年10月22日行政区域调整，分别改设为碧江区和万山区。以下也以改设后的新行政区进行命名，并统计相关数据。

（一）农村贫困人口和贫困发生率大幅下降

1. 农村贫困人口减少744万人，减幅达到93.82%

如图1所示，2019年武陵山片区贫困人口49万人，与2011年相比，9年来累计减少744万人，平均每年减少82.67万人，减幅达到93.82%。2011~2019年武陵山片区贫困人口减少规模占同期全国农村贫困人口减少规模的6.37%，占同期全部片区（包括14个连片特困区，下同）整体减少规模的13%，占同期湖南、湖北、重庆、贵州四省市整体减少规模的28.05%。

---

① 国家统计局住户调查办公室编《中国农村贫困监测报告2011》，中国统计出版社，2012，第113~114页。

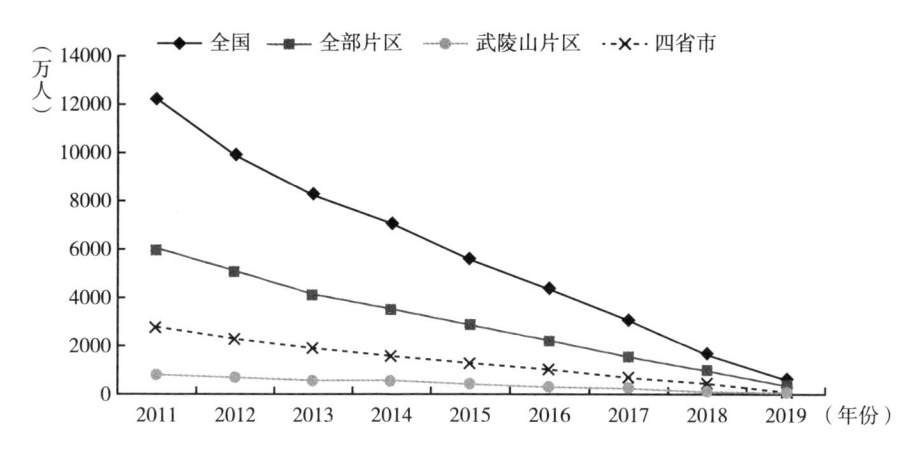

图1　2011～2019年武陵山片区农村贫困人口数量变化趋势

资料来源：整理自《中国农村贫困监测报告》(2012～2020)，中国统计出版社，2012～2020。

2. 农村贫困发生率从26.3%下降到1.7%，减幅达93.54%

如图2所示，武陵山片区农村贫困发生率呈逐年下降趋势。2011～2019年武陵山片区农村贫困发生率减幅虽然比同期全国农村贫困发生率和全部片区整体贫困发生率减幅稍低（分别低1.7个百分点、1.3个百分点），但减幅依旧很大。2019年武陵山片区农村贫困发生率为1.7%，与2011年的26.3%相比，平均每年减少2.73个百分点，减幅达93.54%。

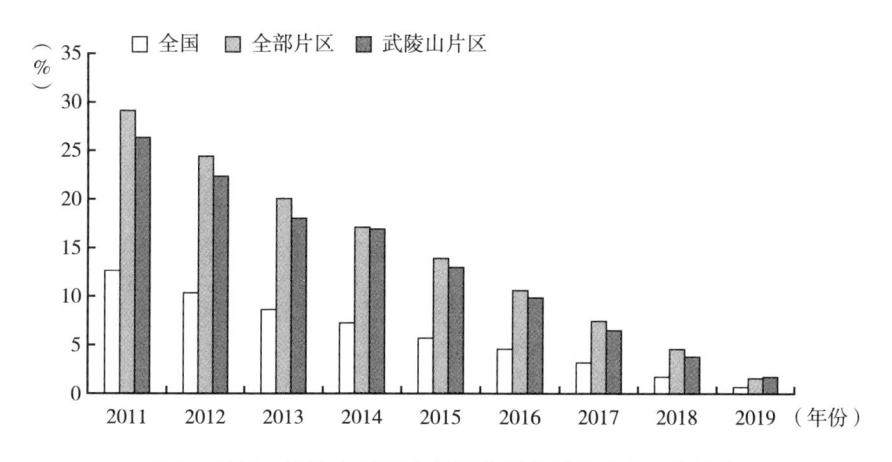

图2　2011～2019年武陵山片区农村贫困发生率变化趋势

资料来源：整理自《中国农村贫困监测报告》(2012～2020)，中国统计出版社，2012～2020。

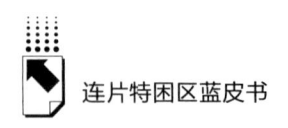

（二）农村居民收入和支出都与日俱增

1. 农村常住居民人均可支配收入增加到11544元，增幅达89.74%

如图3所示，从人均可支配收入绝对值来看，武陵山片区的农村常住人口人均可支配收入由2013年的人均6084元，增加到2019年的人均11544元，2013~2019年累计人均增加了5460元，增幅达到89.74%。从人均可支配收入增量来看，2013~2019年武陵山片区农村常住居民人均可支配收入增幅比同期全国高19.84个百分点，比同期湖南、湖北、重庆、贵州四省市整体水平高15.56个百分点。同时，2014年武陵山片区农村常住人口人均可支配收入增速较2013年下降了10.20个百分点，下降幅度较大，之后趋于平缓；2013~2019年全部片区整体农村常住人口人均可支配收入逐年增速也呈现先下降后趋于平缓的趋势。另外，除2014年、2017年和2019年武陵山片区农村常住人口人均可支配收入增速要小于全部片区同期整体的增速外，其余年份增速均大于全部片区整体水平。

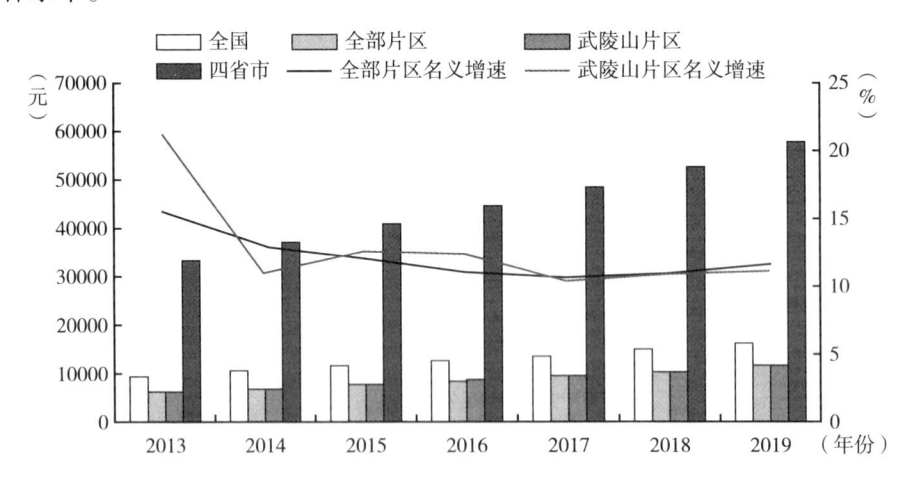

图3 2013~2019年武陵山片区农村常住人口人均可支配收入及其逐年增速变化趋势

资料来源：整理自《中国农村贫困监测报告》（2014~2020），中国统计出版社，2014~2020。

2. 农村常住居民人均消费支出增加到11079元，增幅达82.10%

如图4所示，从人均消费支出绝对值来看，武陵山片区的农村常住人口人均消费支出由2013年的人均5701元，增加到2019年的人均11079元，2013~2019年累计人均增加了5378元，增幅达到94.33%。从人均消费支出增速来看，2013~2019年武陵山片区农村常住居民人均消费支出增幅比同期全国增幅高4.04个百分点，比同期全部片区整体增幅高15.92个百分点。同时，武陵山片区农村常住人口人均消费支出逐年增速整体呈波动趋势，其中2019年武陵山片区农村常住人口人均消费支出增速较2018年下降了8.20个百分点，2014~2017年变化相对较小。

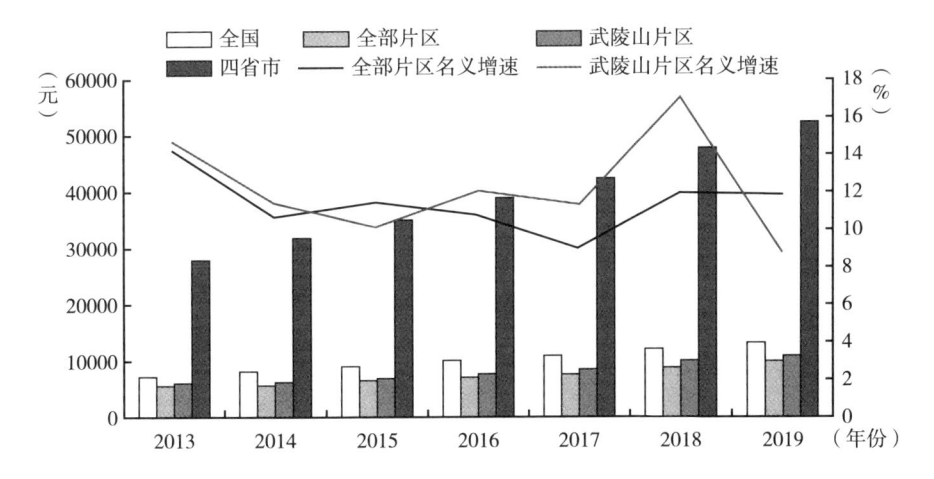

图4 2013~2019年武陵山片区农村常住人口人均消费支出及其逐年增速变化趋势

资料来源：整理自《中国农村贫困监测报告》（2014~2020），中国统计出版社，2014~2020。

（三）农村居民生产生活日新月异

1. 耐用消费品拥有量持续增加，其中汽车拥有量增幅最大

2019年电冰箱、计算机、汽车、洗衣机以及移动电话等耐用消费品拥有量较2014年而言都有明显增长，其中增幅最大的是汽车拥有量，增幅最小的是洗衣机拥有量。如图5所示，2019年武陵山片区百户电冰箱拥有量

为99.9台,较2014年增加了34台,增幅达51.59%;2014~2019年武陵山片区每年百户电冰箱拥有量累计增加值比同期全部片区整体累计增加值多0.17台。2019年武陵山片区百户计算机拥有量为22.7台,较2014年增加了10.6台,增幅达87.60%;2014~2019年武陵山片区每年百户计算机拥有量累计增加值比同期全部片区整体累计增加值多0.65台,同时其增幅比全部片区整体高19.24个百分点。2019年武陵山片区百户汽车拥有量为18.5辆,较2014年增加了13.9辆,增幅高达302.17%;2014~2019年武陵山片区每年百户汽车拥有量累计增加值比同期全部片区整体累计增加值多0.08辆,同时其增幅比全部片区整体水平高86.04个百分点。2019年武陵山片区百户洗衣机拥有量为92.7台,较2014年增加了24.30台,增幅高达35.53%;2014~2019年武陵山片区每年百户洗衣机拥有量累计增加值比同期全部片区整体累计增加值多0.60台,同时其增幅比全部片区整体水平高6个百分点。2019年武陵山片区百户移动电话拥有量为283.10部,较2014年增加了78.10部,增幅达38.10%;2014~2019年武陵山片区每年百户移动电话拥有量累计增加值比同期全部片区累计增加值多0.35部。

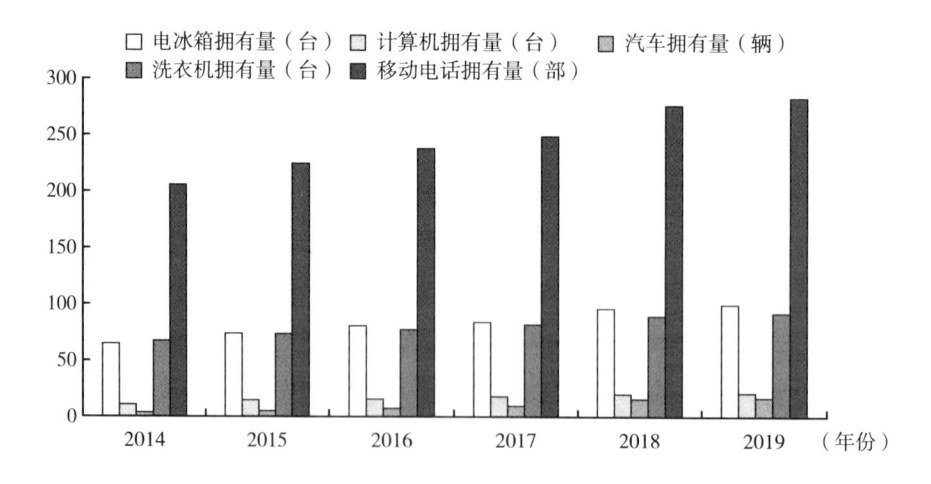

图5 2014~2019年武陵山片区百户耐用消费品拥有量对比

资料来源:整理自《中国农村贫困监测报告》(2015~2020),中国统计出版社,2015~2020。

2. 基础设施状况明显改善，其中自然村通宽带状况改善幅度最大

2019年武陵山片区基础设施状况较2014年而言有明显改善，其中改善幅度最大的是通宽带状况，改善幅度最小的是通公路状况。如图6所示，2019年武陵山片区自然村进村主干道路硬化的农户比重为99.90%，较2014年增加了38.60个百分点，增幅达62.97%；2014~2019年武陵山片区每年自然村进村主干道路硬化的农户比重累计增加值比同期全部片区整体累计增加值高4.88个百分点，同时其增幅比全部片区整体水平高52.65个百分点。2019年武陵山片区自然村能便利乘坐公共汽车的农户比重为79.10%，较2014年增加了35.10个百分点，增幅达79.77%；2014~2019年武陵山片区每年自然村能便利乘坐公共汽车的农户比重累计增加值比同期全部片区整体累计增加值高2.47个百分点，同时其增幅比全部片区整体水平高43.13个百分点。2019年武陵山片区自然村能接收有线电视信号的农户比重为99%，较2014年增加了32.20个百分点，增幅达48.20%；2014~2019年武陵山片区每年自然村能接收有线电视信号的农户比重累计增加值比同期全部片区整体累计增加值高3.28个百分点，同时其增幅比全部片区整体水平高33.75个百分点。2019年武陵山片区自然村能通宽带的农户比重为

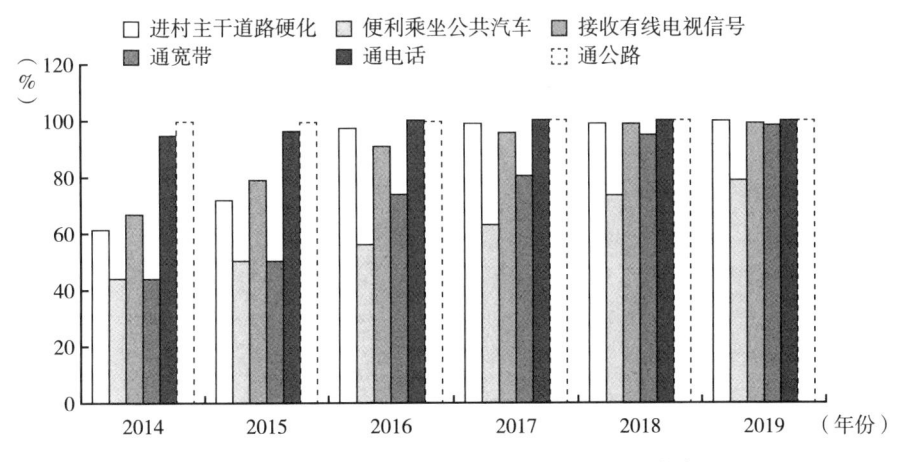

图6　2014~2019年武陵山片区自然村通基础设施的农户比重对比

资料来源：整理自《中国农村贫困监测报告》（2015~2020），中国统计出版社，2015~2020。

98.30%，较2014年增加了54.50个百分点，增幅高达124.43%；2014~2019年武陵山片区每年自然村能通宽带的农户比重累计增加值比同期全部片区整体累计增加值高3.42个百分点，同时其增幅比全部片区整体水平高70.63个百分点。2019年武陵山片区自然村通电话的农户比重为100%，较2014年增加了5.10个百分点，增幅为5.37%；2014~2019年武陵山片区每年自然村通电话的农户比重累计增加值比同期全部片区整体累计增加值高0.72个百分点，同时其增幅比全部片区整体水平高4.57个百分点。2019年武陵山片区自然村通公路的农户比重为100%，较2014年增加约0.66个百分点，增幅为0.66%。

3. 生产生活条件明显改善，其中炊用柴草和居住竹草土坯房的农户比重大幅下降，其他生产生活条件明显改善

2019年炊用柴草和居住竹草土坯房的农户比重较2014年而言都有明显下降，其中下降幅度最大的是炊用柴草的农户比重。2019年独用厕所、使用管道供水、使用照明电、饮水无困难的农户比重较2014年而言都有明显提高，其中使用管道供水的农户比重提高最大，使用照明电的农户比重提高最小。如图7所示，2019年武陵山片区炊用柴草的农户比重为36.30%，较2014年下降了27.30个百分点，减幅达42.92%。2019年武陵山片区居住竹草土坯房

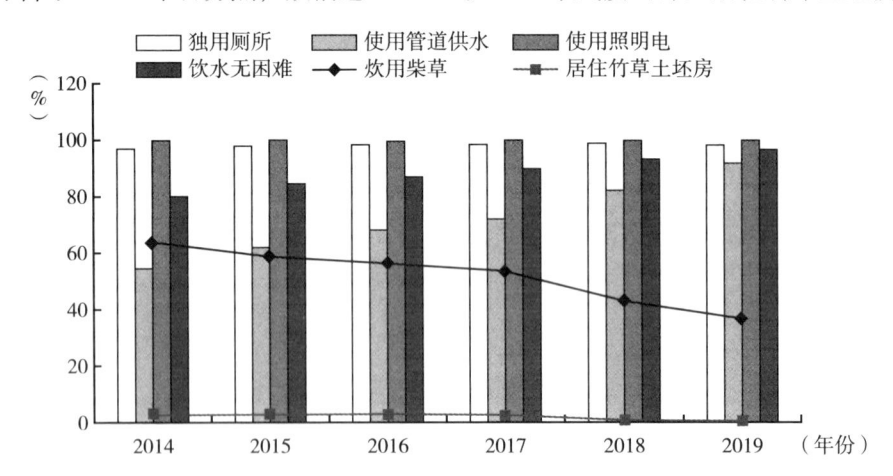

图7 2014~2019年武陵山片区农户具备部分生产生活设施比重对比

资料来源：笔者绘制。

的农户比重为0.30%，较2014年下降了2.70个百分点，减幅达90.00%。2019年武陵山片区独用厕所的农户比重为98.00%，较2014年提高了1个百分点。2019年武陵山片区使用管道供水的农户比重为91.50%，较2014年提高了36.70个百分点。2019年武陵山片区使用照明电的农户和饮水无困难的农户比重较2014年分别提高了0.2个百分点和16.26个百分点。

（四）教育文化和医疗卫生事业发展迅速

1. 教育文化条件得到大幅改善，其中自然村上幼儿园便利的农户比重提高较大

2019年自然村上小学和上幼儿园等教育文化条件状况得到大幅改善，其中自然村上幼儿园便利的农户比重提高较大。如图8所示：2019年武陵山片区自然村上小学便利的农户比重为90.40%，较2014年增加了41.20个百分点，增幅达83.74%；2014～2019年武陵山片区每年自然村上小学便利的农户比重累计增加值比同期全部片区整体累计增加值多5.02个百分点，同时其增幅比全部片区整体水平高70.07个百分点。2019年武陵山片区自然村上幼儿园便利的农户比重为89.30%，较2014年增加了46个百分点，增幅达106.24%；2014～2019年武陵山片区每年自然村上幼儿园便利的农户比重累计增加值比同期全部片区整体累计增加值多5.02个百分点，同时其增幅比全部片区整体水平高84.81个百分点。

2. 医疗卫生条件显著改善，其中提升最大的是使用经过净化处理自来水的农户比重

2019年自然村垃圾能集中处理、有卫生站、使用经过净化处理自来水等医疗卫生条件显著改善，其中提升最大的是自然村垃圾能集中处理的农户比重。如图9所示，2019年武陵山片区自然村垃圾能集中处理的农户比重为83.60%，较2014年增加了29.80个百分点，增幅达55.39%。2019年武陵山片区自然村有卫生站的农户比重为97.40%，较2014年增加了7.6个百分点，增幅达8.46%。2019年武陵山片区使用经过净化处理自来水的农户比重为55.30%，较2014年增加了26.30个百分点，增幅达90.69%。

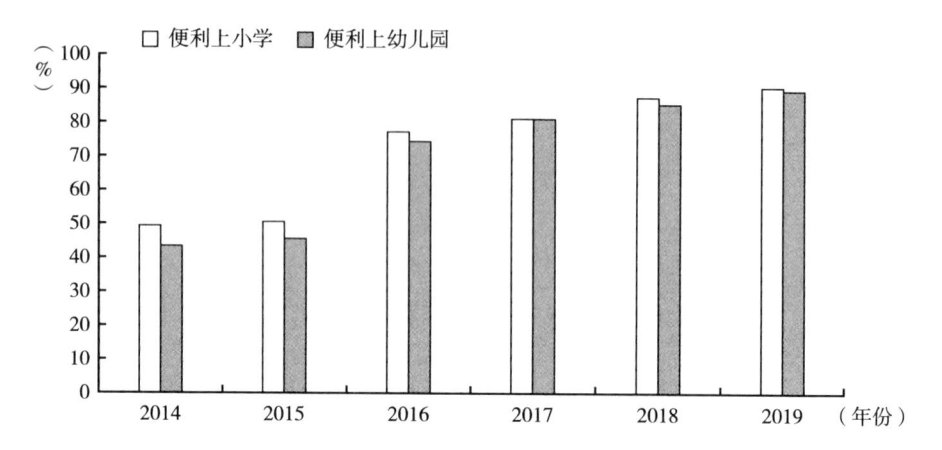

图 8　2014~2019 年武陵山片区自然村教育文化条件便利的农户比重对比

资料来源：整理自《中国农村贫困监测报告》(2015~2020)，中国统计出版社，2015~2020。

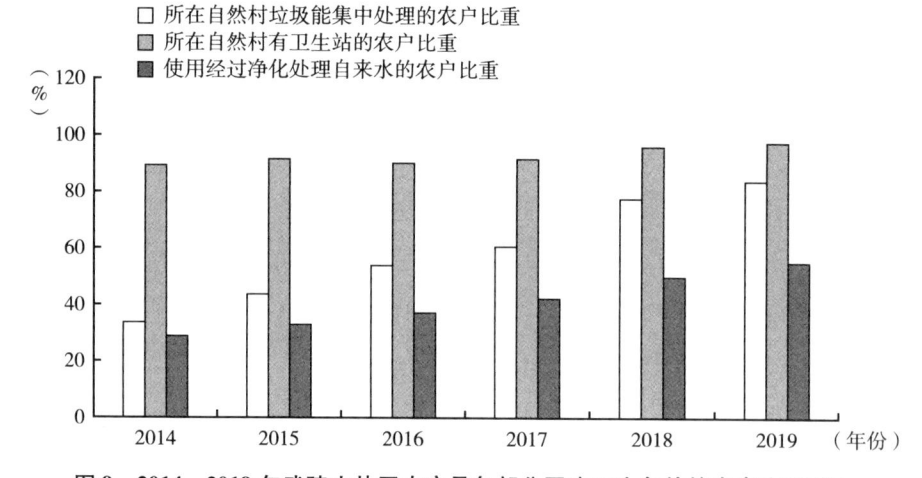

图 9　2014~2019 年武陵山片区农户具备部分医疗卫生条件的农户比重对比

资料来源：整理自《中国农村贫困监测报告》(2015~2020)，中国统计出版社，2015~2020。

三　武陵山片区乡村转型趋势及地域格局

脱贫攻坚推动乡村转型，乡村转型促进乡村振兴。因此，进一步明确武陵山片区乡村转型的趋势和地域格局，对于指导相关政策制定和推进乡村振兴十分重要。以下将基于已构建的乡村转型度指标体系（详见总报告），对武陵山片区乡村转型度指数进行测度，并对其趋势及空间格局进行分析。[1][2] 同样，以下数据的统计只包含武陵山片区中的 64 个县市区，未包含湖南片区中张家界市的武陵源区和永定区、怀化市的鹤城区和洪江市、娄底市的冷水江市、湘西土家族苗族自治州的吉首市以及贵州片区中遵义市的余庆县等 7 个县市区。

（一）武陵山片区乡村转型趋势

1. 2011~2012年武陵山片区中乡村转型度指数呈增长趋势，且各分片区存在较明显的内部差异

如图 10 所示，2011~2012 年，武陵山片区乡村转型度指数呈逐年增长趋势。具体来看，2012 年的乡村转型度指数为 0.25，较 2011 年增加了 8.21%（文中展示的乡村转型度指数为原始值四舍五入后，保留两位小数；相应的增幅按乡村转型度指数原始值计算后四舍五入，并保留两位小数。下同）。同时，各分片区乡村转型度指数存在较明显的内部差异，其中：贵州片区乡村转型度指数增幅最大，为 17.92%；湖北片区、重庆片区乡村转型度指数增幅次之，分别为 7.83% 和 6.12%；湖南片区乡村转型度指数增幅最小，为 4.37%。

2. 2013~2019年武陵山片区乡村转型度指数呈现明显的增长趋势，且各分片区也存在一定的内部差异

如图 11 所示，2013~2019 年，武陵山片区乡村转型度指数呈现明显的增长趋势，武陵山片区 2019 年乡村转型度指数为 0.27，较 2013 年增加了 30.95%。同时，各分片区也存在一定的内部差异，其中：湖南片区乡村转型度指数增幅最大，为 32.89%；湖北片区和贵州片区乡村转型度指数增幅次之，分别为 32.84%、31.56%；重庆片区乡村转型度指数增幅最小，为 21.68%。

---

[1] 国家统计局农村社会经济调查司编《中国县域统计年鉴》（2012~2020），中国统计出版社，2012~2020。

[2] 《国民经济与社会发展统计公报》，武陵山片区各县市区，2011~2019。

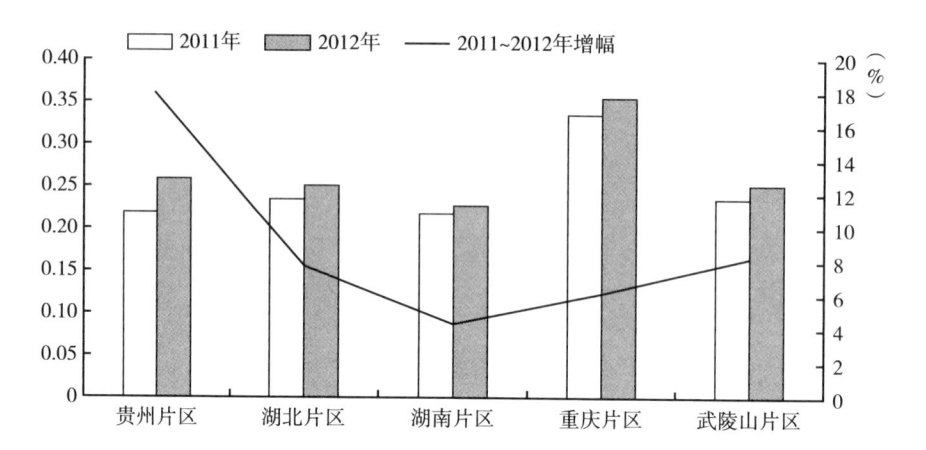

图 10　2011～2012 年武陵山片区和各分片区乡村转型度指数及其增幅对比

资料来源：笔者绘制。

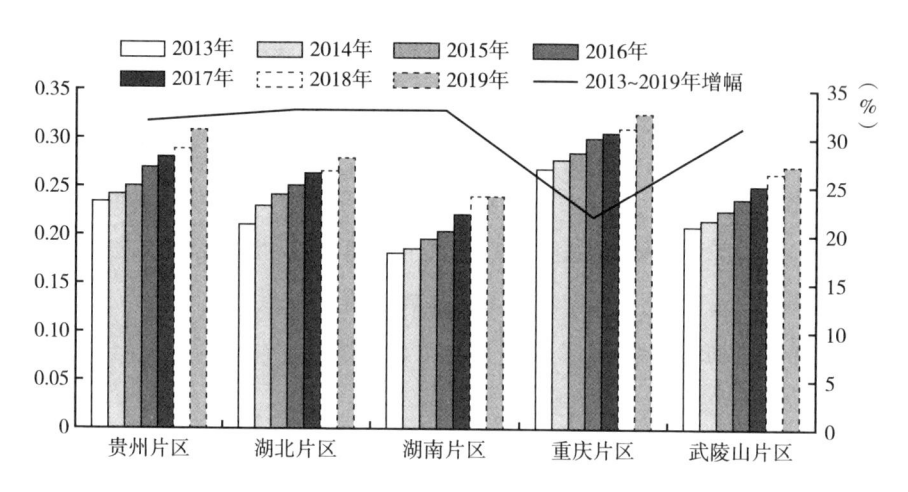

图 11　2013～2019 年武陵山片区和各分片区乡村转型度指数及其增幅对比

资料来源：笔者绘制。

（二）武陵山片区乡村转型的区域分异格局

1. 整体而言，武陵山片区乡村转型度指数所处阶段不高，但呈现逐年变好的趋势

具体来看（见表1、表2），2011 年和 2012 年武陵山片区分别仅有

1.56%和4.69%的县市区乡村转型度指数处于区间（0.48，1.00］①，且2013~2019年的7年中武陵山片区仅分别有1.56%、1.56%、3.13%、4.69%、3.13%、1.56%、1.56%的县市区乡村转型度指数处于区间（0.48，1.00］，每年处于区间（0.48，1.00］的县市区数量都未超过5%，整体乡村转型度指数所处阶段不高。另外，2011~2012年以及2013~2019年乡村转型度指数处于区间（0.00，0.12］和（0.12，0.24］的县市区数量整体在减少，而处于区间（0.24，0.36］和（0.36，0.48］的县市区数量整体在逐步增加。

表1 2011~2012年武陵山片区中各分片区乡村转型度指数水平统计

单位：个

年份	片区	乡村转型度指数水平				
		(0.00,0.12]	(0.12,0.24]	(0.24,0.36]	(0.36,0.48]	(0.48,1.00]
2011	贵州片区	1	11	0	3	0
2011	湖北片区	0	7	3	1	0
2011	湖南片区	2	16	12	1	0
2011	重庆片区	0	2	2	2	1
2011	合计	3	36	17	7	1
2012	贵州片区	1	9	3	0	2
2012	湖北片区	0	6	4	1	0
2012	湖南片区	0	15	15	1	0
2012	重庆片区	0	0	4	2	1
2012	合计	1	30	26	4	3

资料来源：整理自《中国县域统计年鉴》（2012~2013），中国统计出版社，2012~2013；《国民经济与社会发展统计公报》，武陵山片区各县市区，2011~2012。

---

① （0.48，1.00］表示乡村转型度指数大于0.48且小于等于1，下同。

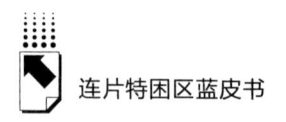

表2 2013~2019年武陵山片区中各分片区乡村转型度指数水平统计

单位：个

年份	片区	乡村转型度指数水平				
		(0.00,0.12]	(0.12,0.24]	(0.24,0.36]	(0.36,0.48]	(0.48,1.00]
2013	贵州片区	1	11	1	1	1
2013	湖北片区	0	8	3	0	0
2013	湖南片区	0	28	3	0	0
2013	重庆片区	0	4	2	1	0
2013	合计	1	51	9	2	1
2014	贵州片区	0	10	3	1	1
2014	湖北片区	0	6	5	0	0
2014	湖南片区	1	26	4	0	0
2014	重庆片区	0	2	4	1	0
2014	合计	1	44	16	2	1
2015	贵州片区	0	11	2	0	2
2015	湖北片区	0	5	6	0	0
2015	湖南片区	0	27	4	0	0
2015	重庆片区	0	2	4	1	0
2015	合计	0	45	16	1	2
2016	贵州片区	0	7	6	0	2
2016	湖北片区	0	5	6	0	0
2016	湖南片区	0	25	6	0	0
2016	重庆片区	0	3	3	0	1
2016	合计	0	40	21	0	3
2017	贵州片区	0	8	4	1	2
2017	湖北片区	0	5	5	1	0
2017	湖南片区	0	23	8	0	0
2017	重庆片区	0	1	4	2	0
2017	合计	0	37	21	4	2
2018	贵州片区	0	5	7	2	1
2018	湖北片区	0	3	7	1	0
2018	湖南片区	0	18	12	1	0
2018	重庆片区	0	1	4	2	0
2018	合计	0	27	30	6	1
2019	贵州片区	0	4	8	2	1
2019	湖北片区	0	2	8	1	0

续表

年份	片区	乡村转型度指数水平				
		(0.00,0.12]	(0.12,0.24]	(0.24,0.36]	(0.36,0.48]	(0.48,1.00]
2019	湖南片区	0	19	11	1	0
2019	重庆片区	0	0	5	2	0
2019	合计	0	25	32	6	1

资料来源：整理自《中国县域统计年鉴》（2014~2020），中国统计出版社，2014~2020；《国民经济与社会发展统计公报》，武陵山片区各县市区，2013~2019。

2. 从各片区乡村转型度指数水平来看，武陵山片区中分片区各年乡村转型度指数呈现明显的地域分异特征

其中2011年和2012年，重庆片区乡村转型度指数处于较高水平阶段，湖北片区和湖南片区基本处于相同水平阶段，贵州片区两年间所处阶段变化较大。具体来看，如表1所示：重庆片区在两年间都有14.29%的县市区乡村转型度指数处于区间（0.48，1.00］，28.57%的县市区处于区间（0.36，0.48］；湖北片区和湖南片区两年间有93%以上的县市区乡村转型度指数处于（0.12，0.24］、（0.24，0.36］、（0.36，0.48］三个区间；而贵州片区2011年没有任何县市区乡村转型度指数处于区间（0.48，1.00］，到2012年有13.33%的县市区处于该区间。

2013~2019年，贵州片区乡村转型度指数处于较高水平阶段，重庆片区所处阶段波动频繁，整体所处阶段有向（0.24，0.36］和（0.36，0.48］区间集聚的趋势。具体来看，如表2所示：贵州片区逐年乡村转型度指数虽然有些许波动，但每年至少有6.67%的县市区处于区间（0.48，1.00］；重庆片区乡村转型度指数处于区间（0.48，1.00］的县市区数量在2013~2019年的7年中，除2016年占比为14.29%外，其余年份均为0，波动较为频繁；另外，从2013~2019年整体趋势看，各片区处于（0.24，0.36］和（0.36，0.48］区间的县市区数量有逐年增加的趋势，整体所处阶段朝这两个区间聚集。

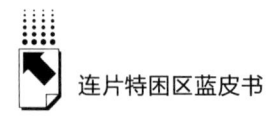

3. 从县域乡村转型度指数空间格局来看，武陵山片区县域乡村转型度指数存在明显的空间差异

具体来看，如表3、表4所示，从2011年到2012年乡村转型度指数水平处于区间（0.48，1.00］的县区由1个增加到3个，范围从重庆片区扩展到重庆片区和贵州片区。同时，乡村转型度指数水平处于区间（0.24，0.36］的县市区主要围绕在处于区间（0.48，1.00］的黔江区周围。

表3　2011年武陵山片区各县市区乡村转型度指数空间分布

年份	片区	指数				
		(0.00,0.12]	(0.12,0.24]	(0.24,0.36]	(0.36,0.48]	(0.48,1.00]
2011	贵州片区	正安县	沿河土家族自治县、道真仡佬族苗族自治县、务川仡佬族苗族自治县、湄潭县、凤冈县、德江县、思南县、石阡县、印江土家族苗族自治县、松桃苗族自治县、江口县	无	碧江区、万山区、玉屏侗族自治县	无
	湖北片区	无	长阳土家族自治县、五峰土家族自治县、建始县、宣恩县、利川市、咸丰县、来凤县	巴东县、秭归县、鹤峰县	恩施市	无
	湖南片区	洞口县、溆浦县	龙山县、永顺县、古丈县、麻阳苗族自治县、芷江侗族自治县、会同县、绥宁县、通道侗族自治县、城步苗族自治县、武冈市、新宁县、邵阳县、隆回县、新邵县、新化县、安化县	石门县、桑植县、慈利县、沅陵县、泸溪县、辰溪县、中方县、凤凰县、保靖县、新晃侗族自治县、靖州苗族侗族自治县、涟源市	花垣县	无
	重庆片区	无	酉阳土家族苗族自治县、丰都县	石柱土家族自治县、彭水苗族土家族自治县	武隆区、秀山土家族苗族自治县	黔江区

资料来源：整理自《中国县域统计年鉴》（2012），中国统计出版社，2012；《国民经济与社会发展统计公报》，武陵山片区各县市区，2011。

表4 2012年武陵山片区各县市区乡村转型度指数空间分布

年份	片区	指数				
		(0.00, 0.12]	(0.12, 0.24]	(0.24, 0.36]	(0.36, 0.48]	(0.48, 1.00]
2012	贵州片区	正安县	沿河土家族自治县、道真仡佬族苗族自治县、务川仡佬族苗族自治县、凤冈县、德江县、思南县、石阡县、印江土家族苗族自治县、松桃苗族自治县	万山区、湄潭县、江口县	无	碧江区、玉屏侗族自治县
	湖北片区	无	长阳土家族自治县、五峰土家族自治县、建始县、宣恩县、利川市、来凤县	巴东县、秭归县、鹤峰县、咸丰县	恩施市	无
	湖南片区	无	洞口县、溆浦县、龙山县、永顺县、麻阳苗族自治县、会同县、绥宁县、城步苗族自治县、武冈市、新宁县、邵阳县、隆回县、新邵县、新化县、安化县	石门县、桑植县、慈利县、沅陵县、古丈县、保靖县、泸溪县、凤凰县、辰溪县、中方县、芷江侗族自治县、新晃侗族自治县、靖州苗族侗族自治县、通道侗族自治县、涟源市	花垣县	无
	重庆片区	无	无	石柱土家族自治县、彭水苗族土家族自治县、丰都县、酉阳土家族自治县	武隆区、秀山土家族苗族自治县	黔江区

资料来源：整理自《中国县域统计年鉴》（2013），中国统计出版社，2013；《国民经济与社会发展统计公报》，武陵山片区各县市区，2012。

而2013年、2016年和2019年乡村转型度指数水平处于（0.48，1.00］的县由1个先增加到3个再减少为1个，如表5、表6、表7所示，范围也主要处于贵州片区和重庆片区。同时，乡村转型度指数水平处于区间（0.24，0.36］的县呈现显著增多的趋势，范围主要处于湖北片区的西北部、重庆片区的西北和东南部、贵州片区的西部和东南部以及湖南片区的西部。

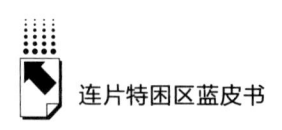

表5 2013年武陵山片区各县市区乡村转型度指数空间分布

年份	片区	指数				
		(0.00, 0.12]	(0.12, 0.24]	(0.24, 0.36]	(0.36, 0.48]	(0.48, 1.00]
2013	贵州片区	凤冈县	沿河土家族自治县、道真仡佬族苗族自治县、湄潭县、德江县、思南县、石阡县、印江土家族苗族自治县、松桃苗族自治县、江口县、万山区、正安县	务川仡佬族苗族自治县	玉屏侗族自治县	碧江区
	湖北片区	无	长阳土家族自治县、五峰土家族自治县、建始县、宣恩县、利川市、咸丰县、来凤县、巴东县	恩施市、秭归县、鹤峰县	无	无
	湖南片区	无	龙山县、永顺县、古丈县、麻阳苗族自治县、芷江侗族自治县、会同县、绥宁县、通道侗族自治县、城步苗族自治县、武冈市、新宁县、邵阳县、隆回县、新邵县、新化县、安化县、石门县、桑植县、慈利县、沅陵县、辰溪县、凤凰县、保靖县、新晃侗族自治县、靖州苗族侗族自治县、涟源市、洞口县、溆浦县	花垣县、泸溪县、中方县	无	无
	重庆片区	无	酉阳土家族苗族自治县、丰都县、石柱土家族自治县、彭水苗族土家族自治县	武隆区、秀山土家族苗族自治县	黔江区	无

资料来源：整理自《中国县域统计年鉴》(2014)，中国统计出版社，2014；《国民经济与社会发展统计公报》，武陵山片区各县市区，2013。

表6 2016年武陵山片区各县市区乡村转型度指数空间分布

年份	片区	指数				
		(0.00, 0.12]	(0.12, 0.24]	(0.24, 0.36]	(0.36, 0.48]	(0.48, 1.00]
2016	贵州片区	无	沿河土家族自治县、道真仡佬族苗族自治县、石阡县、松桃苗族自治县、江口县、务川仡佬族苗族自治县、凤冈县	正安县、湄潭县、德江县、思南县、印江土家族苗族自治县、万山区	无	碧江区、玉屏侗族自治县
	湖北片区	无	长阳土家族自治县、五峰土家族自治县、建始县、宣恩县、利川市	恩施市、秭归县、鹤峰县、巴东县、咸丰县、来凤县	无	无
	湖南片区	无	龙山县、永顺县、麻阳苗族自治县、芷江侗族自治县、会同县、绥宁县、通道侗族自治县、城步苗族自治县、武冈市、新宁县、邵阳县、隆回县、新邵县、新化县、安化县、石门县、桑植县、慈利县、沅陵县、辰溪县、保靖县、靖州苗族侗族自治县、涟源市、洞口县、溆浦县	花垣县、泸溪县、中方县、古丈县、凤凰县、新晃侗族自治县	无	无
	重庆片区	无	酉阳土家族苗族自治县、丰都县、石柱土家族自治县	武隆区、彭水苗族土家族自治县、秀山土家族苗族自治县	无	黔江区

资料来源:整理自《中国县域统计年鉴》(2017),中国统计出版社,2017;《国民经济与社会发展统计公报》,武陵山片区各县市区,2016。

表7 2019年武陵山片区各县市区乡村转型度指数空间分布

年份	片区	指数				
		(0.00, 0.12]	(0.12, 0.24]	(0.24, 0.36]	(0.36, 0.48]	(0.48, 1.00]
2019	贵州片区	无	沿河土家族自治县、道真仡佬族苗族自治县、务川仡佬族苗族自治县、凤冈县	正安县、湄潭县、德江县、思南县、印江土家族苗族自治县、石阡县、松桃苗族自治县、江口县	玉屏侗族自治县、万山区	碧江区

续表

年份	片区	指数				
		(0.00, 0.12]	(0.12, 0.24]	(0.24, 0.36]	(0.36, 0.48]	(0.48, 1.00]
2019	湖北片区	无	五峰土家族自治县、鹤峰县	秭归县、巴东县、咸丰县、来凤县、建始县、宣恩县、利川市、长阳土家族自治县	恩施市	无
	湖南片区	无	永顺县、麻阳苗族自治县、芷江侗族自治县、会同县、绥宁县、城步苗族自治县、武冈市、新宁县、邵阳县、隆回县、新化县、安化县、慈利县、沅陵县、辰溪县、涟源市、洞口县、溆浦县、龙山县	石门县、桑植县、泸溪县、古丈县、凤凰县、花垣县、保靖县、新晃侗族自治县、新邵县、通道侗族自治县、靖州苗族侗族自治县	中方县	无
	重庆片区	无	无	彭水苗族土家族自治县、秀山土家族苗族自治县、酉阳土家族苗族自治县、丰都县、石柱土家族自治县	武隆区、黔江区	无

资料来源：整理自《中国县域统计年鉴》（2020），中国统计出版社，2020；《国民经济与社会发展统计公报》，武陵山片区各县市区，2019。

4. 从县域乡村转型度指数空间自相关情况来看，武陵山片区县域乡村转型度指数呈现一定程度的空间依赖

在上述分析的基础上，进一步地对武陵山片区乡村转型度指数水平进行空间自相关分析，探究其空间自相关情况。选择"INVERSE – DISTANCE – SQUARED"确定空间权重矩阵，采用欧式距离（EUCLIDEAN – DISTANCE）作为距离法，并对空间权重执行标准化。结果显示，武陵山片区乡村转型度指数水平呈现一定程度的空间依赖。

具体来看，2011 年和 2012 年 Moran's I 指数分别为 0.3778 和 0.2743（大于 0 意味着正相关，取值越大，区域经济属性因相似而聚集的程度越高），而

对应的 Z 统计量值分别为 3.5166 和 2.7421，均大于 1.96，且 p 值分别在 1% 的显著性水平上显著，表明 2011 年和 2012 年武陵山片区乡村转型度指数水平具有强烈的空间相关性和聚集性，乡村转型度指数水平与该区域的地理位置相关。进一步分析，根据局部 Moran's I 法的分析结果，2011 年"高－高"集聚区有 4 个，即重庆片区的彭水苗族土家族自治县和贵州片区的碧江区、万山区和玉屏侗族自治县，表明这些县区的乡村转型度指数水平在武陵山片区具有正向带动作用，促进了周边地区乡村转型度的提高。"低－低"集聚区有 3 个，即贵州片区的正安县和务川仡佬族苗族自治县以及湖南片区的洞口县，表明这些县区乡村转型度指数水平对周边地区有负向影响。而 2012 年已经没有"低－低"集聚区，原有的 4 个"高－高"集聚区继续存在，这表明这些区域在不同时点上乡村转型度指数水平呈现显著正相关性。

同时，2013~2019 年的 7 年 Moran's I 指数分别为 0.1171、0.2446、0.1875、0.2613、0.2239、0.2103、0.2741，呈现波动上升趋势且都为正，表明不同时点武陵山片区乡村转型度指数在全局空间上呈现正向集聚现象。进一步分析，根据局部 Moran's I 法的分析结果，2013 年和 2019 年有 3 个"高－高"集聚区（为贵州片区的碧江区、万山区和玉屏侗族自治县），其余年份都有 4 个"高－高"集聚区（为重庆片区的彭水苗族土家族自治县和贵州片区的碧江区、万山区、玉屏侗族自治县），且无其他类型的集聚区，这些"高－高"集聚区地理空间上存在一定程度的依赖性。而 2018 年除了有 3 个"高－高"集聚区（为贵州片区的碧江区、万山区和玉屏侗族自治县）外，还有 1 个"低－高"集聚区（为贵州片区的松桃苗族自治县），说明碧江区、万山区和玉屏侗族自治县的乡村转型度指数存在相互正向促进作用，而松桃苗族自治县本身乡村转型度指数水平较低，但周边水平较高，处于乡村转型的"低洼地"，也存在一定程度的空间依赖性。

（三）武陵山片区乡村转型的区域瞄准

由于乡村转型资源投入的有限性，科学识别武陵山片区乡村转型的薄弱区域，将有助于集聚资源合力补齐乡村转型的短板。在空间格局分析的基础上，借鉴郭远智和刘彦随的研究①，利用1倍标准差分类法将2019年武陵山片区乡村转型度指数水平按从低到高依次划分为Ⅰ级区、Ⅱ级区、Ⅲ级区和Ⅳ级区4种类型（如表8所示），并将Ⅰ级区所涉及的乡村转型度指数水平县市区识别为"乡村转型工作重点县"。从县市区个数来看，该类型的县市区个数为21个，主要位于湖南片区和贵州片区西部。这些地区基于各种综合原因乡村发展水平较低，在乡村转型中面临较大的困难，需要在乡村振兴过程中根据实际情况给予资源配置和政策等方面的倾斜。

表8 2019年武陵山片区乡村转型度指数水平分级

片区	Ⅰ级区 (0.1544~0.2315]	Ⅱ级区 (0.2315~0.3122]	Ⅲ级区 (0.3122~0.3929]	Ⅳ级区 (0.3929~0.6638]
贵州片区	道真仡佬族苗族自治县、务川仡佬族苗族自治县、沿河土家族自治县、凤冈县	正安县、湄潭县、德江县、思南县、石阡县、印江土家族苗族自治县、松桃苗族自治县、江口县	无	碧江区、万山区、玉屏侗族自治县
湖北片区	五峰土家族自治县	秭归县、巴东县、建始县、长阳土家族自治县、鹤峰县、宣恩县、咸丰县、来凤县、利川市	无	恩施市
湖南片区	永顺县、沅陵县、安化县、新化县、辰溪县、溆浦县、麻阳苗族自治县、芷江侗族自治县、会同县、绥宁县、城步苗族自治县、洞口县、隆回县、邵阳县、武冈市、新宁县	石门县、慈利县、桑植县、龙山县、保靖县、古丈县、泸溪县、凤凰县、新晃侗族自治县、靖州苗族侗族自治县、通道侗族自治县、新邵县、涟源市	花垣县、中方县	无
重庆片区	无	石柱土家族自治县、丰都县、酉阳土家族苗族自治县、彭水苗族土家族自治县	秀山土家族苗族自治县	武隆区、黔江区

资料来源：整理自《中国县域统计年鉴》（2020），中国统计出版社，2020；《国民经济与社会发展统计公报》，武陵山片区各县市区，2019。

---

① 郭远智、刘彦随：《中国乡村发展进程与乡村振兴路径》，《地理学报》2021年第6期，第1415~1416页。

四 武陵山片区脱贫攻坚与乡村转型典型案例

虽然武陵山片区乡村转型趋势和地域格局都存在显著差异，但在党中央的坚强领导和武陵山片区人民的共同努力下，武陵山片区出现了很多脱贫攻坚和乡村转型典型村，这些典型村在产业发展、乡村治理、生态建设和乡风文明建设等方面取得了突出的成绩。为了进一步探讨武陵山片区脱贫攻坚和乡村转型的具体实践，剖析面对显著的乡村转型趋势和地域格局差异，武陵山片区如何进行脱贫攻坚和乡村重构，并实现乡村转型，为乡村振兴树立标杆，下面将以精准扶贫首倡地湖南片区花垣县十八洞村为典型来进行案例分析。

（一）十八洞村的脱贫攻坚成效

十八洞村位于武陵山片区湖南省湘西土家族苗族自治州花垣县排碧乡西南部的大山深处，曾是典型的贫困村。近年来，十八洞人牢记习近平总书记殷切嘱托，在村党支部的带领下，积极探索可复制、可推广的精准脱贫经验，先后荣获"全国先进基层党组织""全国文明村""全国少数民族特色村寨""全国乡村旅游示范村""全国民族团结进步创建示范单位"等殊荣。

1. 直接减贫效果显著

十八洞村进行脱贫攻坚以来，取得了显著的直接减贫成效。2017年2月，十八洞村成为湖南省第一批退出贫困村序列的行政村，贫困人口全部脱贫。如图12所示，2019年农村居民人均可支配收入由2011年的1668元增长到14668元，增幅高达779.38%，远远高于花垣县、湘西州、湖南省和全国的增幅150.92%、173.43%、134.43%、129.62%。从2011年到2019年，十八洞村农村居民人均可支配收入占全国农村居民人均可支配收入的比重也由18.35%上升到91.55%。同时，2020年村集体经济收入已突破200万元，种植、养殖、苗绣、劳务、乡村游、山泉水6大产业基本成型，人居环境全面提质，群众幸福感、获得感得到极大提升。

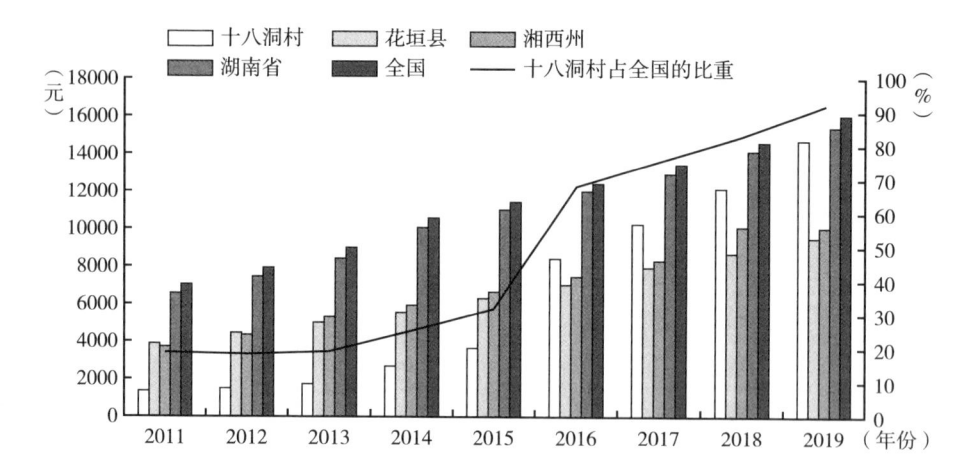

图12　2011～2019年武陵山片区十八洞村农村居民人均可支配收入变化趋势

资料来源：整理自《2011～2019年十八洞村村级数据统计资料》，2020。

2. 间接减贫成效巨大

一是形成了协同攻坚的良好局面。首先是各级政府大力支持。习近平总书记考察十八洞村后，各级政府部门更加关注十八洞村，切实帮助十八洞村解决实际困难。其次是东西部协作拓展就业渠道。十八洞村借力"东西部协作"的帮扶机制，不断推动东西部协作产业帮扶项目落地。再次是社会力量助力产业发展。十八洞村依托湖南盘古电子商务有限公司，在村里建设了电子商务平台；借助中国邮政的"邮三湘"网络平台，创新产品销售方式；引入首旅集团华龙公司、北京消费宝公司，"升级"乡村旅游。另外，十八洞村还引入"步步高"投资山泉水厂，发展集体经济。最后是党员坚守脱贫攻坚第一线。十八洞村以驻村帮扶工作队，村、支两委和青年突击队建设为载体，充分发挥党组织在脱贫攻坚中的中坚作用。二是进一步提高了十八洞村的乡村治理能力。十八洞村通过党建先行、创新基层治理模式等极大地提升了村、支两委的群众满意度，增强了党员干部带领群众脱贫致富的能力，密切了党员干部和群众之间的关系，基层组织的凝聚力、战斗力和乡村治理能力得到显著提升。三是推动了精准扶贫工作机制的创新。首先，十八洞村探索形成了"七步法"① 和"九不评"② 的精准识别工作方法。其次，十八洞村形成并推广了"党建引领、互助五兴"③ 基层治理模式、思想道德星级化管理模式。最后，十八洞村创新了产业发展模式，形成了"飞地经济"模式，推行了"市场+龙头企业+合作社+贫困户""龙头企业+合作社+贫困户""合作社+贫困户""集体经济+贫困户"等多种利益联结模式，推广了"分红收入积分制""自主脱贫激励制"等模式，实施了"种养殖结合""农旅结合"等多元化经济发展模式。四是推动了精准扶贫工作方法的创新。十八洞村通过实践，形成了可复制、可推广的"五个结合"④ 工作方法。2019年2月4日，围绕"五个结合"形成的经验总结报告《湖南湘西州牢记习近平总书记殷切嘱托，以十八洞村为样板走出一条可复制可推广的精准扶贫好路子》，得到习近平总书记的重要批示。

（二）十八洞村的乡村重构与转型

1. 十八洞村的经济重构与转型

（1）产业结构重构：从农业到农旅结合

十八洞村此前一直以农业为主，2013年全村种植水稻400亩、玉米100

---

① "七步法"：户主申请→投票识别→三级会审→公告公示→乡镇审核→县级审批→入户登记。
② "九不评"：拥有砖混结构楼房或在城镇购有商品房的家庭不评；2000年以来违反计生政策和未按规定落实计生手术的家庭不评；打牌赌博成性，经营或提供赌博场所，正在服刑、劳教或正被警方通缉和屡教不改的"两劳"释放人员的家庭不评；不务正业、懒惰成性的家庭不评；不履行赡养义务的家庭不评；时常刁蛮阻挠公益事业建设和当地经济发展的家庭不评；全家外出打工经通知不回家的家庭不评；国家机关、事业单位工作人员的家庭不评；拥有大中型农业机械、农用车、矿车、面的、轿车、中巴车及经营性加工厂的家庭不评。
③ "五兴"：学习互助兴思想，生产互助兴产业，乡风互助兴文明，邻里互助兴和谐，绿色互助兴家园。
④ "五个结合"：在扶贫对象识别上，不搞暗箱操作，注重公开公平与群众满意相结合；在内生动力激发上，不搞空洞说教，注重典型引路与正向激励相结合；在发展扶贫产业上，不搞大包大揽，注重统筹布局与因地制宜相结合；在基础设施建设上，不搞大拆大建，注重留住乡愁与彰显美丽相结合；在攻坚力量统筹上，不搞孤军奋战，注重发挥基层党组织堡垒作用与党员干部先锋作用相结合。

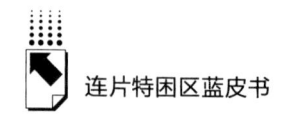

亩、烤烟160亩、西瓜70亩、其他农作物87亩。2013年，全村农业总收入105万元，占全村总收入的63.64%。脱贫攻坚以来探索形成了种植、养殖、苗绣、劳务、乡村游、山泉水6大产业。2017年，十八洞村猕猴桃产业首次分红，人均收入首次突破万元；2018年，十八洞村山泉水厂建成投产，村集体经济达到70余万元，全体村民的新农合、新农保由村里统一买单；2019年，十八洞旅游公司正式营运，村集体经济突破百万元。

（2）生产方式重构：从传统到先进

脱贫攻坚实施以前，十八洞村的生产方式是以自给自足的小规模家庭生产与自然经济相结合的生产方式，主要以家庭为单位种植水稻、玉米、烤烟、西瓜等农作物，农作物的产出绝大部分用于家庭消费，只有较少的剩余部分才会用于交换。脱贫攻坚实施之后，十八洞村的农户不再满足于农业的简单再生产，而开始通过整合各种扶贫资源，组建农村专业合作社、探索股份合作、开办农家乐和乡村民宿等小微企业，以获得更高的收入。

（3）市场广度重构：从半封闭到开放

脱贫攻坚实施之前，十八洞村市场信息不灵，抵御市场风险能力差，加之交通不便，农产品很难卖出去。脱贫攻坚实施之后，十八洞村党支部对本村劳动力进行针对性培训，帮助其更好地适应市场需求，并积极拓宽劳动力市场。全村305名劳动力在外稳定务工就业，每年实现务工纯收入1200多万元。同时，十八洞村积极与国内几家知名电商平台合作，通过线上销售与线下销售相结合，拓展产品销售渠道，将农产品销至国内并直供港澳。通过这种方式，2017年、2018年村民分别获得猕猴桃分红74.05万元和88.5万元。另外，十八洞村通过组建旅游管理公司，积极打造看得见山、望得见水、记得住乡愁的"中国最美农村"，利用本地旅游资源，不断升级本土旅游市场，2019年全年十八洞村吸引游客达60万人次。

2. 十八洞村的社会重构与转型

（1）就业类型重构：从单一到多元

脱贫攻坚实施以前，十八洞村的就业方式主要是务农和外出务工，其中，约2/3的村民常年外出务工。脱贫攻坚实施以后，十八洞村的就业类型实现了多元化，主要有务农、务工（外出和本地）、自主创业、村集体企业就业等。仅外出务工方面，2019年全村就有300多名劳动力到东西部协作对口帮扶的深圳、广州等地转移就业。

（2）乡村治理重构：从失序到有序

2013年，十八洞村有党员24名，支部班子只有3人，平均年龄63岁，1名初中文化程度、2名小学文化程度，是个软弱涣散的支部，班子战斗力弱，组织生活基本没有开展，党组织没有组织力。十八洞村的乡村治理处于一种失序状态，缺乏人才、没有统一规划、基础设施薄弱、制度不健全，乡村治理的进展缓慢。精准扶贫实施之后，十八洞村通过党建引领，成立由县委书记任组长的精准扶贫工作领导小组，精选驻村工作队，加强村、支两委建设，组建突击队，探索创立"党建引领、互助五兴"基层管理模式，使乡村治理步入有序发展的阶段。

（3）社会关系重构：从简单到多样

2013年，十八洞村留守儿童、留守老人及留守妇女问题比较严重，村寨空壳化现象较为突出，41个大龄男青年找不到媳妇，整体而言村民的社会关系较为简单。精准扶贫实施之后，随着乡村旅游业的发展和新媒体硬件与软件的普及，十八洞村与外界的交流越来越多，特别是2019年5月十八洞村旅游公司正式营运以后，来十八洞村参观学习的人数呈井喷式增长，社会关系变得越来越多样。

（4）日常生活重构：从简约到丰富

脱贫攻坚实施之前，十八洞村作为一个苗族村寨，保留着很多传统习俗，日常生活并没有太多变化，较为简约。脱贫攻坚实施之后，十八洞村受到极大的关注，大量的游客涌入十八洞村，不同的文化元素在这里交融。同时十八洞村积极组织各类文化娱乐活动，宣传、文化等部门也经常开展送文化、送科技等下乡活动，大大丰富了十八洞村民的日常生活。

3. 十八洞村的空间重构与转型

（1）生产空间重构：从粗放到集约

脱贫攻坚实施之前，十八洞村的生产空间主要进行传统农业生产，生产

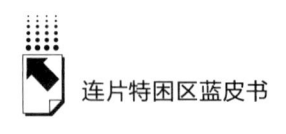

空间的利用较为粗放。脱贫攻坚实施之后，十八洞村的部分传统生产空间转变为旅游服务空间。同时，十八洞村外围的部分生态空间也开始向生产空间转变，生产空间的利用变得更加集约。

（2）生活空间重构：从分散到集聚

曾经的十八洞村基础条件差，交通极其不便，村舍环境简陋，村里没有自来水，用电也不稳定，文化娱乐活动比较单一，村民居住较为分散。精准扶贫实施以后，十八洞村全面实施了"三通"、"五改"和公共服务设施建设，生活环境得到全面改善。同时，部分生活空间转化为旅游接待空间，生活空间进一步向中心集聚。

（3）生态空间重构：从生态美丽到生态文明

脱贫攻坚实施之前，十八洞村的生态空间处于未被开发的状态，保持着其原生态的美丽。脱贫攻坚实施之后，十八洞村坚持以打造"中国最美乡村"为目标，让"天更蓝、山更绿、水更清、房更古、人更美、情更浓"，致力打造十八洞村，按照"实用、协调、节约、美观、个性"相结合的原则，认真开展农村"五改"。十八洞村先后被评为"全国少数民族特色村寨""全国乡村旅游示范村""全国文明村""全省脱贫攻坚示范村"，实现了从生态美丽到生态文明的转型。

五 武陵山片区乡村振兴的对策

通过上述分析可以知道，武陵山片区脱贫攻坚总体成效显著，具体表现为农村贫困人口和贫困发生率大幅下降、农村居民收入和支出都与日俱增、农村居民生产生活日新月异、教育文化和医疗卫生事业发展迅速等。进而通过对武陵山片区乡村转型趋势和地域格局的分析，发现武陵山片区乡村转型度指数呈增长趋势，且各分片区存在内部差异。同时，武陵山片区乡村转型的地域格局也呈现明显差异：整体而言，武陵山片区乡村转型度指数所处阶段不高，但呈现逐年变好的趋势；从各片区乡村转型度指数水平来看，各分片区各年乡村转型度指数呈现明显的地域分异特征；从县域乡村转型度指数空间格局来看，各县的乡村转型度指数存在明显的空间差异；从县域乡村转型度指数空间自相关情况来看，县域乡村转型度指数呈现一定程度的空间依赖。另外，还对"乡村转型工作重点县"进行了识别。在此基础上，以十八洞村为例剖析了武陵山片区脱贫攻坚与乡村转型的具体实践。最后提出以下武陵山片区乡村振兴的对策。

通过武陵山片区乡村转型的区域瞄准可知，Ⅰ级区作为"乡村转型工作重点县"，现阶段的主要任务应是着重从"人业地"三个方面巩固拓展脱贫攻坚成果与乡村振兴的有效衔接。Ⅰ级区在政策和措施的实施力度方面应该要大于其他地区，在资源配置方面也应该优先于其他地区，以便补足短板、突破薄弱环节。Ⅱ级区、Ⅲ级区和Ⅳ级区现阶段除了继续巩固拓展脱贫攻坚成果，其主要任务应该着重从"人业地"三个方面进一步完善乡村振兴体制机制，高质量推进农村现代化，而这也应成为Ⅰ级区下一阶段的主要任务。

（一）从"人业地"三个方面巩固拓展脱贫攻坚成果与乡村振兴的有效衔接

首先，在"人"方面。第一，要建立健全返贫监测帮扶机制，对易返贫人口，如边缘户、易地扶贫搬迁人口的收支状况进行监控；对具备劳动能力的人，要加强引导、进行技能培训、扩大劳务输出力度等，帮助其实现稳定就业；对丧失劳动能力的人口，要完善兜底保障。第二，继续加强教育扶贫，阻断贫困的代际传递。

其次，在"业"方面。第一，要进一步加强对已有扶贫项目的管理，完善其监管流程，确保扶贫项目能实现预期收益。第二，着力推进武陵山片区广电传媒协作融合，充分整合武陵山片区广电新媒体资源，更好地推介武陵山片区文化旅游产业和城市形象。第三，进一步推动旅游产业的提档升级。通过持续加强湖南、贵州、重庆、湖北四省协作，联合打造精品旅游线路，共同培育、壮大武陵山片区域旅游品牌，打造联通张家界、铜仁、吉首和怀化四大旅游城镇的核心旅游经济带。

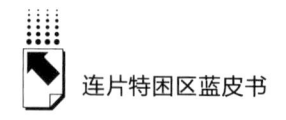

最后，在"地"方面。第一，持续改善基础设施建设。如在已建成的黔张常铁路、张吉怀高铁的基础上，继续完善路网的布局及其配套设施。第二，持续改善综合服务设施建设，继续对医疗、卫生、娱乐、文化、健身等设施进行提质升级。第三，进一步完善武陵山片区电子商务支撑服务体系，营造良好的环境，畅通销售渠道，确保武陵山片区农产品能走向更大的市场。第四，进一步优化武陵山片区的金融支持体系，创新金融产品。如继续支持武陵山片区旅游产业投资基金管理公司的运营，为武陵山片区产业发展提供金融支持等。

（二）从"人业地"三个方面进一步完善乡村振兴体制机制，高质量推进农村现代化

首先，在"人"方面。第一，始终坚持党建引领，不断加强基层党组织建设。一是进一步加强队伍建设，建立吸引人才的长效机制，配强配齐基层党组织。二是进一步强化党组织的核心作用，把基层党组织建设成为推进乡村振兴战略的领导核心。三是进一步强化理论学习，不断提高党员干部的理论水平，提升其参与乡村振兴的能力。四是进一步加强学习培训，根据武陵山片区的特点，设计培训方案和培训方法，不断拓宽干部队伍的知识面。五是进一步加强实践锻炼，可以实地考察乡村振兴典型村学习先进经验，也可以通过挂职交流等提升执行能力。六是改善干部队伍的结构，可以从优化干部队伍年龄结构和学历结构入手。七是建立后备干部人才储备，通过建立科学人才选拔机制，搭建平台，激励和培育后备干部。第二，始终坚持人才强村，不断引导各类专业人才投身乡村振兴。一是引导各类专业人员回归乡村，通过建立健全人才流动机制，完善专业技术人员到乡村挂职、兼职制度，让掌握各类知识的专业人员，回到乡村。二是重视本土人才，为其在本土创业提供相应保障和支持，特别是要尽早建立武陵山片区的非物质文化遗产当代传承人保障制度和下代传承人培养机制。三是构建乡村人才培训体系，不断提升乡村人才的知识水平和就业、创业技能。四是优化人才保障体系，解除片区乡村人才的后顾之忧。

其次，在"业"方面。第一，始终坚持优化产业结构，促进农业产业化发展。一是打造农产品生产基地，武陵山片区应结合本地资源禀赋，发展地区特色的农产品生产基地，特别是可以打造"农旅＋茶旅"一体的生态休闲农业。二是加快推进地理标志品牌的创建，增强农产品的竞争力。三是加快农业发展基础知识和观念的普及，不断推进农业现代化发展进程。四是创新农业发展模式，推动产业集聚，培育现代化的产业发展格局。第二，始终坚持建设承接产业转移示范区，对接粤港澳大湾区产业融合发展。一是要推动承接产业转移所涉及的人才、资金、技术等生产要素的自由流动，夯实产业转移的基础。二是健全流通运输模式，确保农产品供应环节的有效衔接。三是建立政府、农户、企业、银行、保险机构等主体的联动发展，切实保障产业转移示范区的构建。四是强化制度建设，营造良好的政策环境，解决政策传导过程中出现的滞后性，持续推进与粤港澳大湾区的产业融合。第三，始终坚持区域合作，合作打造武陵山旅游品牌。一是优化武陵山片区文化旅游推介合作业务平台，合力挖掘文旅品牌，围绕武陵山十大精品景区、武陵山十佳人气景区、武陵山十佳文旅融合景区等旅游线路，统筹规划，重新整合，提升旅游品牌形象，如建立统一的旅游管理公司，推行武陵山片区联票制，逐步形成规范、高效、优质的一体化运行体系。二是着力打造武陵山片区国家生态公园、武陵山三小时黄金旅游圈，支持创建跨省全域旅游示范区，建设全国知名生态民俗文化旅游目的地。三是积极融入长征国家文化公园的建设，依托自身优势，讲好长征红色故事，推进长征主题的爱国主义教育基地建设。第四，始终坚持宣传推广，不断提高旅游产品的美誉度。一是借助武陵山片区广电传媒协作体，通过新媒体工具构建起与产品受众的多维互动，树立起良好形象。二是构建一支本土化营销队伍，将本土一些有名的博主、主播等组织起来，推动营销工作的提质升级。三是构建电商营销模式，借助网络技术，不断提升农产品的美誉度。

最后，在"地"方面。第一，始终坚持推进农村生态保护、修复工作，大力发展绿色经济。一是要建立健全生态保护补偿机制，通过生态补偿协调相关者之间的利益关系。二是严守生态保护红线，开展农村生态环境综合治

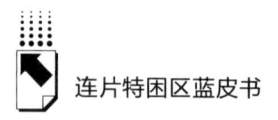

理,严格管控和治理农业污染,大力发展绿色经济。三是提升农村居民的参与度,积极发展农村生态保护志愿者,扩大农村居民的知晓度,形成农村生态保护、修复工作的长效支撑机制。四是建立健全乡村生态环境保护立法体系和执法体系,实现农村生态环境保护有法可依。第二,始终坚持提升农村人居环境质量,积极打造示范点。一是要科学编制村庄规划。通过高标准的规划建设、完善的居住功能,吸引农村人口聚集,高效使用土地,形成良性的土地使用机制。二是推进厕所革命,强化污水和垃圾处置,推进乡村治理,因地制宜建设美丽乡村。三是创新改善人居环境的技术和模式。结合区域特点,加强技术整合创新,更好地服务农村人居环境整治。第三,始终坚持改善交通条件,不断优化区域结构。一是要围绕黔张常铁路以及张吉怀高铁来发展文化旅游、招商引资、城市提质、城市管理、项目建设、文明提升等工程。二是要加快推进呼南高铁的建设,进一步优化武陵山片区的交通网。第四,始终坚持创新政务服务模式,加快跨省融合。目前,武陵山片区重庆黔江区、秀山县,湖南张家界市、怀化市、湘西州,湖北恩施州,贵州铜仁市已实现社保、养老、公积金、市场主体登记注册等领域政务服务"跨省通办",在乡村振兴过程中可进一步深化"跨省通办"这一模式,加快武陵山片区经济社会发展的融合步伐。第五,充分发挥区域增长极的带动作用。碧江区、万山区和玉屏侗族自治县近九年来一直是武陵山片区乡村转型度指数的"高-高"集聚区,属于区域发展的增长极,应不断完善其功能,充分发挥增长极对片区其他县市区的辐射带动作用。

B.3 大别山片区的脱贫成效、乡村转型与乡村振兴展望

游 俊 李晓冰*

摘　要： 大别山片区集革命老区、连片特困区、粮食主产区和沿淮低洼易涝区于一体，是连片特困地区脱贫攻坚主战场中人口规模和密度最大的片区。通过10年的脱贫攻坚战，大别山片区脱贫攻坚取得了决定性成就，大别山片区贫困人口的数量越来越少、生活水平越来越高，片区的基础设施越来越全、公共服务越来越好、整体变化越来越大。本文对片区2011～2019年的县域乡村转型进展分析发现，除了片区乡村"人"的转型进展演变呈下降趋势外，片区"业"和"地"的转型进展演变均呈不断上升趋势，且每年均保持相对比较平稳的增幅。本文基于片区中"人业地"转型的视角，分析探讨了大别山片区贫困乡村重构转型的典型案例。最后，本文认为：全面推进乡村振兴是大别山片区在脱贫攻坚中实现"人业地"重构转型后进一步实现优化升级和调整再造的必然之路；在耦合协同中培育和构建大别山片区"人业地"的自我发展能力是当前大别山片区巩固拓展脱贫攻坚成果同乡村振兴有效衔接以及未来大别山片区精准全面推进乡村振兴的突破路径。

---

* 游俊，二级教授，博士生导师，国务院特殊津贴专家，"武陵山片区扶贫与发展"湖南省2011协同创新中心主任，湖南省特色专业智库"民族地区扶贫与发展研究中心"主任，中国民族史学会、中国民族学学会副会长，主要研究方向为民族历史、民族文化教学与研究；李晓冰，博士，许昌学院马克思主义学院（中原农村发展研究中心）研究员，主要研究方向为中原农村发展。

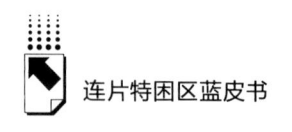

关键词: 大别山片区　脱贫攻坚成效　乡村转型进展　乡村振兴展望

一　引言

大别山集中连片特殊困难地区,是《中国农村扶贫开发纲要(2011—2020年)》中确定的14个集中连片特困地区之一。[①] 该片区地处河南、安徽、湖北三省交界地带,以长江和淮河的分水岭大别山为中心,北抵黄河、南临长江,土地面积6.7万平方公里,范围包括鄂、豫、皖三省的36个县(市)(见表1),其中国家扶贫开发工作重点县29个、革命老区县27个、国家粮食生产核心区重点县23个。2011年时,片区内总人口3657.3万人,其中乡村人口3128万人。该片区集连片特困区、革命老区、粮食主产区和沿淮低洼易涝区于一体,是连片特困地区脱贫攻坚主战场中人口规模和人口密度最大的片区。

表1　大别山集中连片特殊困难地区行政区域范围

大别山片区(36个)	安徽(12个)	安庆市	潜山县、太湖县、宿松县、望江县、岳西县
		阜阳市	临泉县、阜南县、颍上县
		六安市	寿县、霍邱县、金寨县
		亳州市	利辛县
	河南(16个)	信阳市	光山县、新县、固始县、淮滨县、商城县、潢川县
		驻马店市	新蔡县
		开封市	兰考县
		商丘市	民权县、宁陵县、柘城县
		周口市	商水县、沈丘县、郸城县、淮阳县、太康县
	湖北(8个)	孝感市	孝昌县、大悟县
		黄冈市	团风县、红安县、罗田县、英山县、蕲春县、麻城市

资料来源:《扶贫办关于公布全国连片特困地区分县名单的说明》,中国政府网,http://www.gov.cn/gzdt/2012-06/14/content_2161045.htm,最后检索时间:2021年11月20日。

[①]《中国农村扶贫开发纲要(2011—2020年)》,《老区建设》2011年第23期,第15页。

10年来，大别山片区脱贫攻坚取得了重大成效，647万贫困人口全部实现脱贫，贫困发生率由20.7%降至0.3%，片区内36个贫困县全部实现脱贫摘帽，3739个贫困村全部出列，区域性整体贫困问题得到基本解决①，大别山片区脱贫攻坚如期收官、小康社会全面建成。

尽管如此，但是面对大别山片区特殊的地理环境和薄弱的发展基础等现实，大别山片区未来的发展特别是乡村振兴战略的推进仍将面临巨大的困难和挑战。因此，如何在打赢脱贫攻坚战的基础上接续奋斗，进一步挖掘大别山片区的发展潜力和生态优势，并行推进区域发展与乡村振兴，实现生态与经济的双赢，是未来大别山片区必须认真思考和谋划的重要方向。

二 大别山片区脱贫攻坚总体成效

2011年以来，大别山片区坚持以习近平新时代中国特色社会主义思想为指导，认真贯彻落实精准扶贫精准脱贫基本方略，坚持以区域发展带动脱贫攻坚、以脱贫攻坚促进区域发展的扶贫与发展思路，着重在加强基础设施建设和改善农村基本生产生活条件等方面持续发力，片区经济社会取得了巨大发展，片区脱贫攻坚取得了决定性成就。

（一）大别山片区的贫困人口越来越少

1. 大别山片区的减贫人口逐年减少

根据国家统计局住户调查办公室2011~2020年发布的《中国农村贫困监测报告》（以下简称"监测报告"），大别山片区的农村贫困人口由2011年的647万人下降到2019年的32万人，贫困人口数量降幅达615万人。特别是2020年，片区内建档立卡贫困人口全部实现脱贫，大别山片区的脱贫攻坚战取得实质性胜利。

---

① 宗边：《住房和城乡建设部召开大别山片区脱贫攻坚视频推进会》，中国建设新闻网，http：//www.chinajsb.cn/html/202006/29/11248.html，最后检索时间：2021年11月20日。

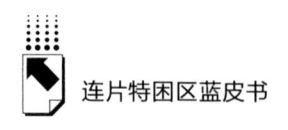

2. 大别山片区的减贫步伐逐年加快

2011~2019年的9年间，大别山片区平均每年减少农村贫困人口68.3万人以上。可见，大别山片区不仅注重减贫质量的"好"，而且注重减贫步伐的"稳"。正是有了如此稳的减贫节奏，才保证了大别山片区在2020年时高质量地如期实现了决战脱贫攻坚、决胜全面小康的目标任务。

3. 大别山片区的贫困发生率逐年下降

大别山片区的农村贫困发生率呈逐年迅速降低趋势。在2011年是20.7%，而到2020年已经降到0.3%。10年间整整下降了20.4个百分点，下降率达98.5%。通过片区间的比较可以看出，大别山片区2019年的农村贫困发生率是除大兴安岭南麓山片区外最低的连片特困区之一。①

（二）大别山片区农户的生活水平越来越高

1. 大别山片区的农村常住居民人均可支配收入逐年增长

人均可支配收入是衡量农村贫困人口致富增收的重要指标之一。监测报告中的有关数据显示，大别山片区的农村常住居民人均可支配收入在2011年是4275.9元，而到2019年已经达到13341元，增加了9065.1元。很明显，大别山片区的农村常住居民人均可支配收入呈现了逐年增长的显著成效。我们从大别山片区农村常住居民人均可支配收入的增速中也可以看出该片区农村居民增收的力度比较大，特别是2012~2014年的增速最大，达到14%以上，虽然2015~2017年有所放缓，但是在2018年和2019年又迅速恢复到快速增长的轨道上，而且增速均保持在11%以上。

2. 大别山片区的农村常住居民人均消费支出逐年增长

人均消费支出是除人均可支配收入外，衡量农村贫困人口致富增收的另一个重要指标。从监测报告中得知，大别山片区的农村居民人均消费支出在2013年是6107元，而到2019年已经达到11393元，增加了5286元。很明显，大别山片区的农村常住居民人均消费支出也呈现了逐年增长的显著成

---

① 秦巴山片区、罗霄山片区的贫困发生率也为1.0%。

效。此外，从人均消费支出的增速看，大别山片区农村常住居民人均消费支出的增速波动不大，除了2013年、2017年、2018年有所波动外，其他年份变化均保持在11%的增速。

3. 大别山片区的农户耐用消费品拥有量逐年增长

就衡量农村人口生活水平状况而言，农户耐用消费品拥有量相比人均可支配收入和人均消费支出表现得更具体、更直观。从监测报告中有关农户耐用消费品拥有情况来看，百户汽车拥有量在2019年已经达到21.1辆，比2011年多了5倍，意味着片区内拥有汽车的农户数量虽然较少但增速较快，不过相比全部片区平均水平而言，大别山片区的农户汽车拥有水平始终较低，该状况似乎与该片区的自然环境和地理、交通条件相关。此外，片区农户中百户洗衣机拥有量、百户电冰箱拥有量、百户移动电话机拥有量、百户计算机拥有量在2019年已经分别达到88.9台、99.2台、263.5部、21.4台，这些比2011年的拥有量明显有所增加，说明大别山片区农户耐用消费品拥有量在脱贫攻坚中逐年增加，也意味着片区农户的生活水平越来越高。

（三）大别山片区的基础设施越来越全

1. 片区贫困人口出行更加便捷

2019年，大别山片区所在自然村通公路的农户比重已经达到100%，意味着大别山片区的农村地区已经实现村村通公路，阻碍片区农村发展的交通瓶颈问题已经得到解决；所在自然村进村主干道路硬化的农户比重在2019年时已经达到99.8%，意味着片区内进村道路硬化问题几乎全部解决；所在自然村能便利乘坐公共汽车的农户比重在2019年已经达到81.7%，意味着片区内农户的出行将更加便捷。

2. 片区贫困人口通信更加便捷

2019年，片区内所在自然村通电话的农户已经达到100%，意味着片区内农村的基本通信问题已经得到有效解决；所在自然村能接收有线电视信号的农户比重在2019年已经达到99.7%，意味着片区内的农村各地几乎都能通过电视媒介，实现丰富精神文化生活、时时了解外界动态的愿望；所在自

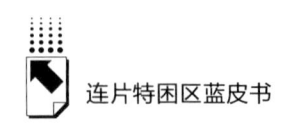

然村通宽带的农户比重在2019年已经达到98.4%，意味着片区内的农村各地几乎都能畅游互联网络世界，也为进一步实现"网上买""网上卖"打下了保障基础。

3. 片区贫困人口生产生活用水更加便捷

2019年，大别山片区使用管道供水的农户比重已经达到92.9%，使用经过净化处理自来水的农户比重在2019年时已经达到74.9%，意味着片区内的农户几乎都能享受经过净化处理并通过管道供水带来的便利，从而便捷地享用到安全、卫生、干净的生产生活用水，进而告别了过去翻越大山峡谷来回提水、挑水、背水的艰苦岁月。

4. 片区贫困人口居住环境更加美好

2019年，大别山片区居住竹草土坯房的农户比重已经降到0.0%，说明经过脱贫攻坚战，大别山片区农户已经全部脱离了竹草土坯房的居住生活方式。监测报告显示：独用厕所的农户比重在2019年已经增加到96.9%，意味着大别山片区农村的厕所革命取得了实质性进展，片区内农户的生活便利程度得到显著提升；炊用柴草的农户比重在2019年已经增加到35%，说明大别山片区农户的生活便利程度得到显著提升；片区内所在自然村垃圾能集中处理的农户比重在2019年已经增加到94.2%，意味着片区内农村各地的生态环境条件有了较大变化。广大农户的生存环境和生活条件越来越好。

（四）大别山片区的公共服务越来越好

1. 片区贫困人口就医更加便捷

通过10年的脱贫攻坚战，大别山片区的贫困人口医疗卫生条件更加完善，就医越来越便捷。片区内所在自然村有卫生站的农户比重在2019年已经增加到96.4%，说明大别山片区的医疗条件有了较大改善，片区内绝大多数农户能在家门口享受便利的医疗服务。

2. 片区贫困人口子女就学更加便捷

脱贫攻坚战"两不愁三保障"的目标中，义务教育有保障是攻坚的重要内容之一。大别山片区所在自然村上幼儿园便利的农户比重在2019年已经增加到96.9%，片区内所在自然村上小学便利的农户比重在2019年已经增加到98.6%，意味着片区内绝大多数的农户子女能在家门口享受到便利的学前教育和小学义务教育。

（五）大别山片区的整体变化越来越大

1. 大别山片区经济社会取得快速发展

通过10年的脱贫攻坚战，大别山片区农村贫困地区的经济社会取得快速发展。以大别山片区的兰考县为例，全县生产总值由2012年的150.89亿元提高到2020年的383.2亿元，财政一般预算收入由5.136亿元增加到26.2亿元，三次产业结构由19.6∶46.6∶33.8调整到13.4∶44.1∶42.5，县域高质量发展综合考核排名由2012年的第83位上升到如今的位居河南省第一方阵。

2. 大别山片区脱贫群众精神面貌焕然一新

一方面，通过脱贫攻坚，进一步激发了片区干部群众奋发向上的精气神，实现了物质和精神的"双脱贫"。脱贫攻坚中，千千万万的扶贫干部舍小家顾大家，以讲奉献的精神真蹲实驻，长期开展驻村帮扶，长时间与贫困群众同吃同住同劳动，全面了解、研判贫困村寨与贫困群众的致贫原因，在共商脱贫大计的基础上做给群众看、带着群众干，密切了干群关系，增进了干群感情，提升了群众工作的能力和水平。另一方面，通过脱贫攻坚，深入传播了社会主义核心价值观，也广泛深入地弘扬了社会主义和谐文明新风，大别山片区干部群众干事创业的精气神越来越足，贫困群众的思想观念也随之发生了很大变化，群众的精神风貌焕然一新，生产生活中增添了不少自立自强的信心勇气，片区群众思发展、谋脱贫、争上游的氛围越来越浓，不仅取得了物质上的累累硕果，也取得了精神上的累累硕果。

3. 党在大别山片区农村的执政基础更加牢固

大别山片区各地注重发挥党建在脱贫攻坚中的作用，切实把加强贫困地区农村基层党组织建设作为脱贫攻坚的重要抓手之一，促使其成为带领群众脱贫致富的坚强战斗堡垒。10年来，大别山片区深入推进抓党建促脱贫攻

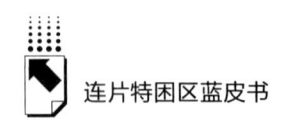

坚工作，选好配强村、支两委班子，积极培育农村创业致富带头人，带动乡村本土人才回流，切实打造出了一支"不走的扶贫工作队"。同时片区各地还注重对乡村一线扶贫工作队伍的打造，充分发挥贫困村第一书记和驻村工作队在扶贫中的独特作用，注重在脱贫攻坚实战中培养锻炼和提拔重用干部，真正打造了一支能征善战的干部队伍。10年来，大别山片区以打赢脱贫攻坚战为契机，大力整顿软弱涣散的基层党组织，不断提升农村基层党组织的凝聚力、战斗力，进一步增强了大别山片区农村基层党组织服务脱贫攻坚的能力，提升了大别山片区农村的基层治理能力。

三 大别山片区乡村转型进展及差异

区域性贫困的缓解，需要贫困地区实现贫困主体性要素"人"、贫困中介性要素"业"与贫困客体性要素"地"等多方要素的发展与耦合协调；推动脱贫攻坚与乡村振兴的有效衔接，则要求乡村地域系统发展过程实现"人"的转型、"业"的转型、"地"的转型，进而实现乡村重构转型，摆脱贫困陷阱的同时形成内生发展机制，重塑乡村经济、社会、空间结构。基于乡村转型度指标体系（见总报告）和《中国县域统计年鉴》（2011~2020年）数据，进一步分析大别山片区10年脱贫攻坚驱动乡村重构、转型进展及其差异。为了更好地比较，根据县域所属省份，将大别山片区细分为安徽片区、河南片区和湖北片区。

（一）大别山片区乡村"人"的转型进展及差异

图1是大别山片区及安徽、河南、湖北片区2011~2019年乡村"人"的转型演变趋势图，从大别山片区总体来看，"人"的转型指标度在2011~2019年呈下降趋势，其中2011~2013年下降最快，大别山片区整体转型度从2011年的0.49下降到2013年的0.35，但由于2013年前后统计口径发生了部分变化，故主要比较2013年后的转型度变化情况。可以看到，2013年后"人"的转型度呈现波动上升的趋势，缓慢上

升到2019年的0.40，说明在精准扶贫方略引领下，有助于大别山片区整体"人"的转型，体现为通过促进片区非就业水平，提高了地区人力资本的积累，并促进片区内居民金融素养的提高，进而促进其"人"的转型。

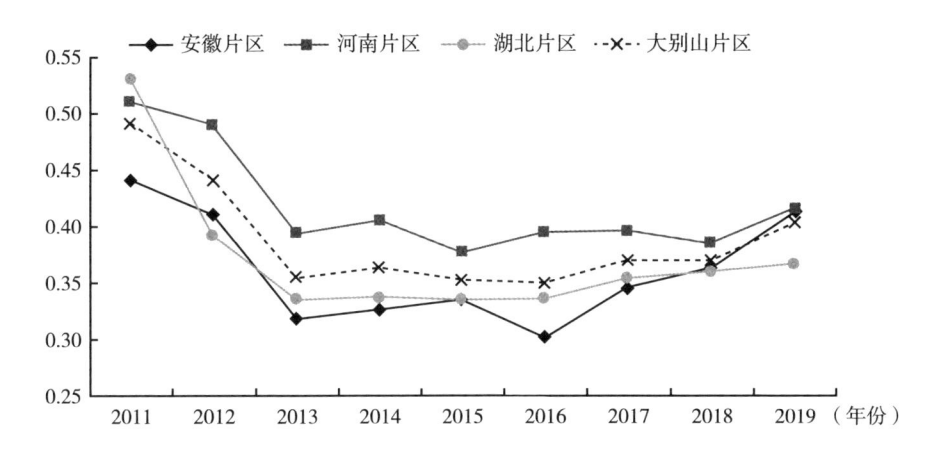

图1 大别山片区及分省片区2011~2019年乡村"人"的转型演变趋势

资料来源：整理自《中国农村贫困监测报告》（2012~2020）、《中国县域统计年鉴》（2012~2020年）。

从片区内分不同省份来看：2013~2019年，安徽片区"人"的转型度增长最快，从2013年的0.32提升到2019年的0.41，年均增长率近4.2%，从2013年始的三省最低水平提升到2019年的第二高水平，与片区平均水平不断缩小直至反超，说明安徽省得益于有利的地理区位条件，在片区脱贫攻坚促进贫困群体自我发展能力工作中进步显著；湖北省片区县在"人"的转型方面进步不大，分别从2013年的0.33上升到2019年的0.37，年均增长率为1.9%；而河南片区"人"的转型度在2013年为0.39，上升到2019年的0.41，年均增长率仅为0.8%，在"人"的转型度上进步最小。未来乡村振兴阶段，大别山片区乡村振兴工作应当适当加强对河南、湖北两省原连片特困区县的扶持力度，提高其地区人力资本与居民金融素养水平，加大对人才振兴的投入，帮助其走出人力资本不足的负向累积陷阱。

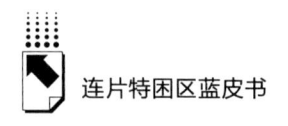

（二）大别山片区乡村"业"的转型进展及差异

图 2 是大别山片区及安徽、河南、湖北片区 2011～2019 年乡村"业"的转型演变趋势图，从大别山片区总体来看，"业"的转型度在 2011～2019 年呈不断上升的趋势，每年保持相对比较平稳的增幅，"业"的转型度从 2013 年的 0.27，逐渐上升到 2019 年的 0.38，年均增长率为 5.9%。说明在精准扶贫方略引领下，大别山片区整体"业"的转型成效比较明显，体现为通过促进片区产业非农化和农业现代化，使得地区产业结构升级，产业技术化专业化程度提高，以及通过市场组织化水平与经济金融化水平的提高，提升市场竞争活力与金融发展水平，进而为其"业"的转型打下了坚实的基础。

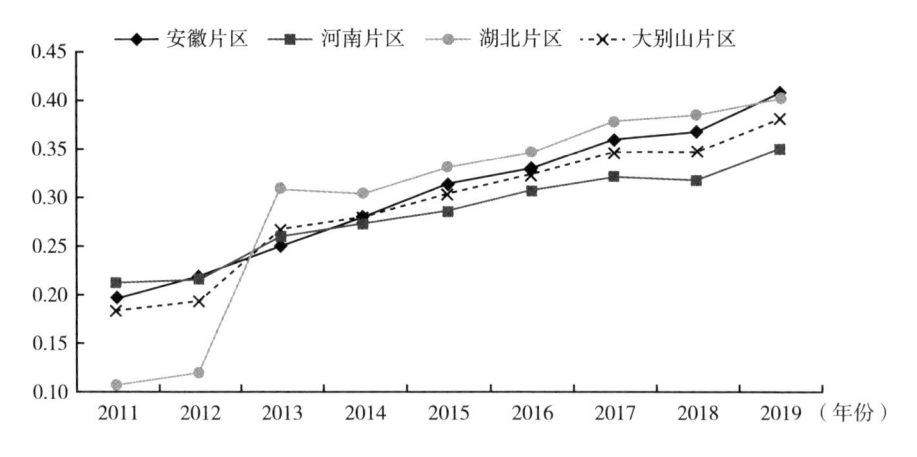

图 2　大别山片区及分省片区 2011～2019 年乡村"业"的转型演变趋势

资料来源：整理自《中国农村贫困监测报告》（2012～2020）、《中国县域统计年鉴》（2012～2020 年）。

从片区内不同省份来看：2013～2019 年，安徽片区"业"的转型度增长最快，从 2013 年的 0.25 提升到 2019 年的 0.41，年均增长率为 8.6%，从 2013 年始的三省中最低水平提升到 2019 年的最高水平，与片区平均水平不断缩小并且再一次反超，说明安徽省得益于长三角城市群经济快速发展的溢出效应,在片区脱贫攻坚中促进贫困地区包容性产业发展,不断提高产业竞争力,实现了片区"业"的快速转型;河南片区在"业"的转型方面进步同样比较显著,转型度分别从2013年的0.26上升到2019年的0.35,年均增长率为5.1%,但由于初始度较低,河南省原连片特困区"业"的转型度与安徽省、湖北省的差距有逐渐扩大的趋势;而湖北片区"业"的转型度从2013年的0.31,上升到2019年的0.40,年均增长率为4.3%,在"业"的转型度上进步最小。在未来乡村振兴阶段,大别山片区乡村振兴工作应当适当加强对河南省、湖北省原连片特困区的扶持力度,提高其地区农业现代化、市场组织化与经济金融化的水平,加大对中小企业与农村普惠金融的投入,帮助贫困微观群体走出融资难的困境,实现其"业"的转型。

(三)大别山片区乡村"地"的转型进展及差异

图3是大别山片区及安徽、河南、湖北片区2011~2019年乡村"地"的转型演变趋势图,从大别山片区总体来看,"地"的转型度2011~2019年同样呈现不断上升的趋势,每年也保持相对比较平稳的增幅,"地"的转型度从2013年的0.22,逐渐上升到2019年的0.42,年均增长率为11.4%。说明在精准扶贫方略引领下,大别山片区整体"地"的转型成效最为明显,体现为通过促进片区人均GDP、财政收支的提升,使得地区经济实力不断增强,以及通过提升地区居民人均福利水平,实现地区整体发展水平不断提升、公共服务不断优化,进而为其"地"的转型提供强大动力。

从片区内不同省份来看:2013~2019年,安徽片区"地"的转型度增长最快,从2013年的0.20提升到2019年的0.42,年均增长率为13.2%,与片区平均水平不断缩小并超越片区平均水平,说明安徽省在脱贫攻坚中利用区位发展的优势条件,不断改善片区经济社会发展的软硬环境,实现了片区"地"的快速转型;河南片区在"地"的转型方面进步比较显著,转型度从2013年的0.20上升到2019年的0.38,年均增长率为11.3%,

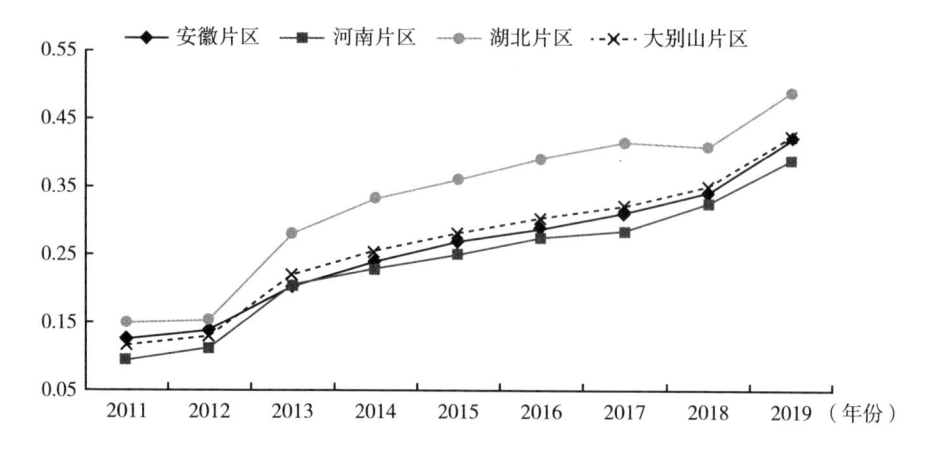

图 3　大别山片区及分省片区 2011～2019 年乡村"地"的转型演变趋势

资料来源：整理自《中国农村贫困监测报告》（2012～2020）、《中国县域统计年鉴》（2012～2020 年）。

但同样由于初始度较低，河南省原连片特困区"地"的转型度与片区平均水平的差距存在逐渐扩大的趋势；而湖北片区"地"的转型度从 2013 年的 0.27，上升到 2019 年的 0.49，年均增长率为 10.4%，在"地"的转型度上进步最小。在未来乡村振兴阶段，大别山片区乡村振兴工作应当适当加强对湖北省原连片特困区县的扶持力度，提高其地区整体发展与公共服务提供水平，加大对基础设施、公共服务以及制度环境的改善，帮助贫困地区摆脱地理资本上的贫困，实现其"地"的转型。

（四）片区整体的乡村转型

图 4 是大别山片区及安徽、河南、湖北片区 2011～2019 年乡村转型演变趋势图，从大别山片区总体来看，乡村转型度 2011～2019 年呈现不断上升的趋势，每年同样保持相对比较平稳的增幅，乡村转型度从 2013 年的 0.29，逐渐上升到 2019 年的 0.40，年均增速为 5.5%，说明在精准扶贫方略引领下，大别山片区整体乡村转型依旧如各子维度一样成效显著，体现为通过"人"的转型、"业"的转型以及"地"的转型，实现大别山片区乡

村整体发展水平不断提升，重塑乡村治理方式，提高贫困人口的再生产能力，优化乡村"三生"空间，推动贫困乡村的社会、经济、空间重构，进而为其乡村转型提供持久保障。

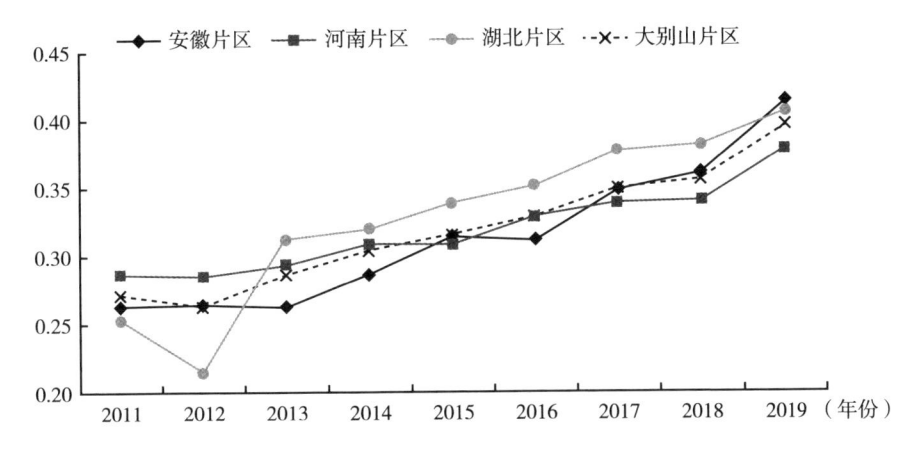

图4 大别山片区及分省片区2011～2019年乡村转型演变趋势

资料来源：整理自《中国农村贫困监测报告》（2012～2020）、《中国县域统计年鉴》（2012～2020年）。

从片区内不同省份来看：2013～2019年，安徽片区乡村转型度增长最快，从2013年的0.26提升到2019年的0.41，年均增长率为7.9%，与片区平均水平不断缩小并超越片区平均水平，说明安徽省在脱贫攻坚中从"人业地"三方面较好地实现了乡村重构转型，推动了脱贫攻坚与乡村振兴的有效衔接；河南片区在"地"的转型方面进步比较显著，转型度从2013年的0.29上升到2019年的0.38，年均增长率为4.6%，但是可以从图4中看出，河南片区2011～2014年乡村转型度高于大别山片区平均水平，而2015～2019年则下降到平均水平以下，并且河南省原连片特困区的乡村转型度与片区平均水平的差距存在逐渐扩大的趋势；而湖北片区乡村转型度2013年为0.31，2019年上升到0.40，年均增长率为4.3%，在乡村转型度上稳步增长。在未来乡村振兴阶段，大别山片区乡村振兴工作，应当从"人业地"三个子维度入手：在"人"的主体性要素方面，帮助贫困群体建立起可行能力，改善其生计资本，实现"人"的转型；在"业"的中介性要素层面，注重建立包容性产业，同时促进片区特色产业发展；在"地"的客体性要素层面，要求加大基础设施投入，营造良好的制度环境与加大投资创新支持力度。三个层面共同耦合协调，助力片区乡村重构转型。

（五）大别山片区各县域乡村转型度分类演变

依据指标法计算得到的2011~2019年乡村转型度，将大别山片区各县域的乡村转型度分为较高水平区（0.40以上）、中等水平区（0.35~0.40）、较低水平区（0.30~0.35）、低水平区（0.25~0.30）、极低水平区（0.25以下）5类，并以2013年（精准扶贫方略提出）、2016年（贫困县开始脱贫摘帽）以及2019年（脱贫攻坚进入攻坚克难阶段）为代表年份进行分析，探究大别山片区乡村转型的县域演变趋势。

表2、表3、表4分别为2013年、2016年、2019年大别山片区乡村转型度分类的县域名单，从中可见：2013年处于较高水平区即乡村转型度在0.40以上的县共有3个，分别是新县、兰考县以及红安县，中等水平区的县共有3个，较低水平区的县共有10个，低水平区的县共有6个，极低水平区的县共有14个，可见大部分县（30个县）乡村转型度处于较低水平区及以下，说明此时的大别山片区县域乡村转型度大都处于一个比较低的水平，迫切需要外力干预帮助贫困县域乡村摆脱贫困，建立起乡村重构转型；而后从精准扶贫战略实施到部分贫困县退出阶段，2016年大别山片区乡村转型度处于较高水平区的县共有6个，处于中等水平区的县为7个，都较2013年翻了一番，处于较低水平区的县接近不变，为11个，而处于低水平区的县和处于极低水平区的县明显减少，从占所有县56%的比例下降到只占33%，推动了8个低或极低水平县向上一等级流动，乡村转型取得了重大进展；到2019年底，大别山片区贫困发生率由13.7%下降至0.3%，片区36个贫困县全部脱贫摘帽，3739个贫困村全部出列，区域性

整体贫困问题得到有效解决①，此时乡村转型度处于较高水平区的县已达到15个，处于中等水平区的县也已有9个，分别是2013年的5倍和3倍，而处于较低水平区的县变动依旧不大，为9个，但处于低水平区及以下的县仅有临泉县1个，脱贫攻坚不仅取得了战胜区域性绝对贫困的重大胜利，还促使乡村转型成效明显，2/3的县拥有中等及以上的乡村重构转型能力，为脱贫攻坚与乡村振兴的有机衔接奠定了坚实的基础。

表2　2013年大别山片区乡村转型进展分类

单位：个

类型	数量	县市区名称
较高水平区(0.40以上)	3	新县、兰考县、红安县
中等水平区(0.35~0.40)	3	潢川县、岳西县、潜山县
较低水平区(0.30~0.35)	10	商城县、太湖县、望江县、淮滨县、罗田县、金寨县、宿松县、麻城市、团风县、民权县
低水平区(0.25~0.30)	6	郸城县、新蔡县、沈丘县、英山县、蕲春县、光山县
极低水平区(0.25以下)	14	淮阳县、柘城县、临泉县、商水县、宁陵县、固始县、寿县、太康县、颍上县、阜南县、利辛县、霍邱县、孝昌县、大悟县

资料来源：整理自《中国农村贫困监测报告》（2014年）、《中国县域统计年鉴》（2014年）。

表3　2016年大别山片区乡村转型进展分类

单位：个

类型	数量	县市区名称
较高水平区(0.40以上)	6	兰考县、潜山县、麻城市、红安县、新县、民权县
中等水平区(0.35~0.40)	7	宿松县、金寨县、团风县、潢川县、淮滨县、岳西县、罗田县
较低水平区(0.30~0.35)	11	商城县、沈丘县、郸城县、蕲春县、大悟县、英山县、固始县、颍上县、太湖县、光山县、望江县
低水平区(0.25~0.30)	5	利辛县、柘城县、宁陵县、孝昌县、商水县
极低水平区(0.25以下)	7	临泉县、阜南县、寿县、新蔡县、淮阳县、太康县、霍邱县

资料来源：整理自《中国农村贫困监测报告》（2017年）、《中国县域统计年鉴》（2017年）。

---

① 《决战大别山——住房和城乡建设部牵头联系大别山片区脱贫攻坚纪实》，http://www.hunanjz.com/news/info/a7eb3fa630f04bccae39d1f6957d06e2，最后检索时间：2021年11月20日。

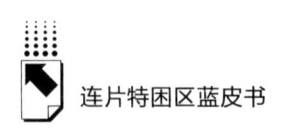

表4 2019年大别山片区乡村转型进展分类

单位：个

类型	数量	县市区名称
较高水平区（0.40以上）	15	民权县、岳西县、麻城市、团风县、金寨县、罗田县、新县、潢川县、太湖县、望江县、英山县、红安县、兰考县、霍邱县、宿松县
中等水平区（0.35~0.40）	9	颍上县、郸城县、宁陵县、光山县、固始县、淮滨县、寿县、蕲春县、阜南县
较低水平区（0.30~0.35）	9	利辛县、柘城县、孝昌县、太康县、新蔡县、商城县、沈丘县、大悟县、商水县
低水平区（0.25~0.30）	1	临泉县
极低水平区（0.25以下）	0	

资料来源：整理自《中国农村贫困监测报告》（2020年）、《中国县域统计年鉴》（2020年）。

四 大别山片区脱贫攻坚与乡村转型典型案例

通过调查研究发现，大别山片区各地在推进脱贫攻坚与乡村转型的10年间，探索出了不少典型经验和模式。

（一）河南省兰考县：乡村重构转型的"12345"工作机制

河南省开封市兰考县是焦裕禄精神的发源地，是国家扶贫开发工作重点县、大别山连片特困区重点县。2011年以来，兰考县以焦裕禄精神为引领，坚持精准扶贫、精准脱贫基本方略，全县上下同心协力、艰苦奋斗，提前完成了脱贫攻坚任务，并于2017年3月顺利实现脱贫摘帽。在打赢脱贫攻坚战后，兰考县积极巩固和拓展脱贫攻坚成果同乡村振兴有效衔接，努力推进兰考县乡村实现重构转型，探索出了乡村重构转型的"12345"机制。

具体而言，兰考县推进脱贫攻坚与乡村重构转型的"12345"工作机制共由5部分组成。第一部分的"1"，即坚持以脱贫攻坚为主线，统揽兰考全县经济社会发展全局。第二部分的"2"，即聚焦产业、就业两个重点，进一步夯实脱贫攻坚的基础。第三部分的"3"，即以责任落实、工作落实、政策落实的三个落实,进一步促进稳定脱贫。第四部分的"4",即强化基层基础、人才培育、谋划规划、要素激活,切实提升政治领导本领、学习本领、科学发展本领、改革创新本领。第五部分的"5",即从培育特色产业向产业兴旺推进、从基础设施提升向生态宜居推进、从激发内生动力向乡风文明推进、从依靠各级帮扶向治理有效推进、从实现"两不愁、三保障"向生活富裕推进。

脱贫攻坚中,兰考县遵循"12345"工作机制,充分发挥"四支队伍"①的优势作用,严格按照"四个切实""五个一批""六个精准"② 的要求,对兰考县贫困乡村进行帮扶干预,使其产业结构更加优化合理、生产方式和就业类型更加多元多样、市场深度广度进一步提升、乡村治理更加精准有效、"三生"空间③进一步拓展、农户内生动力进一步激发,在实现贫困乡村经济重构、社会重构和空间重构的基础上,也实现了兰考县贫困乡村中的"人"的转型、"业"的转型和"地"的转型。比如,兰考县在打赢脱贫攻坚战的基础上,将之前的培育特色产业、基础设施提升、激发内生动力、依靠各级帮扶、实现"两不愁、三保障"目标等重点任务,稳妥转到推进产业兴旺、生态宜居、乡风文明、治理有效、生活富裕等乡村振兴目标任务上来,就是很好的证明。

总之,兰考县通过推进脱贫攻坚与乡村重构转型的"12345"工作机制,使兰考县不仅打赢了脱贫攻坚战,而且有效衔接了乡村振兴,实现了兰考县乡村的重构转型。

(二)安徽省岳西县:乡村重构转型的"六步群众工作法"④

安徽省安庆市岳西县位于大别山腹地,集革命老区、贫困地区、纯山

---

① 即:驻村工作队、第一书记、帮扶责任人、村支两委班子。
② "四个切实",即:切实落实领导责任;切实做到精准扶贫;切实强化社会合力;切实加强基层组织。"五个一批",即:发展生产脱贫一批;易地扶贫搬迁脱贫一批;生态补偿脱贫一批;发展教育脱贫一批;社会保障兜底一批。"六个精准",即:扶贫对象精准、项目安排精准、资金使用精准、措施到户精准、因村派人精准、脱贫成效精准。
③ 即生产空间、生活空间、生态空间。
④ 查金蝉:《岳西县扶贫与扶智工作入选第二届中国优秀扶贫案例》,岳西县乡村振兴局网,https://mp.weixin.qq.com/s/RinEsKQvf3ffqngSf3yHSg,最后检索时间:2021年11月20日。

区、生态示范区、生态功能区"五区"于一体。近年来,岳西县贯彻落实习近平总书记关于脱贫攻坚和乡村振兴重要论述,创新工作方式方法,探索建立"认真学、户户到、事事清、问题解、不过夜、回头看"六步群众工作法,心贴心倾听群众呼声,面对面解决群众问题,有力激发了群众内生动力,极大地密切了干群关系,为打赢脱贫攻坚战、推动乡村振兴奠定了坚实基础。中共中央办公厅调研室、国务院扶贫办先后组织人员到岳西县调研高质量脱贫摘帽经验。该工作法还于2019年4月被选入由国务院扶贫办组织评选的第二届中国优秀扶贫案例。

六步群众工作法,具体如下。一是坚持认真学,做到"两学一掌握"。坚持认真学,即学习习近平新时代中国特色社会主义思想,学习扶贫以及"三农"政策,掌握新时代群众工作方式方法。二是坚持户户到,做到"两全一突出"。组建工作专班,做到走访全县所有农户全覆盖,走访规模企业与小微企业全覆盖。突出走访低保户、五保户、危房户、重病户、残疾人户、上访户以及地处偏僻、通达偏差、收入偏低对象,做到不留"盲区"、不留"死角"。三是坚持事事清,做到"两账一清单"。"三农"工作千头万绪。岳西县坚持抓主抓重,围绕贯彻落实中央有关精神和"两不愁、三保障"、饮水安全要求开展大排查,针对新冠肺炎疫情影响开展"抗疫情、补短板、促攻坚"专项行动,围绕乡村振兴工作短板开展全面摸排,全面分析、捋清思路、明确任务,分类分批建立问题台账、整改台账、交办清单"两账一清单",明晰工作任务、工作标准、工作成效、完成时限、责任人,实行过程化动态管理,做到事事"一账清"。四是坚持问题解,做到"两解一引导"。统筹各级各类巡视巡察、审计监督、检查等反馈问题及乡村排查问题,坚持问题分级解决机制,实行精准施策,切实解决基层最急最优最盼事项。解决问题的过程中,明确三条原则:能解决的事项要立即解决,并注重建立长效机制;对历史遗留问题、一时不能有效解决的问题,向群众解释清楚,并做好深入分析研判,拿出有针对性的工作方案;对群众反映的超高诉求,给予引导教育。五是坚持不过夜,做到"两商一交办"。建立186个工作专班和乡村振兴共同会商机制,实行村级会商、乡镇会商、县级交办工作机制。乡村级能解决的问题由乡村解决，乡村级无力解决的问题由专班反馈至县级层面由县级相关会议及时研究解决。问题梳理清晰后，解决方案需当天明确，并做好工作反馈，真正做到以最迅速的行动落实群众需求。六是坚持回头看，做到"两督一抽查"。为确保前五步工作环环相扣，全面有效落实，岳西县实行县干督查、专班督导、纪委抽查。县委、县政府主要负责人不定期开展明察暗访，不定期开展督查调度；工作专班针对乡镇、村问题整改落实和群众诉求兑现情况实行驻村督导，实地回访；县纪委监委牵头，针对不同时期的工作重点和重大问题整改落实情况，实行过程化监督检查，抽查结果通报全县。

岳西县的"六步群众工作法"，是探索扶贫工作机制和乡村振兴新路径的新模式，是岳西县乡村重构转型的重要推动力量和主要抓手。

（三）"巧媳妇"工程：河南省商水县贫困乡村转型的重要载体①

"业"的转型，是贫困乡村重构转型中的重要内容，不仅需要外在帮扶力量的介入，还需要促使其转型的推动载体。调研发现，河南省周口市商水县的"巧媳妇"工程，正是贫困乡村转型的重要载体。商水县是农业大县、连片特困地区扶贫工作重点县，每年有30万人外出务工，仅留守妇女就有20多万人，而"巧媳妇"工程就是该县专门针对留守妇女就业特点而实施的一项扶贫工程。该模式得到社会各界的广泛关注，《人民日报》、新华社《每日电讯》、中央电视台等主流媒体相继进行了系列报道，2019年商水县"巧媳妇"工程被选入由国务院扶贫办组织评选的第二届中国优秀扶贫案例。

"巧媳妇"工程产业带贫模式，主要采取"协会搭桥、政府引导、企业领办、留守妇女参与、零风险保障、市场化运作"，实行"公司+分厂+联系点+贫困户"的经营模式，形成了企业总部在产业集聚区、乡村设分厂、

---

① 商水县扶贫办：《河南商水：以"巧媳妇"工程为载体，探索平原农区产业扶贫新途径》，中国社会扶贫网，http://www.cnfpzz.com/index.php? a = index&a _ id = 35789&c = IndexArchives&m = Archives，最后检索时间：2021年11月20日。

家里当车间的发展模式。积极组织"巧媳妇"工程企业在人员密集、留守妇女较多的地方设立加工分厂、联系点，将生产器具、原材料送到地域偏远，因病、因残、因年龄等不能进厂务工的人群手中，送设备材料上门、回收产品上门，让不同年龄、不同技能、不同身体状况的人群均能有活干。

同时，商水县委、县政府还高度重视对该工程的培育和扶持。不仅对成绩突出的工程基地、站点和个人进行大力表彰奖励，而且通过创新用地支持、金融支持、技术支持和人才支持等方式，不断加强"巧媳妇"工程的政策配套支持。通过近10年的发展，该工程项目已覆盖渔网编织、服装服饰、针织纺织、无纺布制品、箱包玩具、毛发加工、工艺电子、草编塑编、食品加工等20多个产业领域，形成渔网编织、服装服饰、无纺布制品三大主导产业，示范基地、企业、加工点585家，稳定从业12万人，就业人员年人均收入1.2万元，累计14亿元以上，年创产值46亿元，累计带动近2万名贫困人口脱贫致富。

商水县通过"巧媳妇"工程的实施，探索出了一条平原农区产业扶贫的新途径，不仅推进了产业扶贫，增加了农户收入，促进了贫困乡村"业"的转型，推动了农村经济发展，还改变了贫困群众的精神面貌，实现了"两不、两促、两确保"① 的发展目标。

（四）安徽省六安市：农村党员"四联四帮"模式②

把农村党员汇聚在脱贫攻坚和乡村振兴一线，引导农村党员与贫困户结成帮扶对子的"四联四帮"做法，是安徽省六安市创新性提出的。该模式在促使贫困乡村"人"的转型、"业"的转型和"地"的转型中具有重要作用。

"四联四帮"模式，主要涉及产业发展、就业帮扶、日常难题、志智双

---

① "两不、两促、两确保"：儿童不留守，老人不空巢；促进家庭和谐，促进社会稳定；确保增加农民收入，确保形成支柱产业。
② 六安市委组织部：《安徽六安市：推行农村党员"四联四帮" 打造脱贫攻坚"强力引擎"》，《组织人事报》2020年12月3日，第11版。

扶 4 个内容。一是生产联手，帮扶产业发展。引导指导县区以产业基地、农产品加工企业、党员能人大户等为基础，组建 382 个产业联合体党支部，再通过"支部＋基地＋贫困户""党员＋大户＋贫困户"等模式，大力发展特色产业。二是就业联动，帮带劳力务工。鼓励党员能人大户、本地企业、扶贫车间等，优先招用贫困户，帮助贫困群体就地就近就业。组织引导外出务工党员结合帮扶贫困户的具体情况，主动提供就业信息、介绍就业岗位，带动帮扶对象外出务工。组织企业中的技能型党员群体，定期为结对贫困户开展技能培训并提供就业信息，帮助帮扶对象掌握技能，实现长期稳定就业。三是经常联系，帮解生活难题。通过"信息化公示、表格化记录、台账化管理"方式，健全完善结对党员走访帮扶制度，确保及时掌握贫困户生活生产动态。四是思想联络，帮提精神状态。组织本地乡贤、年轻党员、入党积极分子等成立"联帮关爱"团体，结合"党员活动日"对贫困户开展走访、宣讲，提振其精气神。

通过"四联四帮"，一批有能力的党员和能人大户依托自身优势发展产业，提升了带领群众脱贫致富的能力；一些县区乡镇以产业联合体党支部为依托，形成支部组织、党员带头、农户参与的工作格局；一批积极参与联帮活动且帮扶成效突出的能人大户，被村党组织纳入党员发展对象，进一步优化了党员队伍结构，提升了党组织的凝聚力和战斗力。总之，"四联四帮"既唤醒了农村党员的"炙热初心"，重拾了贫困群众的"激情岁月"，又汇聚了农村社会的"蓬勃力量"，加深了党员群众的"鱼水深情"，还促进了贫困乡村在"人业地"方面的重构转型。

（五）湖北省英山县："能人带户"创业扶贫的"神峰模式"[①]

2013 年，湖北先秾坛生态农业有限公司在生态资源富集的"国家级贫困县"湖北省黄冈市英山县建起了一座致力发展山区特色农业、带动贫困

[①] 黄冈市扶贫办：《打造神峰模式 助推精准脱贫——英山县神峰山庄产业扶贫典型案例》，黄冈市乡村振兴局网，https://mp.weixin.qq.com/s/qHqr4vQ73EJIopLqqev2Dw，最后检索时间：2021 年 5 月 25 日。

人口脱贫致富的神峰山庄，构建起了以英山县为中心、辐射全国 20 余个省市、销售额近 4 亿元的农产品产销网络，带动英山县及周边 7 万名农民增收脱贫，走出了一条大别山片区产业扶贫的新途径，打造出了一个可持续、可复制、可借鉴的产业扶贫模式——神峰模式。

所谓"神峰模式"，就是以市场为导向，以有机农业为依托，以农业、体育、文化、旅游、养老等多产业融合发展为基础，以"新文化 + 新农业 + 新健康"复合经营为主导，以"文化创意 + 教育 + 培训 + 出版 + 影视 + 农业产业化解决方案"为盈利点，以从一县到数个地区的联动发展为态势，形成生态农业产业融合式发展、推进精准扶贫的产业扶贫模式。"神峰模式"引起全国扶贫领域高度关注，先后被选入国务院扶贫办全国扶贫培训教材、国务院扶贫办组织评选的第二届中国优秀扶贫案例、国家文化和旅游部《新时代乡村旅游面对面》培训教材。

"神峰模式"主要有 4 个特点。一是以山区有机农业为主体。树立"大别山粮草肉油全程可控"生产理念，推行"猪－沼－菜""果茶林－散养鸡－菜（鱼）"等生态循环农业模式，建立多个蔬菜、水果、养殖、水产基地，产品通过多个国家绿色食品认证，获得多个国家"地理标志产品"和国家专利。二是贫困户参与产业发展的组织化程度较高。山庄通过"公司 + 村级自强互助脱贫合作社 + 贫困户"形式，形成了果蔬种植业"土地流转 + 基地务工"、"两金"（租金 + 薪金）扶贫机制和特色养殖业"公司 + 专业合作社 + 自强互助脱贫合作社 + 贫困户"的"两社"带动扶贫机制。三是"三产融合"发展程度高。积极推进生态农业与旅游、教育、文化、养老等产业深度融合，大力发展农特产品深加工、休闲农业旅游、康体养老等新业态，形成了一、二、三产业融合发展的良好态势。四是贫困劳动力自我"造血"功能强。山庄注重志智双扶，通过开展致富带头人培训、贫困农民实用技术培训以及农民员工、营销人员综合素质培训和岗位培训，助推"造血式"脱贫。

该模式的实施，使得英山县的贫困乡村发生了经济、社会和空间的三重重构，也促使其在"人业地"三重维度上实现了新的转型。

五　大别山片区乡村振兴展望

当前，我国脱贫攻坚战取得了全面胜利，正式进入了全面推进乡村振兴的新阶段。面对我国"三农"工作重心的历史性转移，大别山片区需要围绕党和国家的决策部署，继续传承和弘扬大别山精神、脱贫攻坚精神，将工作重点由推进脱贫攻坚向巩固拓展脱贫攻坚成果、全面推进乡村振兴、加快农业农村现代化转移，在新时代实现更好更快发展。

全面推进大别山片区的乡村振兴，是大别山片区在脱贫攻坚中实现"人业地"重构转型后进一步实现优化升级和调整再造的必然之路。2011年以来，随着国家第二个扶贫开发纲要的实施，大别山片区与其他13个集中连片特困区一同进入新的发展阶段。片区内647万名建档立卡贫困人口全部脱贫，36个贫困县全部摘帽，3739个贫困村全部出列，贫困发生率由20.7%降至0.3%，制约大别山发展的区域性整体贫困问题得到根本解决，大别山片区脱贫攻坚如期收官、小康社会全面建成，这也标志着大别山片区的脱贫群众在摆脱贫困、逐步过上好日子的康庄大道上迈出了坚实的一大步。

通过10年的脱贫攻坚战，大别山片区的贫困乡村发生了翻天覆地的巨变，不仅实现了经济重构、社会重构和空间重构，与此同时也实现了贫困乡村中"人"的转型、"业"的转型和"地"的转型。通过贫困乡村的重构转型，为其进一步实现产业振兴、人才振兴、文化振兴、生态振兴、组织振兴奠定了基础，也为推进乡村振兴战略，更好地实现产业兴旺、生态宜居、乡风文明、治理有效、生活富裕的目标开辟了道路。

但是，我们必须清醒地认识到，脱贫攻坚战是以解决"一达标两不愁三保障"为目标的扶贫，涉及的仅仅是饮水安全的保障、义务教育阶段的保障、基本医疗的保障、住房安全的保障等，解决的只是区域性整体贫困问题，也就是绝对贫困问题。而相对贫困问题，比如大别山片区脱贫攻坚成果持续巩固拓展的问题、农业农村现代化质量不高的问题、乡村宜居宜业等乡

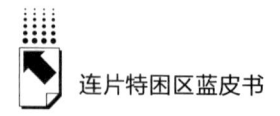

村建设的问题、片区内发展不平衡不充分的问题、城乡区域发展差距大的问题等依然存在，这些都需要在未来的乡村振兴中进一步得到解决。因此，虽然大别山片区脱贫攻坚战取得了全面胜利，但是脱贫摘帽不是终点，而是新生活、新奋斗的起点，还有更重要、更艰巨的困境和挑战在等待着大别山片区的干部群众接续奋斗。

脱贫攻坚中，各种外在力量的相互介入与干预，使得贫困乡村原有的经济结构、社会结构、空间结构逐渐被打破，取而代之的是一些生产要素、发展因子被重新组合和编排后而形成的一种新的结构，这种结构经过脱贫攻坚发生了重构，与此同时贫困乡村也在"人业地"三个维度发生了转型，而接下来全面推进的乡村振兴和加快实现的农业农村现代化，则是这种贫困乡村实现重构转型后的进一步优化升级和调整再造。因此，乡村振兴战略的推进，不仅对于当前的大别山片区贫困乡村而言，甚至对于全国其他片区的贫困乡村而言，也一样重要、必要和紧迫。

至于大别山片区乡村振兴如何走的问题，笔者认为，在耦合协同中持续培育和构建大别山片区"人业地"的自我发展能力，是当前大别山片区巩固脱贫成果巩固同乡村振兴有效衔接以及片区精准全面推进乡村振兴的突破路径。

连片特困地区的贫困是特定时空情境下"人"（贫困主体）、"业"（生计活动）、"地"（自然和社会环境）维度上的剥夺或三者之间未能实现协调发展的过程和状态。① 因而，"人业地"综合贫困视域下的大别山片区脱贫攻坚成果巩固同乡村振兴的有效衔接，就是要进一步强化大别山片区"人业地"要素层面上的"靶向干预"、互动层面上的"系统干预"，同时在耦合协同中持续培育和构建大别山片区"人业地"的自我发展能力，为此才能进一步巩固和拓展大别山片区来之不易的脱贫攻坚成果，坚决守住不发生规模性返贫的底线，进而做好其与乡村振兴的有效衔接，为未来的乡村振兴

---

① 游俊、冷志明、丁建军：《产业扶贫的生计响应、益贫机制与可持续脱贫建议》，载游俊、冷志明、丁建军主编《连片特困区蓝皮书：中国连片特困区发展报告（2018~2019）》，社会科学文献出版社，2019，第7页。

开新局、打基础。

具体来说，要重点在"业"上下足功夫，实现以"业"带动"人业地"自我发展能力的提升。在"人业地"的耦合互动中，"业"是贫困的中介，连接"人业地"的发展不仅能为"人"这个贫困主体提供就业渠道，而且也能促进"地"这个贫困情境的价值提升。"业"，即产业、就业，其不仅是脱贫攻坚"五个一批"中的第一扶贫举措（即产业扶贫），也是乡村振兴"五个振兴"中的第一个振兴内容（即产业振兴）和乡村振兴"二十字方针"中的第一个目标（即产业兴旺），因此培育和构建大别山片区"业"的自我发展能力显得尤其重要。

但是在"业"的培育中，不仅要积极发挥广大农户的积极性和主动性，还要自觉遵循"地"的制约，也就是说"业"的培育要以"地"的特征为基础。原因是，在"人业地"的耦合互动中，作为贫困情境的"地"，不仅为"人"和"业"的发展提供了资源及空间载体，而且也为它们的发展方向和路径明确了界限和要求。另外，实践也一再证明了，在脱贫攻坚和乡村振兴中，无论是"人"的转型和发展，还是"业"的转型和发展，都是以其所在的"地"的特征为基础的，也就是所谓的因"地"制宜、"实事求是"。

具体到大别山片区来说，就是要因"地"制宜地充分结合大别山的资源禀赋和自身特点来壮大片区产业，构建大别山片区"业"的自我发展能力。相比其他地方而言，大别山片区具有两个特别之处：一个是大别山片区生态资源富集，片区自然条件优越，区域内生态植被多样，森林覆盖率较高，河流众多，水系发达，径流资源丰富，我国南北重要地理分界线——淮河横穿其中，大别山南麓是长江中下游的重要水源补给区。片区内南北过渡性气候特征明显：南部以大别山片区为主体，属亚热带季风性湿润气候；北部属黄淮平原，属暖温带半湿润大陆性季风气候。富集的生态资源，使得大别山具备了丰富的旅游开发基础条件。另一个是大别山片区红色资源充沛，大别山是座红色的山，这里有着丰富的革命遗址遗迹和厚重的红色历史文化，是河南、安徽、湖北三省交集地中红色资源最为富集的区域。作为中国

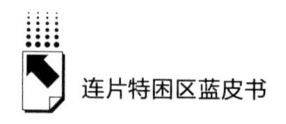

三大革命历史名山之一的大别山，是我们党的重要建党基地、中国革命的重要策源地、人民军队的重要发源地、夺取全国解放战争胜利的重要转折地。从建党之初到中华人民共和国成立，大别山坚持28年革命红旗不倒，孕育出了"坚守信念、胸怀全局、团结一心、勇当前锋"的大别山精神。

以上两个特别之处，正是大别山片区在未来乡村振兴中培育构建片区"业"的自我发展能力甚至是片区"人业地"的自我综合发展能力的切入点和突破点。也就是说，要充分调动好大别山片区干部群众干事创业的激情以及推进乡村振兴的积极性和主动性，利用好大别山片区富集的生态资源和充沛的红色资源，积极打造生态旅游、红色旅游、山区特色有机农业、康养产业、游学研学产业，进一步推进生态农业与旅游、文化、教育、养老、体育等产业深度融合，大力发展农特产品深加工、文化生态餐饮、休闲农业旅游、康体养老、中医药健康旅游等新业态，促进大别山"三产融合"发展，使大别山片区的绿水青山变成金山银山。

此外，国家层面也需要进一步大力支持和积极推动。特别是国家发改部门、农业农村部门和乡村振兴部门要在《大别山片区区域发展与扶贫攻坚规划（2011—2020年）》《乡村振兴战略规划（2018—2022年）》的基础上及时出台《大别山片区区域发展与乡村振兴规划（2021—2025年）》，进一步提出大别山片区在巩固拓展脱贫攻坚成果有效衔接乡村振兴的五年过渡期的指导思想、主要思路、基本原则、战略定位、发展目标、空间布局、发展重点，同时应参照国家第二个扶贫开发纲要中的做法，继续明确国家住房和城乡建设部为大别山片区乡村振兴工作的联系单位，充分发挥其参与片区的沟通、协调、指导、推动工作的作用。同时，要继续促使河南省、安徽省、湖北省进一步打破行政分割，切实加强片区跨省协作，充分发挥比较优势，以实现片区内资源共享、优势互补，促进片区内交流合作，从而达到乡村同步振兴、区域协同发展的目的。

B.4 六盘山片区脱贫成效、乡村转型进展及振兴路径[*]

龙海军　赵丽芳　李仕玉[**]

摘　要： 2011～2020年，六盘山片区通过实施"交通+"的特色扶贫攻坚方式，实现了61个县市区全部脱贫摘帽，贫困户全部脱贫，基本解决了区域整体性贫困问题。本文基于"人业地"的视角，对六盘山片区61个县市区脱贫过程中的乡村转型进行综合分析，发现："人"的转型上，六盘山片区居民金融素养明显提升，就业非农化总体呈上升趋势，但居民人力资本水平有下滑迹象；"业"的转型上，各地产业非农化、经济金融化趋势明显，市场组织化波动中上升，但农业现代化进展缓慢；"地"的转型相对最慢，片区整体发展水平与公共服务优化水平缓慢上升。未来六盘山片区乡村振兴应通过村庄规划、乡村公共基础设施建设、农村人居环境整治"三管齐下"大力推进"地"的转型，"内扶外引"结合促进"人"的转型，三产融合、功能拓展与品牌打造提速"业"的转型。

关键词： 六盘山片区　脱贫成效　乡村振兴　"交通+"

---

[*] 本文得到武陵山片区扶贫与发展2011协同创新中心开放基金项目（项目编号：19JDZB079、20JDZB049、20JDZB057）的资助。

[**] 龙海军，副教授，吉首大学商学院副院长，主要研究方向为欠发达地区创业；赵丽芳，吉首大学商学院2020级硕士研究生，主要研究方向为欠发达地区创业；李仕玉，吉首大学商学院2020级硕士研究生，主要研究方向为欠发达地区创业。

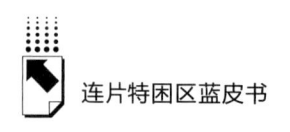

一 引言

六盘山片区覆盖宁夏西海固地区、陕西桥山西部地区、甘肃中东部地区及青海海东市61个县，国土面积为15.27万平方公里。相较于我国其他地区，六盘山片区具有以下贫困状况与特殊困难：一是干旱缺水严重，贫困面广程度深；二是基础设施落后，生产生活条件差；三是社会事业发展滞后，人才支撑不足；四是产业发展乏力，县域经济薄弱。① 由此，六盘山片区又被称为"贫瘠甲天下"：贫困面最大、贫困程度最深、解决难度最大。② 正因如此，早在1982年，我国就开始实施我国扶贫开发史上第一个大规模、有计划、有组织的扶贫行动——"三西"地区扶贫开发。进入2011年，国家对集中连片特困区实施区域发展与扶贫攻坚战略，六盘山片区又位列全国14个集中连片特困地区之首，是国家扶贫开发的主战场。历经10年脱贫攻坚，六盘山片区经济社会发展取得巨大进步，区域整体性贫困问题得到基本解决。片区农村贫困人口已从2011年的642万人下降到2019年的45万人，片区农村贫困发生率从2011年的35%下降到2019年的2.6%；片区农村常住居民人均可支配收入与人均消费支出分别从2011年的4930元、4930元上升到2019年的9370元、8446元。截止到2019年底，片区100%的自然村通公路，99%的自然村进村主干道道路硬化，100%的自然村通电话，97.1%的自然村通宽带③，困扰六盘山片区经济社会发展的交通瓶颈问题得到基本解决。

回首过去，展望未来。六盘山片区脱贫攻坚取得巨大成效的过程，也是

---

① 引自《六盘山片区区域发展与扶贫攻坚规划（2011—2020年）》第一章第三节"贫困状况与特殊困难"。

② 其说法源自光绪四年（1878），陕甘总督左宗棠率大军平定新疆叛乱途经甘肃，曾向好友胡雪岩致函称，"陇省苦瘠甲于天下"，本文引自汪场《六盘山片区"摘帽记"》，《交通建设与管理》2019年第2期，第86～91页。

③ 以上数据来自《中国农村贫困监测报告》（2020）中"统计资料篇"。

不断优化片区产业结构、提升片区人员素质、发展片区公共基础设施条件的过程。为巩固脱贫攻坚成果，助推片区乡村振兴，六盘山片区结合自身实际情况，抓住片区脱贫攻坚与乡村转型的"牛鼻子"——交通建设，通过"交通+特色农业""交通+特色旅游""交通+电商""交通+归雁经济""交通+扶贫扶智"等助推乡村振兴，走出了一条"交通+"的脱贫攻坚与乡村转型特色之路。

二 六盘山片区脱贫攻坚总体成效

自 2011 年国家实施新一轮扶贫开发以来，依托《六盘山片区区域发展与扶贫攻坚规划（2011—2020 年）》，六盘山片区各地开展脱贫攻坚，片区经济社会发展取得了巨大进步，人民收入、消费水平等得到大幅度提高，农村基础设施与公共服务得到强化，区域整体性贫困问题基本得到解决，六盘山片区扶贫攻坚总体成效显著。

（一）经济总量增长迅速，基本消除绝对贫困人口

首先，六盘山片区经济总量提升明显。以地区生产总值为例，无论是从总量还是从人均地区生产总值来看，六盘山片区各县市区经济快速发展，有力助推人民收入增长、生活水平提高。地区生产总值总量上，2011 年六盘山片区各县市区地区生产总值为 1986.8767 亿元，2015 年增加到 3069.8644 亿元，2019 年更达 4098.7062 亿元。2019 年六盘山片区地区生产总值是 2011 年的 2.063 倍。而从人均地区生产总值来看，六盘山片区人均地区生产总值也从 2011 年的 12259 元增长到 2019 年的 24124 元。①

其次，六盘山片区居民尤其是农村居民收入、消费水平大幅度提高。以农村居民人均可支配收入、人均消费支出为例，2011~2019 年六盘山片区

---

① 根据《中国城市统计年鉴》（2012~2020）中六盘山片区各县市区地区生产总值、人均地区生产总值数据统计所得。

这两项指标均大幅度提高。如图1所示：2011年，六盘山片区农村居民人均可支配收入、人均消费支出分别仅为3782元和3937元，片区农村居民入不敷出；到2015年，这两个指标分别增长到6371元、5875元；而到2019年，进一步增长到9370元、8446元。2012~2019年，六盘山片区农村居民人均可支配收入名义增长率分别为16.6%、11.8%、13.9%、13.4%、8.5%、9.8%、11%与11.2%；而同期六盘山片区农村居民人均消费支出名义增长率分别达15.2%、8.7%、14.6%、9.6%、8.9%、7.6%、10.7%及10.8%。

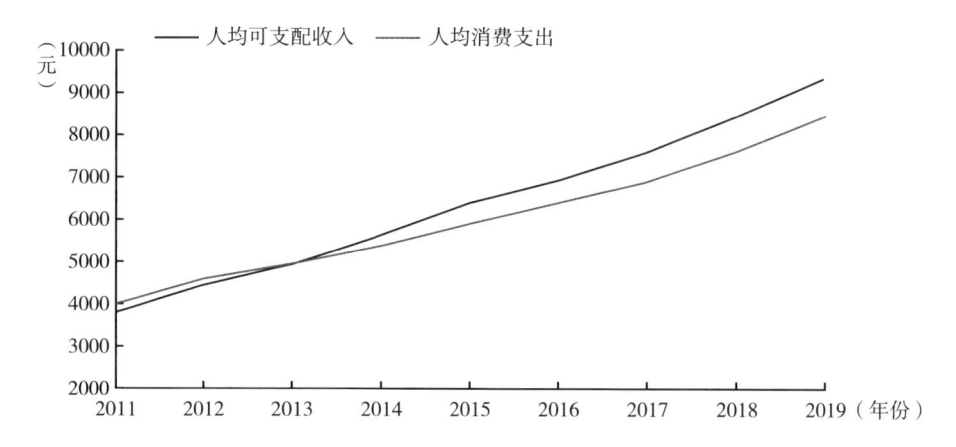

图1 六盘山片区农村居民人均可支配收入/人均消费支出演变趋势（2011~2019）

资料来源：《中国农村贫困监测报告》（2012~2020）。

最后，六盘山片区绝对贫困人口数量逐步减少直至全部脱贫，基本上消除了绝对贫困。六盘山片区农村贫困人口数量从2011年的642万人，下降到2019年的45万人；对应的农村贫困发生率从2011年的35%下降到2019年的2.6%。① 从片区内部来看：截止到2019年底，陕西分片区建档立卡贫困人口减少到9875人，贫困发生率下降到0.9%；甘肃分片区40个县累计减贫380.9万人，剩余贫困人口13.1万人，贫困发生率由2011年的29.7%降至2019年的0.99%；青海分片区7县（区）25.1万名贫困人口全部脱

---

① 资料来源于《中国农村贫困监测报告》（2011~2020）。

贫，基本实现绝对贫困"清零"目标。截止到2020年，六盘山片区贫困户全部脱贫，消除了片区绝对贫困。①

（二）农村人居环境大大改善，农民生活品质明显提高

首先，片区农村居民住房及家庭设施状况大大改善。如图2所示，2014～2019年，六盘山片区居住竹草土坯房的农户比重、使用管道供水的农户比重、使用经过净化处理自来水的农户比重、独用厕所的农户比重、炊用柴草的农户比重等农村居民住房与家庭设施状况指标得到很大改善。具体来说：居住竹草土坯房的农户比重从11.7%下降到2.8%；使用管道供水的农户比重从62.9%上升到90%；使用经过净化处理自来水的农户比重从52.9%增长到79.4%；独用厕所的农户比重保持在99%左右；炊用柴草的农户比重从41.3%减少到30.2%。人居环境的改善为片区农村居民身体素质的提高提供了坚实的物质保障。

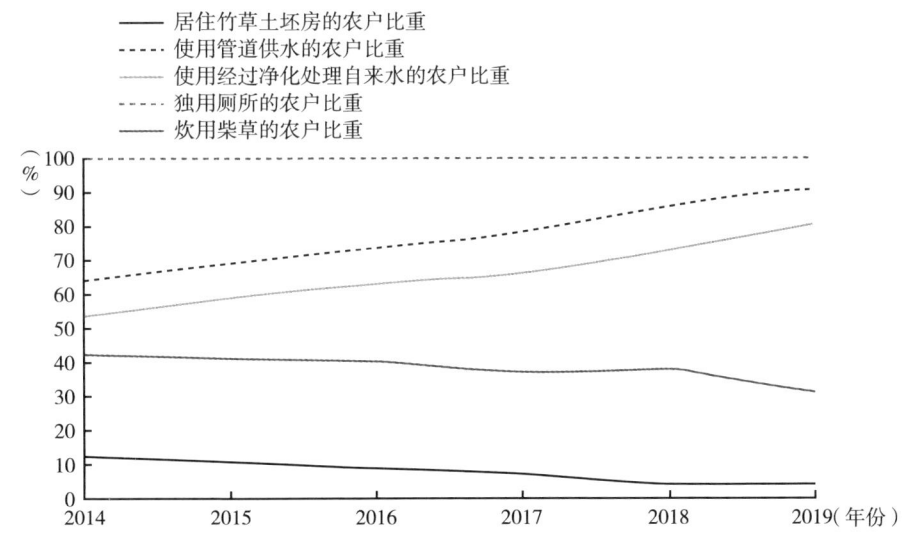

图2　六盘山片区农村居民住房及家庭设施状况演变趋势（2014～2019）

资料来源：《中国农村贫困监测报告》（2015～2020）。

---

① 《增强责任感使命感紧迫感 坚决打赢六盘山片区脱贫攻坚战》，中国交通新闻网，https：//www.zgjtb.com/2020-03/25/content_239504.htm，最后检索时间：2020年12月5日。

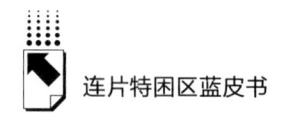

其次，随着收入水平的不断上升，片区农村居民拥有的各种耐用消费品数量不断增加，居民生活品质明显提高。从汽车、洗衣机、冰箱、移动电话，甚至是计算机的拥有量来看，六盘山片区农村居民耐用消费品拥有量大幅度提高，农民身体素质物质保障进一步增强。具体来说，2014~2019年，每百户农户汽车拥有量从8.6辆增加到23辆，每百户农户洗衣机拥有量从85.2台增加到97.8台，每百户农户电冰箱拥有量从48.8台增加到86台，每百户农户移动电话拥有量从219.4部增加到295.7部，每百户农户计算机拥有量从10.5台增加到17.4台。①

（三）农村基础设施与公共服务得到强化，生态环境明显改善

首先，交通等基础设施得到强化，夯实了片区脱贫攻坚与乡村振兴的人员、信息沟通渠道。2016年起，片区内通电话的自然村农户比重达到100%，能接收有线电视信号的自然村比重2019年达到100%，通宽带的自然村比重2019年已提高到97.1%。② 尤其是片区交通基础设施条件得到飞速发展。截至2020年，陕西分片区除麟游县外全部通高速公路，分片区7县全部通二级公路，100%乡镇通等级公路，100%建制村通沥青（水泥）路。又比如，甘肃省2019年就已完成了包括六盘山片区在内的1.53万公里通建制村硬化路、7550公里撤并建制村通硬化路、10370公里县乡道安全生命防护工程。2020年还完成1840公里窄路基路面加宽、1890公里产业路旅游路资源路建设。还比如，截至2020年青海省国家高速公路主线基本建成，所有县通二级公路，所有具备条件的乡镇、建制村通硬化路、通客车，六盘山青海片区内已实现"县县通高速、乡乡通油路、村村硬化路、村村通班车、户户水泥路"。另外，《"十三五"交通扶贫规划》分解到六盘山片区宁夏7县区的7项任务均已完成。③ 交通基础设施条件的改善有力地破解了制

---

① 资料来源于《中国农村贫困监测报告》（2011~2020）。
② 资料来源于《中国农村贫困监测报告》（2011~2020）。
③ 资料来源于《增强责任使命感紧迫感 坚决打赢六盘山片区脱贫攻坚战》，中国交通新闻网，https://www.zgjtb.com/2020-03/25/content_239504.htm，最后检索时间：2020年12月5日。

约六盘山片区经济社会发展的交通瓶颈。

其次，六盘山片区农村公共服务能力明显提高。建有垃圾集中处理站的自然村比重从2016年的52.3%提高到2019年的85.5%，建有卫生站的自然村比重从2014年的94.1%提高到2019年的98.1%，所在自然村上幼儿园便利的农户比重从2014年的49.7%提高到2019年的90.6%，所在自然村上小学便利的农户比重从2014年的72.1%提高到2019年的93.4%。[①]

最后，突出生态环境保护，生态恶化趋势得到遏制。六盘山片区是黄土高原上重要的天然水塔、生态绿岛，具有重要的水源保护价值、生物多样性保护价值和森林生态系统价值。为践行"绿水青山就是金山银山"的发展理念，六盘山各地在扶贫攻坚过程中坚持保护六盘山生态屏障，守好生态环境生命线，六盘山片区生态环境得到明显改善。比如，2020年，六盘山宁夏片区按照"一屏一带一线三区五城"和"四个融合产业"的总体布局，林草产业示范推广248.43万亩。其中："一屏"（以六盘山为主体的森林生态屏障）造林补植补造60.56万亩；"一带"（农田防护林带）5万亩；"一线"（旅游环线）7.98万亩；"三区"（河谷川道区、黄土丘陵区、土石质山区）174.89万亩，包括"一棵树"30.06万亩、"一株苗"2.2万亩、"一棵草"135.3万亩、"一枝花"7.33万亩。[②]"五城"以市区和四个县城为中心，重点推广"四个一"试验示范的好树种、好花草，打造旅游城市和花园城市。

（四）贫困县全部脱贫摘帽，区域整体性贫困基本解决

六盘山片区共有61个县市区，全部为贫困县。伴随各项扶贫攻坚工作的推进，六盘山片区61个县市区相继脱贫摘帽，区域整体性贫困问题基本解决（见表1）。

---

① 数据来源于《中国农村贫困监测报告》（2011~2020）。
② 张国凤：《宁夏回族自治区：六盘山片区绿色生态成风景》，中国农网，http：//www.farmer.com.cn/2020/05/14/wap_99852844.html，最后检索时间：2020年12月10日。

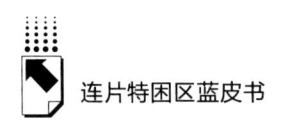

表 1　六盘山片区贫困县脱贫摘帽时间

单位：个

省区	2017年摘帽	2018年摘帽	2019年摘帽	2020年摘帽
陕西(7)		扶风县、陇县、千阳县、麟游县、永寿县、长武县、淳化县(7)		
甘肃(40)	皋兰县、崆峒区、正宁县、临夏市(4)	榆中县、永登县、武山县、甘谷县、泾川县、灵台县、景泰县(7)	积石山县、永靖县、广河县、和政县、康乐县、临洮县、安定区、陇西县、漳县、渭源县、麦积区、张家川县、秦安县、清水县、庄浪县、静宁县、合水县、华池县、宁县、庆城县、环县、会宁县、靖远县、古浪县(24)	东乡区、临夏县、通渭县、岷县、镇原县(5)
青海(7)	循化撒拉族自治县(1)	湟中县、湟源县、互助土族自治县(3)	民和回族土族自治县、乐都区、化隆回族自治县(3)	
宁夏(7)		隆德县、泾源县、彭阳县(3)	同心县、原州区、海原县(3)	西吉县(1)
合计(61)	5	20	30	6

注：括号内数字为县域数。
资料来源：根据六盘山各省政府网站贫困县脱贫摘帽公示资料整理所得。

截至2020年底，六盘山片区61个县市区实现了全部脱贫摘帽，区域整体性贫困问题基本解决。但六盘山片区各区域贫困县脱贫摘帽速度不一。相对而言，六盘山片区陕西分片区所辖贫困县脱贫摘帽最早，陕西片区7个贫困县2018年就实现了全部脱贫摘帽。而甘肃分片区所辖贫困县虽然脱贫摘帽启动最早，有4个贫困县早在2017年就脱贫摘帽，但由于甘肃所辖贫困县数量在六盘山片区各省区中最多（40个县区），甘肃省有5个贫困县直到2020年才脱贫摘帽。青海分片区贫困县的脱贫摘帽则表现出启动早、摘帽也相对较快的特点，2017年即有1个贫困县脱贫摘帽，到2019年最后3个贫困县完成脱贫摘帽。宁夏分片区的贫困县脱贫摘帽则启动较晚，同时收尾也最迟。2018年宁夏分片区才有3个贫困县脱贫摘帽，直到2020年才实现最后1个贫困县脱贫摘帽。

六盘山片区贫困县脱贫摘帽进展呈现"两头少中间多"的特点。即自2011年启动区域发展与扶贫攻坚战略以来，直到2017年六盘山片区才有5个贫困县脱贫摘帽，到2020年仍然有6个贫困县脱贫摘帽。这表明六盘山片区贫困面广程度深，是全国集中连片特困区中的贫中之贫、困中之困，是难啃的硬骨头。2018年、2019年两年是六盘山片区贫困县脱贫摘帽的高峰时段，两年分别有20个和30个贫困县实现了脱贫摘帽，占到六盘山片区贫困县总数的81.97%。这也充分说明，在脱贫攻坚的冲刺阶段，六盘山片区各级政府、人民，敢于攻坚克难，善于打硬仗，高质量地完成了扶贫攻坚各项任务，实现了六盘山片区所有贫困县按期脱贫摘帽。

三 六盘山片区乡村转型进展及县际比较

2011年，《中国农村扶贫开发纲要（2011—2020年）》明确提出"把连片特困地区作为主战场"。党的十八大以后，习近平总书记提出"精准扶贫，精准脱贫"概念，我国扶贫事业进入以精准扶贫为特征的扶贫攻坚阶段。通过把区域发展和个人帮扶相结合，划定集中连片特困地区，建档立卡精准识别贫困人口，实现对贫困人口的精准帮扶。2015年《中共中央 国务院关于打赢脱贫攻坚战的决定》又明确规定，到2020年，我国现行标准下农村贫困人口实现脱贫，贫困县全部摘帽，解决区域性整体贫困。习近平总书记在全国脱贫攻坚总结表彰大会上明确指出："我们要切实做好巩固拓展脱贫攻坚成果同乡村振兴有效衔接各项工作，让脱贫基础更加稳固、成效更可持续。"① 对此，通过实施"四支队伍、四个切实、五个一批、六个精准、

---

① 《习近平：在全国脱贫攻坚总结表彰大会上的讲话》，新华网，http://www.xinhuanet.com/politics/leaders/2021－02/25/c_1127140240.htm，最后检索时间：2021年2月30日。

十项工程"等系列工程,脱贫攻坚加速了贫困乡村的经济重构、社会重构与空间重构,也为乡村振兴奠定了基础。秉承"人业地"协调发展的理念,本部分从人的转型、业的转型、地的转型三个维度对六盘山片区脱贫攻坚过程中乡村转型的进展进行测度,并开展县际比较,以全面把握六盘山片区脱贫攻坚过程中乡村转型的进展。

(一)六盘山片区乡村转型进展及县际比较:"人"的转型

乡村"人"的转型涉及人力资本、人的就业渠道以及金融素养的转变。为此,我们选择从"兼职化非农化""人力资本""金融素养"等分析六盘山片区"人"的转型的特点。①

1. 居民金融素养明显提升,就业非农化总体呈上升趋势,但人力资本有下滑迹象

按其行政辖区归属,将六盘山片区 61 个县市区划分为宁夏片区、甘肃片区、陕西片区与青海片区,计算得到 2011~2019 年六盘山片区及其各分片区居民"兼职化非农化"、"人力资本"及"金融素养"的时间演变趋势,如图 3~图 5 所示。②

从图 3 和图 4 来看,六盘山片区农村居民的兼职化非农化总体呈上升趋势,但也存在个别年份的波动,而片区农村居民人力资本逐步下滑。以兼职化非农化指标为例,无论是 2011~2012 年,还是 2013~2019 年,六盘山片

---

① "兼职化非农化"的计算公式为:(户籍人口-农林牧渔从业人数)/户籍人口(2011~2012 年)或(第二产业就业人口+第三产业就业人口)/户籍人口(2013~2019 年);"人力资本"的计算公式为:普通中学在校学生数/户籍人口数(万人);"金融素养"的计算公式为:年末金融机构各项贷款余额/居民储蓄存款余额。所有数据均来源于《中国城市统计年鉴》(2012~2020)。由于各指标数据的量纲不一,故进行了无量纲标准化处理,处理公式为:$X^{'} = \dfrac{X - X_{\min}}{X_{\max} - X_{\min}}$。

② 因六盘山片区共有 61 个县市区,不便于绘制所有县市区"人"的转型各指标的演变趋势,故将各县市区按其行政辖区归属进行归并重新划分为宁夏片区、甘肃片区、陕西片区与青海片区。各分片区居民的"兼职化非农化""人力资本""金融素养"指标分别由各片区所辖县市区对应指标得分求平均值而得。

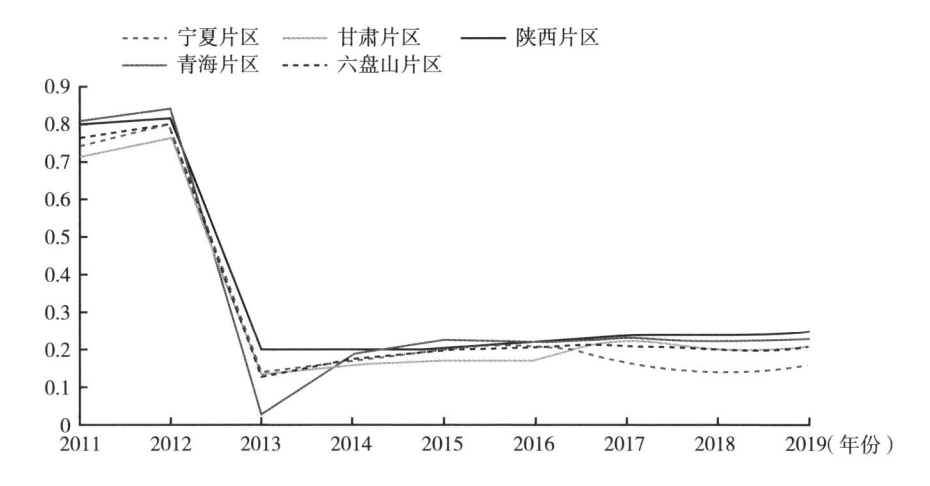

图3　2011~2019年六盘山片区农村居民兼职化非农化演变趋势①

资料来源：基于《中国县域统计年鉴》（2012~2020）相关指标计算获得。

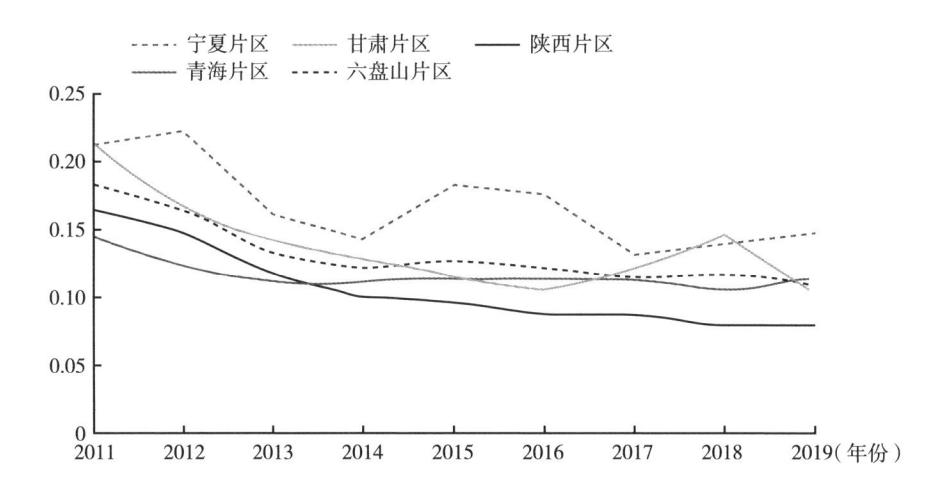

图4　2011~2019年六盘山片区农村居民人力资本演变趋势

资料来源：基于《中国县域统计年鉴》（2012~2020）相关指标计算获得。

---

① 因为"兼职化非农化"指标在2011~2012年和2013~2019年两个不同阶段使用的测度指标不同，为科学衡量六盘山片区各片区居民兼职化非农化的演变趋势，对应也需要分为2011~2012年、2013~2019年两个阶段来进行分析。

区总体农村居民的兼职化非农化指标均呈上升趋势。这意味着，2011~2019年，六盘山片区农村居民的就业领域发生了较为明显的变化，越来越多的劳动力从传统的农业领域转移到工业、服务业，六盘山片区农村居民就业非农化趋势明显。另外，六盘山片区农村居民中普通中学生占总人口比重2017年是一个分水岭。① 2011~2016年，六盘山片区农村居民人力资本虽总体上逐步下滑，但个别年份也有上升势头（如片区农村居民人力资本指标从2014年的0.1199增加到2015年的0.1259）；而2017年六盘山片区农村居民人力资本大幅度下滑后（片区农村居民人力资本指标从2016年的0.1198下滑到2017年的0.1125），一直呈总体下滑趋势。

而由图5可知，2011~2019年，从六盘山片区总体来看，六盘山片区农村居民金融素养呈明显上升趋势。这在一定程度上说明脱贫攻坚10年以

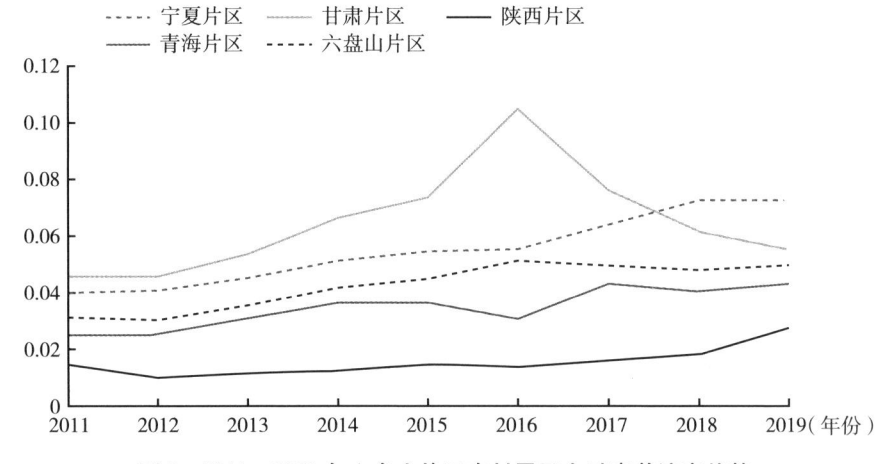

图5 2011~2019年六盘山片区农村居民金融素养演变趋势

资料来源：基于《中国县域统计年鉴》（2012~2020）相关指标计算获得。

---

① 可能原因是教育部于2017年发布了《教育部办公厅关于做好2017年高中阶段学校招生工作的通知》，要求"坚持普职招生规模大体相当的原则，把中等职业教育摆在普及高中阶段教育的突出位置，提高中等职业教育招生比例"，从而导致各地普通中学学生人数下降，而本文中"人力资本"计算公式为"普通中学在校学生数/户籍人口数（万人）"，六盘山片区普通中学在校学生数的下降导致了六盘山片区居民"人力资本"指标的下降。

来,六盘山片区农村居民利用金融机构资金开展创新创业活动的能力得到较为明显的提升。同时,从六盘山片区内部来看:甘肃片区农村居民金融素养2016年达到顶峰(0.1043)后,就一直呈下降趋势,并于2018年以后降为六盘山片区第二,但在较长时间内甘肃片区农村居民金融素养明显高于其他分片区;宁夏片区2017年以来提升迅速,到2018年已跃升为六盘山片区首位;而陕西片区、青海片区农村居民金融素养2011~2019年总体上一直呈稳步上升趋势。

2. "人"的转型呈现"小面-大面-点,中心扩散四周"的演进规律

将"兼职化非农化""人力资本""金融素养"等指标分别按照权重0.3378、0.4136、0.2485①,计算得到2011~2019年六盘山片区各县市区"人"的转型综合得分。② 对比2011年、2015年和2019年三个年份六盘山片区各县市区"人"的转型分层(见表2),结合六盘山片区各县市区地理位置,可以发现不同时期六盘山片区"人"的转型呈现明显的空间分布差异。具体而言,六盘山片区"人"的转型呈现由"小面"到"大面",再到"点",由中心扩散四周的演变规律。

"小面-大面-点"是指2011~2019年六盘山片区各县市区的"人"的转型从小面积空间聚集,到大面积空间聚集,再到点状分布,从具有较为明显的县际间差异,到县际差异逐步缩小的过程。具体来说:2011年,六盘山片区"人"的转型高水平、中水平县市区共有20个,且空间聚集成面。

---

① 根据AHP层次分析法,课题组确定了乡村转型各级指标的权重。其中:一级指标中"人"的转型的权重为0.3247,"业"的转型的权重为0.4876,"地"的转型的权重为0.1878;二级指标中"兼职化非农化""人力资本""金融素养"对乡村转型综合得分的影响权重分别为0.1097、0.1343、0.0807,二级指标"产业非农化""农业现代化""市场组织化""经济金融化"的权重分别为0.1197、0.1583、0.1365、0.0730,二级指标"整体发展水平""公共服务优化"的权重分别为0.1144和0.0734;而"整体发展水平"所辖三级指标"人均GDP""人均一般公共预算收入""人均一般公共预算支出"占乡村转型综合得分的权重分别为0.0433、0.0333、0.0442,"公共服务优化"中的三级指标"每万人社会福利单位数"和"每万人社会福利床位数"占乡村转型综合得分的权重分别为0.0233和0.0437。

② 由于《中国城市年鉴》中缺少甘肃省麦积区、宁夏原州区的数据,故在六盘山片区"人"的转型综合得分分层表中缺少这两个县区,下文中"业"的转型、"地"的转型及乡村综合转型分层表中亦是如此。

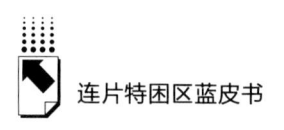

表2 六盘山片区各县市区"人"的转型分层（2011、2015、2019）

单位：个

年份	转型度类型	数量	县市区名称
2011年	低水平区 （0.2810~0.3512）	39	扶风县、陇县、千阳县、麟游县、长武县、淳化县、永登县、皋兰县、榆中县、清水县、秦安县、武山县、张家川县、古浪县、泾川县、灵台县、静宁县、庆城县、华池县、合水县、正宁县、宁县、渭源县、临洮县、漳县、岷县、临夏县、康乐县、广河县、和政县、东乡区、积石山县、湟中县、湟源县、互助土族自治县、化隆回族自治县、西吉县、泾源县、彭阳县
	中水平区 （0.3512~0.4224）	19	同心县、海原县、隆德县、景泰县、靖远县、会宁县、安定区、陇西县、通渭县、甘谷县、环县、镇原县、庄浪县、崆峒区、永靖县、乐都区、循化撒拉族自治县、民和回族自治县、永寿县
	高水平区 （0.4224以上）	1	临夏市
2015年	低水平区 （0.0468~0.1106）	21	千阳县、永寿县、长武县、淳化县、皋兰县、清水县、秦安县、灵台县、庆城县、环县、华池县、合水县、正宁县、宁县、镇原县、临洮县、岷县、康乐县、广河县、湟中县、化隆回族自治县
	中水平区 （0.1106~0.1753）	34	彭阳县、泾源县、海原县、西吉县、隆德县、东乡县、临夏县、会宁县、古浪县、和政县、安定区、庄浪县、张家川县、景泰县、榆中县、武山县、永登县、永靖县、泾川县、渭源县、漳县、甘谷县、积石山县、通渭县、陇西县、靖远县、静宁县、扶风县、陇县、麟游县、乐都区、循化撒拉族自治县、民和回族自治县、湟源县
	高水平区 （0.1753以上）	4	互助土族自治县、临夏市、崆峒区、同心县
2019年	低水平区 （0.0572~0.1386）	43	千阳县、麟游县、永寿县、长武县、淳化县、皋兰县、靖远县、会宁县、景泰县、清水县、秦安县、张家川县、古浪县、泾川县、灵台县、庄浪县、静宁县、庆城县、环县、华池县、合水县、正宁县、宁县、镇原县、安定区、陇西县、渭源县、临洮县、岷县、临夏县、康乐县、广河县、东乡区、积石山县、湟中县、湟源县、民和回族自治县、乐都区、化隆回族自治县、西吉县、隆德县、彭阳县、海原县
	中水平区 （0.1386~0.2200）	15	同心县、泾源县、和政县、崆峒区、榆中县、武山县、永登县、永靖县、漳县、甘谷县、通渭县、扶风县、陇县、互助土族自治县、循化撒拉族自治县
	高水平区 （0.2200以上）	1	临夏市

资料来源：笔者测算所得。

高水平的1个，即临夏市，而中水平区县为同心县等19个县区；到2015年，"人"的转型中、高水平县市区数量进一步扩大，增加到38个县市区，"人"的转型中、高水平县市区由"小面"聚集转向"大面"聚集；但到2019年，"人"的转型处于高水平区的仅有临夏市，中水平区也减少到仅有15个县区，处于低水平区的则增加到43个。这意味着，伴随着扶贫攻坚战略的实施，六盘山片区各县市区均强化了"人"的转型力度，县际差异变小。

"中心扩散四周"则是指2011~2019年，六盘山片区"人"的转型度中、高水平县市区的地理位置从初期的六盘山片区中部地区逐步向周边地区进行扩张。2011年，六盘山片区"人"的转型度中、高水平县市区主要分布于六盘山片区中部的甘肃省片区，之后逐步向六盘山片区周边的青海片区、宁夏片区进行扩散。尤其是在2011年，六盘山片区"人"的转型度20个中、高水平县市区中，仅有的处于高水平区的为甘肃的临夏市，另有13个"人"的转型度中水平县区均为甘肃省所辖县区，且大部分位于六盘山片区中部；2015年，六盘山片区"人"的转型度高水平区则进一步拓展到青海片区的互助土族自治县、宁夏片区的同心县和甘肃的崆峒区；到2019年，六盘山片区中青海片区大部分县"人"的转型度处于中、高水平区，而甘肃片区、宁夏片区和陕西片区所辖大部分县市区"人"的转型度处于低水平区。

（二）六盘山片区乡村转型进展及县际比较："业"的转型

乡村"业"的转型涉及产业非农化、农业现代化、市场组织化以及经济金融化的转变。为此，我们选择从"产业非农化""农业现代化""市场组织化""经济金融化"4个指标来测度六盘山片区"业"的转型。[①]

---

① "产业非农化"的计算公式为：二、三产业产值/地区生产总值，"农业现代化"的计算公式为：农业机械总动力/第一产业增加值（2011/2012年）和设施农业面积/第一产业增加值（2013~2019年），"市场组织化"的计算公式为：规模以上工业企业数/户籍人口，"经济金融化"的计算公式为：年末金融机构贷款余额/户籍人口。同理，所有数据来源于《中国城市统计年鉴》（2012~2020），并进行了无量纲标准化处理。

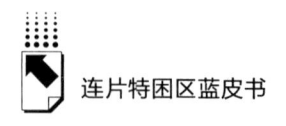

1. 产业非农化、经济金融化趋势明显，市场组织化波动中上升，但农业现代化进展缓慢

通过计算2011~2019年六盘山片区各县市区"产业非农化""农业现代化""市场组织化""经济金融化"指标，绘制出六盘山片区各子片区产业非农化、农业现代化、市场组织化以及经济金融化的时间演进图（见图6~图9）。

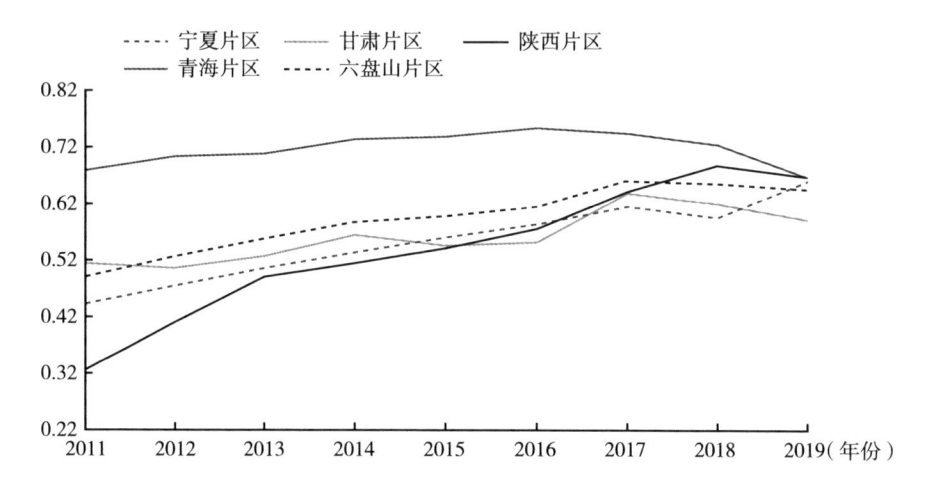

图6　2011~2019年六盘山片区产业非农化演变趋势

资料来源：基于《中国县域统计年鉴》（2012~2020）相关指标计算获得。

图7　2011~2019年六盘山片区经济金融化演变趋势

资料来源：基于《中国县域统计年鉴》（2012~2020）相关指标计算获得。

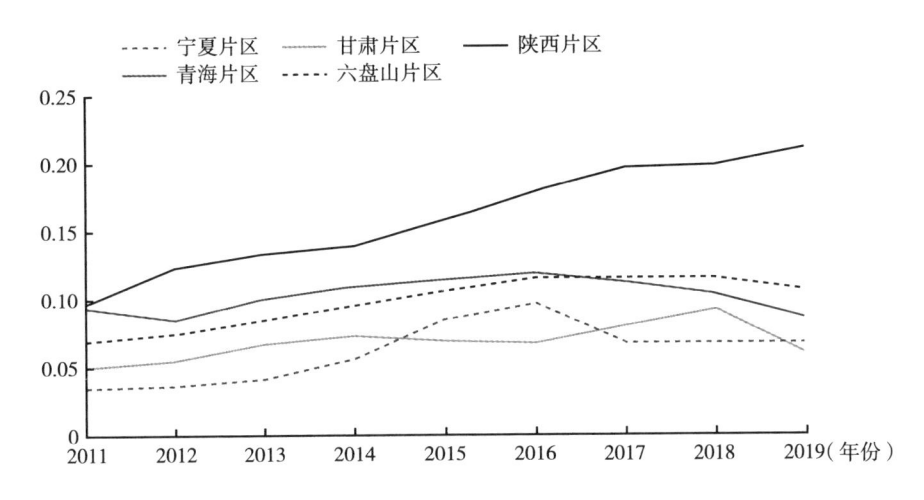

图 8　2011～2019 年六盘山片区市场组织化演变趋势

资料来源：基于《中国县域统计年鉴》（2012～2020）相关指标计算获得。

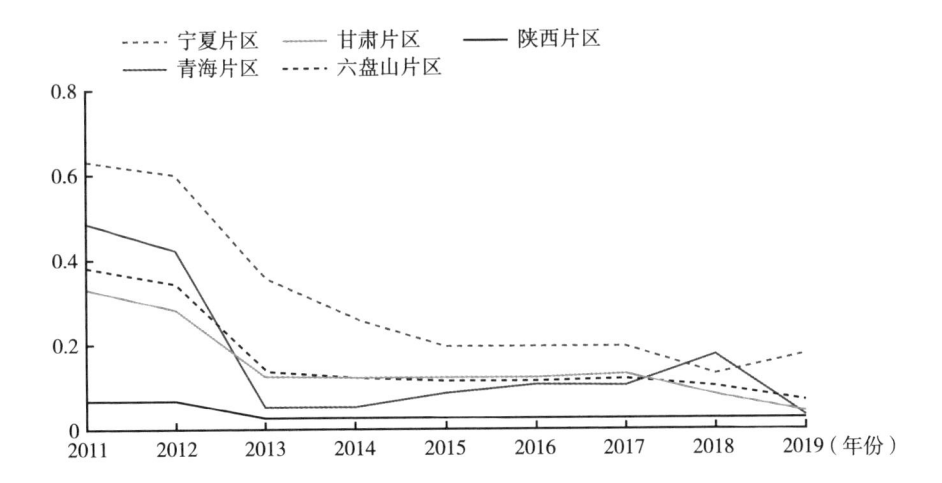

图 9　2011～2019 年六盘山片区农业现代化演变趋势[①]

资料来源：基于《中国县域统计年鉴》（2012～2020）相关指标计算获得。

---

① 同理，由于"农业现代化"指标在 2011～2012 年与 2013～2019 年两个阶段使用的测度指标不相同，故对六盘山片区农业现代化的演变趋势也需要分成 2011～2012 年、2013～2019 年两个阶段来进行分析。

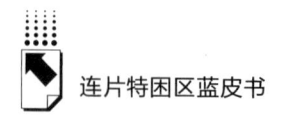

由图 6 和图 7 可知，2011～2019 年，六盘山片区产业非农化与经济金融化上升趋势明显。具体来说，在产业非农化指标上，六盘山片区农业非农化指标从 2011 年的 0.4885，增长到 2015 年的 0.5962，再到 2019 年的 0.6448，增长趋势非常明显；而在六盘山片区内部，除青海片区农业非农化指标从 2011 年的 0.6764，略有下降到 2019 年的 0.6632 以外，宁夏片区、甘肃片区和陕西片区的农业非农化指标分别从 2011 年的 0.4413、0.5121、0.3242 增加到 2019 年的 0.6574、0.5905、0.6682，增长率分别为 48.97%、15.31% 和 106.11%。由此可知，伴随扶贫攻坚战略的推进，六盘山片区各地，尤其是陕西片区和宁夏片区产业结构中，第二、三产业的比重上升迅速，产业非农化倾向较为明显。而在经济金融化方面，2011～2019 年六盘山片区所有片区均有大幅度的增长。具体来说，宁夏片区、甘肃片区、陕西片区和青海片区的经济金融化指标分别从 2011 年的 0.0163、0.0309、0.0235、0.0178 增加到 2019 年的 0.1026、0.1584、0.1002、0.0965，增长率均超过了 300%，分别为 529.45%、412.62%、326.38%、442.13%。这意味着，伴随各类金融扶贫政策的实施，六盘山片区各县市区企事业单位和居民通过金融机构贷款，开展创新创业活动，扩大生产经营规模，充分体现了金融助推产业扶贫的力度。

市场组织化方面，六盘山片区总体上升趋势较为明显，但内部各分片区变化趋势不一。具体来说，六盘山片区市场组织化指标从 2011 年的 0.0679，增长到 2015 年的 0.1057，再到 2018 年的 0.1153，虽然 2019 年回落到 0.1055，但总体上升趋势依然较为明显。从六盘山片区内部来看，陕西片区 2011～2019 年市场组织化具有明显的上升趋势，规模以上工业企业数量不断增加。在此期间，青海片区的市场组织化则有总体上缓慢下降的趋势。其市场组织化指数从 2011 年的 0.0929，上升到 2016 年最高峰的 0.1190 后开始一路下滑，一直到 2019 年的 0.0850。甘肃片区和宁夏片区的市场组织化在不同年份虽有波动，但总体上呈现缓慢上升趋势。具体来说：宁夏片区除 2017 年市场组织化程度下降外，2011～2019 年其他年份均在上升；甘肃片区的市场组织化程度在经历了 2014～2016 年的略微下降周期后，

2019年又出现较为明显的下降，但相较于2011年的0.0492，2019年甘肃片区的市场组织化指标仍然高达0.0587，相较于2011年已增长了19.31%。

农业现代化方面，六盘山片区总体进展缓慢，甚至缓慢下降，且片区内部差异大。具体来说：2011~2012年，六盘山片区农业现代化指标从0.3746下降到0.3364；2013~2019年，六盘山片区农业现代化总体上依然呈缓慢下降趋势，农业现代化指数从0.1324下降到0.0603。片区内部差异度大，宁夏片区、甘肃片区、陕西片区有较为明显的下滑趋势，青海片区波动幅度大。2011~2012年阶段，六盘山片区各片区的农业现代化均出现下降，尤其是青海片区、甘肃片区和宁夏片区下降得最为明显。而到2013~2019年这一阶段，除青海片区外，宁夏片区、甘肃片区和陕西片区的农业现代化指标分别从2013年的0.3547、0.1170、0.0156下降到2019年的0.1716、0.0286、0.0122，其中尤以甘肃片区农业现代化的下降幅度最大。而青海片区的农业现代化指标在2013~2019年经历了一个先上扬后下降的过程，即在2013~2018年先上升，2018年以后又出现较为明显下降。综上可知，六盘山片区农业现代化转型缓慢，未来乡村振兴与农业现代化任重道远。

2. "业"的转型呈现"由面到点"的演进规律、"周边高，中间低"的空间分布规律

综合对比六盘山片区各县市区2011年、2015年、2019年三个年份的"业"的转型度分层（见表3），结合六盘山片区各县市区地理位置，我们可以发现：2011~2019年六盘山片区各县市区"业"的转型呈现"由面到点"中、高水平区空间聚焦到逐步消失的演进规律；而从各期各县市区"业"的转型度分层空间分布来看，则呈现较为明显的"周边高，中间低"的空间分布规律。

具体来说，2011年，六盘山片区各县市区"业"的转型度高水平县区主要聚集在六盘山片区的西北角，已形成"业"的转型高水平集中面，六盘山片区"业"的转型度高水平县区是地处中西部的古浪县、景泰县、皋兰县、湟中县、湟源县、化隆回族自治县、安定区、泾源县，共有8个县区。而到2015年，六盘山片区"业"的转型度高水平区从原来聚焦六盘山

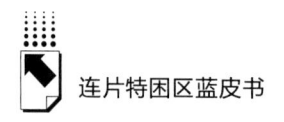

表 3 六盘山片区各县市区"业"的转型分层（2011、2015、2019）

单位：个

年份	转型度类型	数量	县市区名称
2011 年	低水平区 （0.0405～0.2091）	24	临夏县、和政县、宁县、岷县、庄浪县、康乐县、正宁县、武山县、泾川县、清水县、渭源县、漳县、灵台县、甘谷县、秦安县、通渭县、镇原县、静宁县、千阳县、永寿县、淳化县、长武县、陇县、麟游县
	中水平区 （0.2091～0.3777）	27	同心县、彭阳县、海原县、西吉县、隆德县、东乡区、临夏市、临洮县、会宁县、华池县、合水县、崆峒区、广河县、庆城县、张家川县、榆中县、永登县、永靖县、环县、积石山县、陇西县、靖远县、扶风县、乐都区、互助土族自治县、循化撒拉族自治县、民和回族土族自治县
	高水平区 （0.3777 以上）	8	古浪县、景泰县、皋兰县、湟中县、湟源县、化隆回族自治县、安定区、泾源县
2015 年	低水平区 （0.0842～0.1789）	21	东乡区、会宁县、和政县、岷县、庄浪县、康乐县、张家川县、正宁县、武山县、泾川县、清水县、渭源县、灵台县、秦安县、积石山县、通渭县、镇原县、静宁县、永寿县、淳化县、陇县
	中水平区 （0.1789～0.2736）	27	彭阳县、泾源县、海原县、西吉县、隆德县、临夏县、临洮县、古浪县、宁县、广河县、景泰县、榆中县、漳县、环县、甘谷县、陇西县、靖远县、千阳县、扶风县、长武县、麟游县、乐都区、互助土族自治县、化隆回族自治县、民和回族土族自治县、湟中县、湟源县
	高水平区 （0.2736 以上）	11	同心县、临夏市、华池县、合水县、安定区、崆峒区、庆城县、永登县、永靖县、皋兰县、循化撒拉族自治县
2019 年	低水平区 （0.0903～0.2319）	42	彭阳县、泾源县、海原县、西吉县、东乡区、临夏县、临洮县、会宁县、古浪县、和政县、宁县、岷县、广河县、庄浪县、康乐县、张家川县、景泰县、正宁县、武山县、泾川县、清水县、渭源县、漳县、灵台县、环县、甘谷县、秦安县、积石山县、通渭县、镇原县、陇西县、靖远县、静宁县、永寿县、淳化县、陇县、互助土族自治县、化隆回族自治县、循化撒拉族自治县、民和回族土族自治县、湟中县、湟源县
	中水平区 （0.2319～0.3735）	14	隆德县、华池县、合水县、安定区、崆峒区、庆城县、榆中县、永登县、永靖县、千阳县、扶风县、长武县、麟游县、乐都区
	高水平区 （0.3735 以上）	3	皋兰县、临夏市、同心县

资料来源：笔者测算所得。

片区西北角拓展到西北角、中西部和东北角部分县市区,且空间聚焦不再明显。到2019年,六盘山片区"业"的转型度高水平县市区的数量大幅度下降,且不再空间聚集成面,而是缩小为相隔离的三个点:皋兰县、临夏市、同心县。

而在空间分布规律上,对照2011年、2015年和2019年三个不同年份六盘山片区各县市区"业"的转型分层,其"业"的转型呈现一个共同特点:六盘山片区周边县市区"业"的转型度分值均明显高于六盘山片区中间位置县市区,即呈现"周边高,中间低"的空间分布规律。尤其是位居六盘山片区中心腹地位置的会宁县、通渭县、静宁县、庄浪县等县,2015年以后,这些县"业"的转型度分值均处于低水平区。

(三)六盘山片区乡村转型进展及县际比较:"地"的转型

1. 六盘山片区整体发展水平与公共服务优化水平稳步上升

以人均GDP、人均一般公共预算收入、人均一般公共预算支出三个指标来测度整体发展水平,以每万人社会福利单位数和每万人社会福利床位数来测度社会公共服务优化水平,得到2011~2019年六盘山片区整体发展水平和公共服务优化水平的演变趋势(见图10和图11)。

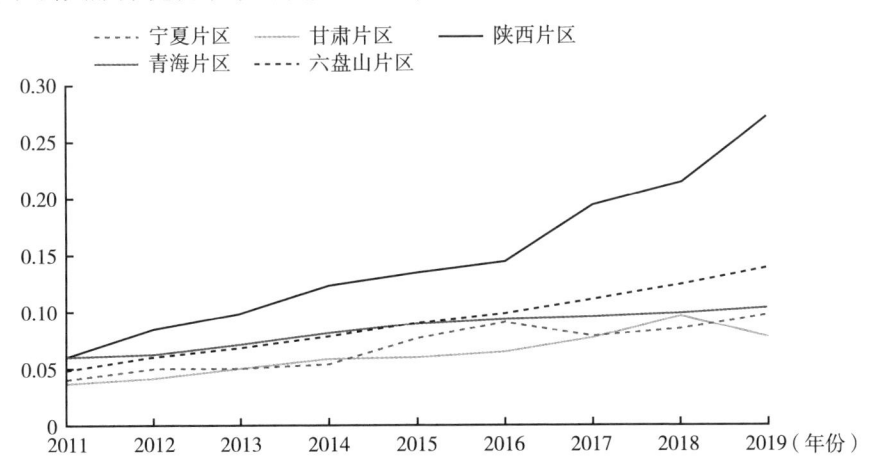

图10 2011~2019年六盘山片区整体发展水平演变趋势

资料来源:基于《中国县域统计年鉴》(2012~2020)相关指标计算获得。

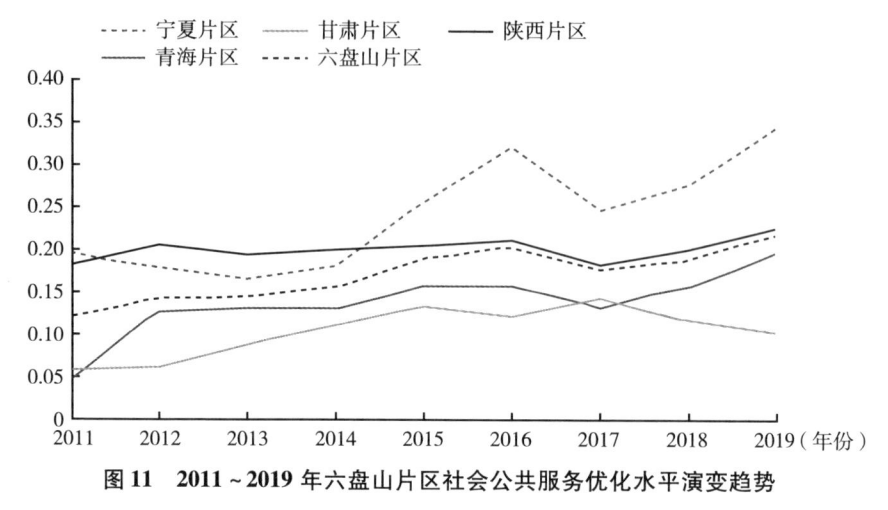

图 11　2011～2019 年六盘山片区社会公共服务优化水平演变趋势

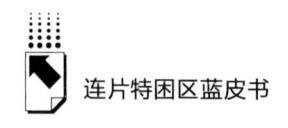

资料来源：基于《中国县域统计年鉴》（2012～2020）相关指标计算获得。

由图 10 可知，2011～2019 年六盘山片区整体发展水平呈现非常明显的增长趋势，其中陕西片区表现尤为突出。2011 年，六盘山片区人均 GDP 为 12259 元，到 2019 年增加到 24124 元，增加了近 1 倍。而在人均一般公共预算收入方面，2011 年该指标为 444.88 元，2019 年增加到 939.46 元，增长率为 111.17%。相应地，六盘山片区人均一般公共预算支出由 2011 年的 5030 元，增加到 2019 年的 12801 元，增长率更是高达 154.49%。而从整体发展水平指数来看，六盘山片区的宁夏、甘肃、陕西、青海各片区 2011 年的整体发展水平指数分别为 0.0330、0.0316、0.0500 和 0.0493，而到 2015 年该指数即上升到 0.0643、0.0505、0.1130、0.0752，2019 年进一步上升到 0.0811、0.0656、0.2287、0.0866。其中，陕西片区整体发展水平表现得尤为突出。一是其 2019 年整体发展水平较 2011 年增长了 357.4%；二是陕西片区整体发展水平一直位居六盘山片区各分片区之首，并遥遥领先于其他分片区。

而由图 11 可知，2011～2019 年，六盘山片区社会公共服务优化水平呈明显上升趋势，但片区内部波动幅度较大。具体来说，六盘山片区社会公共服务优化指数从 2011 年的 0.1195，增长到 2015 年的 0.1869，再到 2019 年的 0.2159，9 年间增加了近 1 倍。这也与本文"六盘山片区脱贫攻坚总体成效"中"农村基础设施与公共服务得到强化"的研究结论相互印证。内部各分片区社会公共服务优化指数总体呈上升趋势，但各分片区波动幅度较大。甘肃片区、陕西片区和青海片区的社会公共服务优化指数分别从2011年的0.0560、0.1821、0.0463增加到2019年的0.1011、0.2243、0.1952。宁夏片区自2004年后在六盘山片区内部一直位居社会公共服务优化指数首位，而甘肃片区社会公共服务优化指数大都位列六盘山片区内部末席，陕西片区和青海片区则居于中间。

2. 六盘山片区"地"的转型的县际差异不断缩小，且转型水平普遍较低

综合比较2011年、2015年和2019年六盘山片区各县市区"地"的转型分层（见表4），可以发现六盘山片区各县市区"地"的转型多处于低水平区间，且各县市区之间差异不断缩小。具体而言：2011年"地"的转型度高水平区有8个县，分别为彭阳县、泾源县、隆德县、长武县、灵台县、千阳县、麟游县和永寿县；中水平区有14个县市，其余37个县区均为低水平区；而到2015年，"地"的转型度高水平区县市数量减少到3个，即隆德县、临夏市和华池县，中水平区县市也减少到7个县，低水平区县市则扩大到49个；2019年，"地"的转型度高水平区县市进一步萎缩为仅有麟游县1个，中水平区也仅剩湟源县、临洮县、泾源县、隆德县、同心县等5个县，低水平区县市区数量进一步增加到53个。2011～2019年，六盘山片区"地"的转型度中高水平区县市区数量的迅速减少说明该期间各县市区之间"地"的转型差异迅速消失；而同期，六盘山片区大部分县市区"地"的转型度均处于低水平区，这意味着六盘山片区各县市区"地"的转型水平普遍较低。

表4 六盘山片区各县市区"地"的转型分层（2011、2015、2019）

单位：个

年份	转型度类型	数量	县市区名称
2011年	低水平区（0.0091～0.0584）	37	海原县、东乡区、临夏县、临洮县、会宁县、古浪县、和政县、宁县、安定区、岷县、崆峒区、广河县、庄浪县、康乐县、张家川县、景泰县、榆中县、正宁县、武山县、永登县、清水县、渭源县、漳县、环县、甘谷县、秦安县、积石山县、通渭县、镇原县、陇西县、靖远县、静宁县、淳化县、乐都区、化隆回族自治县、民和回族土族自治县、湟中县

续表

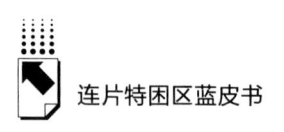

年份	转型度类型	数量	县市区名称
2011年	中水平区（0.0584~0.1077）	14	同心县、西吉县、临夏市、华池县、合水县、庆城县、永靖县、泾川县、皋兰县、扶风县、陇县、互助土族自治县、循化撒拉族自治县、湟源县
	高水平区（0.1077以上）	8	彭阳县、泾源县、隆德县、长武县、灵台县、千阳县、麟游县、永寿县
2015年	低水平区（0.0194~0.1415）	49	同心县、彭阳县、泾源县、海原县、西吉县、东乡区、临夏县、会宁县、古浪县、合水县、和政县、宁县、安定区、岷县、崆峒区、广河县、庄浪县、庆城县、康乐县、张家川县、景泰县、榆中县、正宁县、武山县、永登县、永靖县、泾川县、清水县、漳县、灵台县、环县、甘谷县、皋兰县、秦安县、积石山县、通渭县、镇原县、陇西县、靖远县、静宁县、扶风县、永寿县、陇县、乐都区、互助土族自治县、化隆回族自治县、循化撒拉族自治县、民和回族土族自治县、湟中县
	中水平区（0.1415~0.2637）	7	临洮县、渭源县、千阳县、淳化县、长武县、麟游县、湟源县
	高水平区（0.2637以上）	3	隆德县、临夏市、华池县
2019年	低水平区（0.0301~0.2260）	53	彭阳县、海原县、西吉县、东乡区、临夏县、临夏市、会宁县、华池县、古浪县、合水县、和政县、宁县、安定区、岷县、崆峒区、广河县、庄浪县、庆城县、康乐县、张家川县、景泰县、榆中县、正宁县、武山县、永登县、永靖县、泾川县、清水县、渭源县、漳县、灵台县、环县、甘谷县、皋兰县、秦安县、积石山县、通渭县、镇原县、陇西县、靖远县、静宁县、千阳县、扶风县、永寿县、淳化县、长武县、陇县、乐都区、互助土族自治县、化隆回族自治县、循化撒拉族自治县、民和回族土族自治县、湟中县
	中水平区（0.2260~0.4220）	5	湟源县、临洮县、泾源县、隆德县、同心县
	高水平区（0.4220以上）	1	麟游县

资料来源：笔者测算所得。

（四）六盘山片区乡村转型进展及县际比较：综合转型

1."人业地"转型稳步上升，但转型水平按"业人地"依次递减，乡村综合转型较为缓慢

根据各指标的权重，计算得到2011～2019年六盘山片区"人业地"的转型及综合转型得分。由图12可知，无论是"人"的转型，还是"业"的转型，抑或"地"的转型，都呈现总体稳步上升趋势。具体来说：2011～2012年，六盘山片区"人"的转型综合得分从2011年的0.3396，上升到2012年的0.3399，而到2013～2019年，六盘山片区"人"的转型综合得分又从2013年的0.1101，上升到2019年的0.1247；"业"的转型从2013年的0.1995上升到2019年的0.2078；"地"的转型则从2011年的0.0547上升到2015年的0.0988，然后又上升到2019年的0.1135。

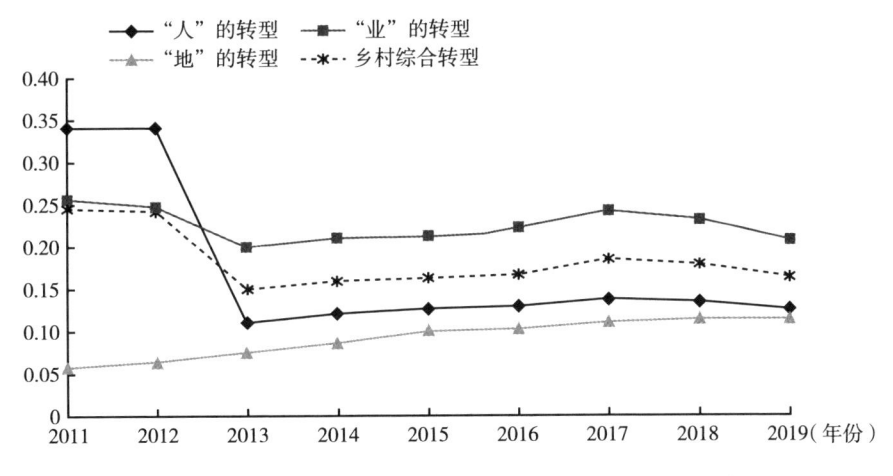

图12　2011～2019年六盘山片区乡村综合转型的演变趋势

资料来源：基于《中国县域统计年鉴》（2012～2020）相关指标计算获得。

另外，乡村转型各维度的转型水平按照"业人地"依次递减。由图12可知，2011～2019年，六盘山片区"业"的转型水平明显高于"人"与"地"的转型水平，而同期"地"的转型水平一直位居末尾，"人"的转型水平则位居三维度中间。由此可知，六盘山片区乡村转型呈现"业人地"

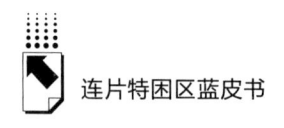

依次递减的发展态势,"地"的转型度还有待大力提高。

同时,六盘山片区乡村转型较为缓慢,呈前升后降的特点。2011~2012年,六盘山片区乡村综合转型得分大体保持稳定。但2013~2019年,六盘山片区乡村综合转型呈前升后降的演变特点。具体来说:2013~2017年,六盘山片区乡村综合转型有明显的上升趋势,乡村转型综合得分从2013年的0.1473上升到2017年的0.1831;2018年以后则一直呈下降趋势,2018年下降到0.1775,2019年进一步下降到0.1640。但相较于2013年,2019年六盘山片区乡村综合转型仍增加了11.34%。这说明,虽然受到后期下降趋势的影响,历经扶贫攻坚战略的实施,六盘山片区已实现一定程度的乡村转型,为扶贫攻坚与乡村振兴的有效衔接奠定了一定的"人业地"转型基础。

2. 六盘山片区乡村转型的县际差异小,中低分值区空间集聚,高分值县市区呈"点"状分布

比较2011年、2015年、2019年三年六盘山片区乡村转型综合得分的分层(见表5),可以明显发现六盘山片区乡村转型中高水平县市区的数量逐渐减少。具体来说:2011年,乡村转型度高水平区县市区数量有7个,分别为湟中县、民和回族土族自治县、景泰县、皋兰县、安定区、隆德县和泾源县;2015年,乡村转型度高水平区县市区变为循化撒拉族自治县、临夏市、永靖县、皋兰县、同心县、隆德县、崆峒区、华池县等8个县市区;2019年,乡村转型度高水平区县市则急剧减少到只有临夏市、皋兰县、同心县、麟游县4个县市。乡村转型高水平县市数量逐渐减少说明,相较于2011年,2019年六盘山片区乡村转型县际差异不断缩小,且多呈现低水平乡村转型。

与此同时,结合各县市区地理位置,还可以发现2011~2019年六盘山片区乡村转型存在明显的中低水平区县市区空间集聚现象。2011年,六盘山片区乡村转型度中低水平区县市区主要集聚在南面;到2015年,六盘山片区乡村转型度中低水平区县市区则聚焦到中南面;2019年,六盘山片区乡村转型度中低水平区县市区集聚区进一步扩大,且主要分布于周边和中部

表5 六盘山片区各县市区乡村转型分层（2011、2015、2019）

单位：个

年份	转型度类型	数量	县市区名称
2011年	低水平区（0.1312~0.2183）	25	临夏县、和政县、宁县、岷县、庄浪县、康乐县、张家川县、正宁县、武山县、泾川县、清水县、渭源县、漳县、灵台县、甘谷县、秦安县、积石山县、镇原县、静宁县、千阳县、永寿县、淳化县、长武县、陇县、麟游县
	中水平区（0.2183~0.3055）	27	同心县、彭阳县、海原县、西吉县、东乡区、临夏市、临洮县、会宁县、华池县、古浪县、合水县、崆峒区、广河县、庆城县、榆中县、永登县、永靖县、环县、通渭县、陇西县、靖远县、扶风县、乐都区、互助土族自治县、化隆回族自治县、循化撒拉族自治县、湟源县
	高水平区（0.3055以上）	7	湟中县、民和回族土族自治县、景泰县、皋兰县、安定区、隆德县、泾源县
2015年	低水平区（0.0835~0.1473）	24	东乡区、临夏县、会宁县、和政县、宁县、岷县、广河县、庄浪县、康乐县、张家川县、正宁县、武山县、泾川县、清水县、渭源县、灵台县、秦安县、积石山县、通渭县、镇原县、静宁县、永寿县、淳化县、陇县
	中水平区（0.1473~0.2110）	27	彭阳县、泾源县、海原县、西吉县、临洮县、古浪县、合水县、安定区、庆城县、景泰县、榆中县、永登县、漳县、环县、甘谷县、陇西县、靖远县、千阳县、扶风县、长武县、麟游县、乐都区、互助土族自治县、化隆回族自治县、民和回族土族自治县、湟中县、湟源县
	高水平区（0.2110以上）	8	循化撒拉族自治县、临夏市、永靖县、皋兰县、同心县、隆德县、崆峒区、华池县
2019年	低水平区（0.0848~0.1659）	35	海原县、西吉县、东乡区、临夏县、会宁县、古浪县、和政县、宁县、岷县、广河县、庄浪县、康乐县、张家川县、景泰县、正宁县、武山县、泾川县、清水县、渭源县、漳县、灵台县、环县、甘谷县、秦安县、积石山县、通渭县、镇原县、陇西县、靖远县、静宁县、永寿县、淳化县、化隆回族自治县、循化撒拉族自治县、湟中县
	中水平区（0.1659~0.2470）	20	彭阳县、泾源县、隆德县、临洮县、华池县、合水县、安定区、崆峒区、庆城县、榆中县、永登县、永靖县、千阳县、扶风县、长武县、陇县、乐都区、互助土族自治县、民和回族土族自治县、湟源县
	高水平区（0.2470以上）	4	临夏市、皋兰县、同心县、麟游县

资料来源：笔者测算所得。

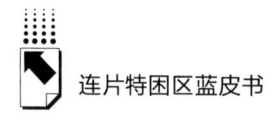

地区。经过9年的演变，乡村转型度低水平区县市区聚集区把整个六盘山片区从中部划分为大体相等的两个部分。

另外，2011～2019年六盘山片区乡村转型度高水平区县市区呈典型的"点"状分布。2011年，尚有"景泰县+皋兰县""隆德县+泾源县"2个乡村转型度高水平区县空间相邻；而到2015年，所有8个乡村转型度高水平区县市区之间均不相邻，零星分布于六盘山片区的各个角落；2019年，4个乡村转型度高水平区县市之间的空间距离进一步扩大，乡村转型度高水平区县市"点"状分布的特点更为突出。

四 六盘山片区脱贫攻坚与乡村转型典型案例

毛泽东同志在《清平乐·六盘山》一诗中开篇即以"天高云淡，望断南飞雁"描绘了六盘山片区山高险峻的地理环境。也正是其地形破碎、沟壑纵横的地形条件和水土流失严重的地质条件，使其"贫瘠甲天下"，成为我国14个集中连片特困区之首。为解决六盘山片区的贫困问题，国务院原扶贫开发领导小组办公室、国家发改委于2012年8月制定了《六盘山片区区域发展与扶贫攻坚规划（2011—2020年）》。2012年8月，交通运输部又被确定为六盘山片区扶贫攻坚的联系单位。自此，六盘山片区抓住脱贫攻坚与乡村转型的"牛鼻子"——交通建设，走出了一条"交通+"的脱贫攻坚特色之路，综合推进"人业地"的发展，衔接起脱贫攻坚与乡村振兴。

（一）"交通+产业"融合发展，道路畅通助推产业振兴

想要富，先修路。六盘山片区人类文明活动时间长久，加之地处北方游牧文化与中原文化的结合部，文化资源、旅游资源、农产品资源丰富，但片区交通基础设施条件落后。截止到2010年底，六盘山片区仍有2.4%的乡镇和53.4%的行政村不通沥青路（水泥路），8.8%的行政村不通等级公路。[①]

---

① 资料来源于《六盘山片区区域发展与扶贫攻坚规划（2011—2020年）》。

受制于落后的交通基础设施条件，长期以来六盘山片区各种资源"养在深闺人未识"，产业发展严重受限。六盘山片区以路兴业，通过强化交通基础设施建设，建成了一大批旅游路、产业路。通过交通与产业协同发展，补齐交通短板，促进特色产业发展，走出了一条"交通+产业"融合发展的扶贫攻坚与乡村振兴有效衔接的特色道路。

1. 交通+特色农业

在宁夏固原市西吉县交通运输局办公室的一面墙上，一张土地现状影像图格外显眼：上面布满密密麻麻的细红色线路。

"这些红色的线都是我们的公路！"西吉县交通运输局工作人员站在地图前自豪地说，一条条公路将贫困地区与全国市场紧紧连在一起，盘活了贫困地区资源。

西毛公路是一条围绕西吉特色产业带建设的公路。在公路沿线，分布着华林万亩蔬菜生产基地等十几个特色种植园区，当地马铃薯、芹菜、番茄等都要通过西毛公路运往外地。

固原市西吉县农业技术推广服务中心主任王荣华介绍，2020年全县种植10万亩以上冷凉蔬菜，仅芹菜年产量就有32万吨，主要销往重庆、湖南、四川等省市。一年仅运输芹菜就需要4万多个车次。为确保蔬菜新鲜，运输过程中车上要压冰。西毛公路建成前，202省道路面窄，遇到堵车全都堵在路上，超过42小时，每车8吨冰就剩下1吨冰，蔬菜也就坏在了路上。"西毛公路的建成将直接服务沿线10个乡镇2000户农户的蔬菜外运，年产值达到6亿元"，王荣华算了一笔经济账。①

2. 交通+特色旅游

庆阳，东倚子午岭，西接六盘山，山、川、塬兼有，沟、峁、梁相间。"过去，从甘肃省庆阳市区到华池县，要翻老爷岭，近4小时的盘山路绕得'脑壳痛'。"回忆起最初参加工作时的场景，南梁革命纪念馆陈列展览科科

---

① 本部分案例资料来源于徐晴《宁夏六盘山片区公路里程达三万公里　部区合力攻坚　六盘山乡巨变》，中国交通新闻网，https://www.zgjtb.com/zhuanti/2020-07/24/content_246760.htm，最后检索时间：2020年12月13日。

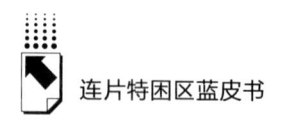

长王雅丽记忆深刻。庆阳市着力补齐交通短板，截至 2019 年底，建成国省干线公路 29 条 2735 公里、农村公路 4186 条 13480 公里。"随着交通网络完善，庆阳市区到华池县车程缩短了近 2 小时。"王雅丽说。

华池县依托便利路网及南梁革命纪念馆、陕甘边区苏维埃政府旧址寨子湾等红色革命遗迹，着力打造红色旅游小镇，产业发展欣欣向荣。脆甜爽口的庆阳苹果、味道鲜美的庆阳黄花菜、果仁饱满的南瓜子等，从过去农户家中的"土特产"变成了"热销品"。①

3. 交通 + 电商

2020 年，过完国庆、中秋双节长假，62 岁的淳化县胡家庙镇枣林村村民刘忠义早早准备，给回城的儿女们带上了些自留的苹果、南瓜和红薯，"咱家的没上农药化肥，东西口感好，对身体好。"刘忠义家的农作物是不愁卖的，他种出的土特产已远销到华东各地。

然而，就在几年前，刘忠义还和许多枣林村的普通农户一样是靠天吃饭的贫困户，几亩薄田里种着小麦和苹果，一年的纯收入总计也不过千数元，几间平房还是二十年前的老样子。刘忠义说自己早就想过流转土地的事情，但当时的枣林村还是贫困县里的贫困村，山高路远，仓储、运输等等现实的困难让他有顾虑。此外，由于孩子们也早早进城打工了，念书少、连智能手机都不会用的刘忠义压根就没想过电商这条路能"通"到自己家。

2017 年，淳化县入选国家级电子商务进农村综合示范县后，在政府、电商企业与村集体三方的协调下，通过修公路、建冷库、电商人才培训、提供低息贷款、搭建供应链体系等方案，"交通 + 电商"激活了原本偏远贫困的枣林村。

刘忠义说，"咱农民有力气不怕干活，最怕的是卖不出去。种地没有规模赚不到钱，可一旦上了规模，一年种出来几千斤、上万斤的玉米、南瓜，投入高不说，要是卖不出去，你咋办？吃都吃不过来。"

---

① 本部分案例资料来源于张雨涵《绿漾六盘山　通衢奔小康——交通先行支撑六盘山集中连片特困地区脱贫攻坚综述》，中国交通新闻网，https：//www.zgjtb.com/2020 - 06/17/content_ 244740. htm，最后检索时间：2020 年 10 月 13 日。

在村集体的撮合下，与刘忠义合作的电商淳化喷喷棒农业有限公司还向农户写了"保证书"——公司负责制定绿色种植标准、派出技术指导人员，并承诺只要按照中医农业的种植体系生产，公司将承担第三方检测并以高出市场价一到两成的价格予以收购。

2017年以来，刘忠义通过流转村上土地近60亩种植着苹果、贝贝南瓜、红薯和水果玉米等作物。如今，刘忠义不但自己脱了贫，还盖起了宽敞舒适的二层楼房，一亩地的平均收入达到1000~1500元，还雇用了村里的闲散劳动力，增加了村民收入，他的心里多了喜乐，变化翻天覆地。[①]

（二）交通吸引返乡就业创业，"归雁经济"助推人才振兴

1. 交通吸引返乡就业

"路带来的好处说也说不完。运费低了，卖价高了，村里的面貌也变好了，我愿意回家乡工作。"在青海省海东市乐都区瞿昙镇晁家村的生鹏农作物家庭农场和兴丰种植专业合作社，村民李顺成如今在家门口就业，还能照顾家里的十几亩地，生产、工作两不误。

"四好农村路"连片成网，极大缩短了往返城乡的时空距离，有力支撑了农村人口从打工地返乡就业创业。在紧邻瞿昙镇的蒲台乡，乡党委书记李福海介绍，交通运输条件的改善，首先带来的是产业结构的变化，更多村民回乡创业发展起养殖业和药材种植，这进一步吸引更多"游子"返乡就业。[②]

2. 交通吸引返乡创业

布楞沟，东乡语意为"悬崖边"。村如其名，山大坡陡，沟壑纵横，曾一度是东乡区生态最脆弱、基础条件最差、群众最贫困的村庄。恶劣的地理

---

① 本部分案例资料来源于赵小康《淳化 一个国家级电子商务综合示范县的脱贫之路》，阳光报阳光网，https://www.163.com/dy/article/FOU29R4L05128QQ3.html，最后检索时间：2020年11月20日。

② 本部分案例资料来源于张雨涵《绿漾六盘山 通衢奔小康——交通先行支撑六盘山集中连片特困地区脱贫攻坚综述》，中国交通新闻网，https://www.zgjtb.com/2020-06/17/content_244740.htm，最后检索时间：2020年10月13日。

环境造成村民行路难、吃水难、住房难、就医难、上学难、增收难，人口外迁现象严重。从20世纪80年代起，村里原有的136户，搬的搬、走的走，到2012年底，只剩下68户351人。东乡区对口支援单位中石化集团着眼于制约布楞沟发展的突出问题，从拓宽硬化村民出行道路、破解行路难入手实施帮扶，修起了一条20多公里长的水泥硬化路，不仅将村子与大山外的世界连接起来，还解决了整个布楞沟流域6个乡镇20多个村2万多名群众的出行难题。交通条件的改善引回了在外漂泊的游子返乡创业。

在东乡，历来有"无羊不成家"的说法。然而，过去的布楞沟村，不通路，又缺水，村民最多养个五六只羊，不能形成规模，肉羊养殖产业的潜力远远没有发挥出来。2014年，从17岁时就离开家乡外出打工、在外"漂泊"15年的马大五德回到布楞沟，办起了一座占地25亩、拥有6栋暖棚圈舍的养殖场，第一批养了850只羊。这一出手就是大手笔，随后陆续扩大规模，最多一批养了3200多只羊。"我们这儿的羊，三四个月就能出栏，每只纯利润120元左右。2018年，共出栏3100只，销售额近40万元。"马大五德一脸欣喜。一人富不算富。马大五德还成立了农民养殖专业合作社，带着其他村民一起干。截至2019年，26户村民以参股的形式加入进来，其中有17户是贫困户。马大五德承诺，从2020年起争取每年每户保底分红3000元。①

（三）交通联通文明路，扶贫扶智增内力

要富口袋，先富脑袋。很多贫困山区，因为道路不通，一度与现代文明相离甚远。一条条"四好农村路"，通往偏远闭塞的乡村，带动了知识流、信息流、资金流；一批批交通扶贫干部，真正使扶贫与扶智相结合，为广大农民通过知识文化致富"铺路架桥"。

"我把扶贫重点选在了这里，利用梨花盛景组织了第三届梨文化艺术

---

① 本部分案例资料来源于《甘肃省东乡族自治县布楞沟村："世世代代谁曾想，穷山变成幸福庄"》，人民网，https://baijiahao.baidu.com/s? id = 1642344743170596292&wfr = spider&for = pc，最后检索时间：2021年5月3日。

节,举办乐都区第三届农家乐厨艺大赛,吸引了超过8万名省内外游客前来旅游。"2017年9月28日,交通运输部法制司干部张阳成被派往六盘山片区,挂职青海省海东市乐都区碾伯镇副镇长。其间,他通过梨文化艺术节,4天时间为村民带来近50万元的收益。

过去,碾伯镇下寨村村民主要通过种植土豆和软儿梨获取收入,经济效益较低。张阳成与同事们打响梨文化艺术节的金字招牌,广泛招商引资,与浙江房地产公司初步达成了5亿元左右的投资意向。下寨村党支部书记刘德有兴奋地说:"党和政府帮助我们吃上了旅游饭,以后我们村脱贫致富的小康路越走越宽,乡村振兴大有希望!"①

五 六盘山片区乡村振兴展望

乡村兴则国家兴,乡村衰则国家衰。② 我国人民日益增长的美好生活需要和不平衡不充分的发展之间的矛盾在乡村最为突出。全面建成小康社会和全面建设社会主义现代化强国,最艰巨的任务在农村,最深厚的基础也在农村,最大的后劲还是在农村。③ 脱贫攻坚以消除绝对贫困为目标,对标解决绝对贫困;乡村振兴战略以实现农业农村现代化为目标,对标解决相对贫困,最终全面实现农业强、农村美、农民富。历经10年扶贫攻坚,六盘山片区所有贫困县脱贫摘帽,六盘山片区区域性整体贫困问题得到基本解决,绝对贫困人口全部脱贫。六盘山片区农村贫困人口问题的解决为六盘山片区乡村振兴奠定了良好的基础。回顾六盘山片区脱贫攻坚过程中的"人业地"

---

① 本部分案例资料来源于张雨涵《绿漾六盘山 通衢奔小康——交通先行支撑六盘山集中连片特困地区脱贫攻坚综述》,中国交通新闻网,https://www.zgjtb.com/2020-06/17/content_244740.htm,最后检索时间:2020年10月13日。
② 《国家乡村振兴战略规划(2018—2022年)》,新华网客户端,https://baijiahao.baidu.com/s?id=1612664466578719095&wfr=spider&for=pc,最后检索时间:2021年3月5日。
③ 钟宇、陈世伟:《脱贫攻坚与乡村振兴的差异和内在联系》,农经传媒网,https://www.sohu.com/a/388218575_100015888,最后检索时间:2021年3月5日。

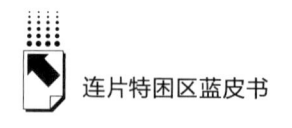

转型进程取得的成绩与薄弱之处,对照《中共中央 国务院关于实现巩固拓展脱贫攻坚成果同乡村振兴有效衔接的意见》等文件精神,六盘山片区未来乡村振兴之路需要关注以下几点。

(一)"三管齐下"大力推进"地"的转型

六盘山片区地处黄土高原中西部及其与青藏高原过渡地带,地形破碎,沟壑纵横,山、川、塬并存,沟、峁、梁相间,生态环境脆弱,水土流失严重。特殊的地理位置与地质条件,既是六盘山片区脱贫攻坚路上的拦路虎,也是乡村振兴需要着力突破的难点。2011～2019年,六盘山片区脱贫攻坚过程中乡村转型进展分析表明:六盘山片区"地"的转型相对滞后。这意味着,六盘山片区乡村振兴"地"的转型任重道远。《六盘山片区区域发展与扶贫攻坚规划(2011—2020年)》将六盘山片区定位为"现代旱作农业示范区、循环经济创新区、文化旅游重要目的地、国家向西开放重要枢纽、黄河流域生态修复重点区、民族团结进步示范区",并将交通建设作为片区基础设施建设的首要任务,规划了"两纵、两横、两联"交通运输主通道和区域内交通运输网络建设项目。这一强化基础设施建设,尤其是通过交通运输基础设施建设,促进商品、信息流动,助推六盘山片区生产空间、生活空间、生态空间"三生"空间优化调整,最终促进六盘山片区经济社会发展的思路,对于当前六盘山片区乡村振兴依然具有很强的启发意义。

1. 推进村庄规划,助推"三生"空间优化调整

一是推进"多规合一"实用性村庄规划编制,尽快实现片区村庄规划全覆盖。工作过程中要立足基础,强调乡村特色风貌保留,切忌大拆大建;对尚未编制规划的村庄,按照上级国土空间规划实施建设。

二是强化村庄风貌引导,保护传统村落、传统民居和历史文化名村名镇。充分利用六盘山片区丰富的人文资源基础,加强农村地区文化遗迹和传统民居保护,积极申报并建设国家级、省级传统村落、历史文化名村名镇,促进优秀传统文化的继承和发展,用优良生活环境助推六盘山片区乡风文明。

三是严守生态红线，保护黄河流域生态安全。依托国家重点生态工程，继续建设好以黄土高原沟壑区、黄土丘陵沟壑区治理为主体的水土保持生态区，以渭河、洮河、泾河等河流源头地区治理为重点的水源涵养保护区和依托各类自然保护区和国家森林公园的动植物保护区；继续实施天然林资源保护、三北防护林、防沙治沙综合示范区等生态工程，开展生态建设与恢复，打造黄土高原生态文明示范区。

2. 继续加强乡村公共基础设施建设，畅通商品、信息流通

继续加强六盘山片区乡村公共基础设施建设，往村覆盖、往户延伸，畅通六盘山片区乡村商品、信息流通，提升乡村社会保障水平。

一是实施农村道路畅通工程。加强乡村资源路、产业路、旅游路和村内主干道建设，推进农村公路建设项目向进村入户倾斜。继续通过中央车购税补助地方资金、成品油税费改革转移支付、地方政府债券等多种渠道，支持农村道路发展。继续开展"四好农村路"示范创建，开展城乡交通一体化示范创建工作。

二是实施数字乡村建设发展工程。推动片区农村千兆光网、第五代移动通信（5G）、移动物联网建设。通过建立农业农村大数据体系，推动新一代信息技术与片区农业生产经营深度融合，促进片区智慧农业发展。完善农业气象综合监测网络，提升片区农业气象灾害防范能力。

三是实施社会保障强化工程。针对六盘山片区各种社会福利机构数量偏少、社会福利机构床位偏少，难以有效保障片区孤老病残特殊人群的现状，加快养老福利机构、乡镇敬老院、农村老人互助院建设，提高农村特困供养水平和床位数量，加快残疾人康复和托养设施建设，逐步实现片区乡村老人互助院全覆盖。加强乡村客运站点、文化体育、公共照明等服务设施建设，提升片区乡村综合服务能力。

3. 进一步强化片区农村人居环境整治，环境助推片区乡风文明

一是分类有序推进农村厕所革命。根据六盘山片区地形地貌复杂多样、农村人口居住分散、高寒干旱山区较多的实际，通过干旱、寒冷地区卫生厕所适用技术和产品研发与推广，宜水则水、宜旱则旱，各地因村因户施策，

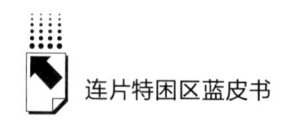

促进六盘山片区农村户用厕所改造。

二是健全农村生活垃圾收运处置体系，通过配备专兼职村庄保洁人员、农村垃圾收集运输车辆，建设无害化垃圾处理设施等措施，推进源头分类减量、资源化处理利用。

三是健全农村人居环境设施管护机制。深入推进村庄清洁和绿化行动，开展美丽宜居村庄和美丽庭院示范创建活动。

（二）"内扶外引"结合，促进"人"的转型

乡村振兴关键在人。习近平总书记提出"要推动乡村人才振兴，把人力资本开发放在首位，强化乡村振兴人才支撑"。[①] 2011~2019年六盘山片区"人"的转型在"人业地"转型中位居第二，且其经历了先扬后抑再扬的演进趋势。但同时，也应看到六盘山片区居民人力资本有下滑迹象，应进一步强化片区引人、育人、留人，促进片区"人"的转型。

1. 政策引导，多方面吸引优秀人才返乡入乡

一是探索土地、户籍、财政制度改革，"人、地、钱"结合吸引优秀人才返乡入乡。土地方面，进一步完善承包地"三权分置"制度，推进片区农村宅基地、农村集体经营性建设用地入市等土地制度改革，盘活农村存量建设用地。劳动力方面，促进片区"农民工进城、城市人口下乡"的人口双向流动。财政金融方面，强化片区农业农村优先发展投入保障。

二是做好人才智力支持政策衔接，吸引人才返乡入乡。延续脱贫攻坚期间各项人才智力支持政策，建立健全引导各类人才服务乡村振兴长效机制。继续实施农村义务教育阶段教师特岗计划、中小学幼儿园教师国家级培训计划、银龄讲学计划、乡村教师生活补助政策，继续实施高校毕业生"三支一扶"计划与重点高校定向招生专项计划。

2. 创新人才培养思路，多渠道培养乡村振兴各类人才

一是强化乡村居民人力资本提升。加强乡村教师队伍建设。一方面落实

---

① 张晋：《人才振兴：把人力资本开发放在首要位置》，《青岛日报》2018年3月9日，第26版。

城乡统一的中小学教职工编制标准,改革完善"国培计划",精准培养本土化优秀教师,为乡村居民人力资本提升提供师资保障;另一方面推进普通中等教育与职业教育同向发展,继续实施"雨露计划""阳光工程",构建适应当地经济社会发展要求的职业教育体系。

二是强化农村一、二、三产业生产经营人才培养。培养现代高素质农民,利用现有网络教育资源,强化教育培训基地建设,面向从事适度规模经营的农民,分层分类开展全产业链培训,培养高素质农民及家庭农场经营者、农民合作社带头人。培育农村电商人才,瞄准电子商务进农村综合示范县申报与建设要求,加快建立农村电商人才培养载体及师资、标准、认证体系,开展线上线下相结合的多层次人才培训。鼓励片区内外企业以"工学结合、半工半读"等形式对农村劳动力进行岗前培训,鼓励农村劳动力参加各种形式的职业技能培训,并按规定享受培训费补贴,提升乡村劳动力职业技能。

三是加快培养乡村治理人才。进一步健全从乡镇事业人员、优秀村党支部书记、到村任职过的选调生、驻村第一书记、驻村工作队员中选拔乡镇领导干部机制。注重从本村致富能手、外出务工经商返乡人员、本乡本土大学毕业生、退役军人中的党员里培养选拔村党组织书记。

3. 构建政策激励机制,多措并举留住人才

根据《关于加快推进乡村人才振兴的意见》,在以下三个方面构建起多元政策激励机制,多措并举留住六盘山片区乡村振兴专业人才。

一是建立城市医生、教师、科技、文化等专业人才定期服务乡村制度,支持和鼓励事业单位科研人员按照国家规定到乡村和涉农企业创新创业。

二是健全人才向艰苦地区和基层一线流动激励制度。放宽基层一线工作专业技术人才职称评审条件,加大爱岗敬业表现、实际工作业绩及工作年限等指标的权重。落实完善工资待遇倾斜政策,激励人才扎根一线建功立业。

三是建立健全乡村人才分级分类评价体系。坚持"把论文写在大地上",完善农业农村领域高级职称评审申报条件,对乡村发展急需紧缺人

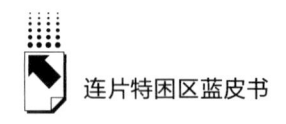

才，可以设置特设岗位，不受常设岗位总量、职称最高等级和结构比例限制。①

（三）三产融合、功能拓展、品牌打造，提速"业"的转型

发展产业是实现脱贫的根本之策，产业兴旺是乡村振兴的物质基础。实现巩固拓展脱贫攻坚成果同乡村振兴有效衔接，发展壮大特色产业至关重要。② 2011～2019 年，六盘山片区"业"的转型速度相对最快，但距离乡村振兴产业兴旺的要求还有相当距离，特别是农业现代化进展缓慢。因此，需要通过强化产业转型、农业功能拓展、品牌打造，促进六盘山片区一、二、三产业融合，提升产业价值，推进农业现代化，加速推进六盘山片区"业"的转型。

1. 发展农产品加工，推进一、二产业融合

一是统筹发展农产品初加工、精深加工和综合利用加工，推动片区农产品加工企业向农产品深加工转变，把增值收益更多留在县域。积极发展农产品初加工，扶持农民合作社和家庭农场建设保鲜、贮藏、分级、包装等产地初加工设施设备，减少产后损失，延长供应时间。

二是大力发展农产品精深加工，引导农业企业到片区建设农产品加工基地和标准化、清洁化、智能化加工厂，支持大型农（林）业企业发展特色农产品精深加工，提升产品附加值。推进加工产能集聚发展，引导加工产能重心下沉，向重点乡镇、易地扶贫搬迁安置区集聚，建设一批县域农产品加工园。

三是因地制宜发展特色食品、制造、手工业等乡土产业，延续支持扶贫车间的优惠政策，建设一批规范化乡村工厂、生产车间，吸引国家级农业产

---

① 《中共中央办公厅 国务院办公厅印发〈关于加快推进乡村人才振兴的意见〉》，中国政府网，http://www.gov.cn/xinwen/2021－02/23/content_5588496.htm，最后检索时间：2021年3月25日。
② 《关于推动脱贫地区特色产业可持续发展的指导意见》，国家乡村振兴局网站，http://www.cpad.gov.cn/art/2021/4/12/art_624_188329.html?isappinstalled=0，最后检索时间：2021年5月12日。

业化龙头企业到片区开展特色加工。

2. 拓展农业功能价值，推进一、三产业融合

乡村振兴背景下，农业农村具有经济价值、生态价值与美学价值的三者融合。① 因此，六盘山片区应拓展农业功能价值，从原有单一的农业产品生产这一单一功能拓展到生态价值、美学价值，实现经济价值、生态价值与美学价值的融合发展。具体来说，六盘山片区应依托田园风光、绿水青山、村落建筑、乡土文化、红色文化等特色资源，发展乡村旅游、休闲农业、文化体验、健康养老等新产业新业态。在六盘山片区建设一批功能齐全、布局合理、机制完善、带动力强的休闲农业精品园区，建成一批视觉美丽、体验美妙、内涵美好的乡村休闲旅游精品景点线路，打造一批全国乡村旅游重点村镇和中国美丽休闲乡村。尤其是可深入挖掘六盘山片区丰富的红色文化，以建设长征国家文化公园为契机，保护利用好红军长征途经时留下的宣传标语等革命文物，着力挖掘展示红军长征途中反映军民鱼水情的生动故事，提炼六盘山精神等长征精神，建成一批红色旅游特点景点。

3. 打造知名产品品牌，提升产品价值

继续借鉴《六盘山片区区域发展与扶贫攻坚规划（2011—2020年）》对六盘山片区"现代旱作农业示范区、文化旅游重要目的地"的战略定位，打造六盘山知名农产品品牌、旅游品牌。一是通过建设粮食生产功能区、重要农产品生产保护区和特色农产品优势区，引导农业产业化龙头企业等新型经营主体，培育一批特色突出、特性鲜明的农业企业品牌，并争取纳入中国农业品牌目录。二是开展绿色、有机、地理标志农产品认证，积极推行食用农产品达标合格证制度，提升六盘山片区生态农业品牌价值。三是用足用好六盘山片区史前文明、丝路文化、红色文化等特色旅游资源，打造"红色文化""绿色生态""丝路风情""文明探秘"等主题的旅游产品品牌。

---

① 《超大城市乡村振兴怎么抓？李强龚正看了金山这些示范村，现场推进会上作部署》，人民网，http://sh.people.com.cn/n2/2021/0410/c134768 – 34668371.html，最后检索时间：2021年6月7日。

B.5
秦巴山片区的脱贫成效、乡村转型类型与振兴思路*

朱海英 张琰飞 刘卓维 肖满红**

摘　要： 秦巴山片区2011～2019年脱贫攻坚的总体成效分析显示，片区农村贫困发生率显著下降，农村居民生活水平有效提升，农村基础设施和基本公共服务得到显著改善，农户生产生活条件得到有效改善，片区总体脱贫攻坚成效显著。片区2011～2019年的县域乡村转型进展分析发现，片区乡村转型发展过程中，各地之间差异较大，但整体上"人"的转型水平、"业"的转型水平和"地"的转型水平都还比较低。本文从特色产业发展、绿色发展、易地搬迁、金融扶贫、机制创新等领域入手，分析了片区脱贫攻坚和乡村转型的典型案例。结合片区乡村振兴中的困境和难题，本文提出了片区乡村振兴的总体思路和推进乡村振兴战略的主要路径。

关键词： 秦巴山片区　脱贫成效　乡村转型　乡村振兴

---

* 本文得到国家自然科学基金资助项目"乡村旅游利益主体间关系网络演化与协同治理机制研究"（项目编号：71963014）、国家自然科学基金资助项目"武陵山片区企业参与乡村旅游精准扶贫的绩效提升机制研究"（项目编号：71663018）、湖南省自然科学基金资助项目"乡村旅游系统多元利益主体协同治理机制研究"（项目编号：2019JJ50480）的资助。

** 朱海英，博士，吉首大学商学院副教授，硕士生导师，研究方向为产业经济与财务管理；张琰飞，博士，吉首大学商学院教授，硕士生导师，研究方向为产业经济、技术创新与投资管理；刘卓维，吉首大学商学院2020级硕士研究生；肖满红，吉首大学商学院2020级硕士研究生。

秦巴山片区的脱贫成效、乡村转型类型与振兴思路

一 引言

秦巴山集中连片特殊困难地区包括河南、湖北、重庆、四川、陕西、甘肃六省市的80个县（市、区），国土总面积为22.5万平方公里，总人口3700多万人，集革命老区、大型水库库区和自然灾害频发区于一体，是连片特困区中涉及省份最多、面积最大的片区。自从2011年《秦巴山片区区域发展与扶贫攻坚规划（2011—2020年）》出台，特别是2013年12月精准扶贫战略实施以来，秦巴山片区脱贫攻坚和经济社会发展取得了巨大成就，2019年贫困发生率已经降低到1%，农村居民的人均可支配收入增长到11934元；秦巴山片区农村基础设施逐步完善，农村人居环境和公共服务得到有效改善，特色产业得到进一步的发展壮大，乡村转型发展取得显著成效。但由于特殊的自然地理条件，秦巴山片区有20个地震多发县和重灾县，42个县属于南水北调中线工程水源保护区，55个县属于国家限制开发的重点生态功能区，洪涝、干旱、地震等自然灾害易发多发，生态保护和经济社会发展的矛盾比较突出，乡村实现转型发展和乡村振兴战略实施仍面临较大的困境和挑战。同时，秦巴山片区各地发展差异巨大，东西部之间、城乡之间存在显著差距，特别是陇南、川北、陕南等深山、高山地区的发展条件还比较差，基本公共服务能力不足，片区交通制约突出，如2020年12月岚皋县才通高速。因此，如何处理好生态保护与区域发展的关系，有效破解交通瓶颈，切实改善区域整体的发展环境，推进区域之间实现协同与融合发展，探索通过高质量发展推进乡村转型和乡村振兴的路径，是未来秦巴山片区必须解决的问题。

二 秦巴山片区脱贫攻坚总体成效

经过10年的脱贫攻坚工程，秦巴山片区农村贫困发生率显著下降，农村居民人均收入与消费水平显著提升，农村基础设施和公共服务得到显著改

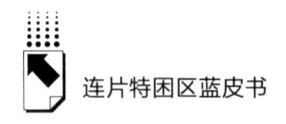

善，农户生产生活条件得到有效改善，脱贫攻坚取得了决定性胜利。本部分基于《中国农村贫困监测报告》（2012~2020）统计数据，从农村贫困发生情况、农村居民收入与消费、农村基础设施、农户生产生活等方面入手，具体分析秦巴山片区2011~2019年脱贫攻坚成效进展。

（一）贫困发生率显著下降

1. 贫困总人口逐年下降

由图1可以发现，秦巴山片区农村贫困人口数量逐年下降，从2011年的815万人迅速下降到2019年的27万人，9年来贫困人口共计减少了788万人，贫困人口数量减少层面取得了显著成效。从贫困人口数量的减少速度上看，平均每年减少贫困人口超过87万人，按照定基方法计算年均减贫速度超过12%。作为贫困人口最多的连片特困区之一，秦巴山片区农村贫困人口占全部片区的比例从2011年的13.5%下降到2019年的8.63%，片区农村贫困人口的减少速度整体上要快于全国所有片区的平均水平。

图1　秦巴山片区2011~2019年农村贫困人口数量和比例演变趋势

资料来源：整理自《中国农村贫困监测报告》（2012~2020）。

2. 贫困发生率迅速降低

由图2可以发现，秦巴山片区农村贫困发生率逐年下降，从2011年的

27.6%迅速降低到2019年的1.0%,显著低于国家要求的绝对贫困人口脱贫标准。从减贫速度看,贫困发生率平均每年降低近3个百分点,农村居民脱贫攻坚成效非常显著。比较发现,秦巴山片区农村贫困发生率一直低于全部片区平均水平1个百分点左右,到2019年成为除大兴安岭南麓山片区外,农村贫困发生率最低的连片特困区。由于秦巴山片区的生态条件整体较好,还可以得到周边重庆、成都、西安等国家中心城市的辐射带动,贫困人口脱贫的路径和方式较多,农村贫困发生率得以迅速降低。

图2 秦巴山片区2011~2019年农村贫困发生率演变趋势

资料来源:整理自《中国农村贫困监测报告》(2012~2020)。

(二)农村常住居民生活水平显著提高

1. 农村常住居民人均可支配收入迅速增长

图3显示,秦巴山片区农村常住居民的人均可支配收入逐年增长,从2011年的4638元迅速增长到2019年的11934元,9年时间可支配收入增长了7296元,农村居民的人均可支配收入增长显著。从增长量上看,平均每年增收超过900元,按照定基方法计算年均增收速度超过19%。通过比较可以发现,2011~2019年秦巴山片区农村居民人均可支配收入始终高于所有片区平均水平,说明秦巴山片区农村居民的人均可支配收入水平更高。

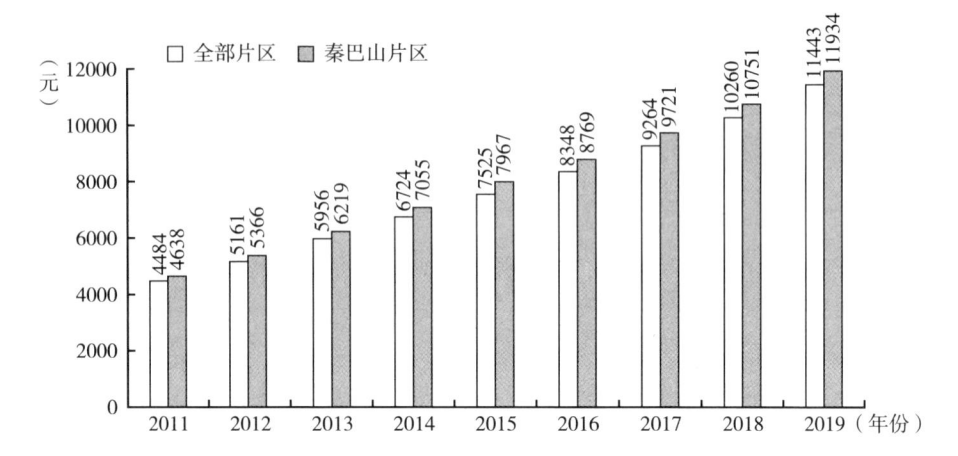

图3 秦巴山片区2011~2019年农村常住居民人均可支配收入演变趋势

资料来源：整理自《中国农村贫困监测报告》（2012~2020）。

从农村常住居民人均可支配收入增速（见图4）来看，秦巴山片区的农村居民收入增长率从2012年和2013年的15%左右下降到2016年以后的10%左右，但这个速度多数年份仍然高于全部片区的平均水平，且2016年以后增长速度保持平稳，秦巴山片区农村居民收入增长具有很强的可持续性。

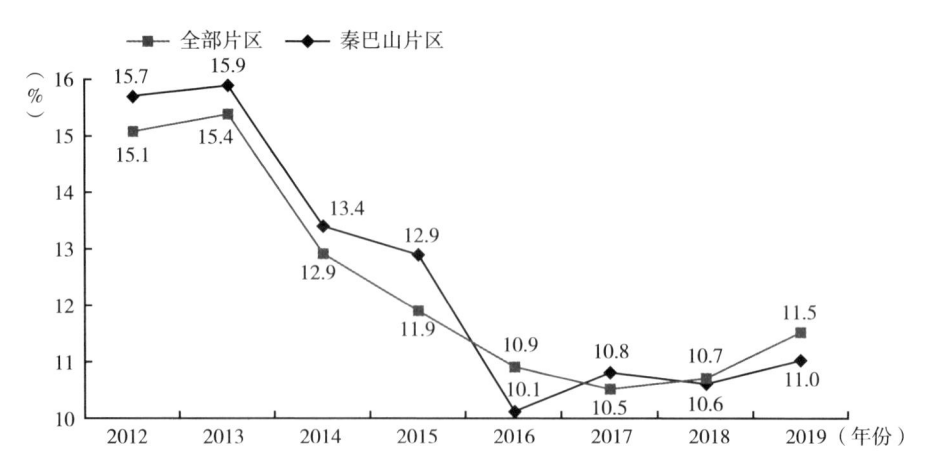

图4 秦巴山片区2012~2019年农村常住居民人均可支配收入增长率趋势

资料来源：整理自《中国农村贫困监测报告》（2013~2020）。

2. 农村常住居民人均消费支出持续增长

图 5 显示，秦巴山片区农村常住居民人均消费支出逐年增长，从 2011 年的 4918 元迅速增长到 2019 年的 10568 元，9 年来消费支出增长了 5650 元，农村居民的人均消费支出增长显著；从增长速度上看，平均每年消费增长超过 700 元，按照定基方法计算年均增收速度超过 14%。通过比较可以发现，秦巴山片区每年农村居民人均消费支出比所有片区平均水平高。另外，结合收入水平分析可以发现，秦巴山片区农村居民的人均消费支出增长量低于收入增长量 1600 元左右，说明农村居民的边际消费意愿增长动力不足。

图 5　秦巴山片区 2011～2019 年农村常住居民人均消费支出演变趋势

资料来源：整理自《中国农村贫困监测报告》(2012～2020)。

从农村居民人均消费支出的增速（见图 6）来看，秦巴山片区农村常住居民人均可支配收入增长率波动较大，2012～2019 年大致维持在 11% 左右的增长率水平。与所有片区平均水平比较可以发现，秦巴山片区农村居民的消费支出波动更大。另外，结合收入水平增长分析可以发现，秦巴山片区农村居民的人均消费支出增长速度整体上低于收入增长速度，但波动幅度更大，且 2017 年以后开始高于收入增长速度 1 个百分点左右。

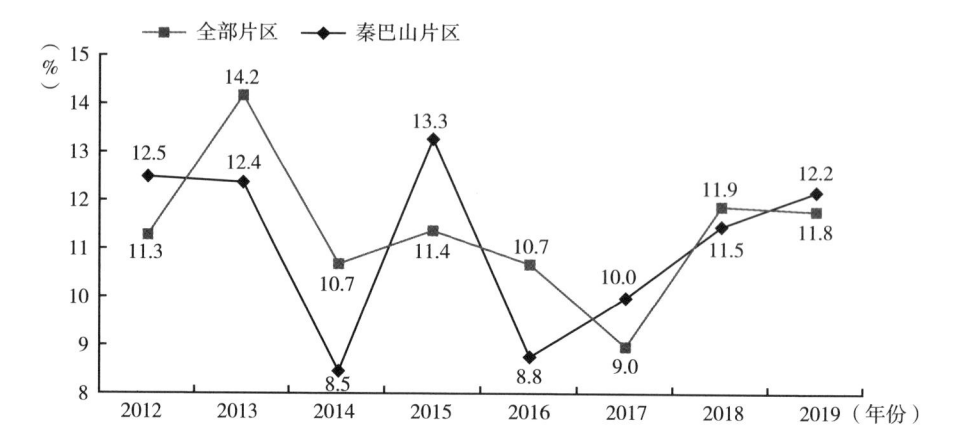

图6 秦巴山片区2012~2019年农村常住居民人均消费支出增长率趋势

资料来源：整理自《中国农村贫困监测报告》（2013~2020）。

（三）农村基础设施和公共服务水平显著提升

1. 交通基础设施和交通服务水平持续提升

从交通基础设施和交通服务水平来看（见图7），所在自然村通公路的农户比重2016年和2017年均已经达到99.9%，2018年达到100%，秦巴山片区农村的基本交通问题已经得到有效解决；所在自然村进村主干道路硬化的农户比重从2016年的97%提高到2019年的99.3%，已为绝大多数的农户解决了进村道路硬化的问题，有效改善了农户的生产生活条件；所在自然村能便利乘坐公共汽车的农户比重从2016年的63.3%提高到2019年的74.3%，农户出行条件得到巨大的改善，多数农户都可以在家门口乘坐公共汽车，极大方便了农户的日常出行，降低了出行成本，但到2019年仍略低于所有片区平均水平（75.7%）。与全部片区平均水平的比较可以发现，秦巴山片区所在自然村通公路和进村主干道路硬化的农户比重都有一定的优势，但公共汽车覆盖水平到2019年相对所有片区平均水平还落后1.4个百分点，这可能与秦巴山片区农户居住分散有关，未来需要进一步优化交通和村落人口布局，提升交通设施的便利水平。

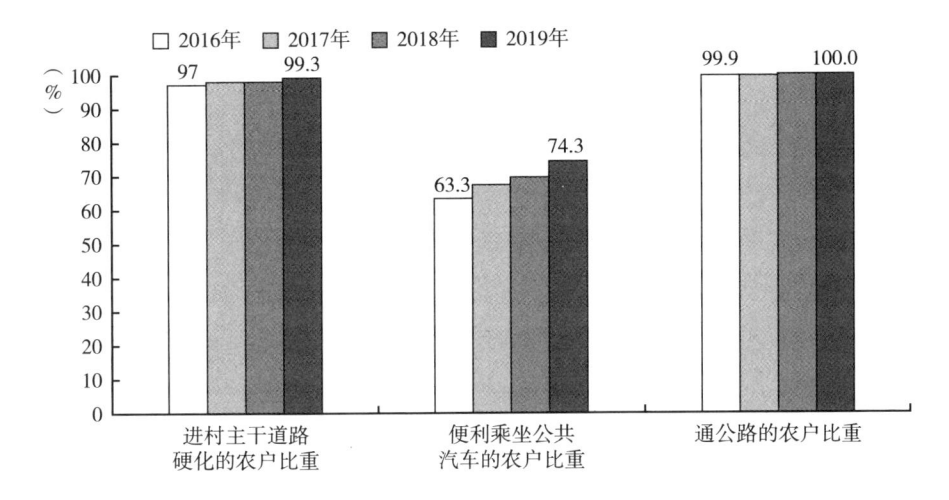

图7　秦巴山片区2016～2019年农村交通基础设施和交通服务水平演变趋势

资料来源：整理自《中国农村贫困监测报告》（2017～2020）。

2. 通信条件和通信服务质量不断提升

从通信条件和通信服务质量来看（见图8），所在自然村通电话的农户比重2016年已经达到100%，秦巴山片区农村的基本通信问题已经得到有效解决；所在自然村能接收有线电视信号的农户比重从2016年的97.4%增长到2019年的99.7%，到2019年略高于所有片区平均水平（99%），已经为绝大多数的自然村解决了接收电视信号的问题；所在自然村通宽带的农户比重从2016年的80.2%增长到2019年的98.6%，到2019年略高于所有片区平均水平（97.2%），农户利用互联网的条件得到巨大改善，极大方便了农户利用网络解决生产生活问题。与全部片区平均水平的比较可以发现，秦巴山片区的网络通信水平领先1个百分点左右，网络化和信息化处于相对较高水平。

3. 卫生条件和医疗服务水平有效改善和提升

从卫生条件和医疗服务水平来看（见图9），所在自然村垃圾能集中处理的农户比重，从2016年的51.3%增长到2019年的88.2%，2019年高于所有片区平均水平（85.1%），农户生活环境条件得到巨大改善。所在自然村有卫生站的农户比重，从2016年的93.6%增长到2019年的99.0%，

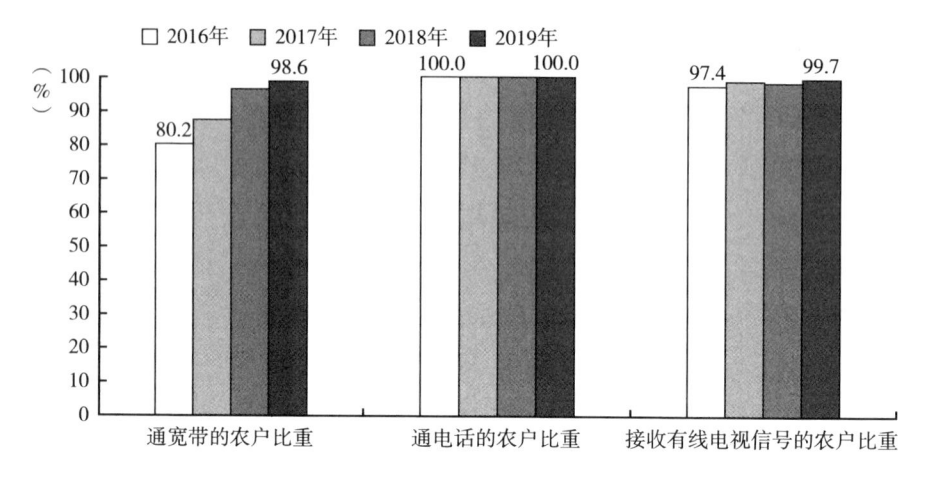

图8 秦巴山片区2016~2019年农村通信条件和通信服务质量演变趋势

资料来源：整理自《中国农村贫困监测报告》(2017~2020)。

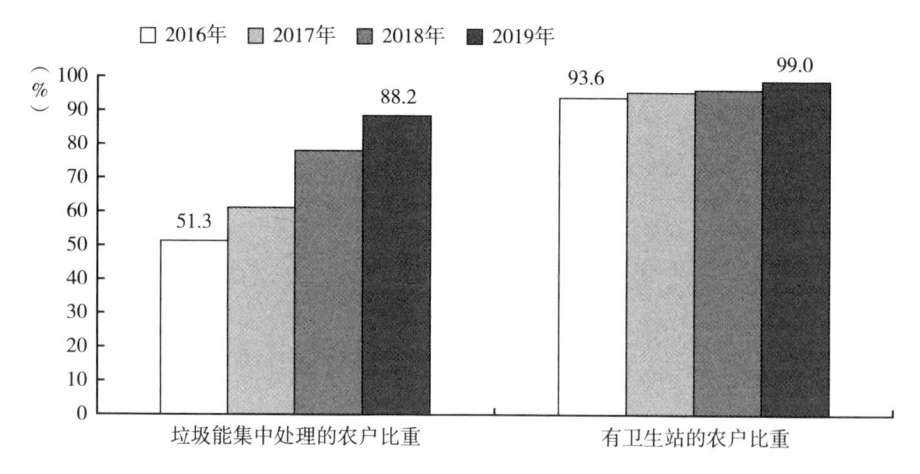

图9 秦巴山片区2016~2019年农村卫生条件和医疗服务水平演变趋势

资料来源：整理自《中国农村贫困监测报告》(2017~2020)。

2019年高于所有片区平均水平（96.1%），农户的就医条件得到巨大的改善，方便了农户的日常看病，初步形成了乡村公共卫生服务体系。比较可以发现，秦巴山片区的卫生医疗水平领先全部片区平均水平约3个百分点，处于较高水平。

4. 教育条件和服务水平显著改善和提升

从教育条件和服务水平来看（见图10），所在自然村上幼儿园便利的农户比重从2016年的76.0%增长到2019年的89.4%，儿童上幼儿园的条件得到巨大改善，有效改观了农村儿童的学前教育状况，但到2019年仍略低于所有片区平均水平（90.1%）；所在自然村上小学便利的农户比重从2016年的82.2%增长到2019年的91.7%，儿童上学的条件得到巨大改善，有效改观了农村儿童的基础教育状况，但到2019年仍略低于所有片区平均水平（92.3%）。比较发现，秦巴山片区教育服务水平落后全部片区平均水平约0.7个百分点，还需要进一步优化学校布局，为农户提供更为均衡便利的教育资源。

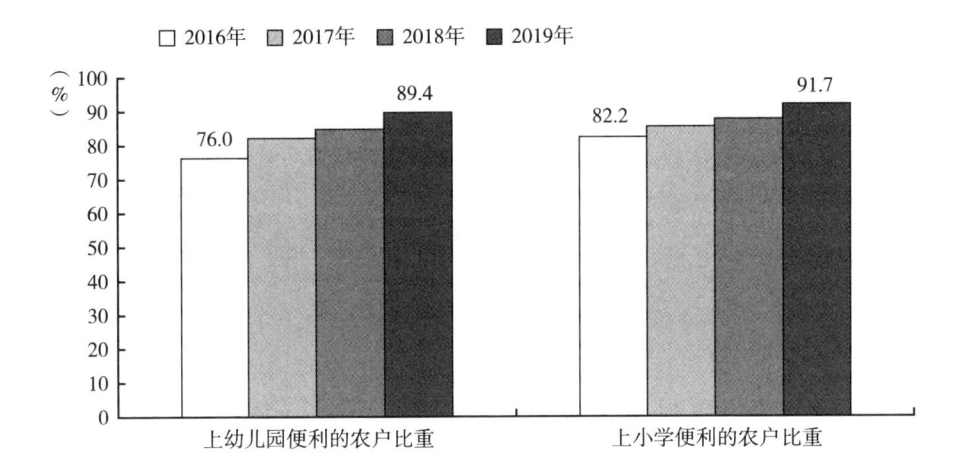

图10 秦巴山片区2016~2019年农村教育条件和服务水平演变趋势

资料来源：整理自《中国农村贫困监测报告》（2017~2020）。

（四）农户生产生活条件和质量有效改善和提升

1. 农户生产生活条件显著改善

从农户生产生活条件来看（见图11），居住竹草土坯房的农户比重由2014年的12.2%下降到2019年的2.6%，秦巴山片区农户的居住条件得到显著改善，但与全部片区的平均水平（1.3%）相比，仍然显著偏高，这可能与秦巴山片区竹木资源丰富，传统民居以竹木结构为主，以及农户居住竹木房屋的习俗有关；使用管道供水的农户比重由2014年的51.2%增长到2019年的93.1%，农户的饮水保障条件得到显著改善，到2019年已经高于全部片区的平均水平（90%）；使用经过净化处理自来水的农户比重由2014年的26.9%增长到2019年的50.3%，农户的饮水质量得到有效改善，但整体上仍落后于全部片区的平均水平（58.2%）；独用厕所的农户比重从2014年的97.5%进一步提升到2019年的98.4%，农村的"厕所革命"实施成效显著，农户的生活便利程度和人居环境得到显著提升和改善，整体上也高于全部片区的平均水平（96.5%）；炊用柴草的农户比重从2014年的69.8%进一步降低到2019年的52.3%，农户的生活便利程度得到显著提升，但仍然显著高于全部片区的平均水平（35.7%）。

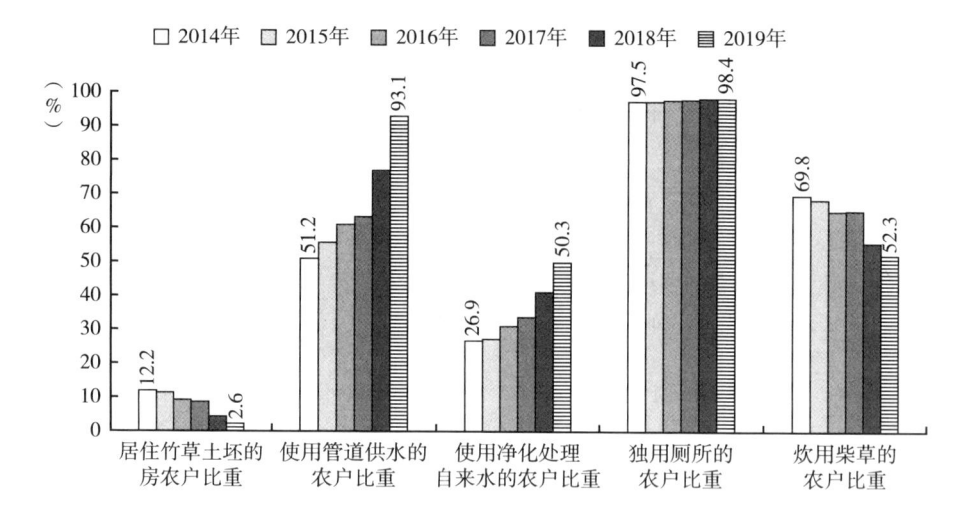

图11 秦巴山片区2014～2019年农户生产生活条件演变趋势

资料来源：整理自《中国农村贫困监测报告》（2015～2020）。

2. 农户耐用消费品拥有量显著提升

从农户耐用消费品拥有情况来看（见图12），百户汽车拥有量从2014年的3.8辆增加到2019年的15.7辆，拥有汽车的农户数量显著增加，出行条件得到显著改善；比较发现，秦巴山片区的汽车拥有水平始终低于全部片区的平均水平，如2019年所有片区的平均水平已经达到19.6辆，这可能与秦巴山片区的地理和交通条件有关；百户洗衣机拥有量从2014年的77.3台增加到2019年的93.5台，绝大多数农户都已经拥有洗衣机，整体上也高于全部片区的平均水平（90.8台）；百户电冰箱拥有量从2014年的56.2台增加到2019年的90台，绝大多数农户都已经拥有电冰箱，但到2019年整体上稍低于全部片区的平均水平（91.5台）；百户移动电话拥有量从2014年的191.6部增加到2019年的265.9部，说明绝大多数农村居民都已经拥有手机，通信条件得到有效改善，但到2019年还略低于全部片区的平均水平（272部）；百户计算机拥有量从2014年的10.1台增加到2019年的17.5台，农户拥有电脑的比重已经显著提升，互联网条件得到有效改善，到2019年整体上高于全部片区的平均水平（16.5台）。整体来看，虽然部分指标稍低于所有片区的平均水平，但秦巴山片区农户主要耐用品的拥有量都有了显著提升，日常的生产生活条件得到显著改善，便利程度得到有效提升。

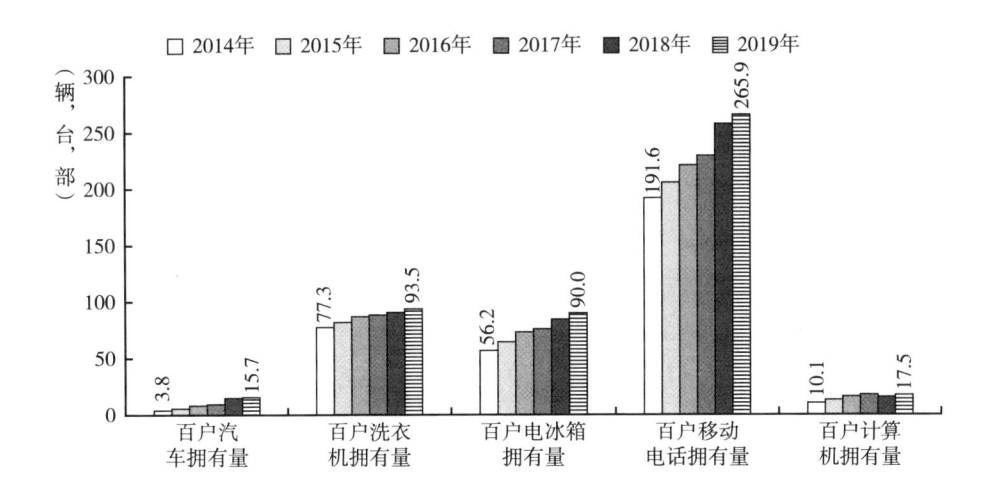

图12 秦巴山片区2014~2019年农户耐用消费品拥有情况演变趋势

资料来源：整理自《中国农村贫困监测报告》（2015~2020）。

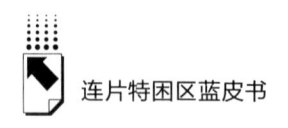

三 秦巴山片区乡村转型进展及县际比较

乡村转型与脱贫攻坚及乡村振兴是同步进行的，乡村转型水平和质量也是乡村振兴的重要基础。十年脱贫攻坚，不仅从根本上在农村消除了绝对贫困，还加速了秦巴山片区的乡村重构转型进程。本文基于"人、业、地"分析框架，构建乡村转型评价指标体系①，利用《中国县域统计年鉴》（2012~2020）的统计数据，测度和分析秦巴山片区2011~2019年的县域乡村转型进展，并进行时空比较。由于秦巴山片区包括80个县（市、区）②，考虑分析的方便，按照所属省份将其划分为河南、湖北、重庆、四川、陕西和甘肃六个分片区，并就各分片区之间的差异进行比较。

（一）片区乡村"人"的转型进展及比较

2011年以来，秦巴山片区"人"的转型度平均指数值变化不大，基本维持在0.35左右（见图13），整体转型进展较慢，而每万人中学生人数逐年下降可能是"人"的转型水平偏低的主要原因，该指标从2011年的558人减少到2019年的456人，加上非农人口比例增长缓慢，空心化严重，导致片区"人"的转型难度偏大。在秦巴片区内部，河南和重庆分片区"人"的转型指数增长最快，2015年以后持续处于最高水平，到2019年已经接近0.5，显著高于片区平均水平，主要原因在于这两个分片区每万人中学生人数显著高于片区平均水平，特别是河南分片区高于平均水平100人左右；另外，重庆的人均年末贷存比指标从2016年开始显著高于片区平均水平20%左右，推进重庆分片区"人"的转型指数水平显著提升。四川、陕西和甘肃分片区"人"的转型指数和秦巴山片区平均水平基本一致，这三个分片

---

① 指标选择和权重确定等详见总报告中相关内容。
② 由于部分市辖区的数据缺失比较严重，本部分分析的县（市、区）只有71个，不包括张湾区、茅箭区、朝天区、昭化区（原元坝区）、利州区（原利州县）、巴州区、汉台区、汉滨区、武都区9个市辖区。

区的相关指标与片区平均水平差别不大。其中，四川分片区"人"的转型指数从2014年开始出现显著下降趋势，并于2018年开始低于片区平均水平，这与其每万人中学生人数从2011年的592人减少到2019年的395人具有显著关系；陕西分片区的人均年末贷存比显著低于平均水平，这是其"人"的转型指数略低于平均水平的主要原因；甘肃分片区"人"的转型指数整体低于平均水平，主要是因为其每万人中学生人数显著低于片区平均水平，非农人口占比也略低于平均水平。湖北分片区"人"的转型水平显著低于其他地区，这主要是因为其每万人中学生人数显著低于平均水平，从2012年开始低于350人，2014年和2015年甚至均低于300人，到2019年也只有373人，显著低于片区平均水平（430人以上），这可能与湖北分片区人口空心化严重，中学生多数去城市上学，导致本地就读中学生数量不多有关；另外，湖北分片区的兼职化非农化和片区平均水平的差距不大，金融素养增强指标值高于平均水平，但人力资本提升指标显著低于平均水平，这是湖北分片区"人"的转型指标出现波动的主要原因。未来，片区要高度重视人力资本质量提升，强化人才培育和引进，并通过教育培训活动着力提升片区居民素质，夯实片区乡村转型发展的人力资源基础。

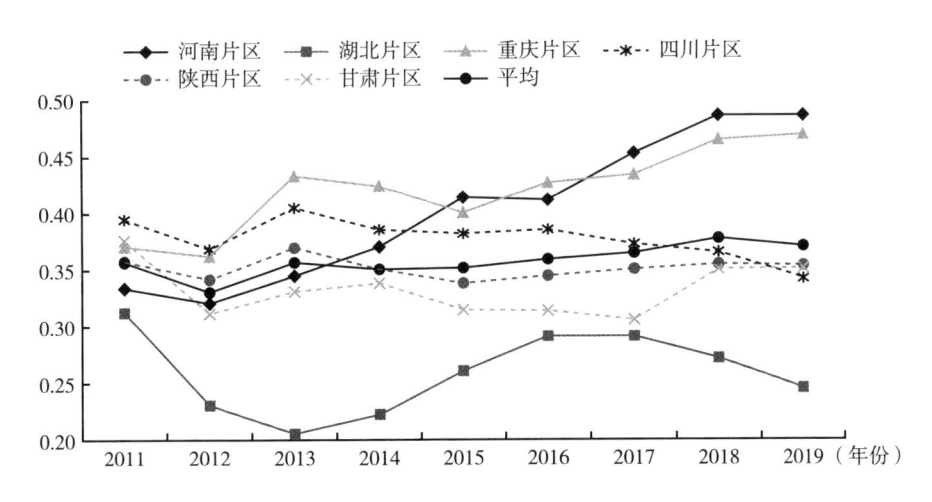

图13 秦巴山片区2011~2019年乡村"人"的转型进展及比较

资料来源：基于《中国县域统计年鉴》（2012~2020）相关指标计算获得。

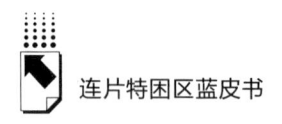

（二）片区乡村"业"的转型进展及比较

2011年以来，秦巴山片区"业"的转型度指数平均水平从0.17增长到0.34（见图14），虽然有所增长，但是整体水平仍然偏低。在秦巴山片区内部，河南和陕西分片区的转型指数值最高，到2019年接近0.38，显著高于片区平均水平。分析发现，河南和陕西分片区的非农产业产值占比仅略高于平均水平，而每万人规模以上工业企业数显著高于平均水平，常年比平均水平高30%左右，这是这两个片区"业"的转型水平显著领先的主要原因。湖北分片区"业"的转型指数和片区的平均水平基本一致，这主要是因为其相关指标与片区平均水平基本一致；同时，湖北分片区"业"的转型指数波动较大，2013年和2014年的转型指数值均偏高，主要与其每万人规模以上工业企业数量显著偏高有关，这两个年度的数值比片区平均水平高70%左右；另外，湖北分片区的人均年末金融机构贷款余额也高于平均水平，其中2019年比平均水平高20%以上，这也是其2019年"业"的转型指数显著高于平均水平的主要原因。重庆、四川和甘肃分片区的转型指数值低于片区平均水平，这主要是因为重庆、四川和甘肃分片区的每万人规模以上工业企业数量显著偏低，分别只有平均水平的1/3、2/3和1/5，其中甘肃分片区的转型水平显著低于其他地区，市场主体活力不足是其中的关键原因。可以发现，片区在产业转型层面，整体水平严重偏低，落后地区的市场主体数量少、规模小，且发展缓慢。未来，片区要立足特色资源，持续优化营商环境，加强科技创新和绿色发展，支持和培育市场主体，推动企业壮大规模，推进形成优势产业集群，持续提升产业发展质量。

（三）片区乡村"地"的转型进展及比较

2011年以来，秦巴山片区"地"的转型度指数平均水平从0.081增长到0.207（见图15），虽然有一定增长，但是整体水平仍然严重偏低。在秦巴山片区内部，湖北和陕西分片区的转型指数值最高，特别是湖北分片区到2019年接近0.27，处于领先水平。分析发现，陕西分片区的人均

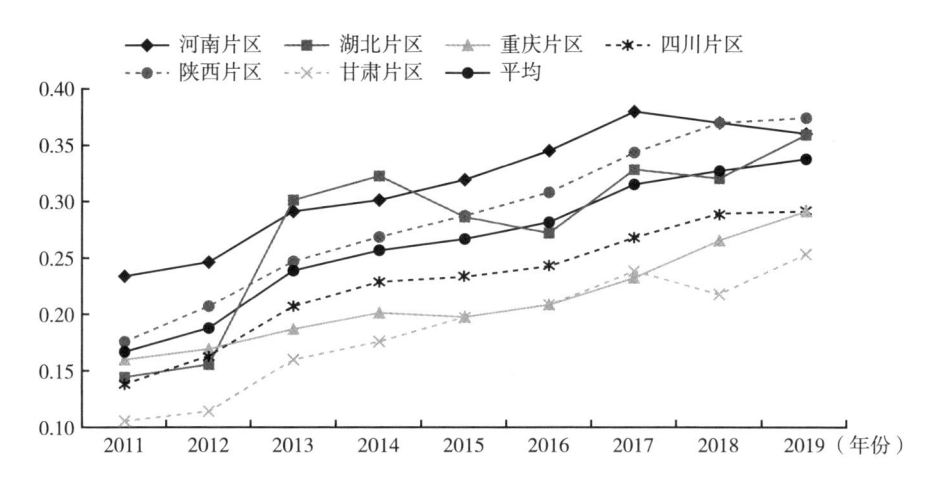

图14 秦巴山片区2011～2019年乡村"业"的转型进展及比较

资料来源：基于《中国县域统计年鉴》（2012～2020）相关指标计算获得。

GDP显著高于平均水平6000元以上，湖北分片区的人均一般公共预算收入比平均水平高700元左右，另外陕西分片区的人均一般公共预算支出高于片区平均水平近2000元，这是湖北和陕西分片区的"地"的转型水平领先的主要原因。四川和重庆分片区的转型指数值虽低于片区平均水平，但差距不大，这主要是因为两个片区只有人均GDP显著低于片区平均水平4000元左右，其他指标与平均水平的差距不大。其中，重庆的人均一般公共预算收入2016年以前低于片区平均水平200元左右，2017年以后人均一般公共预算收入开始超过片区平均水平，直接推动重庆分片区与平均水平的差距开始变小。河南和甘肃分片区的转型指数值低于片区平均水平，特别是甘肃分片区显著低于其他地区。分析发现：虽然河南分片区的人均一般公共预算收入高于片区平均水平700元左右，但河南分片区的人均一般公共预算支出显著低于片区平均水平3000元左右，这是河南分片区"地"的转型指数偏低的主要原因；甘肃分片区的人均GDP只有片区平均水平的一半，人均一般公共预算收入低于片区平均水平400元左右，每万人社会福利床位数只有片区平均水平的10%左右，这是其严重落后的重要原因。整体来看，片区"地"的转型水平严重偏低，未来要加大公共财政投入力度，强化基

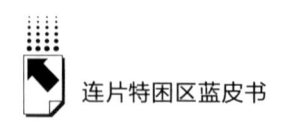

本公共服务，不断提升土地综合利用能力，持续优化区域发展环境，拓展区域发展空间。

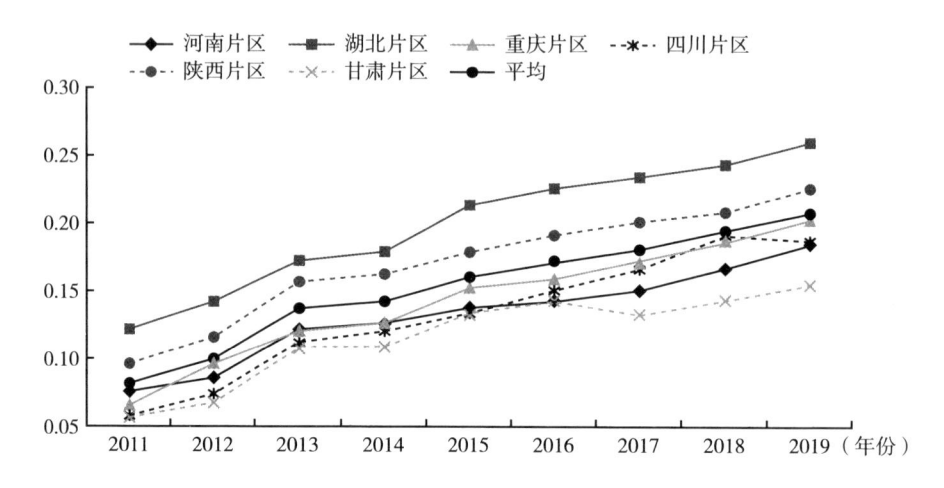

图 15 秦巴山片区 2011~2019 年乡村"地"的转型进展及比较

资料来源：基于《中国县域统计年鉴》（2012~2020）相关指标计算获得。

（四）片区乡村综合转型进展及比较

2011 年以来，秦巴山片区乡村整体转型指数平均水平从 0.21 增长到 0.3（见图 16），虽然有一定增长，但是整体水平仍然显著偏低。分析可以发现，片区"人"的转型指数增长缓慢，"地"的转型指数值偏小，整体转型指数增长主要依靠"业"的转型指数增长。在秦巴山片区内部，河南和陕西分片区的转型指数水平最高，到 2019 年均在 0.35 左右，特别是河南分片区显著高于片区平均水平，这与两个片区在"人"和"业"两个层面转型的领先优势有关。湖北和重庆分片区的转型指数值波动较大，但和片区平均水平基本一致，这与其"人"和"业"两个层面转型指数的波动有关。四川和甘肃分片区的转型指数值低于片区平均水平，特别是甘肃分片区显著低于其他地区，这与其"人、业、地"三个层面的转型指数都比较低有关。因此，片区在县域乡村转型层面虽然有较大的改善，但整体水平仍然严重偏低。未来，秦巴山片区要以生态保护为根本，以人口质量提升为基础，立足优势资源发展特色产业,持续优化发展环境,强化基本公共服务能力,培育和发展壮大市场主体,加快乡村整体转型发展。

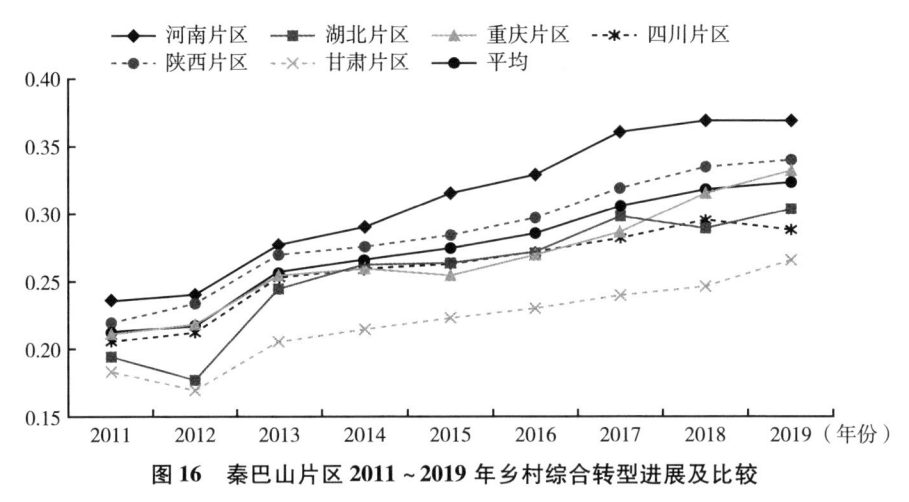

图16 秦巴山片区2011~2019年乡村综合转型进展及比较

资料来源:基于《中国县域统计年鉴》(2012~2020)相关指标计算获得。

(五)片区县域乡村转型水平聚类时空演变

根据计算得到的2011~2019年秦巴山片区各县域的乡村转型指数,可将片区各县域的乡村转型水平分为较高水平区(0.40以上)、中等水平区(0.35~0.40)、较低水平区(0.30~0.35)、低水平区(0.25~0.30)、极低水平区(0.25以下)5类。

1. 片区县域乡村转型水平时空演变特征

为分析的方便,选取2013年、2016年和2019年三年的县域乡村转型指数数据,分别得到相应年份的空间部分情况(见表1、表2和表3)。对比分析可以发现,处于较高水平区的数量从2013年的2个,增加到2016年的5个和2019年的9个,保持了平稳增长;处于中等水平区的数量从2013年的2个,增加到2016年的3个和2019年的14个,实现了迅速增长;同时,处于低水平区的数量从2013年的23个,下降到2016年的20个和2019年的17个,都有一定的下降;而处于极低水平区的数量从2013年的33个,

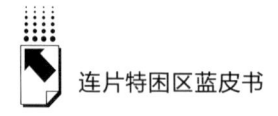

下降到2016年的24个和2019年的11个，处于极低水平区的比例已经从2013年的46.5%下降到2019年的15.5%，实现了迅速下降。整体来看，秦巴山片区县域乡村转型水平较慢，高水平地区偏少，内部发展不均衡。

表1 2013年秦巴山片区乡村转型水平分类

单位：个

类型	数量	县(市、区)名称
较高水平区(0.40以上)	2	西峡县、栾川县
中等水平区(0.35~0.40)	2	丹江口市、柞水县
较低水平区(0.30~0.35)	11	平利县、石泉县、保康县、略阳县、商州区、南江县、北川羌族自治县、旬阳县、宁陕县、佛坪县、汝阳县
低水平区(0.25~0.30)	23	太白县、平武县、白河县、镇坪县、汉阴县、镇安县、勉县、竹溪县、留坝县、岚皋县、通江县、房县、城口县、旺苍县、南郑区、成县、镇巴县、巫山县、万源市、洛宁县、云阳县、青川县、奉节县
极低水平区(0.25以下)	33	平昌县、淅川县、文县、紫阳县、宣汉县、商南县、徽县、镇平县、两当县、卢氏县、巫溪县、山阳县、南召县、洛南县、嵩县、洋县、内乡县、宁强县、苍溪县、城固县、郧阳区、丹凤县、仪陇县、西乡县、周至县、鲁山县、康县、宕昌县、剑阁县、西和县、竹山县、礼县、郧西县

资料来源：笔者测算所得。

表2 2016年秦巴山片区乡村转型水平分类

单位：个

类型	数量	县(市、区)名称
较高水平区(0.40以上)	5	西峡县、丹江口市、栾川县、平利县、石泉县
中等水平区(0.35~0.40)	3	保康县、留坝县、佛坪县
较低水平区(0.30~0.35)	19	汉阴县、汝阳县、岚皋县、白河县、北川羌族自治县、南郑区、旬阳县、宁陕县、镇坪县、南江县、镇安县、柞水县、平武县、淅川县、商州区、商南县、镇平县、内乡县、略阳县
低水平区(0.25~0.30)	20	旺苍县、成县、通江县、两当县、城口县、紫阳县、洛宁县、平昌县、太白县、勉县、青川县、奉节县、巫山县、南召县、竹溪县、云阳县、竹山县、西乡县、万源市、山阳县
极低水平区(0.25以下)	24	巫溪县、城固县、嵩县、徽县、宣汉县、宁强县、苍溪县、郧阳区、洋县、洛南县、丹凤县、宕昌县、仪陇县、卢氏县、鲁山县、文县、康县、镇巴县、剑阁县、西和县、礼县、周至县、房县、郧西县

资料来源：笔者测算所得。

表3 2019年秦巴山片区乡村转型水平分类

单位：个

类型	数量	县（市、区）名称
较高水平区（0.40以上）	9	西峡县、栾川县、石泉县、丹江口市、镇坪县、保康县、平利县、北川羌族自治县、岚皋县
中等水平区（0.35~0.40）	14	汉阴县、白河县、内乡县、柞水县、宁陕县、汝阳县、留坝县、平武县、城口县、商南县、镇安县、巫山县、商州区、佛坪县
较低水平区（0.30~0.35）	20	旬阳县、略阳县、郧阳区、云阳县、勉县、太白县、成县、南郑区、紫阳县、洛宁县、奉节县、嵩县、西乡县、南召县、镇平县、旺苍县、文县、卢氏县、山阳县、徽县
低水平区（0.25~0.30）	17	宁强县、宣汉县、淅川县、南江县、平昌县、青川县、洋县、巫溪县、万源市、鲁山县、丹凤县、洛南县、城固县、镇巴县、仪陇县、通江县、两当县
极低水平区（0.25以下）	11	宕昌县、康县、房县、竹溪县、竹山县、西和县、苍溪县、礼县、剑阁县、郧西县、周至县

资料来源：笔者测算所得。

2. 2019年片区县域乡村转型水平空间分布

由计算得到的2019年秦巴山片区各县域乡村转型指数可以发现，处于较高水平区的县市有9个，占比为12.7%，只有西峡、栾川县两地的得分超过0.5，这些地区主要位于秦巴山片区的中心城区和东部边缘的河南和湖北分片区，距离中心城市较近，相对比较容易受到中心城市辐射带动。处于中等水平区的有14个县，占比为19.7%，主要位于片区东北部的陕西分片区；处于较低水平区的有20个，占比为28.2%，主要集中在片区的中部、北部；处于低水平区的有17个，占比为23.9%，主要集中在片区的中东部的陕西和河南分片区；处于极低水平区的有11个，占比为15.5%，主要集中在片区的西部甘肃分片区。整体来看，秦巴山片区乡村转型的水平还严重偏低，2019年转型指数值超过0.5的只有2个县，超过0.35的也只有23个县市区，占比32.4%，大部分地区的得分比较低。整体来看，秦巴山片区县域乡村转型内部差异大，区域之间发展不均衡的问题仍然显著：东部、北部和南部等片区边缘地区，由于临近中心城市而发展水平相对较高；而片区腹地山区和西部地

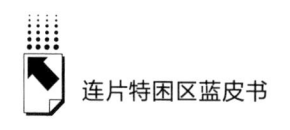

区，由于交通瓶颈显著，转型水平相对较低。因此，秦巴山片区在未来的乡村振兴中，要立足自身的生态优势，紧抓发展的机遇，利用好西安、郑州、成都、重庆、武汉等国家中心城市的辐射带动作用，优化城乡融合发展机制，加快完善基础设施，大力发展特色生态产业，实现绿色高质量发展。

四 秦巴山片区脱贫攻坚与乡村转型典型案例

随着脱贫攻坚和乡村振兴的持续推进，秦巴山片区各地乡村转型进程持续加快，在特色产业发展、绿色发展、易地扶贫搬迁、金融扶贫、机制创新等领域涌现出了一批脱贫攻坚和乡村转型的典型案例，可以为其他地区乡村振兴提供有价值的借鉴。

（一）因地制宜推进脱贫攻坚的典型案例

1. 安康市汉滨区构建"345"教育精准扶贫模式

教育扶贫是提升连片特困区人力资本质量，特别是提升青少年基本素质的重要途径。安康市汉滨区将教育脱贫作为脱贫攻坚的一号工程，立足贫困学生不因家庭贫困失学这一核心，构建"三个精准""四个提升""五项举措"的"345"教育精准扶贫模式，不断整合和拓展教育脱贫的空间与渠道，充分发挥了教育在脱贫攻坚工作中的基础性作用。一是针对义务教育控辍保学的关键主体贫困学生，立足"帮扶谁""谁来帮""怎么帮"三个问题，以"精准识别、精准帮扶、精准资助"三个精准为切入点，精准施策。二是持续增加教育投入，整体推进基础教育办学水平全面提升、师资队伍水平全面提升、职业教育办学水平全面提升、信息化建设水平全面提升的"四个提升"行动计划，有效提升贫困地区青少年的教育起点。三是从"工作谋划、政策宣传、问题整改、督查评估、严明纪律"五个方面入手，精准推进教育扶贫的相关措施，为"真扶贫""扶真贫"提供完善的体制机制保障。通过构建和实施"345"教育精准扶贫工作模式，汉滨区的基础教育办学水平、师资队伍水平、职业教育办学水平、信息化建设水平都得到显著提升。义务教育控辍保学机制和贫困学生关爱机制得到全面落实，所有贫困学生按照省、市资助政策和标准，实现了全部、全程、全覆盖和"应助尽助、不漏一人"，实现了贫困学生无一人因贫辍学，为阻断贫困代际传递打下了坚实的基础。① 调研显示，多数贫困地区都对义务教育扶贫项目极为重视，并取得了显著的成效。但是，由于对于成年农民的职业教育重视不够，相关机制不够完善，加上成年农民的学习主动性不强，职业技能培训的绩效还比较低。乡村转型评估结果也显示，人力资本质量偏低是制约乡村转型的重要因素，因此未来片区在继续保障义务教育质量的同时，还要加大职业培训教育力度，解决乡村人才难题。

2. 卢氏县金融扶贫打通脱贫"最后一公里"

金融扶贫是解决连片特困区产业开发资金难题的重要途径。2017年开始，卢氏县通过构建"金融服务、信用评价、风险防控、产业支撑"四大体系，探索形成了可复制、可推广的"政银联动、风险共担、多方参与、合作共赢"的金融扶贫模式，有效破解了扶贫小额信贷政策的落地难题，为区域特色产业发展提供了重要的资金支持。一是建设县、乡、村三级金融服务体系，实现分级分工负责，县服务中心负责统筹指挥、协调推动，乡服务站负责上下衔接、组织执行，村服务部则扎根基层服务群众，解决了"谁来管贷款，如何贷得快"的难题。二是建设信用评定体系，坚持"政府主导、部门联动、银行参与、信息共享"原则，建立了覆盖全县的信用信息大数据库，实现信用信息与卢氏县金融服务网有效联结和共建共享，大大节约了银行的农户信用评价成本，缓解了贷款的信息不对称问题，解决了"贷款该给谁，看谁讲诚信"的问题。三是建设风险防控体系，通过建立服务体系监控、项目资金监管、保险跟进防范、风险分担缓释、诚信文明激励、惩戒约束熔断六大机制，推进打造守信者受益和失信者受罚的氛围，有

---

① 乔岩峰：《陕西省安康市汉滨区构建"345"教育精准扶贫模式》，中华人民共和国教育部网站，http://www.moe.gov.cn/jyb_xwfb/xw_zt/moe_357/jyzt_2017nztzl/2017_zt12/17zt12_gssjy/17zt12_shx/201711/t20171113_319027.html，最后检索时间：2021年11月20日。

效降低了银行的风险防控成本，解决"敢不敢贷款，能否还得上"的问题。四是建设产业支撑体系，围绕主导产业选项目，围绕扶贫项目建机制，探索龙头企业+合作社+农户+基地模式，形成"龙头企业带动、合作社组织、农户参与、基地承载"利益联结机制，建设产业项目实施的保障机制，有效降低了银行的呆账、坏账，解决了"贷款干什么，怎样用得好"的问题。[①] 可以发现，卢氏县金融扶贫的四大体系中，服务体系是保障，信用体系是基础，防控体系是关键，产业体系是支撑，实现了服务有平台、信用可评估、风险可把控。金融服务是推进乡村企业发展壮大和产业转型升级的关键要素，但市场主体的发展有赖于区域整体营商环境和公共服务水平的提升，未来片区要将普惠金融与乡村整体的营商环境和治理体系建设作为整体，推进政府职能转换和服务水平提升，助推乡村转型和产业振兴。

3. 巴中市激发"土地扶贫"政策潜力

易地扶贫搬迁可以有效改变贫困居民的生存环境，为后续生计方式优化提供基础条件。巴中市用好用活城乡建设用地增减挂钩政策，探索统筹规划、统筹资金、统筹项目，跨市流转的"三统一转"工作路径，帮助5.3万户17.5万人从危旧低矮的"土坯房"搬进温馨漂亮的"小洋楼"，有效激发了土地政策的潜力。一是统筹规划，兼顾重点，解决"新居怎么建"的问题。立足农村房屋分布分散、闲置浪费严重、宅基地腾退潜力足的资源特征，巴中市将城乡建设用地增减挂钩作为"巴山新居"工程和易地扶贫搬迁的主要政策平台。坚持规划引领，系统谋划布局设计，空间布局上兼顾贫困村与非贫困村，规划选址上做到"三靠""五进""六不选"，功能配套上做到"五通、五化、五有"，建设方式上实行"补""奖""助"相结合，提高群众参与项目的积极性。二是统筹资金，激活市场，解决"钱从哪儿来"的问题。巴中市创新实践，攻坚突破，探索形成了"4+2"（四种融资方式：政府投资、招商引资、村民自筹、政府和社会资本合作［PPP］；两种组织形式：单

---

① 河南银监局：《从"卢氏模式"走出的金融扶贫路》，凤凰网河南，http://hn.ifeng.com/a/20171130/6195131_0.shtml，最后检索时间：2021年11月20日。

业主、双业主）的项目实施模式，有效破解资金投入难题。三是统筹项目，发展产业，解决"群众怎么富"的问题。巴中市充分统筹土地整治、高标准农田建设和其他涉农项目，夯实迁入聚居区特色农业创造规模化、产业化发展基础，做到增减挂钩聚居点规划建设到哪里，产业发展就培育延伸到哪里，通过培育特色产业、创造就业机会，让搬迁群众既"住上好房子"，又能"过上好日子"。四是跨市流转，改革破题，解决"指标怎么用"的问题。巴中市立足社会资本投入比例大、节余指标市内消化难的实际，通过攻坚政策突破、对口帮扶破题、探索扩大流转范围等方式，畅通指标跨市流转渠道，推动增减挂钩项目的可持续实施。① 可以发现，通过政策创新调动农户参与积极性，立足市场机制有效盘活土地资源价值，并依托产业开发解决搬迁农户的后续生计问题，成为巴中市易地扶贫搬迁取得显著成效的主要方式。未来，要因地制宜推进搬迁地区特色产业持续发展，持续改善迁入聚居区基本公共服务，有效提升农户搬迁后的生计韧性，真正实现"稳得住、能致富"，避免迁入聚居区成为二次空心区，要使其成为乡村振兴的重要支点。

（二）基于产业推动乡村转型的典型案例

1. 栾川县打造旅游精品推动转型发展

由于具有丰富的生态文化旅游资源，发展乡村旅游是实现连片特困区乡村转型和产业振兴的重要途径。栾川县不断推动乡村旅游转型升级，推进"一乡一品、一村一品"的全域化、差异化乡村旅游品牌建设，引领乡村转型发展。一是以创新为引领提升乡村旅游品质。推进乡村旅游标准化发展，要求农家宾馆满足"六必须"：建筑必须有宅基地使用证或土地使用证，规模必须在15间客房以下，营业必须符合"十个一"标准②，必须逐级报备，

---

① 刘松柏：《四川巴中市实施"三统一转"激发"土地扶贫"政策潜力》，载《中国农村贫困监测报告2018》，中国统计出版社，2018，第326~328页。
② 包括：一个证照公示牌、一个接待服务台、一套明码标价牌、一套管理办法、一套餐具卫生消毒设施、一套消防设施、一套排污系统、一个独立水冲式公共卫生间、一套客房基本设施、一套油烟排放设施。

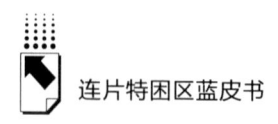

必须经过县乡村旅游等级评定委员会评星并颁发星级牌，必须经过县物价办核定价格并颁发价格公示牌。推进乡村旅游规范化管理，成立村级农家宾馆协会等自治机构，制定卫生、安全、消防、服务等管理制度，规范提升农家宾馆管理服务水平。二是以项目为载体推进全景栾川格局。坚持旅游规划先行，按照"旅游景区+风情小镇+特色农庄"模式，打造以休闲度假为主题的乡村旅游度假区。推进品牌化营销，以"奇境栾川"统领栾川旅游品牌打造，提升栾川旅游知名度。强化资金支持，政府设立3000万元的旅游业发展专项扶持资金，引导社会资金打造A级乡村旅游扶贫村，带动食宿、特色农产、休闲娱乐等旅游项目发展，推动贫困户参与产业发展并持续获取收益。三是以融合为途径推进转型发展。坚持全产业强化旅游引领、全区域营造旅游环境、全领域融汇旅游要素、全社会参与旅游发展、全民共享旅游成果的"五全"路径，推进"旅游+美丽乡村""旅游+沟域经济"等融合机制，通过全域绿化和打造生态景观廊道，切实改善乡村人居环境。结合乡村不同沟域的生态特点，因地制宜，差异化发展，按照保护自然、留住乡愁的要求分类推进，累计实施150余个美丽乡村项目。四是以扶贫为中心拓展产业发展空间。做好旅游产业指导，编制贫困村旅游资源调查报告，为旅游扶贫重点村编制乡村旅游发展规划；大力发展普惠金融，支持贫困户兴办农家宾馆，参与旅游经营；整合各类培训资源，强化对贫困居民进行乡村旅游及三产服务业技能培训，提升其参与旅游产业开发的能力；创设"栾川印象"区域农产品品牌，支持农产品深加工企业发展，促进特色农产品转化为旅游商品。① 可以发现，立体化全方位的旅游政策支持，以及科学的规划和有效的市场规范是栾川县旅游产业发展的主要路径。事实上，栾川县非常重视市场主体在旅游开发中的重要作用，培育出一批品牌旅游景区企业、旅游民宿企业和乡村旅游企业，使其成为区域产业融合发展和升级的重要支点，为乡村转型发展提供了重要经验。

---

① 《打造旅游精品　助力乡村振兴——河南省洛阳市栾川县》，中华人民共和国国家发展和改革委员会网站，https://www.ndrc.gov.cn/xwdt/ztzl/qgxclydxal/lyfpczx/202004/t20200423_1226442.html，最后检索时间：2021年11月20日。

2. 安康市"因茶致富、因茶兴业"绿色发展

安康市按照"转方式、强品牌、增效益"的发展思路，持续推进茶产业高质量发展。2020年4月21日，习近平总书记来到安康市平利县女娲凤凰茶业现代示范园区调研考察，提出要坚定不移走生态优先、绿色发展之路，因茶致富、因茶兴业，脱贫奔小康。一是强化产业发展支持力度。通过建立"政府引领、园区承载、部门帮扶、齐抓共管"工作机制，每年投入财政资金1亿元推进茶苗繁育、基地建设、加工营销、品牌整合、园区发展、科技创新等项目实施。二是推进市场主体发展壮大。安康积极引进培育经营主体建设茶产业园区，拓展安康茶品类，更新经营理念和消费方式，推动茶产业提质增效。农户不光采茶有收入，赏茶采茶的游客越来越多，带动乡村的农产品都能卖上好价钱。到2020年底安康茶园面积已达107.3万亩，创建农业产业化国家重点龙头企业1家，省级21家，带动3.9万脱贫户户均增收2650元。三是通过产学研强化茶叶科技创新。通过与中国农科院茶研所、云南农大和浙江大学等高校院所的产学研合作，借智借力提升安康茶产业科技水平，实现立项各级涉茶科技项目40余项。不断健全茶产业技术推广体系，推进成立茶研所、茶叶站及技术推广机构，聘请西北农林科技大学教授肖斌等担任科研导师，定期围绕茶叶建园管理、茶叶加工生产开展培训。四是依托硒壤优势提升富硒品牌价值。积极推进"安康富硒茶"区域公用品牌建设，创建"中国驰名商标"2个、省级著名商标29个。产品售价明显提升；研究制定的《天然富硒茶》成为农业农村部行业标准，"安康富硒茶"地理标志证明商标通过国家主管部门审定，2020年5月跻身全国茶叶区域公用品牌价值排行榜二十强，品牌评估价值达29.94亿元。同时，安康积极推进富硒茶交易中心规范运营，不断扩大"安康富硒茶"品牌知名度和影响力，基本实现SC认证企业公用品牌全覆盖。[①] 可以发现，转变发展方式推进产业融合、依靠科技创新推进新产品研发、通过营销推广提升

[①] 李炜、彭瑶等：《不负青山得"安康"——陕西省安康市"因茶致富、因茶兴业"绿色发展纪实》，《农民日报》2021年4月22日，第1版。

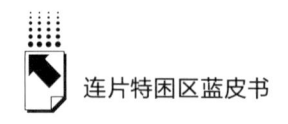

品牌价值等是安康茶产业高质量发展的主要路径。未来，片区要依靠市场主体推进产业转发展，推进企业集团化、规模化发展，持续推进商业模式创新和产品业态创新，不断提升品牌价值，为乡村转型发展提供产业支撑。

（三）创新机制助推乡村振兴的典型案例

1. 党建引领助力竹山县乡村振兴

基层党建不仅是脱贫攻坚的重要保障，也是实现乡村振兴的关键要素。竹山县聚焦脱贫攻坚，以强有力的党建工作助推打赢脱贫攻坚战，实现党建工作与脱贫攻坚、乡村振兴的同频互促，助力乡村振兴。一是强化政治引领，以提升组织力为重点，以基层党建"整县推进"为抓手，坚持用主题教育坚定信念、汇聚力量，扎实推进行动素质提升工程，筑牢围绕脱贫抓党建的思想根基。二是强化组织引领，建立和完善了县"四大家"领导全覆盖的脱贫攻坚指挥体系，组建成立了产业扶贫、易地扶贫搬迁、健康扶贫等"一办十九组"，进一步健全完善扶贫开发工作机制，绷紧引领脱贫靠党建的责任链条。三是强化堡垒引领，选拔并培训在岗锻炼村后备干部，全面提档升级党员群众服务中心，发展壮大村集体经济，建强党建引领助脱贫的战斗堡垒。四是强化人才引领，坚持"选得准、下得去、融得进、干得好"的标准，从各级机关选派精兵强将驻村帮扶，锻造党建促脱贫的一线队伍。五是强化考核引领，落实落细组织保障，着力用好服务、管理、协调、考评"四位一体"综合平台，引导驻村干部履职尽责和担当作为，突出检验党建看脱贫的激励导向，树立在脱贫攻坚战场建功立业的良好导向。六是突出方向引领，把引才、育才、留才作为头等大事，把加强农村党建作为根本保证，把壮大集体经济作为重要载体，超前布局党建促振兴的行动自觉。① 未来，片区要继续以基层党建为核心，强化乡村干部和专业人才培养，发挥好发展带头人的示范引领作用，推进乡村合作社运行规范化，壮大集体经济规

---

① 中共竹山县委组织部：《党建引领决战脱贫攻坚助力竹山乡村振兴》，今日竹山网站，http://www.zhushan.cn/bumen/p/202233.html，最后检索时间：2021年11月20日。

模和实力，持续优化乡村治理体系，提高治理水平。

2. 汉阴县"生态循环"促乡村振兴

由于秦巴山片区的生态保护责任重大，利用生态资源发展生态循环产业是解决保护与发展难题的重要途径。汉阴县以实施乡村振兴战略为统揽，以保护好生态环境为前提，遵循循环农业"减量化、再利用、资源化"的发展理念，大力发展现代生态（富硒）循环农业，着力推进农业资源循环式利用、产业循环式开发、区域循环式发展，探索一、二、三产业互动共生，生产、生活、生态协调发展，人与自然和谐统一的发展道路。紧扣循环发展理念，打造融合发展优质平台，汉阴县确定了"一城五园三带三产业"的发展布局和"南茶北果川道园"产业布局，紧扣生态循环发展理念，着力推进循环农业发展和三次产业的互动发展与融合共生。其中"一城"是打造以县城为核心、建制镇为结点、新型农村社区为末梢的城镇一体化发展体系；建设"五园"：2万亩的月河工业园，10万亩的现代农业园，集铁路、公路、通用航空于一体的现代物流园区，以凤堰古梯田景区为核心的凤凰山国家森林公园和传承弘扬"三沈"（沈士远、沈尹默、沈兼士）昆仲人文精神的"三沈"文化产业园；打造"三带"：月河川道城镇经济带，南部山区沿江生态旅游经济带，北部山区山林经济带；构建"三产业"：以富硒食品、新型建材、生态文化旅游产业为支柱的循环产业体系。汉阴县按照"做精核心区、做强示范区、做大辐射区"的思路，大力建设现代农业园区，聚集园区平台优势，切实构建三产融合的多方保障。以推进现代农业园区提质增效和培育航母型农业园区作为出发点和支撑点，突出农产品加工业和休闲农业，推行省市园区"五治一品"全覆盖，建立农产品质量安全追溯体系和电子商务平台，推进"三品一标"认证和标准化生产，全方位提升园区发展质量和综合承载能力，带动南北两山富硒食品原料基地建设，形成了"一园六基地"（六基地：富硒稻米基地、油菜基地、魔芋基地、茶叶基地、莲藕基地、食用菌基地）的种产销体系。按照规模集约、生态高效、循环发展的要求，积极构建以生态产业链、产品链、废物利用链为主线的循环农业发展链条，努力形成分工明确、互利共生、上下游联动、经济效益和生态效益双赢的良好格局。汉阴县突出生态循环重点，通过促进农工结合、加快农旅融合、提升文旅融合、推进城旅融合，构建互融互助发展体系；培育农业龙头企业，推进改革创新实践，注重典型示范引领，打造融合发展示范样板；强化多方要素支撑，推进科技创新，实施品牌战略，打造销售平台，筑牢融合发展基础。① 可以发现，汉阴县以生态循环为核心，通过培育市场主体、强化要素支撑等途径推进产业融合，区域产业的生态化和绿色化发展取得显著成效。未来，片区要深入实践习近平生态文明思想，以生态循环为核心，以生态环境保护为基础，持续优化乡村产业发展机制，不断提升区域发展质量，助推片区乡村转型和乡村振兴。

五　秦巴山片区乡村振兴展望

虽然秦巴山片区取得了脱贫攻坚的伟大成就，消除了绝对贫困问题，但由于自然地理等发展条件限制，秦巴山片区乡村转型还面临严重的制约因素和发展难题，未来要按照高质量发展要求，不断创新发展模式和机制，推进乡村振兴战略实施。

（一）秦巴山片区推进乡村振兴面临困境

受困于敏感脆弱的生态基底及地质灾害频发、人地矛盾突出、基础设施匮乏等一系列问题，秦巴山片区面临着生态环境保护和乡村振兴的双重任务。按照"人业地"分析框架，从人口、产业和空间环境三个方面来看，秦巴山片区的乡村振兴还面临较多的困境。

1. 乡村人力资本质量不高

秦巴山片区人口外流导致的空心化问题愈加严重，劳动力老龄化趋势明

---

① 成海艳：《对汉阴县"生态循环"促乡村振兴的调查》，安康新闻网，http://www.akxw.cn/theory/wen/1521706687335206.html，最后检索时间：2021年11月20日。

显,导致农业边缘化,农业耕作老龄化、妇孺化;片区人力资本质量整体偏低,专业技术人才缺口较大,严重制约了乡村可持续发展。由于片区乡村在住房、医疗、公共基础设施等方面滞后于城市,加上乡村缺乏强有力的主导产业支撑,就业机会少,劳动保障机制不健全,村民主要通过外出务工增加收入,部分地区陷入劳动力缺失与发展建设需求失衡的两难困境。企业经营成本高、产品难以外销,乡村"推力"日益加剧,对人口的吸引力有限,乡村建设缺乏精英。专业技术人才和运营管理人才都显著匮乏,教育基础设施落后,师资队伍水平不高,无法培养足够的、满足地区经济发展需要的人才,缺乏吸纳外来人才的环境和条件,科技创新能力不足。乡村文化建设滞后,部分地区乡风建设流于表面,文化活动形式单调,不少留守村民闲暇时间多以看电视、买彩票等方式度过,参加宗教迷信活动现象依然存在。乡村艺人年龄都相对偏大,文化素质偏低,文化传承创新和传播的能力不足,优秀传统文化难以传承。

2. 乡村产业发展质量不高

作为国家重点生态保护区、禁止开发区及南水北调工程水源地,秦巴山片区生态保护与经济社会发展的矛盾比较突出,产业开发受到较多限制。[①] 片区自然保护地体系的广泛建立对乡村传统生计造成了严重影响,如洋县作为朱鹮自然保护区,产业发展方式受到严格限制。秦巴山片区具有丰富的自然矿产资源和生态文化等资源,但由于资金、技术、制度、体制等因素限制,加上区位交通不便、专业人才匮乏以及生态保护压力等难题,资源优势转化为产业发展优势的难度偏大,导致产业化开发利用水平偏低。受地理、生态等多重因素影响制约,秦巴山片区尚未形成规模性经济集聚区和较为完整的产业链;片区营商环境质量整体不高,市场主体规模小,缺乏具有引领作用的龙头企业。产业配套设施落后,产业链不完整,多为劳动密集型的单一产业,部分地区的产业发展甚至还需要依赖国

---

① 张柔柔、罗文春:《基于乡村振兴战略背景下秦巴山片区乡村建设的探索》,《中国发展》2019年第5期,第63~66页。

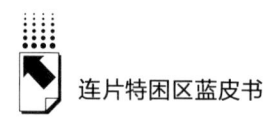

家的扶贫资金补贴保障，尚未形成真正的"造血"功能。产业布局不科学，同质化严重，如旅游产业多停留在游览、采摘等一般业态产品，缺乏有吸引力的创意旅游产品和项目。①

3. 乡村发展空间限制偏多

秦巴山片区自然环境和条件限制多，片区地貌类型主要以山地丘陵为主，无法集中连片耕种，难以实施机械化、现代化的开发方法，农业机械化水平整体较低。气候类型多样，水旱、泥石流等自然灾害频发，加上处于地震带边缘地带，农业发展风险偏高。村寨集中分布于潜山盆地地区，呈现小规模、分散化的分布特征，导致土地集约化利用度低，基础设施配置难度大，周边中心城市对片区乡村转型发展的辐射带动作用不足，溢出效应有限。受地形条件和地理区位限制，公共基础设施建设相对滞后，特别是深山、高山地区发展困难，公共产品及公共服务供给能力相比全国其他地区有不小差距。铁路密度偏低，如川北、陕南大部分地区无铁路通过，与高速路连接的县乡公路多数等级较低。片区财政投入偏少，乡村基本公共服务设施配套不足，现有基础设施如卫生间、道路、停车场、通信、网络等都不能达到现代乡村休闲旅游标准。相对落后的公共服务无法为企业和人才提供良好的发展环境，难以有效吸引外部投资者，限制了片区企业的发展壮大。

（二）秦巴山片区乡村振兴的总体思路

秦巴山片区要因地制宜，按照创新、协调、绿色、开放、共享的高质量发展要求，有效平衡发展与生态保护难题，凝聚多方力量，推进绿色发展与乡村振兴有机统一。

1. 推进乡村创新发展

片区要持续强化高端人才培育和引进，切实提升乡村居民技能和素质，加强乡村科技创新，为乡村实现转型发展奠定基础。片区要以习近平生态文

---

① 潘世东、罗义等：《乡村振兴战略下的秦巴山片区村级文旅产业发展研究——以湖北省板块为例》，《汉江师范学院学报》2018年第6期，第38~43页。

明思想引领美丽乡村建设，正确处理发展和生态保护的矛盾，摒弃粗放式、低效率、同质化发展方式，建立功能"聚而和"、形态"小而美"、机制"活而新"的乡村建设新模式。片区要抓住数字经济发展机遇，夯实乡村转型的数字基础，探索建立片区乡村数字经济示范区，为乡村转型发展提供数字动力。

2. 促进乡村协调发展

以生产空间为基础、生活空间为目的、生态空间为保障，正确认识乡村生产、生活和生态"三生空间"协调机制。推进空间系统整合的有序生长与精明增长，通过多尺度的乡村产业发展、空间规划、生态培育和实施保障来实现生产空间、生活空间与生态空间的协调发展。推进产业结构调整和创新增长，加强乡村产业联动和融合发展，以产业集群为动力推动乡村空间整合。推进生态适宜的生活，以产业发展为前提和基础，持续优化基础设施和基本公共服务，加快生态基底管控、生态要素保护和乡村环境整治。①

3. 推进乡村绿色发展

立足片区生态和文化优势，深入践行"绿水青山就是金山银山"理念，推进生态的产业化和产业的生态化，实现生态文化保护与产业发展协同。着力发挥市场主体作用，支持和培育片区龙头企业，推进片区优势绿色产业链持续升级，培育特色优势产业集群，持续提升产业发展质量。根据生态敏感性和环境承载力的差异进行分类、分级和分期的管控，并构建与之相适应的乡村发展模式与策略，缓解保护与发展间的矛盾冲突。

4. 推进乡村开放发展

强化区域之间的发展协同合作，以政府为主导构建秦巴山片区跨省交界经济协作与乡村振兴战略，协同打造秦巴山片区骨干交通基础，突破交通瓶颈制约，拓展片区乡村发展空间。加大财政投入，不断推进乡村基础设施和基本公共服务完善，持续优化乡村营商发展环境，引导资金、人才和先进技

---

① 武联、余侃华、鱼晓惠、景文丽：《秦巴山片区典型乡村"三生空间"振兴路径探究——以商洛市花园村乡村振兴规划为例》，《规划师》2019年第21期，第45~51页。

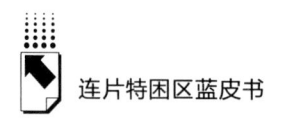

术进入乡村，不断提升土地利用水平，不断提升乡村的产业运营管理水平和基层治理水平。

5. 推进乡村共享发展

以乡村治理体系优化为基础，以利益联结机制建设为核心构建乡村振兴发展共同体，推进企业、政府、村民等多元利益主体共享发展成果。一方面要通过营商环境优化，不断激发社会各组织参与乡村建设的积极性，引导工商资本参与乡村建设，发挥其示范带动作用。另一方面，要持续完善乡村治理机制和利益联结机制，通过就业、创业和资产收益等方式，切实保障农户能够获得乡村振兴的相关收益。

（三）秦巴山片区推进乡村振兴的主要路径

按照乡村振兴的要求，秦巴山片区要以生态保护为根本，以人口质量提升为基础，加快产业创新与升级，持续推进区域协调与融合发展，推进发展机制转型，持续优化乡村发展环境，加快乡村整体转型发展。

1. 提升区域人力资本质量

完善人才培养和引进的制度和体系，实现人才、技术与经济的良性互动，切实提升区域人力资本质量。一是培育新型职业农民。整合培训资源，加快构建和完善多元化职业农民培育体系，培育"有文化、懂技术、会生产"的新型农民，为乡村转型和振兴提供优质人才基础。构建乡村终身教育体系，充分利用信息化手段，通过微课、微信、视频等移动信息平台，持续提升农民学习知识和技能的便利程度。立足产业发展提升农民培训的针对性和实效性，提升产教融合水平，激发农民主动学习的积极性。二是建立本土人才智库。充分利用好乡土人才的智慧，打造本土乡村振兴智库平台，鼓励本土技术人才和致富能人为乡村发展建言献策。发挥好本土人才在先进技术应用和推广中的特殊作用，出台政策支持致富能人带动农民就业和创业。三是推进人才引进、使用和共享。搭建平台，出台科学的人才引进、培养和使用政策，切实发挥专业人才的实际效应。建立人才绿色通道，解决专业人才在工作和生活中的难题，为专业人才成长打造良好的环境。依托国家和地方政府，制定高等院校、科研院所、高科技企业对口技术支持和人才培养政策，与高校合作建立乡村发展实习基地，完善科技特派员制度，构建人才共享制度。①

2. 加快产业创新与升级

以产业创新和升级为核心，培育和发展壮大市场主体，构建片区乡村现代化产业、生产和经营体系。一是转变发展思路，推进乡村产业转型和提质升级。推进农产品转化为品牌化的特色商品，发展高附加值的中草药材及农副产品，延伸产业链条，构筑基于产业融合协作的绿色型、循环化农、林、畜、药、工、贸、服一体化产业集群。强化资源要素在区域间的流动和相互转化，如利用传统民居发展高端休闲度假产品与旅游服务设施。二是发展优质高效农业，推进农业产业化发展。打破行政区划壁垒，以地理标志产品为核心，科学整合农副产品资源，打造特色鲜明的产业品牌。深度挖掘特色产业的生态和文化价值，推进农业与乡村相关产业深度融合，以特色村镇、田园综合体和特色产业园为平台，推进乡村观光游、农业体验游等农旅一体化产业发展，持续推进产品业态创新、产业链延伸和产品附加值提升。三是提高产品研发能力，推进产业创新发展。立足产业链优化产业发展环境，强化产学研合作，提升片区乡村技术创新和产品加工水平，推进打造农业产业化联合体。通过土地流转机制优化、运营模式创新、利益机制创新等方式，推进产业龙头企业培育和发展，构建完整的农业产业链，持续壮大产业发展规模。打造"互联网+秦巴特产"，建立多层次、全产业链的品牌体系，大力提升微信、微博、抖音等新媒体的立体化营销作用。②

3. 推进区域协调与融合发展

以区域协调发展为基础，推进城乡融合发展，提升新型城镇化战略与乡村振兴战略发展协同性。一是推进区域之间协调发展。抢抓国家实施新基建

---

① 李健波：《乡村振兴下陕南秦巴山片区乡村发展问题及对策——以安康市旬阳县李家后坝村为例》，《山西农经》2020年第20期，第67~68页。
② 董晓英：《乡村振兴背景下陕西秦巴山扶贫区域乡村旅游扶贫路径研究》，《湖北农业科学》2021年第4期，第52~56页。

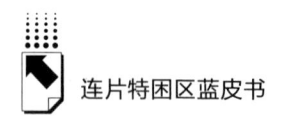

的重大机遇，加强区域基础设施提质改造，切实解决交通设施瓶颈；立足区域发展条件，推动平原地区建设多功能、现代化农业核心区，引导山区发展特色生态农旅产业。发挥好西安、郑州、成都、重庆、武汉等国家中心城市及相关城市群的辐射带动作用，提升片区城乡发展资源和要素的融通水平。抓住数字经济发展机遇，促进信息化发展、减小地区间的信息不对称，实现产品和服务实时跨区域无障碍流通。二是推进城乡融合发展。因地制宜，以片区小城镇建设为核心，推进城乡空间布局融合、基础设施与公共服务融合、社会保障体系融合以及环境治理融合。以城市二、三产业发展为核心，有效带动农村第一产业发展，实现城乡三次产业的融合发展。将城市产业结构调整、转移和农村产业体系建设结合起来，延伸城乡产业价值链，打造城乡产业价值网，持续推进片区资源有机整合、产业融合发展和社会共建共享。

4. 推进发展机制转型

围绕片区功能定位和资源特色，整合乡村发展资源，融入特色文化元素，推进乡村转型发展。一是推动发展模式与机制创新。依托丰富的生态资源，科学合理进行乡村资源开发，在完善发展规划、管理制度和配套基础设施的前提下实现多种模式并行，促进产业跨越式发展。在贷款贴息、基地建设、科研开发等方面出台系列优惠扶持政策，培育和支持区域龙头企业发展壮大。构建区域发展共同体，充分发挥政府、企业、农户等对多元主体的协同作用，实现政府支持补助、市场主体投资运作、农户广泛参与的共赢发展格局。二是推进管理体制和机制转型。推动建立规范高效的生态空间管理体制，统一自然保护地管理体制，明确不同管理部门的职责，因地制宜实施差别化管控策略。在尊重农民意愿的基础上，对发展潜力弱、空心化严重、分布散乱、发展条件差、安全性低的村落进行科学整合，发挥中心村镇的集聚和带动效应，实现以大带小、以强扶弱的联动振兴。

5. 优化乡村发展环境

一是提升乡村自我发展能力。加大乡村金融支持力度，成立乡村振兴发展基金，构建"政府—企业—农户"协同发展平台，提高农户生产技术水平和就业创业技能,增强农户应对风险的能力和可持续发展能力。以乡村土地资源整合为抓手,加快乡村集体经济的正规化和企业化转型,推进产品业态和商业模式创新。提升合作社的运营水平,推进"企业+合作社+农户"利益联结机制的持续创新,实现企业、农户和政府共赢。二是强化乡村文化挖掘传播。利用网络自媒体平台,通过微信、抖音、快手等搭建文化传播平台,结合乡村历史、风俗习惯、农耕文化等挖掘乡村文化的活力,保护乡村传统文化,发挥村民在乡村文化传播和发展中的主体地位。三是不断加强乡风建设。发挥基层党组织的战斗堡垒作用,强化宣传引导和思想道德教育,有效提升村规民约在规范村民行为中的重要作用,提升农民综合素质,健全乡村道德评比和奖惩等长效机制。四是改善乡村人居环境。加大基础设施投入,完善乡村基本公共服务体系;推进乡村环境卫生网格化管理,借助互联网进行宣传教育,从源头开展垃圾分类处理工作,鼓励共同建设化粪池等设施,共同推进村庄美化工程。

B.6 乌蒙山片区脱贫成效、乡村转型进展与振兴展望[*]

袁明达 韩荣荣[**]

摘 要: 2011年以来,伴随着脱贫攻坚工作的持续深入,乌蒙山片区农村贫困人口逐年大幅减少、农村居民收入及消费水平显著提高、生产生活条件得到根本性改善、公共服务水平发生质的飞跃,38个贫困县(市、区)全部脱贫摘帽。通过计算2011~2019年乡村"人业地"及综合转型指数发现:乌蒙山片区乡村在"人业地"及综合转型方面虽然均取得一定进展,但总体转型水平不高、进展不快,且都有所起伏。乡村振兴背景下,乌蒙山片区既要从强化思想道德水平建设、突出科学文化素养提升、注重金融素养增强等方面推动"人"的全面发展,也要从巩固脱贫产业基础、加快特色产业转型升级、促进传统农业与数字农业相融合等方面推进"业"的提质升级,还要从提升城乡公共服务配置的公平性、创新农村公共服务供需协调机制、健全农村公共服务多元化投入机制等方面加快"地"的优化调整。

关键词: 乌蒙山片区 脱贫成效 乡村转型

---

[*] 本文受国家社会科学基金项目"连片特困地区制度环境对农民工新创企业成长的影响研究"(项目编号:16CGL009)资助。
[**] 袁明达,博士,吉首大学商学院副教授,硕士生导师,研究方向为企业成长与区域发展;韩荣荣,吉首大学商学院2019级硕士研究生。

一 引言

乌蒙山集中连片特殊困难地区（以下简称"乌蒙山片区"）地处云贵高原与四川盆地接合部，行政区划跨云南、贵州、四川三省，包括四川省13个县、贵州省10个县（市、区）以及云南省15个县（市、区）共38个县（市、区），其中，32个为国家扶贫开发工作重点县，6个为省重点县，是集革命老区、民族地区、边远地区、贫困地区于一体的全国贫困程度最深的片区之一。《中国农村扶贫开发纲要（2011—2020年）》及精准扶贫战略实施以来，乌蒙山片区整体贫困面貌得到根本性改善，截至2019年底，农村居民人均可支配收入突破万元，较2011年实现了翻番，自然村通公路和有线电视信号的比例均达100%，孩童能够便利上幼儿园的农户比重提高至90%，电冰箱、汽车等耐用消费品的拥有量相比2014年分别增长147.12%和244.19%。2020年，乌蒙山片区贫困人口全部顺利脱贫，38个贫困县（市、区）全部脱贫摘帽，脱贫攻坚取得历史性胜利。

脱贫摘帽不是终点，而是乡村振兴新征程的起点。为实现巩固拓展脱贫攻坚成果同乡村振兴有效衔接，乌蒙山片区未来应继续严格落实"四个不摘"要求，全力巩固"两不愁、三保障"成果，将激发脱贫地区农民内生发展动力、增强其自我发展能力、强化产业发展和稳岗就业、提升脱贫地区公共服务水平等作为新时期新阶段的工作中心与重点，确保兜住民生底线的同时，不断为接续推动脱贫地区发展和乡村全面振兴创造有利条件。

二 乌蒙山片区脱贫攻坚总体成效

在《中国农村扶贫开发纲要（2011—2020年）》及精准扶贫方略的推动下，国家与地方围绕乌蒙山片区的区域发展及脱贫攻坚制定出台了系统性的支持政策与保障措施，从根本上改变了乌蒙山片区的贫困面貌。

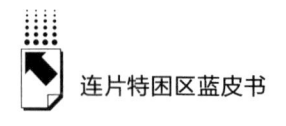

（一）累计减贫724万人，年均减贫90.5万人

2011年以来，伴随着一系列区域发展和精准扶贫政策措施的出台落地，乌蒙山片区农村贫困人口数量持续下降，由2011年末的765万人下降到2019年末的41万人，累计减少贫困人口724万人，年均减贫90.5万人。与此同时，贫困发生率也逐年降低，由2011年末的38.2%下降至2019年末的2%，累计下降36.2个百分点（见图1）。

图1 乌蒙山片区2011～2019年农村贫困人口数量及贫困发生率变化情况

资料来源：《中国农村贫困监测报告》（2012～2020），中国统计出版社，2012～2020。

（二）38个贫困县（市、区）全部脱贫摘帽

2016年以来，为强化脱贫攻坚成效考核，国务院扶贫办开始引入精准脱贫第三方评估。贫困县退出遵循严格的程序和标准，先由省级扶贫部门组织评估验收合格后，再由国务院扶贫开发领导小组办公室组织第三方专项评估，待综合贫困发生率、贫困人口漏评率和错退率、群众认可度等指标达到标准后，由省政府批准退出。由表1可以看出，乌蒙山片区2016年度有1个县脱贫摘帽，占比为2.63%；2017年度为5个，占比为13.16%；2018年度为4个，占比为10.53%；2019年度为16个，占比为42.11%；2020

年度为12个，占比为31.58%。截至2020年底，乌蒙山片区38个贫困县（市、区）全部脱贫摘帽。

表1 乌蒙山片区2016~2020年贫困县脱贫摘帽情况

年份	摘帽县数量（个）	占比（%）	累计摘帽县数量（个）	累计占比（%）
2016	1	2.63	1	2.63
2017	5	13.16	6	15.79
2018	4	10.53	10	26.32
2019	16	42.10	26	68.42
2020	12	31.58	38	100

资料来源：《中国农村贫困监测报告》（2017~2021）。

（三）人均可支配收入和消费支出年均名义增速均超10%

由图2可知，2011年乌蒙山片区农村居民的人均可支配收入仅为4215元，之后以年均12.3%的名义增速持续上升，截至2019年底，其人均可支配收入上涨至10684元，较2011年的4215元提高了153.48%。

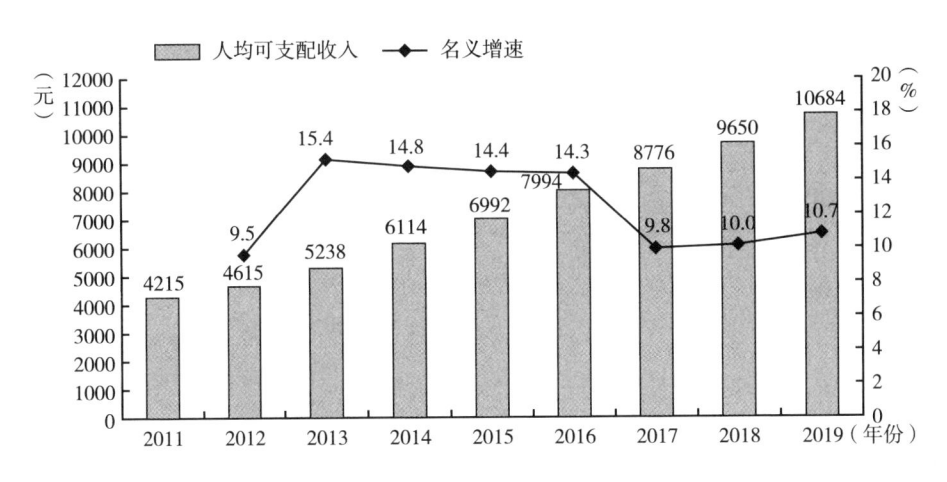

图2 乌蒙山片区2011~2019年农村常住居民人均可支配收入及名义增速

资料来源：《中国农村贫困监测报告》（2012~2020），中国统计出版社，2012~2020。

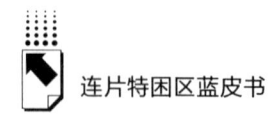

由图3可知，乌蒙山片区农村居民人均消费支出逐年提升，由2011年的3870元增加到2019年的8987元，提高了132.22%，2011～2019年年均名义增速达11.11%。

图3 乌蒙山片区2011～2019年农村常住居民人均消费支出及名义增速

资料来源：《中国农村贫困监测报告》（2012～2020），中国统计出版社，2012～2020。

（四）居住条件显著改善，耐用品消费量大幅提高

近年来，随着脱贫攻坚政策措施的日趋完善及工作力度的不断加大，乌蒙山片区农村居民家庭的居住条件得到显著改善，耐用消费品的购买数量和质量也有了明显提高。居住条件方面，乌蒙山片区农村居民居住在竹草土坯房内的农户比重由2014年的7.5%下降到2019年的2.6%，降幅明显；使用管道供水的农户比重由2014年的63.3%增长到2019年的91.2%，提高27.9个百分点；独用厕所的农户比重由2014年的88.4%增长到2019年的92.9%，上升4.5个百分点；炊用柴草的农户比重由32.5%下降到13.4%，下降19.1个百分点（见表2）。耐用消费品方面，2019年乌蒙山片区农村每百户拥有电冰箱、洗衣机的数量分别为68.7台和92.3台，较2014年分别增长147.12%和26.96%；每百户拥有汽车、移动电话的数量分别为14.8辆和281.1部，较2014年分别增长244.19%和61.46%（见表3）。

表 2　乌蒙山片区 2014～2019 年农村居民家庭生活条件变化情况

单位：%

年份	居住竹草土坯房的农户比重	使用管道供水的农户比重	使用经过净化处理自来水的农户比重	独用厕所的农户比重	炊用柴草的农户比重
2014	7.5	63.3	25.7	88.4	32.5
2015	6.2	65.3	27.3	89.7	28.4
2016	5.0	74.2	29.1	90.6	23.8
2017	4.5	77.1	31.1	90.9	21.4
2018	3.7	89.0	35.7	91.5	18.7
2019	2.6	91.2	37.0	92.9	13.4

资料来源：《中国农村贫困监测报告》（2015～2020）。

表 3　乌蒙山片区 2014～2019 年农村每百户家庭耐用品变化情况

年份	汽车(辆)	洗衣机(台)	电冰箱(台)	移动电话(部)	计算机(台)
2014	4.3	72.7	27.8	174.1	4.9
2015	6.8	79.6	36.4	197.2	6.2
2016	10.5	84.4	48.5	233.4	7.0
2017	13.0	86.7	54.0	239.9	9.4
2018	15.7	89.1	60.9	256.8	10.1
2019	14.8	92.3	68.7	281.1	6.7

资料来源：《中国农村贫困监测报告》（2015～2020）。

（五）农村基础设施和公共服务水平显著提升

农村基础设施和公共服务的发展，对于提升农村居民生活质量、提高交通出行便利度、促进地区经济发展具有基础性作用。从表 4 可以看出，乌蒙山片区农村基础设施和公共服务水平显著提升。基础设施方面，乌蒙山片区自然村通国内公路的农户比重由 2016 年的 99.7% 上升到 2019 年的 100%，能够接收有线电视信号的农户比重由 2014 年的 54.3% 上升到 2019 年的 100%，进村主干道路硬化的农户比重由 2014 年的 47.8% 上升到 2019 年的 98.6%，能够便利乘坐公共汽车的农户比重由

2014年的40.5%上升到2019年的62.2%,通宽带的农户比重由2014年的21.1%上升到2019年的95.0%;公共服务方面,乌蒙山片区自然村垃圾能集中处理的农户比重由2016年的35.7%上升到2019年的75.2%,能够便利上幼儿园的农户比重由2014年的54.6%增长到2019年的90.0%。

表4 乌蒙山片区2014~2019年农村基础设施和公共服务变化情况

单位:%

年份	通国内公路的农户比重	能接收有线电视信号的农户比重	进村主干道路硬化的农户比重	能便利乘坐公共汽车的农户比重	通宽带的农户比重	垃圾能集中处理的农户比重	能便利上幼儿园的农户比重
2014	—	54.3	47.8	40.5	21.1	—	54.6
2015	—	—	57.0	48.0	31.1	—	58.7
2016	99.7	87.5	91.2	47.4	59.6	35.7	78.5
2017	99.8	93.7	94.0	53.2	72.7	42.6	86.4
2018	100.0	97.6	95.4	60.0	84.8	60.9	88.3
2019	100.0	100.0	98.6	62.2	95.0	75.2	90.0

资料来源:《中国农村贫困监测报告》(2015~2020)。

三 乌蒙山片区乡村转型进展及县际比较

《中国农村扶贫开发纲要(2011—2020年)》及精准扶贫方略实施以来,乌蒙山片区在区域发展与脱贫攻坚方面取得显著成效。同时,脱贫攻坚也加速了片区乡村重构转型。为进一步考察乌蒙山片区乡村转型进展及差异,本部分应用乡村转型度指标体系和测度方法(详见总报告),结合《中国县域统计年鉴》(2012~2020)数据,立足"人业地"三个维度,在计算2011~2019年乌蒙山片区38个县(市、区)"人业地"以及综合转型度指数并对其进行标准化处理的基础上,运用SPSS软件的系统聚类①方法对乌蒙山片区38个县（市、区）"人业地"及综合转型进展进行分类识别②与县际比较分析。

（一）乌蒙山片区乡村"人"的转型进展及县际差异

"人"的转型是乌蒙山片区乡村转型的基础与前提，离开"人"的转型，乌蒙山片区的乡村转型将失去内生动力与活力。本文从"兼职化非农化"③、"人力资本"及"金融素养"三个维度对乌蒙山片区乡村"人"的转型进展进行测度，片区38个县（市、区）"人"的转型度聚类分析结果如表5所示。

表5 乌蒙山片区2011～2019年乡村"人"的转型进展聚类分析结果

类别	县域
较高水平区	黔西县、威宁县、七星关区、桐梓县、织金县、赫章县、纳雍县、赤水市、习水县、昭阳区
中等水平区	会泽县、武定县、宣威市、寻甸县、沐川县、鲁甸县、彝良县、叙永县、镇雄县、大方县、古蔺县、喜德县、越西县、绥江县、屏山县、盐津县、马边县、威信县、永善县、大关县、雷波县、巧家县、禄劝县
低水平区	金阳县、美姑县、普格县、昭觉县、布拖县

资料来源：根据聚类分析结果整理得到。

---

① "系统聚类"是根据物以类聚的原理将具有相似特征的研究对象归为一类的统计方法。本文此处运用该方法，可以将乌蒙山片区38个县（市、区），依据其2011～2019年"人业地"及综合转型度指数的大小特征，划分为具有显著差异的几种不同类型，进而有利于展开比较分析。

② "较高水平区"是指2011～2019年至少有5年的转型度指数高于0.4的地区，或者有4年的转型度指数高于0.4，但其中至少有2年的转型度指数高于0.5；"中等水平区"是指2011～2019年至少有5年的转型度指数介于0.35～0.4的地区；"较低水平区"是指2011～2019年至少有5年的转型度指数介于0.2～0.35的地区；"低水平区"是指2011～2019年至少有5年的转型度指数低于0.2的地区。

③ "兼职化非农化"在2011～2012年和2013～2019年两个阶段所使用的测度指标不同，分别为"年末总人口与乡村农业从业人口之差/年末总人口或户籍人口"和"二、三产业从业人口/年末总人口或户籍人口"。因此，有关乌蒙山片区乡村"人"的转型进展及演变趋势分析，也应分为2011～2012年和2013～2019年两个不同的阶段来探讨。

由表 5 可知，依据"人"的转型进展，乌蒙山片区 38 个县（市、区）可划分为三类具有不同"人"的转型特征的群体：第一类是由"黔西县"等 10 个县（市、区）所组成的较高水平区；第二类是由"会泽县"等 23 个县（市）所组成的中等水平区；第三类是由"金阳县"等 5 个县所组成的低水平区。上述三类群体在"人"的转型度方面所呈现的差异化特征如图 4 所示。

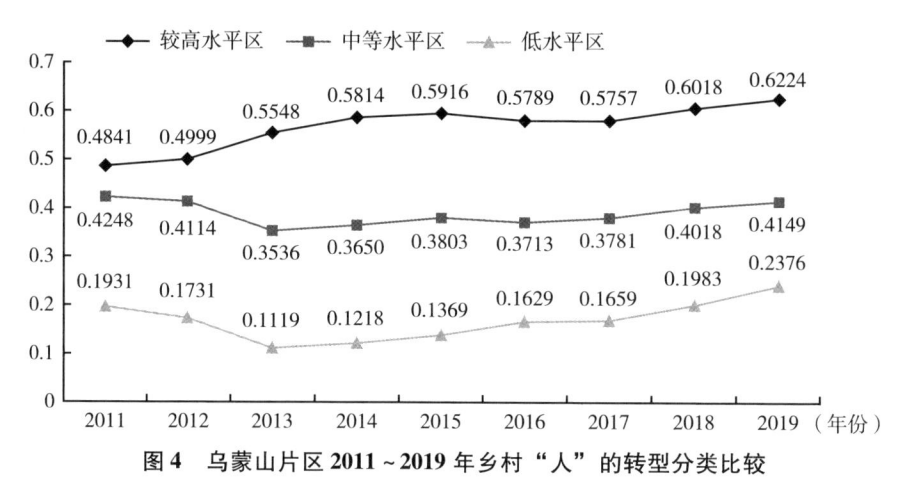

图 4 乌蒙山片区 2011～2019 年乡村"人"的转型分类比较

资料来源：基于《中国县域统计年鉴》（2012～2020）相关指标计算获得。

图 4 的数据结果显示以下几点。第一，乌蒙山片区乡村"人"的转型水平存在较大的区域不均衡性。较高水平区 10 个县（市、区）2011～2019 年"人"的转型度指数均高于 0.4，介于 0.4841～0.6224，而低水平区 5 个县 2011～2019 年"人"的转型度指数最高仅为 0.2376，并且其 9 年间多数年份"人"的转型度指数还不足中等水平区的一半或较高水平区的 1/3。第二，乌蒙山片区三类不同县域群体"人"的转型度指数总体均呈上升趋势，但又都有起伏。2011～2012 年这一阶段，较高水平区 10 个县（市、区）"人"的转型度指数呈上升态势，而中等水平区 23 个县（市）和低水平区 5 个县"人"的转型度指数则不升反降；2013～2019 年这一阶段，三类不同县域群体"人"的转型度指数均呈现总体上升趋势，但较高水平区 10 个县（市、区）在 2016 年和 2017 年连续两年出现小幅下滑，中等水平区 23 个县（市）也在 2016 年出现小幅下降，仅有低水平区的 5 个县在所有年份均为增长。第三，乌蒙山片

区乡村"人"的转型进展总体不快,转型水平越高的地区进展越慢。以2013~2019年这一阶段为例,较高水平区10个县(市、区)和中等水平区23个县(市)2019年"人"的转型度指数分别为0.6224和0.4149,较之2013年的0.5548和0.3536,仅分别增长了12.18%和17.34%,低水平区5个县2019年"人"的转型度指数较之2013年则增长了112.33%。

综合而言,伴随着我国脱贫攻坚工作的持续深入推进,乌蒙山片区虽然在乡村"人"的转型方面不断取得进展,部分县(市、区)较为有效地提升了本地区贫困群体的知识水平、金融素养等自我发展能力,但片区大多数县(市、区)"人"的转型水平还不高,转型进展还比较缓慢,部分地区的转型还存在起伏,因此未来仍需将加快推进"人"的转型作为乡村振兴阶段的一项首要任务。

(二)乌蒙山片区乡村"业"的转型进展及县际差异

"业"的转型是乌蒙山片区乡村转型的关键与重点,没有"业"的转型,乌蒙山片区乡村转型将难以持续和深入。本文从"产业非农化"、"农业现代化"[①]、"市场组织化"及"经济金融化"四个维度对乌蒙山片区乡村"业"的转型进展进行测度,片区38个县(市、区)"业"的转型度聚类分析结果如表6所示。

由表6可知,依据"业"的转型进展,乌蒙山片区38个县(市、区)可划分为四类具有不同"业"的转型特征的群体:第一类是由赤水市所代表的较高水平区;第二类是由鲁甸县等29个县(市、区)所组成的较低水平区Ⅰ;第三类是屏山县所代表的较低水平区Ⅱ;第四类是由昭觉县等7个县所组成的低水平区。上述四类群体在"业"的转型度方面所呈现的差异化特征如图5所示。

---

① "农业现代化"在2011~2012年和2013~2019年两个阶段所使用的测度指标不同,分别为"每万元第一产业产值农业机械总动力"和"每万元第一产业产值设施农业面积"。因此,有关乌蒙山片区乡村"业"的转型进展及演变趋势分析,也应分为2011~2012年和2013~2019年两个不同的阶段来探讨。

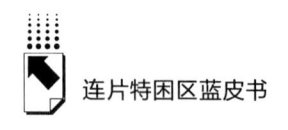

表6　乌蒙山片区2011~2019年乡村"业"的转型进展聚类分析结果

类别	县域
较高水平区	赤水市
较低水平区Ⅰ	鲁甸县、绥江县、会泽县、雷波县、禄劝县、威信县、永善县、大关县、盐津县、金阳县、赫章县、威宁县、镇雄县、古蔺县、寻甸县、织金县、马边县、武定县、沐川县、昭阳区、大方县、桐梓县、叙永县、纳雍县、黔西县、习水县、七星关区、喜德县、宣威市
较低水平区Ⅱ	屏山县
低水平区	昭觉县、巧家县、彝良县、美姑县、越西县、布拖县、普格县

资料来源：根据聚类分析结果整理得到。

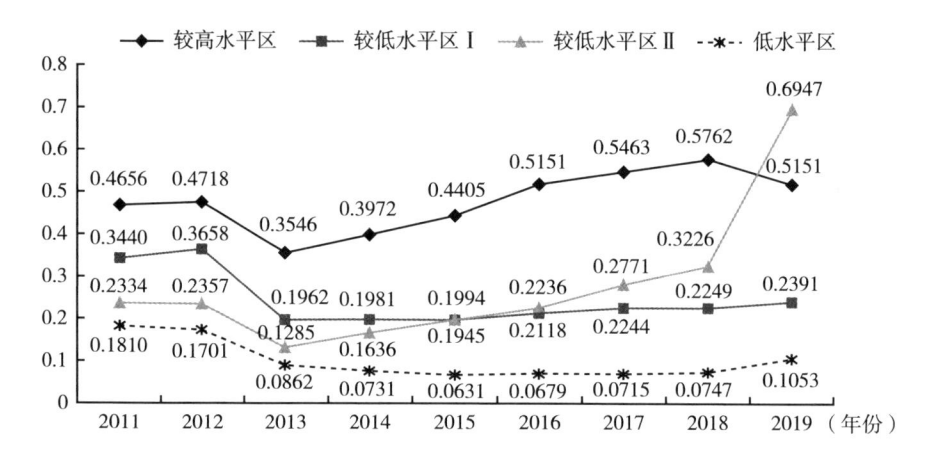

图5　乌蒙山片区2011~2019年乡村"业"的转型分类比较

资料来源：基于《中国县域统计年鉴》（2012~2020）相关指标计算获得。

图5的数据结果显示以下几点。第一，乌蒙山片区乡村"业"的转型水平总体偏低。虽然较高水平区2011~2019年"人"的转型度指数多数年份均高于0.4，但这一类型的县域群体仅包含赤水市1个地区，不能代表乌蒙山片区的整体情况。除赤水市以外，乌蒙山片区其余37个县（市、区）中，有30个县（市、区）"业"的转型度指数处于较低水平区（包含较低水平区Ⅰ和较低水平区Ⅱ），剩余7个县则处于低水平区，其"业"的转型度指数最高不超过0.2。第二，乌蒙山片区乡村"业"的转型度指数总体均

呈上升趋势，少部分地区有所起伏。2011~2012年这一阶段，除低水平区7个县"业"的转型度指数出现下滑外，其余三类县域群体"业"的转型度指数均为上升；2013~2019年这一阶段，较高水平区的赤水市2019年"业"的转型度指数较之前一年下降10.60%，其余年份均为正向增长，低水平区7个县"业"的转型度指数2014年和2015年连续两年出现下滑，下滑幅度分别为15.20%和13.68%，较低水平区Ⅰ和较低水平区Ⅱ的30个县（市、区）则在所有年份均呈上升态势。第三，乌蒙山片区乡村"业"的转型进展总体较慢。以2013~2019年这一阶段为例，仅包含屏山县的较低水平区Ⅱ2019年"业"的转型度指数由上一年的0.3226猛增至0.6947，较之2013年增长440.62%，仅包含赤水市的较高水平区2019年"业"的转型度指数较之2013年增长45.26%，这两类地区的增速虽然较快，但仅涉及乌蒙山片区38个县（市、区）中的2个，因而不具代表性。真正能够代表乌蒙山片区整体的较低水平区Ⅰ的29个县（市、区）和低水平区的7个县2019年"业"的转型度指数分别为0.2391和0.1053，较之2013年仅分别增长了21.87%和22.16%。

综上可知，乌蒙山片区乡村"业"的转型在脱贫攻坚过程中取得了一定进展，以赤水市为代表的个别地区在农业现代化、产业非农化、市场组织化及经济金融化等方面得到较为明显的提升，但片区内绝大多数县（市、区）"业"的转型进展还不快，转型水平还较低，一些地区的转型还有起伏，片区下阶段在乡村振兴战略的实施与推进过程中仍需重视和加强"业"的转型。

（三）乌蒙山片区乡村"地"的转型进展及县际差异

"地"的转型是乌蒙山片区乡村转型的支撑与保障，离开"地"的转型，乌蒙山片区的乡村转型将难以有效突破外部环境中的社会排斥困境。本文从"整体发展水平"和"公共服务优化"[①] 两个维度对乌蒙山片区2011~2019

---

① "公共服务优化"由片区2011~2019年"每万人社会福利单位数"、"每万人社会福利床位数"和"每万人医疗机构床位数"三个具体指标来进行测度。

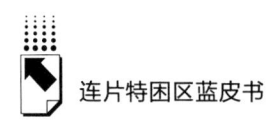

年乡村"地"的转型进展进行测度，片区38个县（市、区）"地"的转型度聚类分析结果如表7所示。

表7 乌蒙山片区2011～2019年乡村"地"的转型进展聚类分析结果

类别	县域
较高水平区	沐川县、武定县、赤水市
较低水平区	屏山县、昭阳区、金阳县、马边县、雷波县、黔西县、禄劝县、叙永县、大方县、古蔺县、布拖县、会泽县、绥江县、桐梓县、习水县、七星关区、永善县
低水平区	美姑县、越西县、昭觉县、巧家县、威信县、纳雍县、织金县、鲁甸县、大关县、盐津县、喜德县、宣威市、寻甸县、赫章县、威宁县、普格县、彝良县、镇雄县

资料来源：根据聚类分析结果整理得到。

由表7可知，依据"地"的转型进展，乌蒙山片区38个县（市、区）可划分为三类具有不同"地"的转型特征的群体：第一类是由沐川县等3个县（市）所组成的较高水平区；第二类是由屏山县等17个县（区）所组成的较低水平区；第三类是由"美姑县"等18个县（市）所组成的低水平区。上述三类群体在"地"的转型度方面所呈现的差异化特征如图6所示。

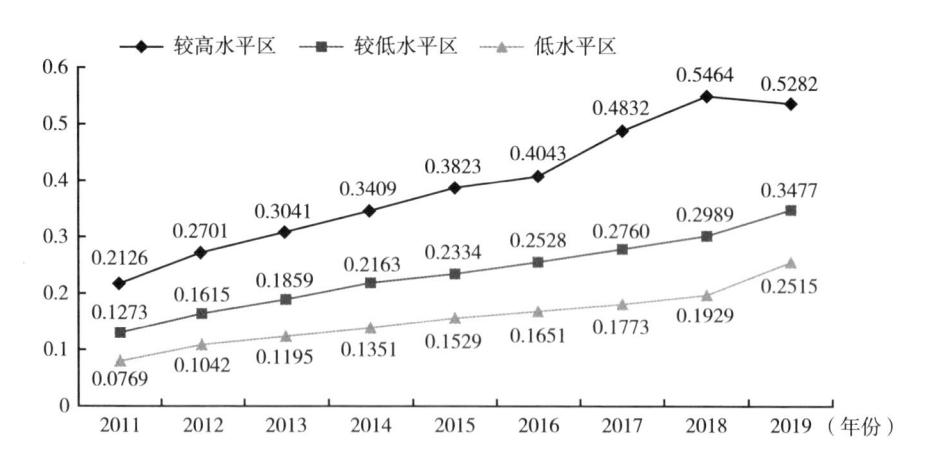

图6 乌蒙山片区2011～2019年乡村"地"的转型分类比较

资料来源：基于《中国县域统计年鉴》（2012～2020）相关指标计算获得。

图 6 的数据结果显示以下几点。第一，乌蒙山片区乡村"地"的转型水平呈现不均衡发展特征。其中，较高水平区 3 个县（市）2011~2019 年"地"的转型度指数介于 0.2126~0.5282，且后 4 年"地"的转型度指数均在 0.4 以上；较低水平区 17 个县（区）2011~2019 年"地"的转型度指数介于 0.1273~0.3477，自 2014 年开始"地"的转型度指数均在 0.2 以上，但高于 0.3 的仅有 2019 年；低水平区 18 个县（市）2011~2019 年"地"的转型度指数介于 0.0769~0.2515，除 2019 年之外，其余年份"地"的转型度指数均在 0.2 以下。以 2019 年为例，较高水平区"地"的转型度指数分别为较低水平区和低水平区的 1.52 倍和 2.1 倍。第二，较之"人"和"业"的转型度指数，乌蒙山片区乡村"地"的转型度指数上升趋势最为明显，出现起伏的情况最少。由图 6 可以看出，除较高水平区 3 个县（市）2019 年"地"的转型度指数出现小幅下滑以外，乌蒙山片区三类县域群体"地"的其余转型度指数均为正向增长，这表明乌蒙山片区在推进"地"的转型方面较好地做到稳扎稳打、步步为营。第三，与"人"和"业"的转型相比，乌蒙山片区乡村"地"的转型进展相对较快。以 2013~2019 年这一阶段为例，较高水平区 3 个县（市）2019 年"地"的转型度指数较之 2013 年增长了 73.69%，较低水平区 17 个县（区）2019 年"地"的转型度指数较之 2013 年增长了 87.04%，低水平区 18 个县（市）2019 年"地"的转型度指数较之 2013 年增长了 110.46%。

综上所述，相对"人"和"业"的转型而言，乌蒙山片区乡村"地"的转型稳步向上的趋势最为明显，总体增幅更高，转型进展更快。另外，乌蒙山片区 38 个县（市、区）中有 18 个县（市）"地"的转型度指数处于低水平区，远超"人"和"业"的 5 个与 7 个，说明乌蒙山片区乡村"地"的转型水平总体还落后于"人"和"业"的转型。因此，未来乡村振兴过程中，乌蒙山片区应进一步加强基础设施建设、加大公共服务投入，持续推进"地"的转型。

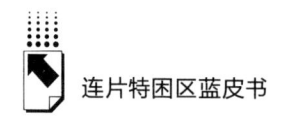

（四）乌蒙山片区乡村综合转型进展及县际差异

乌蒙山片区乡村转型是"人业地"的综合转型，通过计算综合转型度指数，得到如表8所示的乌蒙山片区38个县（市、区）2011～2019年综合转型度聚类分析结果。

表8　乌蒙山片区2011～2019年乡村综合转型进展聚类分析结果

类别	县域
较高水平区	赤水市
较低水平区	雷波县、镇雄县、威信县、盐津县、大关县、禄劝县、鲁甸县、会泽县、绥江县、永善县、宣威市、寻甸县、大方县、威宁县、织金县、赫章县、叙永县、古蔺县、马边县、武定县、屏山县、七星关区、习水县、桐梓县、沐川县、纳雍县、黔西县、昭阳区
低水平区	金阳县、喜德县、越西县、普格县、巧家县、彝良县、布拖县、昭觉县、美姑县

由表8可知，依据"人业地"综合转型进展，乌蒙山片区38个县（市、区）可划分为三类具有不同综合转型特征的群体：第一类是由赤水市所代表的较高水平区；第二类是由雷波县等28个县（市、区）所组成的较低水平区；第三类是由金阳县等9个县所组成的低水平区。上述三类县域群体在乡村综合转型度方面所呈现的差异化特征如图7所示。

图7的数据结果显示以下几点。第一，乌蒙山片区乡村综合转型水平总体较低，且存在一定的区域不均衡性。乌蒙山片区38个县（市、区）中，综合转型度指数处于较高水平区的仅有赤水市1个地区，处于较低水平区的共28个县（市、区），占总体的70%以上，其2013～2019年综合转型度指数介于0.2678～0.3448，其余9个县则处于低水平区，其综合转型度指数最高仅为0.2092，并且9年中有7年的综合转型度指数在0.2以下。此外，通过对比发现，三类不同县域群体的综合转型水平存在较大差距，以2019年为例，较高水平区的综合转型度指数是较低水平区的1.61倍，而较低水平区的综合转型度指数又是低水平区的1.65倍。第二，乌蒙山片区乡村综

图 7 乌蒙山片区 2011～2019 年乡村综合转型分类比较

资料来源：基于《中国县域统计年鉴》（2012～2020）相关指标计算获得。

合转型度指数呈总体上升趋势，但三类不同县域群体又各有特点。2011～2012 年这一阶段，较高水平区的赤水市和低水平区 9 个县的综合转型度指数不增反降，分别下滑 2.74% 和 2.80%，较低水平区的 28 个县（市、区）则上升了 5.14%；2013～2019 年这一阶段，较低水平区 28 个县（市、区）和低水平区 9 个县的综合转型度指数持续增长，较高水平区的赤水市则在 2019 年出现下滑，较之 2018 年降低了 5.69%。第三，乌蒙山片区乡村综合转型进展总体不快。以 2013～2019 年这一阶段为例，较高水平区的赤水市和较低水平区的 28 个县（市、区）2019 年的综合转型度指数较之 2013 年仅分别增长了 31.15% 和 28.75%，低水平区的 9 个县因为底子薄、基数小，所以增长相对更快，但也仅为 60.18%。

综上所述，在脱贫攻坚系列政策措施的持续推动下，乌蒙山片区乡村综合转型取得了一定成效，为片区巩固拓展脱贫攻坚成果及实施乡村振兴战略创造了必要的条件和基础。但同时也需注意，乌蒙山片区乡村综合转型的总体进展还不够快、整体水平还比较低，对片区下阶段乡村振兴的助推效应还没有得到有效挖掘与充分释放，因此未来仍需从"人业地"三方面系统、持续、深入地推进片区乡村综合转型。

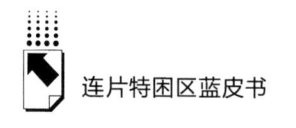

四 乌蒙山片区脱贫攻坚与乡村转型典型案例

（一）精准扶贫圆学梦，教育先行谋振兴①

精准扶贫方略实施以来，作为乌蒙山片区脱贫攻坚主战场之一的云南省宣威市，始终将教育作为最大且最重要的扶贫工程、民生工程和发展工程，坚持高位谋划并全力推进。

1. 强化制度建设

宣威市以习近平总书记关于脱贫攻坚的重要指示精神为指导，以"义务教育有保障"为核心，围绕高质量打赢教育脱贫攻坚战目标，先后制定出台了《宣威市教育扶贫实施方案》《宣威市脱贫攻坚教育保障实施方案》等政策文件，为宣威市教育扶贫相关工作的有序推进提供了强有力的制度保障。

2. 加大资源投入

秉承"再苦不能苦孩子，再穷不能穷教育"的思想理念，宣威市广泛发动、积极联动，想方设法拓展资金筹措渠道，持续优化教育资源配置，有效破解了教育扶贫过程中普遍存在的资金和其他资源短缺的难题。2014~2019年，先后投入资金20.2亿元用于改善办学条件，新建或改扩建学校614所，新建校舍面积92.7万平方米，新增高中学位5600个，新增义务教育学位8700个，配齐393所义务教育阶段学校设施设备，新招聘教师1863名，全市办学条件有了极大改善，城区学校"大班额"现象得到有效解决，促进了宣威义务教育均衡发展，义务教育基本均衡发展顺利通过国家教育督导评估。

3. 健全管理体系

宣威市成立了教育扶贫工作领导小组，建立了"双线六长"②"四级四

---

① 《宣威：精准扶贫圆学梦 教育扶贫断穷根》，曲靖市人民政府网站，http://www.qj.gov.cn/html/2020/xus_122/77515.html，最后检索时间：2020年11月19日。
② "双线"：政府一条线，教育部门一条线；"六长"：县长、乡（镇）长、教育局局长、校长、村长、家长。

包"① 等义务教育控辍保学机制，把"控辍保学"和精准资助工作作为教育扶贫工作的重中之重。2014~2019年，先后投入资金18.4亿元，建立了包含"奖、贷、助、补、免"等多种形式、涵盖从学前教育到高等教育的多元化学生资助体系，做到各项资助政策精准聚焦建档立卡贫困家庭学生，确保了每一名学生不因家庭贫困而失学辍学。

党的十九大报告中提出乡村振兴战略，将我国带入了脱贫攻坚与乡村振兴统筹衔接的历史交汇期，宣威市随即出台《打好教育攻坚战实施方案（2018—2020年）》。该方案立足脱贫攻坚与乡村振兴历史交汇期的特殊性，以创新、协调、共享的发展理念为指导，围绕巩固教育扶贫成效、为乡村振兴提供有力的智力支持和人才保障这一核心目标，确立了宣威市教育改革发展的六项重点任务：一是从加快发展学前教育和民族地区教育、切实消除大班额等方面补齐教育短板；二是从突出规划引领、调整优化布局、推进城乡义务教育一体化及学校标准化建设等方面强化教育基础；三是从提高教育教学水平、教育治理能力、教师整体素养及加快教育信息化建设等方面提升教育品质；四是从加快推进办学体制改革、教师管理机制改革以及职业教育改革等方面增强教育活力；五是从加强与发达地区教育、科研机构和知名学校联系，引进优质教育资源，开展多层次、宽领域、全方位的教育交流与合作等方面促进教育开放；六是从打造优质教育资源聚集中心及优质高中教育辐射中心等方面铸就教育品牌。

通过系统性的政策引领及相关主体的共同努力，宣威市实现了"最好的房子在学校、最美的环境在校园"，教育资源配置更加均衡，入学机会更加均等，教育管理更加科学，教育质量更加优质，在有效阻断贫困代际传递的同时，为宣威市脱贫攻坚及乡村振兴工作提供了有力的人才支撑和智力支持。

---

① "四级四包"：县领导包乡镇、乡镇干部包村、村干部包村民小组、村民小组包户。

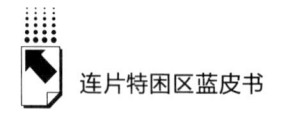

（二）赤水市"五双"模式助推生态家禽产业快速发展①

2010年以来，贵州省赤水市以省委、省政府"来一场振兴农村经济的深刻产业革命"指示精神为指导，牢牢把握产业发展"八要素"②，全面践行产业发展"五步工作法"③，立足资源禀赋，成功探索"五双"发展模式，逐步将以乌骨鸡为主的生态家禽产业打造为助农增收致富的"短平快"扶贫产业、赤水市农业主导产业及乡村振兴支柱产业。

1. 以"双体系"保障发展

一是组织保障体系。成立以书记、市长任"双组长"的产业发展领导小组，由分管副市长领衔，组建生态家禽工作专班，将产业发展责任分解落实到农业农村、发改、财政、商务、市场监管、供销等部门，形成"党政主要领导主抓，分管领导主推，工作专班主做，责任部门协力"的工作格局，有效整合各方力量，形成推动生态家禽产业发展强大合力。二是政策保障体系。科学划定畜禽禁养区，为全市生态家禽产业预留发展空间。2016年出台《支持生态家禽产业发展的实施意见》，通过争取上级资金、整合涉农资金、安排专项资金和企业自筹资金等方式，全力对家禽产业发展进行扶持和奖励。2010年以来，赤水市综合投入生态家禽产业发展资金达到3.1亿元，培育遵义市级以上龙头企业2家，建成种鸡场2个，其中，国家级原种场1个，常年存栏种鸡16万套，年供苗能力2220万羽，具备相当规模的基础产能，年产值达到6.3亿元以上。

2. 以"双模式"推动发展

一是林下生态养殖模式。赤水市依托224万亩森林、132.8万亩竹林和82.75%森林覆盖率的生态优势，挖掘生态家禽养殖潜力，动员高山、半高

---

① 《赤水市"五双"模式推动生态家禽快速发展》，遵义市农业农村局，http://nyncj.zunyi.gov.cn/nyyw/xqdt/202011/t20201130_65431790.html，最后检索时间：2021年11月19日。
② 农村产业发展"八要素"：产业选择、培训农民、技术服务、资金筹措、组织方式、产销对接、利益联接、基层党建。
③ 农村产业发展"五步工作法"：政策设计、工作部署、干部培训、督促检查、追责问责。

山有养殖意愿、有场地、有半劳动力的"三有"群众,利用闲置的自家房屋和周边竹林、果园,采用"林地放养+原粮补饲"的模式,产出高品质生态乌骨鸡,平均每羽利润为10~20元。截至2020年底,全市2万余户通过参与利用闲散林地等资源,以林下生态养殖模式养殖乌骨鸡,户均增加副业收入1000元以上。二是龙头引领代养模式。由养殖业主与龙头企业签订代养合同,以"五统一"模式,由企业统一提供鸡苗、饲料,统一防疫、管理,统一按合同价回收产品,探索形成与农户合作的1000平方米标准化圈舍、单批饲养1万羽、年利润10万元以上的"1110"模式和与村集体合作的3000平方米标准化圈舍、单批饲养3万羽、年利润30万元以上的"3330"模式。并注重"3330"模式与"127"利益联结机制(10%分给村集体,20%用于村集体发展资金,70%用于坝区群众分红)融合,每年利润由村集体经济组织提取管理费用3万元(10%)、发展积累资金6万元(20%),其余21万元(70%)均用于联结贫困户分红,同时该模式还可带动3~5名贫困劳动力常年就业。截至2020年底,赤水市已建成村集体经济组织合作代养场29个,面积11.5万平方米,带动4032户贫困户、覆盖1.42万名贫困人口,年人均增收1200余元。

3. 以"双链条"促进发展

一是培育家禽养殖链条。赤水市立足本地特色品种,成功培育出乌骨鸡黑羽、绿壳蛋、白羽3个品系。同时,结合市场需求,引进改良了丹霞黑、丹霞红、黔乡鸡等品种;建成规模养殖场120个,标准化养殖棚舍27万平方米,全市常年存栏生态家禽300万羽以上,2019年出栏数量已达1040万羽,初步形成了以赤水乌骨鸡为主、其他商用肉鸡品种为补充、林下散养和生态平养结合、中高端品种齐全的生态家禽品种体系。二是完善配套产业链条。实施"招大引强"+"本地培育"战略,积极向上争取项目资金,支持龙头企业投入8000万元建成30万吨饲料加工厂,投入4900万元建设年屠宰能力1100万羽的家禽屠宰场,并通过招商引资建设赤水市农产品流通中心,配套完善冷链物流体系,大力推进生态家禽全产业链发展,全力打造黔北川南地区最大的肉鸡产业化示范基地。

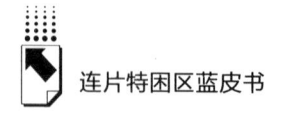

4. 以"双支撑"稳定发展

一是双品质量支撑。始终将赤水乌骨鸡品质品牌建设作为生态家禽产业发展的重中之重,于2004年制定并由贵州省质监局发布《竹乡乌骨鸡》省级地方标准,以创建国家级出口食品农产品质量安全示范区为抓手,建立健全生态家禽从生产到餐桌全过程、全流程的可溯源监管体系,经检验,赤水乌骨鸡含有18种氨基酸,总量是普通鸡的1.7倍,并含有人体必需的镁、锌、铁等多种微量元素。2010年通过国家农产品地理标志登记保护认证以来,已获得"消费者最喜爱的100个中国农产品区域公用品牌"等5张国家级名片,现有注册商标9个,发明专利1项。二是双线市场支撑。始终坚持"线上线下结合、平台实体互补"的模式,白条生态家禽成功入驻"饿了么"电商平台、绿壳蛋通过微信等平台畅销全国各地;全市生态家禽龙头企业在重庆、成都等地建有直销门市和营销网点常年保持在30余个,并借助东西部扶贫协作契机,与上海市农圣供应链管理有限公司建立稳定产销渠道,让赤水乌骨鸡风味远飘上海。2019年,赤水市销往省外家禽850万羽以上,实现销售收入5.1亿元。

5. 以"双托底"稳步发展

一是政策保险托底。在全面推行政策性家禽保险的基础上,2018年率先在全省开发试点生态家禽价格指数保险,让生态家禽产业进入"稳保本"时代,有效防范家禽养殖的市场风险,提升产业抗风险能力。2018~2020年,已开展家禽养殖保险677.27万羽,保险理赔1511户次,赔付资金598.38万元。二是企业政府托底。建立"企业+政府"生态家禽托底模式,对市内产出的生态家禽,在养殖户销售渠道受限时,全市生态家禽企业共享销售渠道,帮助养殖户销售商品禽;政府通过调节全市市场、发动干部"消费扶贫"等方式,保障全市生态家禽产业卖得出、无风险。

伴随着生态家禽产业规模的持续扩大、精深加工能力的不断增强及产业链条的日趋优化,赤水市不仅进一步拓宽了农民增收渠道,同时也为巩固拓展脱贫成效及深入推进乡村振兴奠定了坚实的产业基础。

（三）让健康之光照亮小康之路①

2014年以来，四川省叙永县以群众"少生病、看得起病、看得好病"为目标，着力构建"全民预防保健、精准救助、基层服务"三大健康保障体系，既为贫困群众撑起健康"保护伞"，也为乡村全面振兴铺好"健康路"。

1. 全民预防保健，让贫困群众"少生病"

2014年，叙永县因病致贫的贫困户有9670户，占全县贫困户的40.9%，因病致贫、因病返贫问题突出。为从源头上解决问题，叙永县制定了全民预防保健、健康扶贫、贫困人口大病专项救治等配套文件，成立了由县委书记、县长任"双组长"的工作领导小组，负责统筹推进全县全民预防保健和健康扶贫工作，并于2014年9月在四川省率先创新开展全民预防保健试点工作。

为了让群众认识到健康体检、预防保健的重要性，叙永县组织2000多名乡镇、村组干部，组成400多支宣传工作队伍，进村入户开展宣传动员。一方面层层召开动员大会、院坝会，动员群众参加体检。另一方面以"集中体检为主，巡回服务为辅"的方式，为群众实施体检。

截至2020年，叙永县累计免费体检128万人次，在家贫困人口免费体检率达100%，形成"一人一档、一户一册、一村一本、一镇一室"的健康档案体系，居民电子健康档案建档率为96.44%，利用健康信息查询系统和监测分析系统，摸清叙永县健康家底，形成横联医保、纵贯五级的健康信息查询管理体系。同时，叙永县按照"分类指导、重点管理"原则，对一般人群广泛开展健康促进活动，提高防病意识和能力；对及时跟踪人群和慢性病高风险人群，通过家庭医生签约服务开展定期回访，强化健康干预；对疾病人群，纳入临床管理，实施分级诊疗。

2. 精准救助，让贫困群众"看得起病"

叙永县按照大病集中救治一批、慢病签约服务一批、重病兜底保障一批

---

① 《叙永县：让健康之光照亮小康之路》，泸州新闻网，http://news.lzep.cn/content/2020-06/29/content_553927.html，最后检索时间：2021年11月19日。

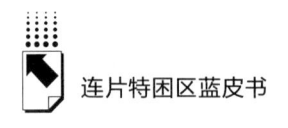

"三个一批"实行分类救治,构建"锁定贫困患者、集中诊断病情、分类制定治疗措施、定向落实医疗机构、全域全程包干负责、一站式服务结算"的"六位一体"精准救治体系。

为落实贫困人口基本医疗有保障,叙永县全额资助贫困人口100%参加城乡居民基本医疗保险、大病保险、医疗扶贫附加保险,按照"社会保险+商业保险+医疗救助+基金兜底"的多元化多梯次分担思路,大力实施"三保、三救助、三基金"政策,让公共资源发挥最大作用,降低贫困患者就医负担。

3. 基层服务,让群众"看得好病"

基础建设方面,叙永县所有卫生院按"一站一馆三区"优化功能布局,配齐必要医疗设备;所有行政村卫计站均达到脱贫建设标准。为发挥辐射带动作用,叙永县人民医院对不达标的6个乡镇卫生院实施新建,改扩建和新建75个村卫计站,所有行政村卫计站均达到脱贫建设标准;全县积极推进11个县域内医联体建设,进一步夯实硬件基础,实现"小病不出村、大病不出县",满足群众就近就医需求。

人才队伍建设方面,叙永县以叙永县人民医院、叙永县中医医院为龙头,发挥县级专家团队作用,蹲点入村帮扶,定期开展义诊、家庭医生签约团队服务,推进县域内医共体建设,定期开展业务培训,建立"县招乡用""乡聘村用"等管理机制,解决卫生技术人员工资待遇和养老保险等问题。此外,以叙永县人民医院为依托,建立心电、影像、临床会诊三大医疗协作服务网络。截至2020年底,已实现县、乡(镇)、村三级医疗机构远程信息网络全覆盖,可开展远程教育培训、远程健康管理指导、远程会诊,解决基层服务能力不足问题。

在健康扶贫实践中,叙永县大力实施健康扶贫,提高贫困群众健康意识,降低贫困群众医疗费用负担,保护和恢复贫困人口劳动力,坚持把健康扶贫作为一项重大政治任务和民生工程,聚焦农村建档立卡贫困人口精准发力,探索出了一条以全民预防保健为特色的健康扶贫新路径,确保了贫困地区困难群众可持续脱贫,同时也为下阶段乡村振兴战略的实施奠定了医疗卫生环境基础。

五 乌蒙山片区乡村振兴展望

《乌蒙山片区区域发展与扶贫攻坚规划（2011~2020年）》实施以来，乌蒙山片区所辖38个县（市、区）在"人业地"以及综合转型方面均取得一定成效，所有县（市、区）都顺利脱贫摘帽，夺取了脱贫攻坚的全面胜利。但脱贫摘帽并非终点，"人业地"以及综合转型也尚有进一步提升空间。乌蒙山片区未来应继续以"人业地"的转型发展为工作中心和重心，不断巩固拓展前期脱贫成效的同时，为下一阶段乡村振兴战略的贯彻实施奠定坚实基础，进而为有效实现共同富裕的目标提供可靠保障。

（一）突出"人"的全面发展

乡村振兴的核心是解决人的问题，农民作为乡村社会的主体，其综合素养既是促进乡村振兴战略实施的人力资本，同时也是乡村振兴战略实施效果的检验依据。因此，加快农民思想观念、价值理念、科学知识、技术水平等方面的转变与提升，是乌蒙山片区全面推进乡村振兴的重要支撑，未来乌蒙山片区想做好下一阶段脱贫成效巩固与乡村振兴战略之间的有效衔接，真正实现乡村全面振兴，仍需从多方面系统提升农民的整体素质与能力，促进其全面发展。

1. 强化思想道德水平建设

加强乌蒙山片区农村思想道德水平建设，就是要从根本上消除片区农村的小农思想、封建残余意识及旧风陋习，让片区农民从思想深处真正认识和理解党的最新路线、方针与政策，最大限度调动其投身农村物质文明和精神文明建设的主动性、积极性和创造性，从而为乌蒙山片区乡村振兴战略的贯彻实施奠定坚实的群众思想基础。具体而言有以下三点。一是要激发各类"主体"活力，形成教育合力。乌蒙山片区各级政府作为农村思想道德教育的领导主体，应从组织高度做好思想道德教育谋划工作，落实相关内容，创建统一道德标准，健全相关教育制度。村民委员会等农村基层组织是推进农

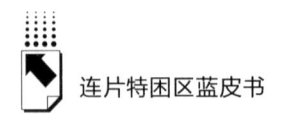

村思想道德建设的重要桥梁，应进一步挖掘和发挥好自身的平台作用，不断增进农村思想道德教育过程中政府与农民之间的相互理解与合作。农民作为道德教育的实践主体，应不断增强自身的集体意识、主人翁意识和道德认知能力，进而持续提升自己参与乡村振兴的自觉性与能动性。二是要创新和丰富农村思想道德教育的方式方法。既要借助各种传统的大众媒体手段向广大农村民众传播道德文明，也要通过开展"破旧习、树新风"活动、评选"文明家庭"、组建村民兴趣小组等形式来丰富思想道德建设的内容与形式。三是要构建并完善农村思想道德建设的保障机制。一方面，积极推进村规民约的编制、修订及执行，充分发挥村规民约在农村思想道德建设方面的自我监督功能。另一方面，把思想道德教育的成效纳入各级领导干部的考核体系，不断提升领导干部对农村思想道德建设的重视程度。

2. 突出科学文化素养提升

农民群体是我国全民科学素养提升行动中的四大类重点人群之一，其相对较低的科学文化素养不仅关系脱贫成效的巩固，而且也制约着乡村振兴战略目标的实现。鉴于此，乌蒙山片区未来应着力从以下方面提升农民群众的科学文化素养。其一，强化顶层设计与宏观统筹。通过整合片区内政府部门、科研院所、高等院校、社会团体、农业企业等各种组织资源，打造片区农民科学文化素养提升联盟，形成片区上下一盘棋的农民科学文化素养提升工作格局，尤其是各级政府应加快出台有利于促进农民科学文化教育培训的地方性法规，积极完善相关激励性政策，从而为农民科学文化素质的提升提供制度保障。其二，强化农民职业技术教育。目前，乌蒙山片区农民中仍有相当部分学历在高中以下，并且他们获取专业技能及科技知识的渠道有限。未来乌蒙山片区各级政府部门可以针对农村实际探索建立农民终身职业技术教育体系，通过创新教育培训方式及动态优化教育培训内容，切实为农民职业技能和科学素养的提高提供渠道保障。其三，强化经费支持和投入保障。围绕农民科学文化素养提升工作，乌蒙山片区各级政府除应设置专项工作经费之外，还应积极打造政府主导、市场驱动、社会参与的多元化投入格局，加快构建农民科学文化素养提升工作经费的长效稳定增长机制，从根本上解决长期困扰农民科学文化素养提升的资金不足问题。

3. 注重金融素养水平提升

金融素养的提升,既可以帮助农村居民了解基础金融知识及金融产品,也能够帮助农村居民建立和加深对金融风险的认识,进而减少其金融决策的系统性行为偏差,这一方面有利于扩大与提升乡村振兴战略实施过程中农村金融市场的参与面与活跃度,另一方面也有助于充分释放金融服务乡村振兴的活力并拓展其路径。鉴于此,乌蒙山片区未来应着力从以下方面提升农村居民的金融素养水平。一是优选农村金融教育的内容。农村居民对金融知识的需求有其特殊性,金融教育主体在向农村居民传播具有共性的金融知识的同时,还应注重传播与农村居民经济生活息息相关的金融知识。例如,向农村居民普及关于土地承包权和土地经营权的金融知识,使其可以利用土地经营权转让、设立担保来获取资金;向回乡创业的农村居民宣传普及涉农贷款知识;向农村居民普及贷款、担保纠纷的维权知识;通过失信案例警示教育来培养农村居民的诚信意识;等等。二是找准农村金融教育的合适时点。与城镇相比,农村金融具有更为明显的时间阶段性,金融教育的效果往往与金融知识宣传的时点紧密相关。例如,春季宣传助农贷款,在遭遇大规模农村金融诈骗事件后,重点宣传金融诈骗防范和正规维权知识。因此,找准合适的金融教育时点对于农村金融教育的成效至关重要。三是创新农村金融教育的形式。长期以来,交通条件是制约乌蒙山片区金融知识进农村的主要障碍之一。当前,数字技术的发展以及移动设备在农村的普及,不仅为乌蒙山片区破除农村金融教育的交通障碍提供了条件,而且为其创新农村金融教育的形式、开展定制化和个性化的金融教育服务、提高农村金融教育的覆盖面及趣味性等奠定了坚实的技术基础。

(二)注重"业"的提质升级

产业兴旺既是解决乌蒙山片区"三农"问题的根本前提,也是促进乌蒙山片区乡村全面振兴的物质基础。离开产业上的提质升级,乌蒙山片区乡村振兴战略的实施将失去着力点和物质保障。因此,加快乡村传统产业发展,积极推进乡村新产业与新业态,持续优化农户和现代农业产业的利益联结机制,是乌蒙山片区全面推进乡村振兴的关键与重点,未来乌蒙山片区应进一步从巩固已有产业基础、加快特色产业转型升级、推进传统农业与数字农业深度融合等方面着力加强"业"的提质升级。

1. 持续筑牢既有脱贫产业基础

为实现巩固拓展脱贫攻坚成果与乡村振兴的有效衔接,乌蒙山片区应立足脱贫攻坚时期形成的既有产业基础,尤其是涉农产业基础,持续加大建设与扶持力度,不断调整和优化这些产业的规模及产品结构,坚持以农民为主体,以优势资源为依托,以专业合作社为龙头,进一步做好既有产业的提质增效和提档升级,通过延长农产品产业链条,建立健全农产品深加工体系,不断拓展既有产业增值增效新空间,持续增强既有产业就业吸纳能力和增收能力,进而为乡村全面振兴筑牢产业基础。

2. 加快特色产业转型升级步伐

当前,伴随着人民群众健康意识的增强,人们对农产品的需求逐步由解决温饱、确保安全的初级阶段,向吃出健康、具有营养及原生态的高级阶段转变。受此影响,农业生产也日益由传统的大宗产品生产阶段逐步向个性化、定制化、功能化、营养化、健康化等更高层次发展。在此大背景下,未来乌蒙山片区应紧盯市场变化,紧抓市场需求,以涉农大健康产业中的"特""优"农产品为中心与引擎,大力发展有机旱作农业、无公害绿色食品、康养休闲零食等功能性农业,要把农业当成产业来做,把合作社当作企业来做,把农作物当作产品来做,定性定量,控制内涵指标,推广品牌,坚持林草结合、种养循环、生态优先等保护型发展战略,发展适度规模和差异化产品,逐步减少化肥和农药施用量,借助新品种、新技术和现代生物科技,不断寻找市场机遇,加快推进农业生产由过去的"温饱型"模式向"健康型"模式转变。

3. 推动传统农业与数字农业相融合

伴随着互联网和数字经济的发展,许多新模式和新业态逐步在乡村发展进程中显现,并日益深刻地影响着乡村发展的步伐与路径。乌蒙山片区未来应充分结合这一时代和技术趋势，不断推动互联网、数字技术等与传统农业的深度融合，大力发展创意农业、数字农业、认养农业、观光农业、都市农业等新的农业模式和业态，以信息技术带动业态融合，促进农业与信息产业融合，不断提升农民跨界增收、跨域获利的渠道与能力。

（三）推进"地"的优化调整

农村社会福利与公共服务的供给是农民最为关心的、与自身生活直接相关的现实利益问题。重视改善农村社会福利与公共服务的供给，既是乌蒙山片区实现乡村全面振兴的前提与基础，也是片区提升乡村振兴过程中农民获得感、幸福感与安全感的重要途径，同时还是有效推进片区"人"和"业"进一步转型的先决条件。因此，乌蒙山片区未来应进一步从提升城乡公共服务配置的公平性、创新农村公共服务供需协调机制、健全农村公共服务多元化投入机制等方面做好"地"的优化调整。

1. 提升城乡公共服务配置的公平性

公共服务配置的公平性是影响人们居所与职业选择的重要因素。要想让更多的人愿意生活在农村或投身于农业生产活动，进而为乡村全面振兴提供可靠的人力资源保障，就必须不断缩小城乡公共服务配置间的差距，逐步实现城乡公共服务配置的均等化。近年来，乌蒙山片区农村公共服务配置水平虽不断提升，但与城镇相比差距仍然较大。因此，乌蒙山片区未来应以城乡公共服务配置均等化思想为指导，加快建立健全惠及全民、公平公正、水平适度、城乡统筹的基本公共服务体系，不断缩小公共服务配置水平的城乡差距，逐步实现城乡之间公共服务配置的均等化。一是加大教育资源向农村倾斜的力度，持续改善农村办学条件，加快农村学校合理布局，加大与提升农村教师队伍建设投入，不断提升农村学校的教学质量与水平。与此同时，充分运用互联网等现代技术手段，将各种优质教育资源向农村地区广泛传播，不断缩小城乡教育间的资源鸿沟，最终实现教育更好地服务乡村全面振兴。二是加大医疗卫生资源向农村倾斜的力度，持续健全农村医疗卫生服务体系，增加农村医疗卫生服务投入，改善农村医疗卫生条件，提升农村医疗卫

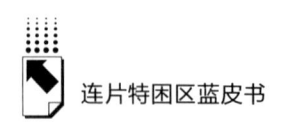

生服务能力与水平，不断缩小城乡之间医疗卫生服务方面的差距，为乡村全面振兴提供坚实的医疗卫生服务保障。

2. 创新农村公共服务供需协调机制

农村社会福利与公共服务供给的目标是解决农民生活中最为迫切的需求问题。长期以来，由于信息的不对称及自上而下的供给决策机制，乌蒙山片区农村普遍存在某些公共服务供给过剩而另一些公共服务供给又不足的结构性失调问题。乡村振兴背景下，为有效解决农村公共服务供需的结构性矛盾问题，乌蒙山片区应着力从以下两方面创新农村公共服务供给决策机制。一是加强对村民的引导教育，让广大村民意识到农村公共服务的供给水平及能力与自身各方面利益息息相关，尤其是在经历脱贫攻坚阶段之后，农村的经济社会面貌焕然一新，原有的农村公共服务供给面临全新的环境，农村公共服务需求也呈现日益多样化的特点，广大村民作为农村公共服务的享用者，只有亲身参与到有关公共服务供给的决策中来，才能真正实现农村公共服务的精准高效供给。二是以广泛的农户调查为基础，以充分尊重绝大多数农民的需求意愿为原则，积极探索建立自上而下和自下而上相结合的农村公共服务供给模式，定期或不定期动态优化与调整农村公共服务供给的项目及数量，从而不断提高农村公共服务的供给效率和质量。

3. 健全农村公共服务多元化投入机制

当前，公共服务投资主体单一仍是乌蒙山片区农村公共服务资源投入不足、效率不高、针对性不强的重要原因。乌蒙山片区未来应加快探索建立农村公共服务多元化投入机制，针对不同农村区域的差异化需求，积极引进市场、社会组织、农村社区、农民自身等多方面力量，不断提升农村公共服务供给的数量与质量，切实增强农村居民公共服务的获得感与满足感。一是加快构建以税收、国债、贴息等为主要手段的财政扶持政策体系，对投资或支持农村公共服务项目建设的个体及组织给予相应的补偿与奖励，不断增强社会各界参与农村公共服务体系建设的积极性。二是加快推进农村公共服务供给的社会化及市场化改革步伐，积极引入市场竞争机制，将那些政府部门不擅于解决的农村公共服务供给难题，逐步交由企业和其他社会组织去完成，释放政府压力的同时，不断提升农村公共服务供给的有效性。三是加快培育各级各类农村组织及培养具有主体意识的新型农民，通过政策引导与扶持，不断激活农村组织及广大农民投身农村公共服务体系建设的主体意识，持续释放农村组织和农民个体参与农村公共服务体系建设的潜能。

B.7 滇桂黔石漠化片区的脱贫攻坚成效与乡村振兴展望[*]

李 峰[**]

摘 要： 《滇桂黔石漠化片区区域发展与扶贫攻坚规划》（2011～2020年）发布以来，依照规划部署，片区内各级政府扎实推进扶贫开发和脱贫攻坚工作，片区农村居民人均收入不断提高、生产生活条件日益改善、教育文化和医疗条件不断完善，截至2020年底，80个贫困县全部实现脱贫摘帽，脱贫攻坚取得全面胜利。为巩固拓展脱贫攻坚成果同乡村振兴有效衔接，片区各县域积极推动乡村转型，探索乡村振兴的有效途径。本文采用"人业地"乡村转型评价指标体系，对2011～2019年滇桂黔石漠化片区乡村转型的时空演化及聚类特征进行了研究。研究发现，滇桂黔石漠化片区的乡村转型还处于起步阶段，乡村转型的总体水平不高，贵州省片区一直处于片区乡村转型的前列；片区乡村转型呈现明显的"北高－南低"的空间特征，乡村转型度高值区主要分布在片区北部的贵州省域；片区"人""业"的转型相对比较稳定，"地"的转型提升明显。最后，通过聚类分析，本文对各县域乡村转型的类型进行了划分，并以此为依据，提出了滇桂

---

[*] 本文得到国家自然科学基金项目"精准扶贫多主体协同治理与网络支持平台构建研究"（项目编号：71663019）和国家民族事务委员会项目"新发展格局下东西部协作与民族地区产业高质量发展研究"（项目编号：2021－GMB－021）的资助。

[**] 李峰，博士，吉首大学商学院副教授，硕士生导师，主要研究方向为区域经济与产业经济。

黔石漠化片区乡村振兴的政策性建议。

关键词： 滇桂黔石漠化片区　脱贫攻坚　乡村转型　乡村振兴

一　引言

滇桂黔石漠化片区跨广西、贵州、云南三省（区），集民族地区、革命老区和边境地区于一体，是国家脱贫攻坚主战场中少数民族人口最多的片区。区域范围共包括91个县（市、区），其中广西、贵州、云南三省（区）的集中连片特殊困难地区县（市、区）80个，其他县（市、区）11个。区域内有民族自治地方县（市、区）83个、老区县（市、区）34个、边境县8个。片区石漠化问题严重，岩溶面积达11.1万平方公里，石漠化面积达4.9万平方公里，为全国石漠化问题最严重的地区。2010年，按2300元扶贫标准，区域内有贫困人口816万人，贫困发生率31.5%，高出全国平均水平18.8个百分点，贫困问题十分突出。2012年7月，在国务院扶贫开发领导小组办公室、国家发展和改革委员会的领导下联合制定并颁布了《滇桂黔石漠化片区区域发展与扶贫攻坚规划》（2011~2020年）（以下简称《规划》）。近10年来，依照《规划》的部署，片区内各级政府扎实推进扶贫开发和脱贫攻坚工作，大力实施精准扶贫、精准脱贫方略，2020年底，80个片区县（市、区）全部实现脱贫摘帽，片区农村居民人均纯收入实现了10%以上的年度递增，脱贫攻坚取得全面胜利，巩固拓展脱贫攻坚成果同乡村振兴衔接有效推进，为片区人民实现共同富裕打下了坚实基础。

二　滇桂黔石漠化片区的脱贫攻坚成效

（一）片区减贫成效显著

按2010年不变价每人每年2300元的国家农村贫困标准，2011年滇桂

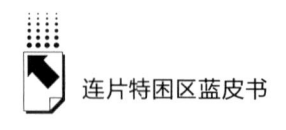

黔石漠化片区共有贫困人口816万人，贫困发生率31.5%，高出全国18.8个百分点；至2019年底，片区累计减少农村贫困人口780万人，年均减贫97.5万人，贫困发生率减少到1.4%，高出全国0.6个百分点。片区贫困人口及贫困发生率情况见表1。

表1　2011～2019年滇桂黔石漠化片区贫困情况

单位：万人，%

贫困情况	2011年	2012年	2013年	2014年	2015年	2016年	2017年	2018年	2019年
贫困人口	816	685	574	488	398	312	221	140	36
贫困发生率	31.5	26.3	21.9	18.5	15.1	11.9	8.4	5.3	1.4

资料来源：《中国农村贫困监测报告》（2012～2020）。

（二）片区农村居民收支状况明显改善

1. 片区农村居民人均收入不断提高

从表2可见，2013～2019年，滇桂黔石漠化片区农村居民人均收入逐年增加，从2013年的5907元增加到2019年的11262元，增长了近一倍，年均增幅11.35%，高于全国农村居民人均收入年均增幅2.2个百分点，片区农村居民人均收入占全国农村居民人均收入的比重从2013年的63%上升到2019年的70%，提高了7个百分点，相对差距逐步缩小。不过片区农村居民人均收入与全国农村居民人均收入间的绝对差距依然在逐年拉大，从2013年的3523元增加到2019年的4759元，片区农村居民增收还有很长的路要走。

表2　2013～2019年滇桂黔石漠化片区农村居民人均收入情况

单位：元，%

区域	2013年	2014年	2015年	2016年	2017年	2018年	2019年
片区	5907	6640	7485	8212	9109	10073	11262
名义增速	15.3	12.4	12.7	9.7	10.9	10.6	11.8
全国	9430	10489	11422	12363	13432	14617	16021
名义增速	12.4	11.2	8.9	8.2	8.6	8.8	9.6

资料来源：《中国农村贫困监测报告》（2014～2020）。

2. 片区农村居民人均消费支出逐年增加

表3显示了片区农村居民的人均消费支出情况，在片区农村居民人均消费支出方面，2013~2019年，滇桂黔石漠化片区农村居民人均消费支出呈现逐年上升的趋势，2013年片区农村居民人均消费支出为5186元，2019年片区农村居民人均消费支出增加到9657元，年均增幅10.9%，高出全国农村居民人均消费支出的年增长率2.3个百分点，片区农村居民消费进一步优化，生活质量不断提高。

表3 2013~2019年滇桂黔石漠化片区农村居民人均消费支出情况

单位：元，%

区域	2013年	2014年	2015年	2016年	2017年	2018年	2019年
片区	5186	5788	6508	7284	7730	8712	9657
名义增速	20.8	11.6	12.4	11.9	6.1	12.7	10.8
全国	7485	8383	9223	10130	10955	12124	13328
名义增速	12.1	12.0	10.0	9.8	8.1	10.7	9.9

资料来源：《中国农村贫困监测报告》（2014~2020）。

（三）片区农村居民生产生活条件日益改善

1. 生产生活条件明显改善

脱贫攻坚以来，滇桂黔石漠化片区不断加强农村贫困居民的住房保障，大力改建改造农村危房，实施易地搬迁政策，片区农村居民生产生活条件得到明显改善。

滇桂黔石漠化片区农村居民的住房条件不断改善。从图1可见，2014年片区农村居民居住竹草土坯房的农户比重为1.8%，2019年下降到0.1%，片区农村居民居住条件大大改善；饮水安全方面，2014年滇桂黔石漠化片区使用管道供水和使用经过净化处理自来水的农户比重分别为74.5%和36.9%，2019年，该两项比重分别上升到91.5%和57.5%，片区农村居民用水安全得到进一步保障，饮水质量也得到提高；2014年片区独用厕所与炊用柴草的农户比重分别为92.7%和52.9%，随着片区卫生厕所改造和清洁能源的推广，2019年片区独用厕所农户的比重上升到97.0%，炊用柴草的农户比重下降到24.6%，片区农村居民的居住设施得到进一步改善。

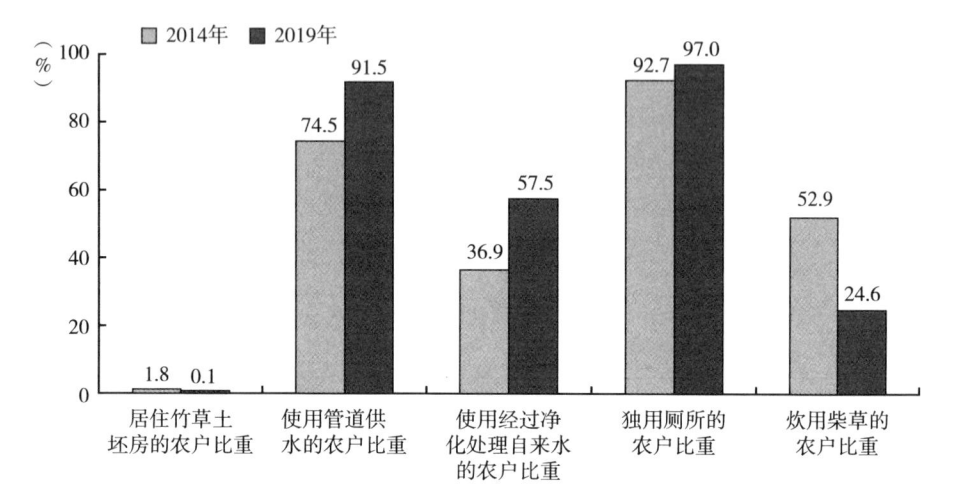

图1 2014年和2019年滇桂黔石漠化片区农村居民生活条件改善情况

数据来源：《中国农村贫困监测报告》（2015、2020）。

滇桂黔石漠化片区农村居民生活条件逐年改善，每百户耐用品拥有量持续增加。从图2可见，2014年滇桂黔石漠化片区农村居民每百户拥有汽车8.8辆、洗衣机71.2台、电冰箱68.9台、移动电话229.3部、计算机11.7台；2019年片区农村居民每百户拥有汽车24.2辆，汽车拥有量提高了近2倍，每百户拥有洗衣机93.1台、电冰箱98.3台，几乎每家每户都拥有了洗衣机和电冰箱，每百户拥有移动电话311.1部，按户均3~4人计算，几乎达到每人1部。片区农村居民生活条件显著改善。

2. 基础设施建设不断完善

脱贫攻坚以来，滇桂黔石漠化片区农村基础设施日益改善。从图3可见，2019年片区所有自然村均通了公路，进村主干道路硬化的自然村比重达98.6%，开通公共汽车的自然村比重达63.3%，片区农村居民出行的交通便利性大大提高；通电话的自然村比重达到100%，实现了全覆盖，可接收有线电视信号的自然村和通宽带的自然村比重分别达到98.9%和95.9%，通信基础设施建设几近完善。

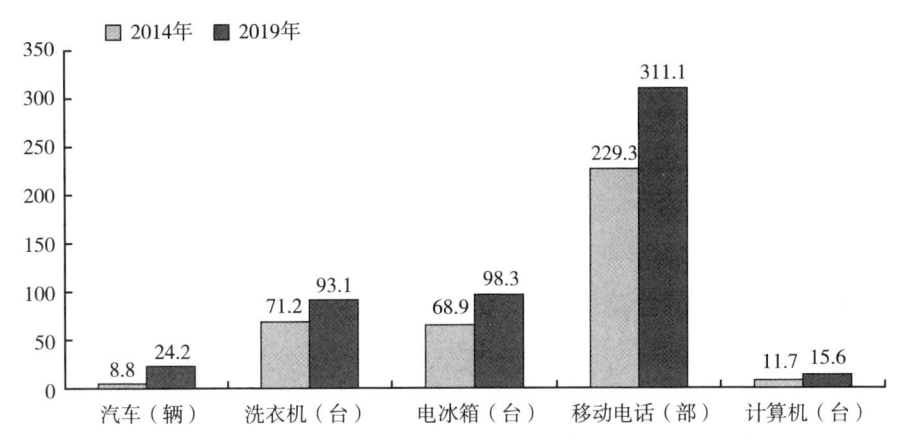

图 2　2014 年和 2019 年滇桂黔石漠化片区农村居民每百户耐用品拥有情况

数据来源：《中国农村贫困监测报告》（2015、2020）。

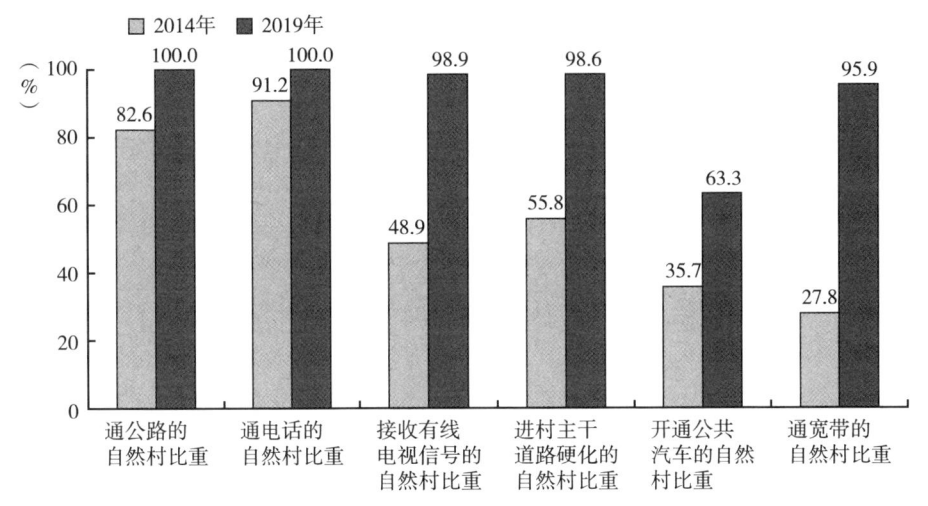

图 3　2014 年和 2019 年滇桂黔石漠化片区农村基础设施改善情况

数据来源：《中国农村贫困监测报告》（2015、2020）。

（四）片区教育文化和医疗条件日益完善

脱贫攻坚以来，滇桂黔石漠化片区的农村教育文化设施不断完善，便利程度不断提高。从图 4 可见，2014 年片区所在自然村上幼儿园和小学便利的农户比重分别为 62.7% 和 74.9%，随着教育资源的不断投入，2019 年片区所在自然村上幼儿园和小学便利的农户比重分别提高了 25.9 个和 16.3 个百分点，分别达到 88.6% 和 91.2%，片区农村教育水平得到明显提升；片区所在自然村有卫生站的农户比重从 2014 年的 90.3% 提升到 2019 年的 92.3%，片区农村及时就医状况得到进一步改善。

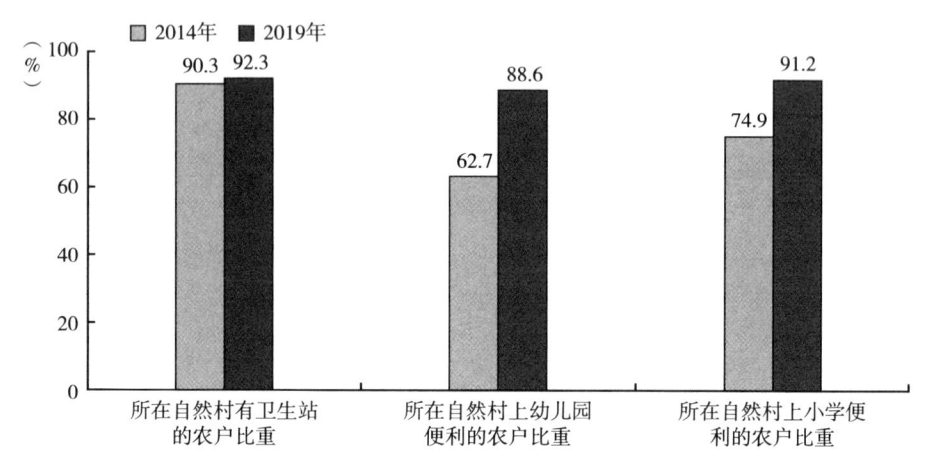

图 4　2014 年和 2019 年滇桂黔石漠化片区农村教育文化和医疗变化情况

数据来源：《中国农村贫困监测报告》(2015、2020)。

三　滇桂黔石漠化片区乡村转型进展及特征

片区的脱贫攻坚不仅完成了消除绝对贫困的任务，使片区区域性贫困问题得到根本解决，也促进了片区乡村的重构和转型，包括乡村基础设施的改善、产业的发展、空间布局的优化和人口素质的进一步提升等各个方面，借鉴本课题组提出的"人业地"的发展研究框架，综合考虑数据的可得性，从"人"的转型、"业"的转型、"地"的转型三个维度构建了用于评价地区乡村转型的指标体系。[1] 依据指标评价体系，本部分对滇桂黔石漠化片区县域的

---

[1] 游俊、冷志明、丁建军：《连片特困区扶贫开发政策实施与精准扶贫实践调查——基于"人业地"综合减贫视角》，载游俊、冷志明、丁建军主编《中国连片特困区发展报告(2016-2017)》，社会科学文献出版社，2017，第 1 页。

乡村转型进展进行了测度和分片区的比较分析，分片区主要依据片区各县域所隶属的省份来划分，主要分为贵州片区、广西片区和云南片区。

本部分所用到的数据主要来源于滇桂黔石漠化片区内各县域的社会经济统计数据，包括 2012～2020 年《中国县域统计年鉴》《广西统计年鉴》《贵州统计年鉴》《云南统计年鉴》，并以片区各县域 2012～2020 年社会经济统计公报为补充，共收集了片区内 78 个县（区）2011～2019 年的数据。①

（一）片区乡村转型的总体特征

1. 片区乡村转型度逐年提升

通过测算，共得到 2011～2019 年滇桂黔石漠化片区 78 个县域的 702 个数据，整体情况见表 4。从整体看，滇桂黔石漠化片区各县域乡村转型度的得分偏低，表明各县域的乡村转型发展尚处于较低水平。对滇桂黔石漠化片区各县域乡村转型度按年度进行汇总并计算均值，可得出片区乡村转型度 2011～2019 年的总体变化趋势。从图 5 可以看出，滇桂黔石漠化片区乡村转型度总体呈现明显的上升趋势，从 2011 年的 0.248 逐步提升到 2019 年的 0.282，同时变异系数也逐步变小，在 2013 年达到高峰后，一路下降到 2019 年的 0.199，表明片区各县域乡村转型度之间的差距在逐年缩小。

表 4 2011～2019 年滇桂黔石漠化片区县域乡村转型度总体情况

区域	样本数（个）	最小值	最大值	均值
全片区	702	0.102	0.540	0.264
贵州片区	342	0.164	0.540	0.293
广西片区	261	0.102	0.335	0.236
云南片区	99	0.130	0.330	0.233

资料来源：经测算得到。

---

① 片区区域范围共包括 91 个县（市、区），其中，片区县（市、区）80 个，其他县（市、区）11 个。本文仅考虑 80 个片区县（市、区），其中由于部分数据缺失，贵州省安顺市的西秀区、六盘水市的水城县未纳入考察范围。

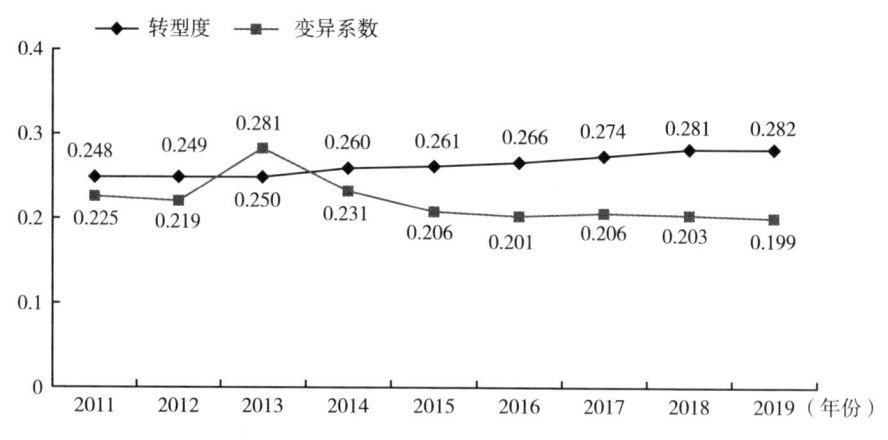

图5 2011~2019年滇桂黔石漠化片区乡村转型度的变化情况

资料来源：经测算得到。

2. 片区"人业地"转型指标表现不一

（1）"人"和"业"的转型好于"地"的转型

从滇桂黔石漠化片区"人业地"三个转型指标的年度均值来看，考察期间滇桂黔石漠化片区"人"的转型度指标要好于"业"的转型度指标，"业"的转型度指标要好于"地"的转型度指标。这表明片区在"地"的转型方面欠缺还比较多，包括在基础设施、公共服务、运营环境等方面。具体见图6。

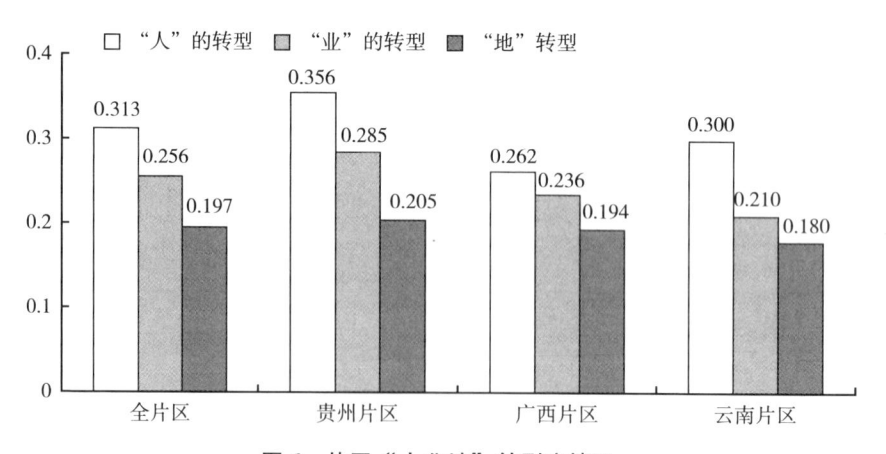

图6 片区"人业地"转型度情况

资料来源：经测算得到。

（2）"地"的转型度提升很大

从时间维度来看，片区"人业地"三个维度的转型度指标呈现不同的变化，具体见图7。其中，"人"和"业"的转型度指标总体变化不大，基本分别围绕着0.31和0.25的均值在波动，起伏不是很大；"地"的转型度指标一路上扬，从2011年的0.10上升到2019年的0.27，表明片区2011~2019年在"地"的转型方面的投入和改善力度挺大，取得了明显的成效。

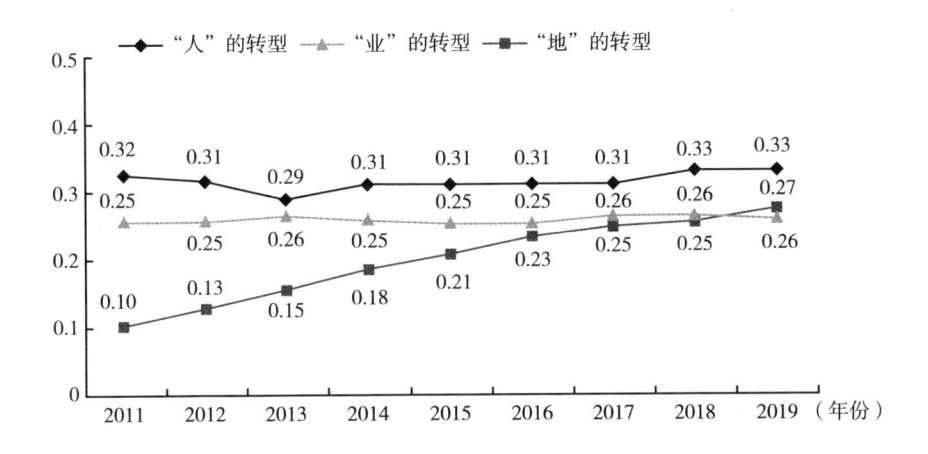

图7 2011~2019年片区"人业地"转型度变化情况

资料来源：经测算得到。

（二）片区乡村转型的省（区）域特征

1. 片区内各省（区）乡村转型发展不平衡

从表4显示的乡村转型度年均值情况来看，2011~2019年片区内贵州、广西、云南所辖区域乡村转型度均值分别为0.293、0.236和0.233，表明贵州片区乡村转型度的整体水平要高于广西和云南片区。图8显示了2011~2019年片区内各省（区）不同年份的乡村转型度得分情况。从图8中亦可看见，贵州片区各年度的转型度指标得分均好于广西片区和云南片区的得分情况，广西、云南片区的得分相差不大。但从趋势来看，广西、云南片区的乡村转型度从2013年开始呈现缓慢的上升趋势，贵州片区保持着较稳定的态势。

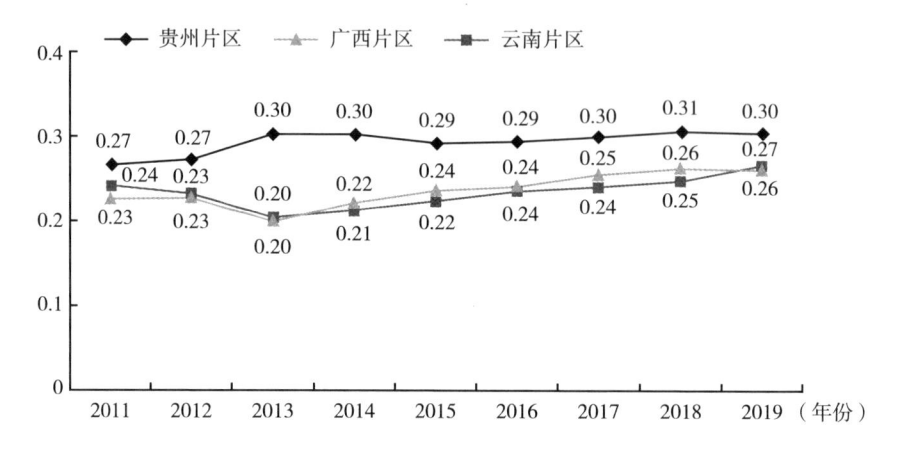

图8　2011～2019年片区内各省（区）乡村转型度变化情况

资料来源：经测算得到。

2.各省（区）"人业地"转型趋势基本趋同

（1）各省（区）"人"的转型逐年收敛

图9显示了2011～2019年片区各省（区）"人"的转型指标变化趋势。从图9中可以看出，三个省（区）"人"的转型指标得分呈现明显的收敛趋势。其中，贵州片区"人"的转型指标基本处于领先位置，一直在0.3～0.4的区间波动；广西片区和云南片区"人"的转型指标在2013年后处于逐年上升的趋势，其中广西片区的上升态势更为明显。到2019年，三个分片区"人"的转型指标的得分基本都处于0.3～0.4，分片区间的差距明显缩小。

（2）各省（区）"业"的转型相对稳定

图10显示了2011～2019年片区各省（区）"业"的转型指标的变化趋势。从图10中可以看出，各省（区）"业"的转型指标基本处于相对稳定的状态。其中，贵州片区的指标得分依然最高，基本在0.28左右波动；广西片区相对低一些，得分基本围绕0.25左右波动；云南片区的得分最低，基本维持在0.21左右。

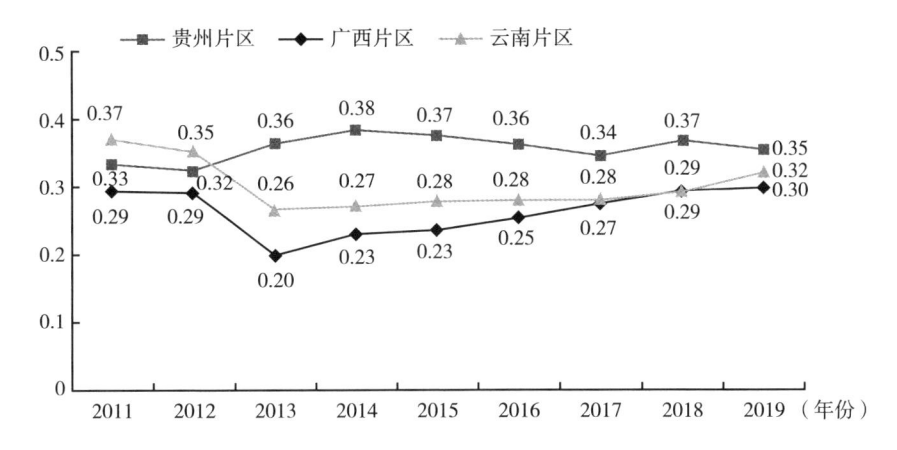

图9 2011~2019年各省（区）"人"的转型指标变化趋势

资料来源：经测算得到。

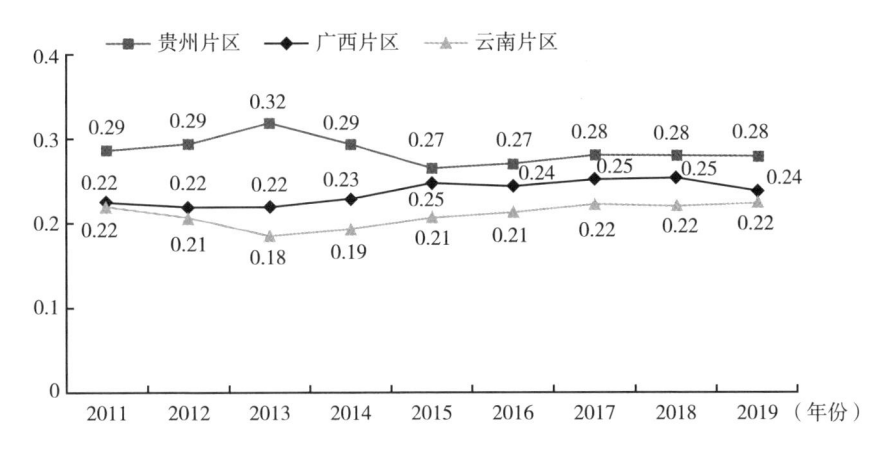

图10 2011~2019年各省（区）"业"的转型指标变化趋势

资料来源：经测算得到。

(3) 各省（区）"地"的转型逐年提升

图11显示了2011~2019年片区各省（区）"地"的转型指标的变化趋势。从图11中可以看出，三省（区）"地"的指标的得分总体上均呈现明显的上升态势，从2011年的0.1左右逐年提升到2019年的0.28左右，上升趋势十分明显，表明三省（区）2011~2019年在"地"的转型方面的投入颇有成效，"地"的转型得到明显改善。

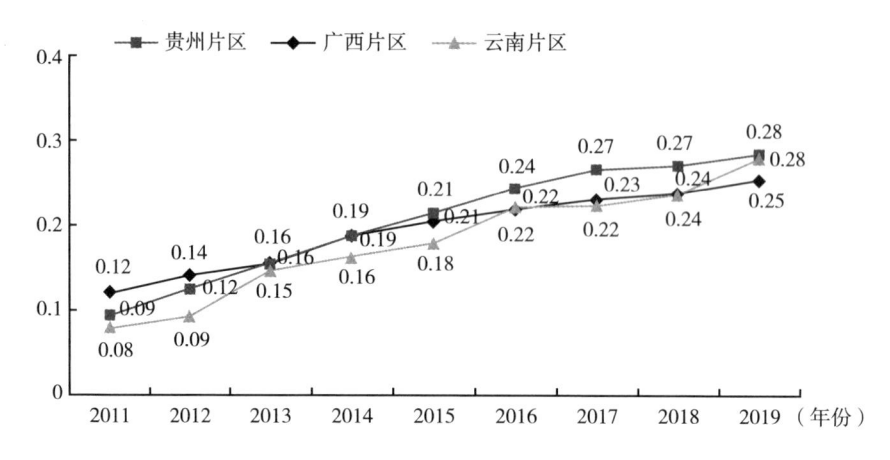

图 11 2011~2019 年各省（区）"地"的转型指标变化趋势

资料来源：经测算得到。

（三）片区乡村转型的县域特征

1. 片区县域乡村转型度的总体特征

（1）片区各县域乡村转型度总体偏低

针对 2011~2019 年滇桂黔石漠化片区所有县域得分情况，采用四分法对片区乡村转型度进行了划分，选取 25%、50%、75% 三个分位数作为临界值将片区乡村转型度划分为高转型（>0.4375）、较高转型（0.325~0.4375）、较低转型（0.2125~0.325）、低转型（<0.2125）4 个等级。按照以上划分的 4 个等级，对片区内各县域 2011~2019 年乡村转型度指标得分的均值进行了划分，详细结果见表5。按年均值考查，片区内没有高转型县；较高转型县 6 个，占片区县总数的 7.7%，且均为贵州片区县；较低转型县 59 个，占片区县总数的 75.6%，其中广西片区 21 个县，贵州片区 31 个县，云南片区 7 个县；低转型县 13 个，占片区县总数的 16.7%，其中广西片区 8 个县，贵州片区 1 个县，云南片区 4 个县。整体上来看，滇桂黔石漠化片区的乡村转型度还不高，各县的乡村转型度多为较低转型及以下类型，乡村转型还需努力。

表 5　按年均得分滇桂黔石漠化片区 2011～2019 年各县域的乡村转型情况

单位：个

类型	数量（个）	占比（%）	片区县（区）名称	
片区高转型县	0	0.0	无	
片区较高转型县（区）	6	7.7	贵州	岑巩县、贵定县、荔波县、六枝特区、龙里县、平坝区（6）
片区较低转型县	59	75.6%	广西	巴马瑶族自治县、大化瑶族自治县、大新县、德保县、东兰县、都安瑶族自治县、凤山县、靖西市、乐业县、凌云县、龙胜各族自治县、龙州县、隆林各族自治县、那坡县、融安县、融水苗族自治县、天等县、田林县、田阳县、西林县、资源县（21）
			贵州	安龙县、册亨县、从江县、丹寨县、独山县、关岭布依族苗族自治县、黄平县、惠水县、剑河县、锦屏县、雷山县、黎平县、罗甸县、麻江县、平塘县、普安县、普定县、晴隆县、榕江县、三都水族自治县、三穗县、施秉县、台江县、天柱县、望谟县、瓮安县、兴仁县、长顺县、贞丰县、镇宁布依族苗族自治县、镇远县（31）
			云南	富宁县、泸西县、罗平县、麻栗坡县、师宗县、西畴县、砚山县（7）
片区低转型县	13	16.7	广西	环江毛南族自治县、隆安县、罗城仫佬族自治县、马山县、宁明县、三江侗族自治县、上林县、忻城县（8）
			贵州	紫云苗族布依族自治县（1）
			云南	广南县、马关县、屏边苗族自治县、丘北县（4）

资料来源：经测算得到。

（2）片区县域乡村转型度逐年提升

按年度得分来考查，选取 2011 年、2015 年、2019 年片区各县域转型度指标得分情况，同样按 4 个等级对各县域进行年度得分考查，总体情况见表 6。从表 6 中可以发现，在不同年份上片区县域乡村转型度依然偏低，较低转型以下的县域占据了很大的比重。同时也可发现低转型县的个数在逐年减少，说明片区的乡村转型水平在稳步提升。

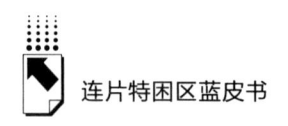

表6 按年度得分滇桂黔石漠化片区各县域的乡村转型情况（2011、2015、2019）

单位：个，%

类型	2011年		2015年		2019年	
	数量	占比	数量	占比	数量	占比
片区高转型县	0	0.0	1	1.3	1	1.3
片区较高转型县	9	11.5	5	6.4	12	15.4
片区较低转型县	48	61.5	59	75.6	62	79.5
片区低转型县	21	26.9	13	16.7	3	3.8

资料来源：经测算得到。

2011~2019年，滇桂黔石漠化片区的乡村转型度整体上呈现上升态势，表6显示了这一时序特征。2011年，在片区考查的78个县域中，处于低转型水平的县21个，占片区考查县总数的26.9%；较低转型水平的县48个，占片区考查县总数的61.5%；较高转型水平的县9个，占比为11.5%；高转型水平的县没有。2015年，片区整体转型水平得到提升，片区低转型水平的县减少到13个，逐步向较低转型水平集中，片区较高转型水平及以上的县6个，并出现了1个高转型水平县。2019年，在片区考查的78个县域中，处于低转型水平的县仅剩3个，占考查县总数的3.8%；较低转型水平的县62个，占考查县总数的79.5%；高转型水平的县1个，占考查县总数的1.3%；较高转型水平的县上升到12个，占考查县总数的15.4%。

表7显示了2011年、2015年、2019年片区内较高转型水平及以上县域的具体名单。从表7中可以发现，贵州片区各县域的乡村转型确实走在了片区的前列，所考查三个年份中，片区较高转型水平及以上县域中贵州片区分别占了66.7%、100%和92.3%。

表7 滇桂黔石漠化片区较高转型以上县域名单（2011、2015、2019）

年份	片区县(区)名称	
	高转型	较高转型
2011	无	广西：凤山县、东兰县(2) 贵州：六枝特区、平坝县、晴隆县、岑巩县、荔波县、龙里县(6) 云南：砚山县(1)

续表

年份	片区县(区)名称	
	高转型	较高转型
2015	贵州:龙里县(1)	贵州:平坝区、岑巩县、荔波县、贵定县、惠水县(5)
2019	贵州:龙里县(1)	广西:龙胜各族自治县(1) 贵州:安龙县、岑巩县、独山县、贵定县、惠水县、荔波县、平坝区、台江县、瓮安县、兴仁县、长顺县(11)

资料来源:经测算得到。

(3) 片区县域转型度呈现明显的"北高南低"的空间特征

在空间分布上,片区乡村转型度进展在空间上呈现明显的"北高南低"的空间特征。2011 年,片区处于低转型水平的 21 个县,多集中在片区的南部,片区 9 个较高转型县(区)则多集中在片区的北部和中部区域;2015 年这种"北高南低"的空间特征依然存在,片区 6 个较高转型水平及以上的县全集中在片区的北部和中部区域,而 13 个低转型水平的县多集中在片区的南部;2019 年,片区转型度"北高 – 南低"的空间特征得到进一步的加强,片区 13 个较高转型水平及以上的县均处于片区的北部,仅剩的 3 个低转型水平的县集中在片区东南部。

另外,片区转型度水平较高的县域主要集中在片区的贵州省域,且多集中在省会贵阳市和地级市兴义市周边。这表明,中心城市的示范和辐射作用在乡村转型中发挥了重要的影响,同时也和贵州省近年来不断加大脱贫攻坚力度有着十分密切的关系。

2. 片区县域"人业地"转型指标与聚类分析

为更好地了解滇桂黔石漠化片区各县域在乡村转型上的差异,采用 K 均值聚类法对片区各县域的乡村转型度进行聚类分析,分类指标为"人业地"三个指标,聚类结果设定为三类。

为使聚类能反映片县域转型的类型特征,采用 2019 年片区各县域乡村转型度的得分进行聚类,聚类结果见表 8。其中,类别Ⅰ为"人业地"转型度指标均在片区比较靠前的县域,"业"和"地"的转型度得分均值均高于其他两类,共包括片区 8 个县域,其中广西壮族自治区 1 个、贵州省 7 个;类别Ⅱ为"人"转型度指标得分相对比较高,"业"和"地"转型度指标得分相对中等的一类县域,共包括片区 28 个县域,其中广西壮族自治区 9 个、贵州省 17 个、云南省 2 个;类别Ⅲ则为"人业地"三个转型度指标均比较低的一类县域,此类县域共包括片区 42 个县域,其中广西壮族自治区 19 个、贵州省 14 个、云南省 9 个。

表 8 基于 2019 年滇桂黔石漠化片区乡村"人业地"转型得分的聚类情况

分类	指标得分均值			片区县(区)名称	
	"人"	"业"	"地"		
类别Ⅰ (8)	0.304	0.427	0.392	广西	龙胜各族自治县(1)
				贵州	平坝区、荔波县、贵定县、瓮安县、独山县、长顺县、龙里县(7)
				云南	无
类别Ⅱ (28)	0.408	0.244	0.273	广西	资源县、田阳县、乐业县、田林县、西林县、隆林各族自治县、巴马瑶族自治县、都安瑶族自治县、大化瑶族自治县(9)
				贵州	六枝特区、关岭布依族苗族自治县、兴仁县、贞丰县、望谟县、册亨县、安龙县、三穗县、岑巩县、天柱县、锦屏县、台江县、榕江县、雷山县、麻江县、丹寨县、惠水县(17)
				云南	富宁县、广南县(2)
类别Ⅲ (42)	0.279	0.231	0.249	广西	隆安县、马山县、上林县、融安县、融水苗族自治县、三江侗族自治县、德保县、那坡县、凌云县、靖西市、凤山县、东兰县、罗城仫佬族自治县、环江毛南族自治县、忻城县、宁明县、龙州县、大新县、天等县(19)
				贵州	普定县、镇宁布依族苗族自治县、紫云苗族布依族自治县、普安县、晴隆县、黄平县、施秉县、镇远县、剑河县、黎平县、从江县、平塘县、罗甸县、三都水族自治县(14)
				云南	师宗县、罗平县、屏边苗族自治县、泸西县、砚山县、西畴县、麻栗坡县、马关县、丘北县(9)

注:括号内为县域数。
资料来源:经测算得到。

四 滇桂黔石漠化片区巩固脱贫攻坚成果与乡村转型典型案例

"脱贫摘帽不是终点,而是新生活、新奋斗的起点。"滇桂黔石漠化片区部分县域在先期脱贫摘帽后,继续围绕巩固拓展脱贫攻坚成果和全面推进乡村振兴来展开工作,在夯实产业基础、打造生态宜居、提升乡风文明、分类推进乡村建设等方面形成了一些有效的经验,为后期脱贫地区推进乡村振兴提供了模式范例和经验借鉴。

(一)龙里县谷脚镇:产业兴旺助推脱贫攻坚巩固提质

谷脚镇处于龙里县城与贵阳省城的中间地带,独特的地理优势,造就了谷脚镇拥有良好的工业、服务业基础,全镇10个村社区中,仅有4个农业村,农业人口占40%。2018年以来,按照贵州省农村产业发展"八要素"要求,谷脚镇以全镇500亩以上坝区、200亩坝子为重点,持续深入推进农业产业结构调整,实施"定目标,产业组合、长短结合、企农联合"的"一定三合"产业扶贫模式,推动全镇农业产业规模化、组织化、专业化发展,不断提升各村的造血功能,助推脱贫攻坚巩固提质。

1. 先建后补,谷冰村里"产业兴"

谷冰村群山环绕,山高坡陡,沟壑纵深,很多熟悉这里的人们习惯称之为"谷冰沟"。"前世不修,今世来到谷冰沟。"这是以前谷脚镇谷冰村条件艰苦、生活贫穷的真实写照。如今的谷冰村群众在脱贫攻坚的推动下,摘下贫困的帽子,过上幸福生活,曾经的艰苦贫困早已成为记忆。

2020年,谷脚镇通过"先建后补"的方式,鼓励谷冰村发展银杏产业,验收合格后,由政府根据相关政策补助给群众每亩800元。当年谷冰村全村种植散户就达20多户,种植银杏40多亩。鼓励散户自行种植,只是该村发展银杏产业的方式之一。谷冰村银杏产业发展主要是采取"合作社+村集体+农户"的模式。"我们和公司签订合同,公司包回收,苗也是公司提供。"谷冰村村支书陈艳祥说,该村采取"3322"的模式进行利益分红:股份经济合作社牵头占3成,贫困户占3成,组集体占2成,非贫困户占2成。陈艳祥介绍,谷冰村因为受地理条件限制,全村户均面积不足3亩。靠山还得吃山,于是谷脚镇创新思路,把该村国土整治项目和银杏产业相结合,盘活资源,发展银杏产业,该项目覆盖59户贫困户,预计2023年每亩收入达4000元以上。

2020年,谷冰村按照精、细、全的产业发展思路,继续打好产业发展组合拳,种植了茶叶105亩、海花草20亩、魔芋17亩、折耳根10亩、经果林100亩。这些产业见效后,年产值将达到200万元以上。走近谷冰,这个曾经封闭落后的深沟村,逐渐被产业激活,基础设施、思想观念也发生了翻天覆地的变化,谷冰人变得愈加自信。

2. 长短结合,念好林下"致富经"

2020年,谷脚镇争取涉农整合资金85万元,按照"先建后补"每亩800元的标准,在千洗公路沿线发展李子种植产业1200亩,为保证李子挂果期间收入不断档,当地种植户套种了蔬菜、苗木等农作物,这种长短结合、以短养长的方式,提高土地利用率,确保农户稳定增收。

高新村把迷组是此次经果林种植积极性最高的村组之一,组里21户人就有15户种植参与此次李子种植,种植面积达到240余亩。种植大户李发坤2021年种植李子120亩,他利用自己掌握苗木嫁接技术的优势,套种了20余亩杨梅苗。"平均每亩在10万~11万元,嫁接成功了,就只用除草,不费多少事。"李发坤告诉记者,这些苗一年之后就可以嫁接,嫁接完后成长3~4年就可以出售,每株苗可以卖到4~8元的价格。

2020年,高新村发展经果林种植近600亩,涉及农户108户,套种面积达60%以上,这种主打长效产业又兼顾短期收入的发展方式,符合当地群众的产业发展需求,更树立起大家发展的信心。

而同样位于千洗公路沿线的茶香村发展经果林产业已有近20年的时间,现在全村共种植李子、桃树、杨梅等经果林2500亩,涉及138户,产生经济效益的有1886亩,是谷脚镇经果林产业最成熟的一个村。2020年茶香村将继续发展经果林种植359亩。

茶香村村民李正顺说:"比打工划算,一棵最少都是500元,一亩60棵,也是很有赚头的。""大家都尝到甜头,发展起来就很快。"谷脚镇茶香村副支书王朝海介绍说。现在茶香村有1/3的村民都在种经果林,国家政策支撑,村民得到实惠,产业发展如火如荼。

3. 农企联合,高寒地焕发新"硒"望

"高堡高万丈,革苏还在坡顶上。"高新村革苏组平均海拔1500多米,而不足80户人的革苏组却拥有800多亩土地,户均耕地面积远高于其他村,但由于地势高寒,田地种出的水稻、玉米等传统农作物产量低。

如何破解"一方水土养不起一方人"之困?2019年,谷脚镇引进龙里富盈果蔬有限公司发展大棚果蔬种植,让曾经的高寒贫瘠之地焕发产业发展新希望。高新村革苏组有一个因为地势高寒而一直未被挖掘出来的优势,就是土壤的硒含量高。这也成为革苏对龙里富盈果蔬有限公司最大的吸引力。通过三番五次的考察和检测,2019年11月该公司正式落户革苏,一期项目以每亩500元流转当地530亩土地发展草莓、西瓜、有机蔬菜种植。到2020年已建成大棚270个,完成70余亩草莓和140余亩西瓜种植。凭着富硒农产品的优势,公司种植的西瓜、草莓和有机蔬菜,已经在香港、上海、江苏等地铺好了销路。

公司落户之前,这里的农户大多宁愿去外面务工,也不愿意种地。公司的落户,农户的土地得到开发,每亩地可以拿到500元的流转费,周边的剩余劳动力可以优先到基地务工,每天还有100元左右的收入。同时,在公司技术人员的带动下,高新村革苏组30%的务工群众正在学习西瓜、草莓种植技术,他们表示学会了技术后就自己发展。公司表态将负责收购农户种植的产品对外销售。

2020年是决战脱贫攻坚、决胜全面小康的关键之年,谷脚镇加快产业结构调整力度,产业发展取得明显成效。龙里县经济开发区党工委委员、管委会副主任、谷脚镇党委书记吴德富介绍说:"我们将在巩固刺梨产业的基础上,继续加强7个项目点6000亩产业的扶持力度,千方百计增加老百姓的收入,持续巩固脱贫攻坚成果。"

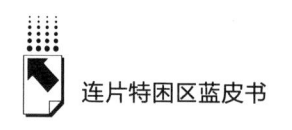

（二）望谟县：探索巩固拓展脱贫攻坚成果接续乡村振兴

2021年5月，贵州南部，革命老区望谟县一派热火朝天的建设场景。城市棚户区改造项目建设昼夜不息，王母河河道治理工程紧锣密鼓；北部郊纳镇八步村万亩紫茶产业基地上，满目皆绿，相邻的懂闹村2100亩蜂糖李即将成熟；南部油迈乡平卜村芒果基地建起了分拣平台和四通八达的产业道路，树上挂满果实。

"披'绿'挂'彩'，丰富'颜色'。"谈到产业发展定位，副县长吴舟记一语概括。"绿色"是主色调，"彩色"是生态色。通过实施天然林保护、退耕还林还草等重大工程，持续推进特色林业、国储林项目建设等，至2020年，望谟县森林覆盖率提高到70%以上。27.2万亩板栗、10.56万亩芒果、5000多亩澳洲坚果、2.06万亩紫茶、14.7万亩油茶，以及遍布乡村的青柠檬、火龙果、甘蔗、通草、黄精等果蔬基地和中药材基地，特色产业"色"彩斑斓，效益频显，已见效部分每年可为群众增收2亿元以上。

望谟县在农业科技推广、村庄治理和基础设施建设上大做文章。围绕乡村振兴战略总要求，积极争取贵州省发改委、贵阳市等帮扶单位资金和智库支持，整合资金4000多万元，精心选择打造第一批共15个巩固脱贫攻坚成果接续乡村振兴示范创建点，分别启动实施石漠化综合治理工程、脱贫攻坚产业配套等项目；在推动板栗产业"哆吉栗"品牌商标走向国际资本市场的同时，借助东西部扶贫协作、"星火计划、科技扶贫"等资源力量，不断提升产业规模和现代化水平。

基础设施建设、乡村治理与产业提质升级同步推进，群众持续稳定增收，乡村振兴底气十足。5月下旬的平洞街道洛郎村，漂亮的小楼房，整洁的小庭院，摇曳的香蕉林，河岸观光道旁野花盛开；河道治理、大型生猪养殖场、百果园等项目建设现场，工程车你来我往；板栗陆续挂果，火龙果爬上架，西瓜苗牵着枝，竞相孕育着新希望。2020年，洛郎村人均可支配收入达9900元，预计2021年突破1万元。自启动示范创建以来，这座小村变化日新月异，63岁的布依族村民黄香福说："眨个眼又变了，翻个身又变了。"

望谟县还有一个长远规划：打造"贵州南部冬季康养城市"，点亮"红色"，助推旅游产业化。以中国共产党在贵州省建立的第一个军队党支部——中共卡法支部所在地麻山镇卡法村为核心，以南北盘江交汇处自然风光、布依族特色古寨、特色产业乡镇、重要民族节日和民俗活动为线，舞动"红"与"特"旅游龙头，相关产业协同发展，使老区面貌更美、色彩更亮、神气更足。

漫山遍野颜色好，尤待秋来果更甜。"十四五"开局之年，望谟县正努力在乡村振兴示范创建上闯新路、出新绩。

（三）荔波县："四大行动"推进乡村振兴

为推进乡村振兴，荔波县以产业提质、基础提升、环境整治、文化引领"四大行动"为抓手，奋力谱写新时代农业农村发展新篇章。

一是实施产业提质行动，推动农村产业兴旺。按照每个村均有主导产业要求，各乡镇以产业大户或村集体牵头成立合作社，发展桑蚕为主导，白茶、佳荣牛、食用菌、铁皮石斛做支撑，养蜂、豪猪、麻兔、酥枣等显特色的"1加4带N"的产业发展格局，不断调整优化产业结构，各村均实现有主导产业支撑。

二是实施基础提升行动，补齐农村设施短板。围绕贫困村脱贫退出条件抢抓组组通、一事一议、农危房改造等扶贫财政专项政策机遇，鼓励支持各村组集中力量推进饮水、通组路、串户路、路灯以及焚烧炉等基础设施建设。

三是实施环境整治行动，建设生态宜居乡村。大力开展乡村环境整治工作，各村突出"督查积分""挂牌示范""黑榜曝光""奖优惩劣"等制度落实常态化，促进村民主动参与环境整治，养成良好习惯。深挖乡风文明和家风文化，通过墙绘、篱笆、对联、展板等载体弘扬社会主义核心价值观，进一步强化宣传教化作用。

四是实施文化引领行动，塑造乡村文明新风。加强农村公共文化建设力度，各镇新建村级活动文化广场，各村基本实现有1个文化活动广场，完成广电云"户户用"安装。以"政府搭台、群众唱戏"结合布依族"六月六"、水族卯节、苗族开秧节、新米节等民主传统节日弘扬村规民俗，举办布依歌节、农民丰收节、重阳敬老节等活动宣传脱贫感恩事迹，增强群众的文化认同和文化自信，进一步发挥文化引领乡村振兴的作用。

在文化建设推动乡村振兴中，荔波县朝阳镇的做法具有典型性。近年来，该镇通过艺术文化旅游与组织建设、乡村治理融合发展，有序推进了巩固拓展脱贫攻坚成果同乡村振兴有效衔接。

首先，创新"艺教旅"融合，推动"三方面"发展。跳出"做流量"模式，在艺术、教育和旅游三方融合上做文章，合理规划洪江500亩坝区空间布局，将其划分为科技、传统、原生态农业体验基地，将坝区农业与青少年劳动教育基地有机结合起来。依托原洪江村小学校舍，建设美育研学基地，借助中国－东盟教育交流周平台，为全国、省、州艺术爱好者和艺术高考生提供高水准专业化有偿培训，让青少年能够在洪江接受德、美、体、劳动教育，将其打造成为全省研学游综合示范基地，真正发挥出洪江村作为东盟国际交流重要平台的作用。

其次，创新组织建设，激发就业创业活力。通过"合作社＋企业＋农户"模式，由合作社统一调配农户159个床位用于接待，统一派工给艺术家、县农投公司等，按标准收取派工服务费，村集体经济得到增强。组建老房修复队，出工400余人次收入500余万元，村民收入得到增加。注册成立洪江主体建设运营公司，并加挂了洪江国际艺术村建设指挥部、洪江国际艺术村艺术家服务中心牌子，形成"三位一体"服务模式，吸引外出务工回流就业80余人。

最后，创新乡村治理，营造"三个生态"。深化村民自治，设立艺术村警务室、村规民约、交流中心等，营造良好的政治生态、自然生态、艺术生态，为洪江可持续发展提供基础支撑，为艺术家提供安全、舒适的创作区。目前，已入驻艺术家95人，改造修复老房48栋，建成"土语南居""雁西书院""拉岜公社"等23个工作室，使艺术和乡村在洪江发生了奇妙的化学反应。

五 滇桂黔石漠化片区推进乡村振兴建议

"十三五"时期,滇桂黔石漠化片区的脱贫攻坚目标任务如期完成,片区内所有的贫困县和贫困村悉数摘帽出列,迎来了全面实施乡村振兴、加快推进农业农村现代化建设的阶段。结合本文前面片区转型度的分析,全面推进片区乡村振兴的落地见实效,我们提出以下建议。

(一)坚定信心,扎实推进

从对片区乡村转型度的测算来看,滇桂黔石漠化片区2011~2019年总体的乡村转型度仅为0.264,乡村转型还处于比较低的水平,片区的乡村转型及乡村振兴还有很长的路要走,必须坚定信心,咬定目标,继续发扬脱贫攻坚精神,苦干实干,久久为功,按照"一年干几件小事,几年干成一件大事"的原则稳步、分类、扎实、有序推进滇桂黔石漠化片区的乡村振兴。

一是要全面动员共振兴。乡村振兴的关键在人,人的力量是推动乡村振兴的巨大引擎,因此要继续选好一支有活力、有冲劲和为民情怀的干部队伍,全面动员激发农村群众的内生动力,积极引进有开发激情的实业家,不断培育扎根农村的新型农民,齐心协力扎实推进片区的乡村振兴。

二是要强化规划引领。针对乡村振兴的阶段目标,片区各县要结合当地实际定出方向、定出思路、定出任务,长短结合制定好适合本地的乡村振兴规划,既要明确近期要解决的问题,又要明确长远的发展方向,系统谋划乡村振兴目标举措,示范带动,以点带线、带面,有序推进片区的乡村振兴。

三是要坚持真抓实干。建立实施乡村振兴战略领导责任制,继续实施"中央统筹、省负总责、市县抓落实"的工作机制和实绩考核机制,确保责任层层落实;片区各县委、县政府要发挥好牵头抓总作用,做好统筹协调,组织落实各项工作部署,继续实施党建引领,强化基层党组织的使命担当,真抓实干推进乡村振兴。

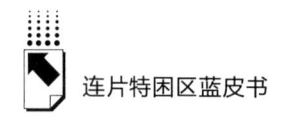

（二）摸清底数，补齐短板

从对片区的分指标考查来看，滇桂黔石漠化片区的三个指标得分都不高，相对而言，"人"的转型度指标要优于"业"的转型度指标，"业"的转型度指标又要优于"地"的转型度指标，表明片区在"地"的转型方面欠账还比较多，需重点加强。在按指标进行聚类分析时，也清晰地将片区各县（市、区）划分成了"人"的转型比较突出、"业"的转型比较突出、各指标均不突出三类，为各县（市、区）摸清底数、补齐短板指明了方向。

一是要全面摸清家底。"摸清底数"是科学决策、精准施策的首要环节，片区各县域要围绕乡村振兴主要目标，深入调研，通过进村入户、实地查看走访以及对比考察，从"人业地"三个方面入手，切实掌握本县域乡村振兴的现实状况和存在的不足，为科学制定本县域乡村振兴方案与精准施策提供有力支撑。

二是要切实补齐短板。针对"人"的转型度较低的县域，要大力实施人才振兴战略，汇聚全社会力量，加强基层组织、专业人才队伍建设，大力培育新型农民，不断提升乡村振兴的人才支撑；针对"业"的转型度较低的县域，要大力推进农业优势特色产业发展，加快构建现代农业产业体系、生产体系、经营体系，不断提升产业的竞争力；针对"地"的转型度较低的县域，要大力实施乡村建设行动，从基础设施、公共服务方面入手，切实解决农民"急难愁盼"问题，持续改善农村人居和运营环境。

三是要强化投入保障。实施乡村振兴，必须解决投入的问题，要加快形成财政优先保障、金融重点倾斜、社会积极参与的多元投入格局，加大农业农村的财政优先保障力度，不断拓宽资金筹措渠道，确保乡村振兴基础建设和产业扶持资金投入。充分发挥财政资金的引领作用，带动金融和社会资本更多投向农业农村建设。

（三）抓住关键，全面推进

全面实施乡村振兴战略的深度、广度、难度都不亚于脱贫攻坚，涉及

"三农"问题的方方面面,既需要聚焦重点领域、突出矛盾,也需要统筹兼顾、全面推进。

一是要牢牢抓住"业"这个关键。要不断推进农村产业革命,增进产业兴旺新动能,围绕资源禀赋,选准选好主导产业和优势品种,加大投入培育农产品品牌和地理标志农产品,着力抓好龙头企业培育和引进,强化市场导向,拓展产业价值链,推进产业集约化规模化发展,大力发展现代商贸物流和农村电商,畅通农产品产销渠道,不断提高农业产业的创新力和竞争力。

二是要着力抓好"人"的建设。要加强农村专业人才队伍建设,建立健全县域农技专业人才的统筹使用制度,探索公益性和经营性农技推广融合发展机制,打造一支专业化的农技队伍,不断提升农村专业人才的服务能力;引导外出农民工返乡创业创新,鼓励有志于现代农业建设的青年、农技人员、大中专毕业生和退役军人等加入职业农民队伍,大力培育新型职业农民;加大农村学前教育、义务教育和职业教育投入,积极做好新型职业农民、农村转移劳动力等培训,不断提升农村居民的整体素质。

三是要大力推进"地"的完善。要大力推进农村人居环境建设,大力改善村容村貌,实施乡村绿化美化工程,加大农村生活垃圾和污水的治理力度,继续实施农村厕所革命,全面推进农村户用卫生厕所建设,建设生态宜居新乡村;要大力发展农村社会事业,加强农村公共文化体系建设,提升县域内整体医疗服务质量和服务水平;加强对村规民约的指导规范,持续推进平安乡村建设。

B.8 滇西边境片区的脱贫成效回顾与乡村振兴展望

朱朴义*

摘　要： 2011~2020年，滇西边境片区脱贫成效显著，56个深度贫困县（市、区）全部脱贫摘帽。10年来，农村贫困人口逐年大幅减少，贫困发生率持续下降；农村居民收入稳步增长，生活消费水平不断提高；基础设施、生产生活条件全面改善；社会公共服务水平显著提升。对滇西边境片区2011~2019年乡村转型度测度发现：滇西边境片区乡村转型取得一定进展，乡村转型度逐年提升，但整体转型速度较为缓慢；其中"地"的转型相对较快，"人"的转型最为缓慢，"业"的转型速度居中。为了接续推进乡村振兴战略，面对产业可持续发展问题突出、群众内生发展能力不足、基础设施与社会保障相对薄弱等挑战，滇西边境片区不仅需要进一步推进巩固拓展脱贫成效与乡村振兴衔接体制机制创新、加快基础设施改善与提升社会保障服务能力，更需要激活资源要素以实现乡村产业的可持续发展，促进脱贫人口从帮扶脱贫到自主发展的升级，进而加快滇西边境片区乡村"人""业"要素更快速度的转型。

关键词： 滇西边境片区　脱贫成效　乡村转型　乡村振兴

---

* 朱朴义，博士，吉首大学商学院副教授，研究方向为组织行为与人力资源管理、创业创新管理。

一　引言

滇西边境连片特困地区位于我国西南边陲，集边境地区和民族地区于一体，是我国拥有边境县数量和世居少数民族最多的集中连片特困区，一直以来都是国家扶贫开发、脱贫攻坚的主战场之一。境内包括云南省保山市、丽江市、普洱市、临沧市、楚雄彝族自治州、红河哈尼族彝族自治州、西双版纳傣族自治州、大理白族自治州、德宏傣族景颇族自治州和怒江傈僳族自治州等10个市州的集中连片特困地区县（市、区）共56个。有48个民族自治地方县（市）、19个边境县、45个国家扶贫开发工作重点县。因其特殊的地理区位和自然环境条件，滇西边境片区经济、社会发展总体相对滞后，贫困规模广、贫困程度深。

实施精准扶贫、脱贫攻坚以来，截至2020年，现行标准下滇西边境片区农村贫困人口全部脱贫、贫困村全部出列、贫困县全部摘帽；主要居住在滇西边境片区境内的云南省11个"直过民族"和人口较少民族实现整体脱贫，绝对贫困问题历史性地得到解决。2011～2019年，农村贫困人口逐年大幅减少，贫困发生率下降至2.3%；农村居民收入稳步增长，生活消费水平显著提高；农村贫困人口基础设施、生活条件等情况得到切实改善；社会基本公共服务能力与水平显著提升。"两不愁、三保障"问题得到基本解决，但相对贫困问题仍将长期存在。脱贫攻坚所能破解的是单一的乡村贫困难题，但无法彻底解决乡村发展不充分的难题。对照"产业兴旺、生态宜居、乡风文明、治理有效、生活富裕"的20字方针和"产业、文化、人才、生态、组织五大振兴"的要求，滇西边境片区实现乡村振兴的条件仍然不足，面临基础条件与社会保障相对薄弱、产业可持续发展问题比较突出、贫困群众内生发展能力不足等挑战。为此，需要在思想认识、行动部署和政策设计上无缝衔接乡村振兴战略，做到积极思考、合理规划、科学实践，全力实施乡村振兴战略。

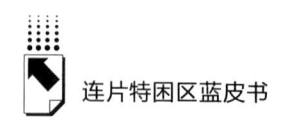

二 滇西边境片区脱贫攻坚总体成效

自 2011 年以来,滇西边境片区脱贫攻坚工作成效显著,表现为:农村贫困人口数量逐年大幅减少,贫困发生率持续下降;农村居民收入持续稳步增长,农村常住居民人均可支配收入突破万元大关,生活消费水平不断提高;基础设施、生产生活条件等方面明显改善;社会基本公共服务能力与水平显著提升。

(一)农村贫困人口逐年大幅减少,贫困发生率年均下降3.7个百分点,2019年下降至2.3%

按照国家现行农村贫困标准测算(见图1),滇西边境片区农村贫困人口规模由 2011 年的 424 万人减少到 2019 年的 28 万人,累计减少 396 万人,年均减少贫困人口 49.5 万人;农村贫困发生率由 2011 年的 31.6% 下降到 2019 年的 2.3%,累计下降 29.3 个百分点,年均下降 3.7 个百分点。2012~2018 年,滇西边境片区农村贫困发生率持续 7 年均低于云南省农村贫困发生率水平;2019 年片区农村贫困发生率下降为 2.3%,低于国家贫困县摘帽的西部标准 3%。

图 1 2011~2019 年滇西边境片区农村减贫情况

资料来源:整理自《中国农村贫困监测报告》(2012~2020),中国统计出版社,2012~2020。

（二）农村居民收入稳步增长，生活消费水平显著提高

滇西边境片区2013~2019年农村常住居民人均可支配收入呈持续增长趋势，除2015年人均可支配收入名义增速为7.3%以外，其余年份均保持两位数的增长率，并且均高于全国农村常住居民人均可支配收入名义增速水平。滇西边境片区农村常住居民人均可支配收入与云南省及全国农村常住居民人均可支配收入之比分别从2013年的1.16∶1和1.63∶1（以滇西边境片区人均可支配收入为1）缩小到2019年的1.09∶1和1.47∶1，分别缩小0.07和0.16，表明滇西片区农村居民人均可支配收入增长速度高于云南省及全国农村居民人均可支配收入增长速度。2019年，滇西边境片区农村常住居民人均可支配收入为10931元，首次突破万元大关，农村贫困人口生活水平显著提升（见图2）。

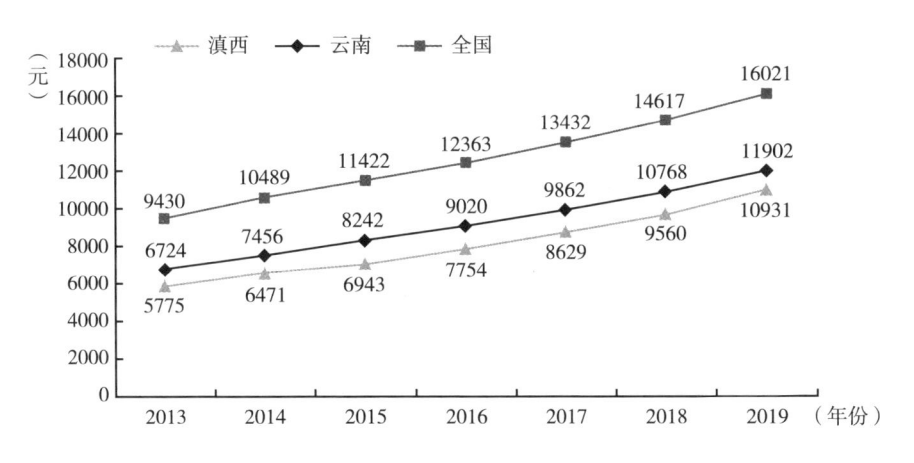

图2 2013~2019年滇西边境片区与云南省、全国农村常住居民人均可支配收入情况

资料来源：整理自《中国农村贫困监测报告》（2014~2020），中国统计出版社，2014~2020。

2019年滇西边境片区贫困地区农村常住居民人均消费支出达到8936元，相比2013年人均消费支出4547元增加4389元，增长96.5%，年均增长11.9%。与云南省及全国农村常住居民人均消费支出相比，滇西边境片

区农村常住居民人均消费支出与两者之比，2013年为1.15∶1和1.65∶1（以滇西边境片区人均消费支出为1），2019年为1.15∶1和1.49∶1。滇西边境片区农村常住居民人均消费支出名义增速，除2016年、2017年连续两年低于全国农村常住居民人均消费支出名义增速以外，其余年份均高于全国农村常住居民人均消费支出的名义增速（见表1）。

表1 2011~2019年滇西边境片区农村常住居民人均消费支出情况

指标		2011年	2012年	2013年	2014年	2015年	2016年	2017年	2018年	2019年
人均消费支出（元）	滇西	—	—	4547	5131	5848	6385	6706	7844	8936
	云南			5247	6030	6830	7331	8027	9123	10260
	全国			7485	8383	9223	10130	10955	12124	13328
人均消费支出名义增速(%)	滇西	—	16.2	15.5	12.8	14.0	9.2	5.0	17.0	13.9
	全国	19.2	13.2	12.3	12.0	10.0	9.8	8.1	10.7	9.9

资料来源：整理自《中国农村贫困监测报告》（2012~2020），中国统计出版社，2012~2020。

（三）农村贫困人口基础设施、生活条件等得到切实改善

一是基础设施状况水平明显提升（见表2）。滇西边境片区农村基础设施状况得到不断改善，区域内通电的自然村比重、通电话的自然村比重在2015年分别达到99.9%和100%；所在自然村通公路的农户比重、通电话的农户比重在2016~2019年均达到100%。通有线电视信号的自然村比重在2014年只有68.4%，通宽带的自然村比重在2014年只有30.9%，到2019年所在自然村能接收有线电视信号的农户比重达到99.5%，所在自然村通宽带的农户比重达到95.4%，保证了自然村农户与外界信息的及时沟通，提升了农户使用网络的便利程度和普及度。片区境内主干道路面经过硬化处理的自然村比重在2014年只有49.8%，到2019年，所在自然村进村主干道路硬化的农户比重已达到98.8%。2014年通客运班车的自然村比重只有33.5%，而2019年所在自然村能便利乘坐公共汽车的农户比重达到57.5%。

表2 滇西边境片区2014~2019年基础设施状况

单位：%

指标名称	2014年	2015年	指标名称	2016年	2017年	2018年	2019年
通电的自然村比重	99.4	99.9	所在自然村通公路的农户比重	100.0	100.0	100.0	100.0
通电话的自然村比重	96.2	100.0	所在自然村通电话的农户比重	100.0	100.0	100.0	100.0
通有线电视信号的自然村比重	68.4	—	所在自然村能接收有线电视信号的农户比重	95.8	97.6	99.1	99.5
通宽带的自然村比重	30.9	41.3	所在自然村通宽带的农户比重	73.1	83.8	92.7	95.4
主干道路面经过硬化处理的自然村比重	49.8	61.9	所在自然村进村主干道路硬化的农户比重	87.6	92.6	94.5	98.8
通客运班车的自然村比重	33.5	39.5	所在自然村能便利乘坐公共汽车的农户比重	49.7	51.2	51.3	57.5

资料来源：整理自《中国农村贫困监测报告》（2015~2020），中国统计出版社，2015~2020。

二是村民生活居住等条件得到不断改善（见表3）。滇西边境片区境内农村贫困人口2014年居住竹草土坯房的农户比重为5.7%，2019年为0.7%，居住竹草土坯房的农户比重总体减少5个百分点，年均减少1个百分点。农户饮水安全工作水平不断提高，2014年使用管道供水的农户比重为73.1%，使用经过净化处理自来水的农户比重为27.8%，2019年使用管道供水的农户比重提高到88.0%，增长14.9个百分点，年均提高近3个百分点；使用经过净化处理自来水的农户比重提高到51.3%，增长23.5个百分点，年均提高4.7个百分点。2014年独用厕所的农户比重为71.0%，2019年提高到89.5%，增加了18.5个百分点，年均增加3.7个百分点。炊用柴草的农户比重从2014年的66.2%下降到2019年的43.7%，减少22.5个百分点，年均减少4.5个百分点。

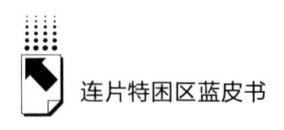

表 3 滇西边境片区 2014~2019 年农村贫困人口居住条件情况

单位：%

指标名称	2014年	2015年	2016年	2017年	2018年	2019年
居住竹草土坯房的农户比重	5.7	4.7	3.7	3.3	1.2	0.7
使用照明电的农户比重	99.6	99.9	100.0	97.6	—	—
使用管道供水的农户比重	73.1	74.3	77.2	78.3	88.1	88.0
使用经过净化处理自来水的农户比重	27.8	29.6	29.8	31.9	45.7	51.3
独用厕所的农户比重	71.0	73.7	75.7	76.8	81.3	89.5
炊用柴草的农户比重	66.2	65.3	64.5	61.5	51.1	43.7

资料来源：整理自《中国农村贫困监测报告》(2015~2020)，中国统计出版社，2015~2020。

三是农村耐用消费品拥有数量快速增长（见表4）。2019年滇西边境片区每百户农户拥有汽车22.6辆，相比2014年的每百户9.3辆，增加13.3辆，年均增加2.7辆；2019年每百户农户拥有洗衣机83.6台，相比2014年的每百户55台，增加了28.6台，年均增加5.7台；2019年每百户农户拥有电冰箱87.9台，相比2014年的每百户49.2台，增加了38.7台，年均增加7.7台；2019年每百户农户拥有移动电话295.8部，相比2014年的每百户230.6部，增加了65.2部，年均增加13部；2019年每百户农户拥有计算机8.8台，相比2014年的5.9台，增加了2.9台，年均增加0.6台。从农户拥有的耐用消费品的品类来看，满足农户基本生活方面需求的耐用消费品拥有数量增加比较明显，如拥有汽车数量的年均增长速度达到19.4%，每百户农户拥有的移动电话数量年均增加5.1%，并且在2014年每百户农户就拥有了移动电话230.6部，每百户农户拥有计算机的数量年均增加8.3%。

表 4　滇西边境片区 2014~2019 年每百户农户耐用消费品拥有量

指标名称	2014 年	2015 年	2016 年	2017 年	2018 年	2019 年	年均增速(%)
汽车(辆)	9.3	11.5	14.2	16.3	21.7	22.6	19.4
洗衣机(台)	55.0	61.1	68.7	72.8	74.5	83.6	8.7
电冰箱(台)	49.2	58.7	67.7	72.0	78.6	87.9	12.3
移动电话(部)	230.6	242.8	262.5	268.5	276.0	295.8	5.1
计算机(台)	5.9	8.0	9.5	9.9	9.5	8.8	8.3

资料来源：整理自《中国农村贫困监测报告》(2015~2020)，中国统计出版社，2015~2020。

(四) 社会基本公共服务能力与水平显著提升

农村贫困地区医疗卫生条件和教育状况是对区域性减贫、脱贫具有重要作用的公共服务。精准扶贫、脱贫攻坚以来，片区境内基层医疗卫生服务能力与水平明显提高，教育文化状况有了明显改善。

一是基层医疗卫生服务能力明显提升，农村居民卫生条件得到较大程度改善（见表5）。滇西边境片区所在自然村拥有卫生站的农户比重2016年为84.9%，2019年增加到89.7%，增加了4.8个百分点；所在自然村垃圾能集中处理的农户比重2016年只有44.5%，到2019年达到76.3%，增加了31.8个百分点，年均增加10.6个百分点。

表 5　滇西边境片区 2016~2019 年农村医疗卫生条件情况

单位：%

指标名称	2016 年	2017 年	2018 年	2019 年
所在自然村有卫生站的农户比重	84.9	88.7	86.8	89.7
所在自然村垃圾能集中处理的农户比重	44.5	51.5	69.9	76.3

资料来源：整理自《中国农村贫困监测报告》(2017~2020)，中国统计出版社，2017~2020。

每万人医疗卫生机构床位数从2011年的26张提升到2019年的51张，医疗卫生机构床位数增加96.2%，年均增长8.8%（见表6）。片区内有卫生站的行政村比重2014年达到97.2%，2018年达到98.2%；拥有合法行医证医生/卫生员的行政村比重2014年达到95.7%，2015年达到96.4%。

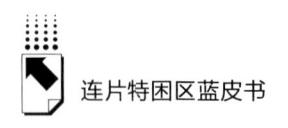

表6　滇西边境片区2011～2019年农村每万人医疗卫生机构床位数

单位：张

指标名称	2011年	2012年	2013年	2014年	2015年	2016年	2017年	2018年	2019年
每万人医疗卫生机构床位数	26	30	33	35	37	39	44	47	51

资料来源：根据《中国县域统计年鉴》（2012～2020）数据整理。

二是教育文化状况得到改善。滇西边境片区各级政府强调教育在扶贫、脱贫中的重要地位与作用，坚持"扶贫先扶志""扶志更要扶智"的工作方针，加大学前教育投入，支持社会力量办园，推动义务教育优质均衡发展和城乡一体化发展，抓好常态化控辍保学。教育扶贫覆盖范围不断扩大，农村贫困人口子女就学便利程度逐步提升（见表7）。有幼儿园或学前班的行政村比重从2014年的60.9%提高到2015年的63.1%；有小学且就学便利的行政村比重从2014年的77.6%提高到2015年的78.4%。所在自然村上幼儿园便利的农户比重从2016年的73.1%提高到2019年的87.7%，年均提高4.9个百分点；所在自然村上小学便利的农户比重从2016年的83.8%提高到2019年的91.5%，年均提高2.6个百分点。

表7　滇西边境片区2014～2019年农村教育状况

单位：%

指标名称	2014年	2015年	指标名称	2016年	2017年	2018年	2019年
有幼儿园或学前班的行政村比重	60.9	63.1	所在自然村上幼儿园便利的农户比重	73.1	78.9	84.1	87.7
有小学且就学便利的行政村比重	77.6	78.4	所在自然村上小学便利的农户比重	83.8	85.0	91.0	91.5

资料来源：整理自《中国农村贫困监测报告》（2015～2020），中国统计出版社，2015～2020。

三　滇西边境片区乡村转型进展及县际比较

滇西边境片区脱贫攻坚所取得的显著成效，不仅仅体现在贫困人口大幅减少，贫困发生率持续下降，居民收入稳步增长，生活消费水平不断提升，基础设施、生活条件改善以及基本公共服务能力与水平提升等方面，更重要的是推动了片区贫困乡村在经济、社会与空间方面的重构转型。应用乡村转型度指标体系测度方法（详见总报告），基于《中国县域统计年鉴》（2012～2020年）及《云南省统计年鉴》（2012～2020年）相关数据，对滇西边境片区县域乡村转型进展进行了测度分析。

（一）滇西边境片区总体乡村转型进展[①]

经测度发现，滇西边境片区总体乡村转型度指数呈现逐年增长趋势。第一阶段，从2011年的0.351提高到2012年的0.362，乡村转型度指数提升3.1%；第二阶段，从2013年的0.244提高到2019年的0.322，乡村转型度指数增长31.97%，年均增长4.7%（见图3）。这表明片区贫困乡村在经济、社会与空间方面正在发生重构转型，但速度较为缓慢。

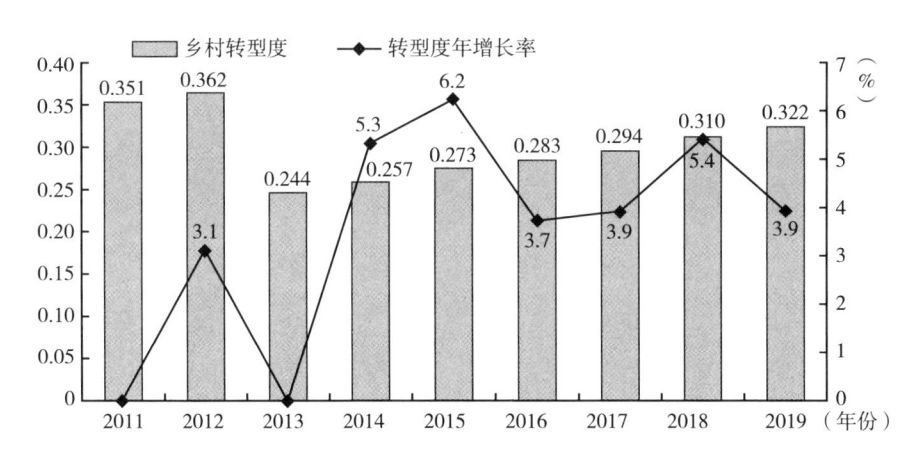

图3　滇西边境片区2011～2019年乡村转型度及增长率

注：对应2011、2013年转型度年增长率分别以2011、2013年为基准，所以图中2011、2013年对应的增长率标度在"0"的位置，因分两个阶段测算，脚注①中有说明。

资料来源：《中国县域统计年鉴》（2012～2020）。

---

① 乡村转型度测算分为2011～2012年、2013～2019年两个阶段，对滇西边境片区（共包括55个县区市，隆阳区除外）乡村转型度进行测算。

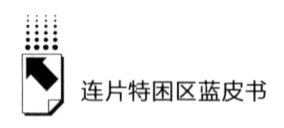

从乡村转型的分维度来看（见图4），整个滇西边境片区在乡村转型的两个阶段中（2011～2012年为第一阶段，2013～2019年为第二阶段），"业""地"的转型均保持了持续稳定提升，而"人"的转型在2012年、2016年分别在2011年、2015年的基础上反而稍有下降，其他年份总体上保持了增长趋势，并且相比"人""业"的转型来说，"地"的转型在两个阶段中都表现出了更快的提升速度。

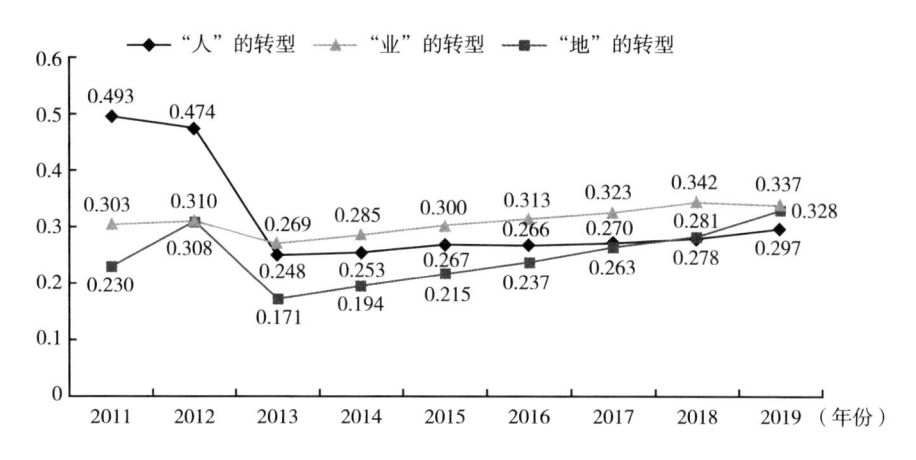

图4　滇西边境片区2011～2019年乡村"人业地"转型度变化情况

资料来源：《中国县域统计年鉴》（2012～2020）。

1. "人"的转型最为缓慢，且在个别年份反而下降

第一阶段，"人"的转型度指数从2011年的0.493下降到2012年的0.474，下降近4%；第二阶段，"人"的转型度指数从2013年的0.248提升到2019年的0.297，总体提升19.8%，年均提升3.1%。其中2016年在2015年基础上略有下降，下降0.4%。这表明滇西片区乡村"人"的转型是一个渐进过程，时间周期较长，虽有个别年份出现下降，但总体保持缓慢增长趋势。

2. "业"的转型同样呈现速度较为缓慢且有不稳定的特征

第一阶段，"业"的转型度指数从2011年的0.303提高到2012年的0.308，提高1.7%；第二阶段，从2013年的0.269提升到2019年的0.337，

总体提升25.3%，年均提高3.8%；其中2019年在2018年的基础上略有下降，下降1.5%。与"人"的转型具有相似特征，即转型速度整体较缓慢，且个别年份出现不稳定。

3."地"的转型速度最快，并保持稳定增长趋势

第一阶段，"地"的转型度指数从2011年的0.230提高到2012年的0.310，提升近34.8%；第二阶段，从2013年的0.171提高到2019年的0.328，总体提高91.8%，年均提升11.5%。可见，"地"的转型增长对滇西边境片区乡村转型存在更大的贡献作用。

总之，2011~2019年，滇西边境片区乡村在经济、社会、空间方面正在发生重构转型，但转型速度相对较慢。其中，"人""业"的转型速度缓慢，且有不稳定现象；"地"的转型速度最快，且基本保持稳定增长趋势。分析表明，滇西边境片区各贫困乡村通过脱贫攻坚，同步促进了经济、社会与空间方面的重构转型。乡村转型的"人业地"维度中，"人""业"的转型相比"地"的转型难度更大、速度更慢，其中"地"的转型增长最快，与"人""业"的转型增长存在一定程度的不同步。这对后阶段如何更好更快通过贫困乡村的重构转型促进乡村振兴具有启示作用。特别是在脱贫攻坚与乡村振兴同步交叠的转型过渡期，基于"人""业"维度的转型对贫困乡村的重构转型存在更大的影响作用，为此后阶段需要更加关注和重视并采取有效措施促进"人""业"的更快转型，同时需要兼顾"人业地"转型的协同问题，确保片区乡村转型可以取得更好效果，进一步为乡村振兴奠定更加坚实的基础。

（二）滇西边境片区乡村转型进展的县域比较[①]

滇西边境片区各县（市、区）拥有资源禀赋条件不同，帮扶脱贫各项政策执行实施效果也不同，导致各县"人业地"的转型进展存在差异比较明显。

---

① 第一阶段（2011~2012年）与第二阶段（2013~2019年）存在指标不一致情形，且第一阶段时间跨度过短，为此基于2013~2019年数据进行县域乡村转型比较。

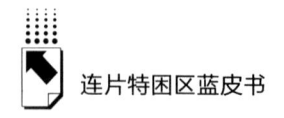

1. "人"的转型进展比较

滇西边境片区各县（市、区）"人"的转型度数值处于0.147～0.540区间，其中临翔区、祥云县、芒市三个县（市、区）"人"的转型最快，转型度指数达到0.400以上，临翔区为0.540，祥云县为0.534，芒市为0.421；泸水市等13个县（市）"人"的转型度指数处于0.3～0.4，属于"人"的转型相对较快的片区县；石屏县等27个县"人"的转型度指数处于0.2～0.3，属于"人"的转型中等程度的片区县；镇沅彝族哈尼族拉祜族自治县等12个县"人"的转型度处于0.1～0.2，属于"人"的转型相对较慢的片区县（见表8）。

表8　滇西边境片区乡村"人"的转型度分布

单位：个

数值区间	数量	片区县（市、区）名称
0.4～0.6	3	临翔区、祥云县、芒市
0.3～0.4	13	泸水市、陇川县、盈江县、洱源县、大姚县、南涧彝族自治县、牟定县、兰坪白族普米族自治县、巍山彝族回族自治县、剑川县、昌宁县、宁蒗彝族自治县、勐腊县
0.2～0.3	27	石屏县、龙陵县、南华县、鹤庆县、永仁县、姚安县、元阳县、施甸县、贡山独龙族怒族自治县、弥渡县、宾川县、江城哈尼族彝族自治县、双柏县、金平苗族瑶族傣族自治县、玉龙纳西族自治县、沧源佤族自治县、云龙县、镇康县、梁河县、西盟佤族自治县、绿春县、福贡县、永德县、凤庆县、红河县、宁洱哈尼族彝族自治县、永平县
0.1～0.2	12	镇沅彝族哈尼族拉祜族自治县、双江拉祜族佤族布朗族傣族自治县、景谷傣族彝族自治县、耿马傣族佤族自治县、云县、景东彝族自治县、孟连傣族拉祜族佤族自治县、勐海县、漾濞彝族自治县、永胜县、墨江哈尼族自治县、澜沧拉祜族自治县

资料来源：《中国县域统计年鉴》（2014～2020）。

片区各县（市、区）"人"的转型度增长率存在显著差异（见表9），有泸水市等43个县（市、区）转型度正向增长，牟定县等12个县"人"的转型反而出现下降。增长较快的有泸水市、元阳县等5个县（市），"人"

的转型度增长率超过100%，分别是泸水市增长149%，元阳县增长126%，漾濞彝族自治县增长112%，宁洱哈尼族彝族自治县增长109%，沧源佤族自治县增长106%。增长率处于50%~100%的有金平苗族瑶族傣族自治县等6个县；转型度增长率处于10%~50%的有玉龙纳西族自治县等22个县（市、区）；转型度增长率处于0~10%的有龙陵县等10个县。"人"的转型度出现下降的有牟定县等12个县，具体是：牟定县、祥云县、江城哈尼族彝族自治县、南华县、南涧彝族自治县、施甸县6个县的"人"的转型度下降1%~10%，梁河县"人"的转型度下降13.3%，弥渡县"人"的转型度下降14.5%，永平县、姚安县2个县"人"的转型度下降27%左右，福贡县"人"的转型下降34.3%，洱源县"人"的转型度下降43.8%。

表9　滇西边境片区乡村"人"的转型度增长率

单位：个

增长率区间	数量	片区县(市、区)名称
100%以上	5	泸水市、元阳县、漾濞彝族自治县、宁洱哈尼族彝族自治县、沧源佤族自治县
50%~100%	6	金平苗族瑶族傣族自治县、盈江县、西盟佤族自治县、永仁县、勐海县、红河县
10%~50%	22	玉龙纳西族自治县、兰坪白族普米族自治县、陇川县、勐腊县、墨江哈尼族自治县、鹤庆县、大姚县、双江拉祜族佤族布朗族傣族自治县、镇沅彝族哈尼族拉祜族自治县、澜沧拉祜族自治县、耿马傣族佤族自治县、景谷傣族彝族自治县、景东彝族自治县、宾川县、临翔区、镇康县、贡山独龙族怒族自治县、芒市、永德县、石屏县、云县、玉龙纳西族自治县
0~10%	10	龙陵县、双柏县、孟连傣族拉祜族佤族自治县、昌宁县、绿春县、凤庆县、剑川县、永胜县、云龙县、巍山彝族回族自治县
0~-50%	12	牟定县、祥云县、江城哈尼族彝族自治县、南华县、南涧彝族自治县、施甸县、梁河县、弥渡县、永平县、姚安县、福贡县、洱源县

资料来源：《中国县域统计年鉴》（2014~2020）。

2. "业"的转型进展比较

片区各县（市、区）"业"的转型总体比较均衡（见表10），共有

49个县（市）的"业"的转型值处于0.2~0.4的范围，其中勐海县等23个县（市）"业"的转型度处于0.3~0.4，属于"业"的转型中等程度的区县；云县等26个县"业"的转型值处于0.2~0.3，属于"业"的转型相对较慢的区县。另有6个县（区），包括永仁县、临翔区、漾濞彝族自治县、盈江县、双柏县、昌宁县，"业"的转型度指数达到0.400以上，属于"业"的转型较快的区县，其中"业"的转型度指数最高的是永仁县，为0.454。各县（市、区）"业"的转型相对比较均衡，但转型较快的与较慢的存在差异也较明显，比如相对较慢的澜沧拉祜族自治县、元阳县、梁河县、镇沅彝族哈尼族拉祜族自治县、绿春县、景东彝族自治县、红河县等县"业"的转型度仅占到转型最快的永仁县的"业"的转型度的1/2左右。

表10 滇西边境片区乡村"业"的转型度分布

单位：个

数值区间	数量	片区县(市、区)名称
0.4~0.5	6	永仁县、临翔区、漾濞彝族自治县、盈江县、双柏县、昌宁县
0.3~0.4	23	勐海县、牟定县、泸水市、芒市、江城哈尼族彝族自治县、鹤庆县、宁洱哈尼族彝族自治县、大姚县、龙陵县、镇康县、沧源佤族自治县、南华县、永胜县、双江拉祜族佤族布朗族傣族自治县、景谷傣族彝族自治县、贡山独龙族怒族自治县、剑川县、石屏县、南涧彝族自治县、姚安县、祥云县、玉龙纳西族自治县、施甸县
0.2~0.3	26	云县、云龙县、弥渡县、兰坪白族普米族自治县、西盟佤族自治县、巍山彝族回族自治县、耿马傣族佤族自治县、宾川县、陇川县、宁蒗彝族自治县、洱源县、勐腊县、金平苗族瑶族傣族自治县、凤庆县、孟连傣族拉祜族佤族自治县、墨江哈尼族自治县、永平县、永德县、福贡县、澜沧拉祜族自治县、元阳县、梁河县、镇沅彝族哈尼族拉祜族自治县、绿春县、景东彝族自治县、红河县

资料来源：《中国县域统计年鉴》（2014~2020）。

片区各县（市、区）"业"的转型进展相对较均衡（见表11），整体上片区各县（市、区）"业"的转型呈现稳定增长趋势，没有发生下降情形，增长率介于 5.0%~88.6%, 增长速度差异较明显。增长最快的是勐腊县、镇沅彝族哈尼族拉祜族自治县、昌宁县、永仁县 4 个县, 增长率超过 50%, 其中勐腊县增长率为 88.6%, 镇沅彝族哈尼族拉祜族自治县为 54.4%, 昌宁县为 54.0%, 永仁县为 50.7%; 增长率介于 40%~50% 的有施甸县等 10 个县; 增长率介于 30%~40% 的有陇川县、鹤庆县、牟定县、大姚县 4 个县; 增长率介于 20%~30% 的有沧源佤族自治县等 14 个县 (区); 增长率介于 10%~20% 的有弥渡县等 18 个县 (市); 增长率介于 5%~10% 的有兰坪白族普米族自治县、永胜县、贡山独龙族怒族自治县、宁洱哈尼族彝族自治县、盈江县 5 个县。

表 11 滇西边境片区乡村"业"的转型度增长率

单位: 个

增长率区间	数量	片区县(市、区)名称
50% 以上	4	勐腊县、镇沅彝族哈尼族拉祜族自治县、昌宁县、永仁县
40%~50%	10	施甸县、红河县、石屏县、宾川县、孟连傣族拉祜族佤族自治县、双柏县、龙陵县、江城哈尼族彝族自治县、元阳县、耿马傣族佤族自治县
30%~40%	4	陇川县、鹤庆县、牟定县、大姚县
20%~30%	14	沧源佤族自治县、姚安县、绿春县、澜沧拉祜族自治县、永平县、永德县、漾濞彝族自治县、临翔区、玉龙纳西族自治县、剑川县、金平苗族瑶族傣族自治县、南华县、景东彝族自治县、双江拉祜族佤族布朗族傣族自治县
10%~20%	18	弥渡县、福贡县、云龙县、墨江哈尼族自治县、巍山彝族回族自治县、洱源县、云县、景谷傣族彝族自治县、镇康县、西盟佤族自治县、凤庆县、南涧彝族自治县、芒市、玉龙纳西族自治县、泸水市、梁河县、勐海县、祥云县
5%~10%	5	兰坪白族普米族自治县、永胜县、贡山独龙族怒族自治县、宁洱哈尼族彝族自治县、盈江县

资料来源:《中国县域统计年鉴》(2014~2020)。

3. "地"的转型进展比较

片区内共有南华县等 45 个县"地"的转型值处于 0.1~0.3 范围 (见表 12), 其中"地"的转型值处于 0.1~0.2 的有凤庆县等 18 个县, 属于

"地"的转型相对较慢的县；"地"的转型值处于0.2~0.3的有南华县等27个县，属于"地"的转型中等程度的县。"地"的转型相对较快的有9个县（市、区），具体是：玉龙纳西族自治县、大姚县、双柏县、勐腊县、泸水市、芒市6个县市的"地"的转型值处于0.3~0.4；永仁县、临翔区2个县区处于0.4~0.5；贡山独龙族怒族自治县的"地"的转型达到0.501。片区所有县（市、区）中元阳县的"地"的转型最慢，"地"的转型度只有0.075。

表12 滇西边境片区乡村"地"的转型度分布

单位：个

数值区间	数量	片区县(市、区)名称
0.3~0.6	9	贡山独龙族怒族自治县、永仁县、临翔区、玉龙纳西族自治县、大姚县、双柏县、勐腊县、泸水市、芒市
0.2~0.3	27	南华县、双江拉祜族佤族布朗族傣族自治县、牟定县、宁洱哈尼族彝族自治县、石屏县、昌宁县、盈江县、沧源佤族自治县、耿马傣族佤族自治县、镇沅彝族哈尼族拉祜族自治县、陇川县、勐海县、景谷傣族彝族自治县、镇康县、龙陵县、兰坪白族普米族自治县、鹤庆县、姚安县、云龙县、漾濞彝族自治县、江城哈尼族彝族自治县、祥云县、宾川县、南涧彝族自治县、云县、永平县、孟连傣族拉祜族佤族自治县
0.1~0.2	18	凤庆县、剑川县、施甸县、永德县、洱源县、景东彝族自治县、弥渡县、巍山彝族回族自治县、西盟佤族自治县、澜沧拉祜族自治县、福贡县、宁蒗彝族自治县、永胜县、墨江哈尼族自治县、梁河县、金平苗族瑶族傣族自治县、绿春县、红河县
0.1以下	1	元阳县

资料来源：《中国县域统计年鉴》（2014~2020）。

片区各县（市、区）"地"的转型整体上增长速度都比较快（见表13），增长率最低的也达到35%左右，最高增长率达到将近4倍的增长。具体是：元阳县等24个县（市）的"地"的转型增长率达到100%以上，属于转型度增长最快的区县，其中包括了增长率达到200%以上的3个县，分别是元阳县，增长率达到398%，红河县达到220%，西盟佤族自治县达到209%；有祥云县等27个县（市、区）的转型增长率处于50%～100%，属于转型增长中等程度的区县；有云龙县、江县、镇康县、宁洱哈尼族彝族自治县4个县属于转型增长相对较慢的区县，但是其"地"的转型增长率也分别达到48.8%、42.5%、35.9%和34.5%。

表13 滇西边境片区乡村"地"的转型度增长率

单位：个

增长率区间	数量	片区县(市、区)名称
100%以上	24	元阳县、红河县、西盟佤族自治县、泸水市、施甸县、陇川县、孟连傣族拉祜族佤族自治县、兰坪白族普米族自治县、沧源佤族自治县、贡山独龙族怒族自治县、南涧彝族自治县、凤庆县、福贡县、剑川县、金平苗族瑶族傣族自治县、勐海县、石屏县、永平县、江城哈尼族彝族自治县、龙陵县、绿春县、南华县、鹤庆县、弥渡县
50%～100%	27	祥云县、永仁县、景东彝族自治县、永胜县、巍山彝族回族自治县、澜沧拉祜族自治县、临翔区、镇沅彝族哈尼族拉祜族自治县、墨江哈尼族自治县、双江拉祜族佤族布朗族傣族自治县、宾川县、大姚县、姚安县、洱源县、永德县、梁河县、云县、漾濞彝族自治县、勐腊县、玉龙纳西族自治县、耿马傣族佤族自治县、双柏县、牟定县、玉龙纳西族自治县、景谷傣族彝族自治县、芒市、昌宁县
30%～50%	4	云龙县、江县、镇康县、宁洱哈尼族彝族自治县

资料来源：《中国县域统计年鉴》（2014～2020）。

4. 乡村综合转型进展分析

经测算，滇西边境片区各县（市、区）乡村转型度（见表14）达到0.4以上的有临翔区，乡村转型度指数为0.466，永仁县等19个县（市）的乡村转型度指数介于0.3～0.4，属于转型相对较快的片区县（市）。陇川县等31个县的乡村转型度指数介于0.2～0.3，属于转型中等程度的县。另有墨江哈尼族自治县、景东彝族自治县、澜沧拉祜族自治县、红河县4个县的乡村转型度指数低于0.2，均在0.190左右，属于转型相对较慢的县。

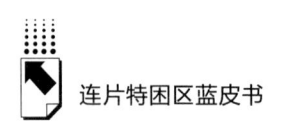

表 14　滇西边境片区乡村转型度分布

单位：个

数值区间	数量	片区县(市、区)名称
0.4以上	1	临翔区
0.3~0.4	19	永仁县、盈江县、芒市、祥云县、泸水市、昌宁县、双柏县、牟定县、大姚县、贡山独龙族怒族自治县、南华县、龙陵县、鹤庆县、江城哈尼族彝族自治县、漾濞彝族自治县、沧源佤族自治县、石屏县、南涧彝族自治县、镇康县
0.2~0.3	31	陇川县、玉龙纳西族自治县、勐海县、宁洱哈尼族彝族自治县、剑川县、勐腊县、兰坪白族普米族自治县、姚安县、双江拉祜族佤族布朗族傣族自治县、洱源县、施甸县、景谷傣族彝族自治县、巍山彝族回族自治县、云龙县、宾川县、宁蒗彝族自治县、弥渡县、永胜县、耿马傣族佤族自治县、云县、西盟佤族自治县、金平苗族瑶族傣族自治县、凤庆县、镇沅彝族哈尼族拉祜族自治县、永平县、永德县、福贡县、孟连傣族拉祜族佤族自治县、元阳县、梁河县、绿春县
0.2以下	4	墨江哈尼族自治县、景东彝族自治县、澜沧拉祜族自治县、红河县

资料来源：《中国县域统计年鉴》（2014~2020）。

滇西边境片区 55 个县（市、区）的乡村转型度总体呈现较快的增长趋势（见表 15），其中元阳县乡村转型度指数从 2013 年的 0.1549 提升到 2019 年的 0.2791，乡村转型度增长 80.2%，年均增长 10.3%。沧源佤族自治县、勐腊县、泸水市、红河县、永仁县 5 个县的乡村转型度均提高 60% 以上。镇沅彝族哈尼族拉祜族自治县、陇川县、金平苗族瑶族傣族自治县 3 个县的乡村转型度提升 50% 以上。西盟佤族自治县等 7 个县的乡村转型度增长率达到 40% 以上；龙陵县等 17 个县（区）乡村转型度增长率达到 30% 以上；永德县等 11 个县（市）乡村转型度增长率达到 20% 以上；南涧彝族自治县等 8 个县的乡村转型度增长率达到 10% 以上；梁河县、福贡县两个县的乡村转型度分别增长 8.1% 和 5.7%，年均增长 1% 左右；洱源县的乡村转型度出现下降，下降了 12.1%。

表 15 滇西边境片区乡村转型度增长率

单位：个

增长率区间	数量	片区县(市、区)名称
50%以上	9	元阳县、沧源佤族自治县、勐腊县、泸水市、红河县、永仁县、镇沅彝族哈尼族拉祜族自治县、陇川县、金平苗族瑶族傣族自治县
40%~50%	7	西盟佤族自治县、孟连傣族拉祜族佤族自治县、石屏县、宾川县、鹤庆县、漾濞彝族自治县、耿马傣族佤族自治县
30%~40%	17	龙陵县、大姚县、贡山独龙族怒族自治县、双柏县、兰坪白族普米族自治县、江城哈尼族彝族自治县、昌宁县、澜沧拉祜族自治县、施甸县、勐海县、双江拉祜族佤族布朗族傣族自治县、景东彝族自治县、临翔区、玉龙纳西族自治县、宁洱哈尼族彝族自治县、盈江县、墨江哈尼族自治县
20%~30%	11	永德县、景谷傣族彝族自治县、剑川县、宁蒗彝族自治县、云县、南华县、牟定县、凤庆县、绿春县、芒市、镇康县
10%~20%	8	南涧彝族自治县、永平县、巍山彝族回族自治县、云龙县、永胜县、弥渡县、姚安县、祥云县
1%~10%	2	梁河县、福贡县
-1%以上	1	洱源县

资料来源：《中国县域统计年鉴》（2014~2020）。

四 滇西边境片区脱贫攻坚与乡村转型典型案例

滇西边境片区脱贫攻坚过程中，各县（市、区）围绕脱贫攻坚总目标，依托各自的资源禀赋并结合县域实际，创造性探索出各具特色的脱贫攻坚与乡村转型工作思路与方法，可以为后阶段脱贫地区巩固拓展脱贫攻坚成果、促进乡村重构转型、接续推进乡村振兴提供借鉴与参考。

（一）勐腊县：发展"1+N"产业，保增收、促转型，为乡村振兴提供坚实支撑

脱贫攻坚以来，勐腊县始终将贫困人口增收作为脱贫攻坚最核心的

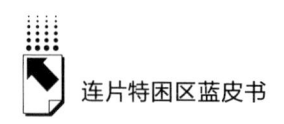

工作，把因地制宜发展"1+N"产业作为推进全县减贫脱贫工作的重要抓手。"1"是基础，创新方式做强传统产业；"N"是活力，多措并举发展新兴产业。按照"宜农则农、宜商则商、宜旅则旅"和"以村为基础、连片开发、突出特色、整体推进"的总体思路，通过项目带动，引导贫困地区产业结构调整，积极培育贫困农户能够直接参与的优势主导产业，打造企业群众利益联结链，促进了勐腊县经济发展和贫困人口脱贫致富。与此同时，产业发展助推了乡村在经济、社会与空间方面的同步重构转型，促进了乡村"业"的更快转型，为乡村振兴提供了坚实的产业支撑。

首先，发挥本土资源优势，全力发展"一树一叶"（橡胶树、茶叶）等传统产业，努力做强"1"产业。依托中国橡胶第一种植县优势，全面推进以橡胶产业为主导的"一县一业"创建工作。2018年，民营橡胶种植面积达149.22万亩，当年产出共计达到11.60亿元，全县贫困户共计17966人提高总收入达到6144.82万元（平均每人增收3420.35元）；橡胶价格"保险+期货"精准扶贫创新试点项目全面推进，覆盖总面积达14万亩，受益农户5460户，其中建档立卡贫困户2927户，2018年总赔付790万元，户均增加收入1446.8元。全县共有茶叶土地面积15.40万亩，每年产出可以达到3.90亿元，全县共有贫困户9164人提高收入共计7422.28万元（每人增收近8100元）；全县共有甘蔗土地面积6900亩，全县共有贫困户599人提高收入将近851.08万元（每人增收14200余元）；全县共有蔬菜瓜果土地面积105248亩，每年产出可以达到近51460.38万元，全县贫困户5010人提高收入共计876.75万元（每人增收1750元）；全县共有砂仁土地面积将近15万亩，每年产出可以达到30600万元，全县共有贫困户12701人提高收入达到3114.49万元（每人增收2452元）。

其次，根据市场实际供求情况，结合本土资源禀赋，倡导全县各村镇积极发展多种特色产业。确保做到各贫困村都有自己的特色产业，各贫困户都能够参与特色产业的生产与经营，从而做到大力发展"N"产业。2018年，全县共有600多户贫困户（其中一半以上为当地的建档立卡贫困户）通过养殖野生蜂蜜产业提高收入达到500万元，贫困户家庭平均提高收入达到8000多元；更多贫困户通过种植澳洲坚果、中草药、柚子以及养殖小耳朵猪、本地黄牛等特色产业，每年产出达到4536.31万元，全县贫困户共计9731人提高收入达到1944.2万元，平均每名贫困人口提高收入达到1998元；2014~2018年，全县共有贫困户2526人通过积极发展与从事乡村旅游产业项目提高收入1607万元；2016~2018年，全县共有将近300余名贫困人口通过从事电子商务等新兴产业，实现农特产品的网上销售，交易数额达到149.12万元。

再次，积极打造贫困户与帮扶企业利益共同体，确保贫困人口持续稳定增收。以贫困人口持续稳定增收为核心，结合市场需求，以"政府引导、村企合作、义利兼顾、精准脱贫"为原则，积极推动和发挥龙头企业以及专业合作社对贫困户脱贫的帮扶作用，探索建立"企业+合作社+建档立卡户""合作社+村集体+建档立卡户"等利益共同体机制，确保能够长期影响和带动贫困户脱贫致富，更大程度发挥扶贫企业的组织效能，并同步促进产业的更好发展。2014~2018年，全县共有30家企业、39家合作社、1家茶叶初制所和2家种养殖大户与建档立卡贫困户共计6729户签订各种农特产品购销合同12186份，从而确保了可以让贫困户分享到更多的农业全产业链的增值收益，实现特色产业增产、经营主体增效、贫困群众增收。2014~2018年，累计投入产业扶持资金2.4亿元，截至2018年底，每个重点产业都有1个龙头企业带动、有群众参与，全县所有贫困户至少有一项能保障长期稳定增收的产业，贫困户脱贫致富动能不断增强。产业发展促进了经济发展和贫困人口脱贫致富，勐腊县经济总量取得历史性突破，2019年、2020年连续两年地区生产总值超过百亿元大关。2020年农村常住居民人均可支配收入12777元，相比2011年农民人均纯收入4415元，增长189.40%。与此同时，全县基础设施建设实现历史性突破，截至2020年，县境内小磨、腊满高速公路相继建成通车，泛亚铁路（中线）勐腊段建设加快，县内公路通车里程达4111.43公里，52个行政村道路全部实现硬化，基础设施实现由瓶颈制约向基本适应的根本性转变。产业结构调整实现历史性突破，农业业态全面提升，园区开发建设成效明显，橡胶精深加工项目和跨境动物疫病区域化管理试点项目建成投产，逐步形成以农业为基础、工业为辅、服务业为新增长点的产业发展模式；社会民生补短板实现新跨越，教育、卫生、医疗、人民生活水平明显提高；全县"一村一幼"实现全覆盖，试验区医院、传染病医院项目全力推进，覆盖城乡居民的社会保障体系基本建立。

最后，乡村重构转型为乡村振兴提供强力基础支撑。勐腊县通过发展"1+N"产业，建立企业与贫困人口利益联结机制，使全县贫困人口收入获得持续稳定增长，贫困人口脱贫致富动能得到不断增强，脱贫攻坚成效显著。与此同时，全县乡村经济、社会与空间同步发生重构转型。对勐腊县2011~2019年乡村转型度测度发现，2011年勐腊县乡村转型度指数为0.344，2012年为0.368，提升7.0%；2013年乡村转型度指数为0.241，2019年为0.400，提升66.0%，年均提升11个百分点。在滇西边境片区55个县（市、区）中，与其他县（市、区）相比，勐腊县的乡村转型度处于中等程度水平，但2013~2019年，勐腊县的乡村转型度增长率位居片区的第三位，增长率达到66.0%，仅低于元阳县80.2%的增长率和沧源县66.7%的增长率。同时，对勐腊县乡村转型的"人业地"转型分析可知，2013~2019年，"业"相比"人"与"地"的转型提升更加显著，"人"的转型度提升37.2%，"地"的转型度提升71.6%，而"业"的转型度从2013年的0.104提升到2019年的0.196，提升了88.5%，并且勐腊县的乡村转型"业"的维度2013~2019年的提升率是整个滇西边境片区所有县（市、区）中提升率最高的县，表明勐腊县在产业非农化、农业现代化、市场组织化及经济金融化等方面实现了更好更快的转型提升，为勐腊下一步巩固拓展脱贫攻坚成果，接续推进乡村振兴提供了强有力的基础支撑。

（二）漾濞县：实施人才"五中"与"素质拓展工程"，以人才促乡村转型与振兴

漾濞彝族自治县积极探索出乡村振兴的"五五模式"①，其中的人才"五中"实践效果尤为突出，不仅激发了贫困人口脱贫致富的内生发展动力，而且同步促进了乡村"人"的更好更快转型。乡村振兴，人才是关键。漾濞县通过人才"五中"及"素质拓展工程"等实践的有效开展，为乡村振兴提供强有力的人才支撑与保障。

首先，积极开展人才"五中"实践活动，激发贫困人口内生发展动力。漾濞县在新时代"三农"工作中始终以实施乡村振兴战略为核心，严格按照乡村振兴战略的"二十字"要求，把乡村振兴战略的各项实施举措积极落实到脱贫攻坚、城乡人居环境整治改善等各项具体工作中来，并确保做到统一协调、统筹安排、重点兼顾、密切配合。注重加强基层实践与顶层设计的有效衔接，以鸡茨坪村作为全州乡村振兴重点试点村为有利契机，实践总结出"五五模式"工作方法，为"三农"工作的创新发展提供了新的路径。"五五模式"成为大理白族自治州示范典型。

创新工作方法，用好"四张牌"，盘活人才资源。漾濞县充分利用自身优势，合理定位，积极采取"引、聚、管、育"的新举措、新办法，有效破解了以往"人才难引、人才难留"的历史性难题。一是用好"生态牌"，以自身优势吸引外地人才。凭借本县拥有森林覆盖率达到83%的天然生态资源优势，成功吸引留美人才姜雨杰归国返乡，从事养殖产业自主创业，经过3年的努力，研发出弓鱼养殖的新技术，并率领当地76户建档立卡贫困户参与大规模养殖，并建立了合作入股分红机制，带动了贫困人口的脱贫致

---

① 围绕产业振兴，实施产业"五入"（旅游入村、土地入股、核桃入社、产品入网、院子入景）；围绕人才振兴，实施人才"五中"（教学中育、群众中培、企业中带、社会中引、项目中练）；围绕文化振兴，实施文化"五牌"（历史文化牌、核桃文化牌、民族文化牌、农耕文化牌、饮食文化牌）；围绕生态振兴，实施生态"五有"（护山有队、管水有制、种田有标、植绿有责、保洁有约）；围绕组织振兴，实施组织"五联"（思想联员、班子联责、发展联户、管理联动、服务联心）。

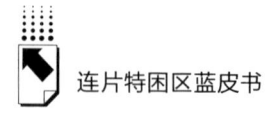

富。凭借本县良好的自然田园风光和丰富的地方民族文化，吸引著名民族音乐人李永康返乡创业，在平坡镇打造了生态文化音乐农庄，并帮助当地贫困户近100人实现了就业。漾濞县通过挖掘和利用自身资源优势，创新人才工作方法，合理引进专业人才以充分利用和开发本地特色资源，推动本土特色产业的发展，很好地实现了双赢，这样也在一定程度上确保了人才不光引得进，而且留得住，并且发展得好。二是用好"乡情牌"，全力吸纳本地外出各类人才。着手建立本地籍在外各类专业人才信息库，聚集了全国范围内共计305名在各行业专业领域具有一定影响力的漾濞籍人士，积极搭建平台与营造好的环境，充分发挥在外乡贤的作用，为家乡乡村振兴发展做出贡献。同时主动及时实施乡村"领头雁"人才培养工程，在本土致富能手、外出经商人员、高校毕业生中选拔出共计34名优秀人才，配置在村一级书记或主任助理的岗位上，进行岗位锻炼与培养，并给予其村"两委"副职的生活待遇标准。主动积极实施人才培养工程，为全县脱贫攻坚、接续乡村振兴加强了人才的储备培养，提供了强有力的人才支撑。三是用好"制度牌"，对现有人才实施科学管理。设计了专门的"人才池"等制度，对非领导岗位的其他专业干部实施科学有效管理。全县共有172名非领导职务的专业干部被放入"人才池"，县直各部门以及各组建项目需要使用各类人才时，可以根据需要从"人才池"中按照所需专业和要求专长从池中选出所需要人才，进入各部门或项目组开展工作。对于被选出的各类专业人才如果在工作期间考核优秀的则给予干部评优、职称晋升等方面的优惠政策待遇；对于在人才池中未被选聘的专业干部则要求其进行自我反思自省，对于自身存在的问题与不足进行逐一整改，不断完善与提升工作能力等；而针对相对工作能力不强、群众反映较差的专业干部，则需要根据各种情形分别给予提醒、函询、诫勉等。目前从人才池已经选聘出一批干部经验丰富、群众基础好、处理复杂问题能力强的各类专业人才共计113人，并且合理配置到乡村振兴、爱国卫生运动和换届选举等多项重点工作的各个岗位，充分发挥了现有人才的作用。四是用好"乡土牌"，积极培育好本土人才。出台了合适的各类政策优惠制度与激励机制，引导和鼓励支持本土优秀人才创业创新发展。几年

来先后培育出"电商西施"杨张妹、荣获国家专利的优秀农民工祁建荣、荣获"2020年度中国少数民族文学之星"的彝族作家左中美等一批"土专家""田秀才"等。这些本土人才在脱贫攻坚、乡村振兴过程中充分发挥了他们的示范引领作用,影响和带动了一大批当地村民积极参与到电子商务、文化旅游等产业的生产活动中来,提高了村民的生产收入,也促进了当地特色产业的发展。

其次,组织实施"素质拓展工程",为干部群众提素强能。漾濞县坚持把干群素质拓展工程作为提升"软实力"、助推跨越发展的重点工程,为各级领导干部和全县广大群众提素质、强能力,激发了干部干事激情和群众创新创业活力。2015年以来,全县共选派60余名干部到北京、上海、浙江等发达地区和上级部门跟班学习、挂职锻炼。选派23批1025名党政领导干部、村干部和致富带头人到中国传媒大学、中山大学、清华大学等高等院校进行课堂式、体验式、研讨式学习培训。还先后邀请郎永淳、姜若愚、欧黎明等知名人士到漾濞开设讲座60余期,帮助全县干部群众开拓思维、提升能力。在实施干群素质拓展工程中,漾濞县除了注重干部能力素质的提升,同时花了"大功夫"在群众素质提升上,通过实施"技能培训项目"、人才扶贫行动计划,着重培育"致富能手",激活乡村活力。集中力量、分层分类对县内的"田秀才""土专家"进行培训、培养。采取"送学下乡"累计开展农家菜烹饪、摩托车修理、乡村旅游服务、家禽养殖等"就业技能培训"41期,通过"火塘会""农村讲坛""双语党课"宣传党的方针政策,切实提高了广大群众对当前党和国家方针政策的理解,进一步激发群众参与全县重点工作积极性与认同感,促进群众提意识、学本领、长技能,让广大群众在乡村大地、田间地头迸发生机、安居乐业。截至2020年,漾濞县已实施干群素质拓展工程264项,涉及脱贫攻坚、乡村振兴、民族团结等各项工作,涵盖组织、住建、国土、公检法司等多部门,培训各级干部群众52000多人次,实现了干部培训全覆盖,群众培训扩大化,干群队伍整体素质明显提升。

再次,增强主体作用,激发内生动力,脱贫攻坚有成效。"扶贫先扶志，扶志必扶智"，漾濞县抓住"人才是关键"核心，注重增强贫困户主体作用，激发内生动力，脱贫攻坚成效显著。2018年底，漾濞县顺利实现脱贫摘帽；2019年底，全县实现绝对贫困人口全部"清零"，脱贫攻坚取得决定性胜利。2011年，全县生产总值12.81亿元，2020年地区生产总值35.17亿元，增长174.6%；2011年农村居民人均纯收入4238元，2020年农村常住居民人均可支配收入12855元，增长了203.3%。特别是2020年作为脱贫攻坚的全面收官之年，全县强化"军令状"和"交总账"意识，坚持推进"两防一抓"①和挂牌作战，持续实施"百日总攻、百日提升、百日巩固"三大行动，切实做好沪滇协作、定点帮扶、易地扶贫搬迁后续帮扶及各类问题整改。2020年统筹整合各类扶贫项目资金共计达到1.3亿元，涉及的扶贫项目共计127个。全年共发放各类扶贫贷款5430万元、互助金共计1580万元，稳步促进了本县"4+N"产业发展。全年贫困劳动力转移就业共计7002人，提供各类公益岗位共计1516个、扶贫车间岗位616个。全县基础设施建设共计投入32.8亿元，顺利完成了农村公路"943"工程、农网改造、"光网漾濞"等重大项目建设，全县各建制村硬化路、农村饮水安全覆盖率均达100%，基本实现了全县自然村4G网络全覆盖。完成农村危房改造7251户、户厕改造15017座，建设美丽乡村7个。学前教育实现了"一村一幼、一乡一公办、一县一示范"目标。与此同时，高效推进乡村振兴。加快推进"11259"乡村振兴示范工程②和甘屯第二批州级乡村振兴试点村的建设，投资共计达到5.29亿元。全县认定"一村一品"州级专业村共计18个，共有14个项目申报乡村振兴"百千万"示范工程。2020年提升改造农村无害化卫生户厕5995座，村委会所在地公厕改造全面完成。农村人居环境整治三年行动圆满收官。2020年实现农业增加值11.83亿元、增长5.6%。

最后，乡村振兴，人才是关键，以人才促乡村转型与振兴。脱贫攻坚

---

① 两防一抓：指脱贫攻坚防思想松懈、防返贫致贫、抓巩固提升。
② "11259"工程：即打造1个州级试点乡镇、1个州级重点试点村、2个州级试点村、5个县级示范村和9个乡镇试点村。

10年，漾濞县注重加强扶贫同扶志扶智相结合，注重激发贫困人口脱贫致富的内在动力，注重提高贫困人口的自我发展能力，确保了如期全面打赢脱贫攻坚战。脱贫攻坚取得实际成效的同时，漾濞县也在同步发生乡村的经济、社会的重构转型。2011年漾濞县乡村转型度指数为0.355，2012年乡村转型度指数为0.437，提升了23.1%；2013～2019年，乡村转型度指数从2013年的0.2461提高到2019年的0.3520，总体提升了43.0%，年均提升6.1%。对漾濞县乡村转型度的"人、业、地"维度分析可知：2011～2012年，乡村"人"的转型增长了54.50%，而"业"的转型增长了9.1%，"地"的转型增长了26.6%；2013～2019年，乡村"人"的转型从2013年的0.029提升到2019年的0.062，增长了113.8%，年均增长13.5%，"业"的转型增长25.7%，"地"的转型增长72.6%。可见，脱贫攻坚的10年，漾濞县的乡村重构转型过程中，"人"的转型对整个乡村转型发挥了更大的影响作用。同时漾濞县也是2013～2019年，整个滇西边境片区中乡村"人"的转型增长率领先于"业""地"转型增长率的3个县之一（另外有盈江县和宁洱县）。漾濞县"人"的更快转型得益于人才"五中"与"素质拓展工程"等创新性实践的有效开展。乡村振兴，人才是关键。漾濞县走出了一条以人才促乡村转型与助力乡村振兴的创新之路。

五 滇西边境片区乡村振兴展望

滇西边境片区脱贫攻坚成效显著，绝对贫困问题历史性得到解决。农村贫困人口大幅减少，农村居民收入持续稳步增长，基础设施建设等基本生产生活条件明显改善，但要实现乡村振兴仍然面临诸多问题与挑战。2011年以来，滇西边境片区贫困人口数量大幅度减少，贫困发生率已经低于我国脱贫摘帽的西部地区标准，但在2019年贫困发生率仍有2.3%，高于云南省2.2%和全国贫困地区贫困发生率1.4%的水平。2011～2019年，全国贫困地区贫困人口减少95.5%，云南省减少93.5%，滇西边境片区减少93.4%，片区贫困人口减少率低于云南省及全国水平。而且深度贫困地区生存环境恶

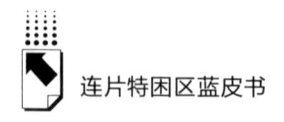

劣，致贫原因复杂，交通等基础设施和教育、医疗公共服务相对滞后。具体而言，"十四五"期间，滇西边境片区面临的主要挑战有以下几点。一是境内基础设施条件与各项社会保障依然不太完善与健全。虽然脱贫攻坚已经解决了"两不愁、三保障"问题，但这些仅仅是贫困人口对教育、医疗、住房、饮水等最基本生活需求的满足，然而与经济发达地区的乡村和城市相比的话，整个滇西边境片区内脱贫地区的各项基础条件仍然相对较弱，还是处在相对贫困的水平。基础设施条件依旧较弱和各类社会保障仍不是很健全，这将是脱贫地区后续实施乡村振兴不容忽视的重要问题。二是脱贫地区产业发展可持续问题应该是存在的突出问题。乡村产业发展缺乏阶段性、本土化的长远规划，并且与农户连接不紧密，农户难以获得产业发展的增值效益，导致脱贫产业支撑后续的乡村振兴的根基不牢。加上区位、交通、地理、市场等条件限制，乡村产业发展的不充分不仅制约了减贫脱贫效果，而且也难以支撑乡村振兴对产业兴旺的要求。三是贫困群众内生发展能力不足。滇西边境片区集民族、边疆、山区、贫穷特征于一体，境内居民普遍缺乏应有的市场经济意识、商品意识与正确的财富观念，长期以来更是形成了一种"重消费轻积累"的文化，进一步造成了深度贫困的产生，资源禀赋的匮乏影响人力资本的发展与积累。乡村振兴更需要培养有文化、有技术、有素质、有能力的新型职业农民，但是从目前情况来看，无论是现有新型职业农民的能力还是人才培育工作力度，离乡村振兴的要求还存在一定的差距。

应对以上挑战，推进滇西边境片区乡村振兴与实现高质量发展，需要在巩固拓展脱贫攻坚成果的基础上，接续推进乡村振兴战略，以实现滇西连片特困地区的可持续发展和人民群众生活的改善与提升。

（一）强化制度供给，推进脱贫攻坚成果巩固与乡村振兴衔接体制机制创新

从前期的脱贫攻坚工作中吸取经验与教训，继续充分发挥脱贫攻坚的政策体系、制度体系和工作体系的经验与作用；要根据片区内实际情况与发展形势，厘清各项工作思路，扎实做好各项领导体制、工作体系、发展规划、

政策举措、考核机制等在脱贫攻坚向乡村振兴过渡阶段中的衔接,进一步健全乡村振兴领导体制和工作体系。继续践行中央统筹、省负总责、市县乡抓落实的工作机制,充分发挥各级党委总揽全局、协调各方的领导作用,省、市、县、乡、村五级书记抓巩固拓展脱贫攻坚成果和乡村振兴。

同时,通过脱贫攻坚与乡村振兴的政策措施协同,对贫困人口形成叠加效应,坚决守住防止规模性返贫的底线,进一步稳定脱贫人口的脱贫,确保不返贫,并同步提升其可持续的自我发展能力。通过设计与建立科学、长效的制度框架和政策体系,进一步创新工作体制与机制。无论脱贫攻坚还是乡村振兴,其工作成效取决于各项政策同区域实际情况的契合度,需要针对滇西边境片区域内各农村当地的实际条件、特点和存在的具体问题,实施脱贫攻坚与乡村振兴的供给侧方面的完善改革,根据贫困地区的不同类型,制定完善相应的区域性具体政策。特别是要从解决贫困人口最基本的"两不愁、三保障"问题转移到为了实现产业兴旺、生态宜居、乡风文明、治理有效、生活富裕的工作目标上,从脱贫攻坚这一中心点逐步转移到巩固拓展脱贫攻坚成果和接续全面推进乡村振兴这一聚焦点。

(二)聚焦深度贫困人口,进一步夯实巩固拓展脱贫成效的基础

在由巩固脱贫攻坚成果向乡村振兴过渡期间内,需要继续采取多种有效措施加大农村贫困人口减少的力度,持续确保贫困发生率的下降;针对尚未脱贫的贫困人口,更要精准识别、精准扶贫。进一步完善农村低收入人口分类帮扶长效机制,要确保脱贫地区村民收入增速高于全国乡村居民平均水平。乡村振兴转型过渡期内需要在巩固拓展脱贫攻坚成果上下更大功夫、想更多办法、给予更多后续帮扶支持。对现有帮扶政策进行梳理,在主要帮扶政策保持总体稳定的基础上,分类优化调整,合理把握调整节奏、力度和时限,增强脱贫稳定性。政策的延续、优化和调整,要以增强各项帮扶政策的针对性和有效性为目的,并要基本保持主要帮扶政策的总体稳定。对片区内的脱贫县、脱贫村、脱贫人口扶上马送一程,确保脱贫群众不返贫,坚决守住防止大规模返贫的底线。特别是要织密兜牢丧失劳动能力人口基本生活保

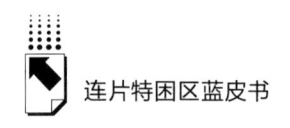

障底线。对脱贫人口中完全丧失劳动能力或部分丧失劳动能力且无法通过产业就业获得稳定收入的人口，要按规定纳入农村低保或特困人员救助供养范围，并按困难类型及时给予专项救助、临时救助等，做到应保尽保、应兜尽兜。实现建档立卡动态管理，把符合标准的贫困人口以及返贫人员全部纳入。聚焦深度贫困精准发力，要精确瞄准，制定与实施超常举措，加大对深度贫困地区深度贫困村和因病致贫贫困户的支持力度。

（三）优化资源配置，继续大力改善基础设施与提升公共服务保障水平

滇西边境片区基础设施与农村人口的居住条件虽然得到极大改善与提升，但与贫困地区贫困人口对美好生活的需要相比，仍然存在发展不平衡不充分的问题。比如整个片区内所在自然村能便利乘坐公共汽车的农户比重，2019年仍然只达到57.5%，公共交通的便利情况还比较弱，自然村能够便利乘坐公共汽车的农户比重比例偏低。整个片区使用经过净化处理自来水的农户比重2019年只有51.3%；炊用柴草的农户比重在2019年仍有43.7%；还有0.7%的农户仍然居住竹草土坯房；每万人医疗卫生机构床位数只有51张。这些都充分表明目前滇西边境片区农村基础设施建设与公共服务能力水平都还有很大的改善与提升空间。特别是乡村振兴战略的实施，乡村"生态宜居"是关键。"生态宜居"可以为农村居民提供适宜居住的生存和发展的生态、生产和生活环境。生态宜居就要大力投入农村道路、水利、电力、网络、垃圾处理等公共基础设施建设，进一步提升农村教育、医疗水平，尽快补上农村基础设施和公共服务短板。只有既保障好自然系统的生态安全，也给农村居民提供舒适、便利的现代化居住条件，并要形成可持续、不对人类健康和生态环境产生严重危害的生产结构，才是达到乡村"生态宜居"的基本标准和要求。

后阶段需要加大对滇西边境片区基础设施和公共服务方面的投入。比如提高乡村交通运能，确保农村出行便利性的提高。因为贫困区域经济发展的基础是需要具备快捷便利的交通设施条件。继续加大力度抓好脱贫县"四

好农村路"建设,争取更多的交通设施项目向进村入户进行重点配置,结合实际情况持续做好较大人口规模自然村(组)的道路硬化,实现县域内通村公路与村内主干道路联通,特别是乡村特色产业、旅游产业发展较好的村镇所在地更加需要加大公路交通网的建设力度。同时要按照乡村建设统一规划和要求,部署落实脱贫地区结合当地实情推进农村厕所改造、生活垃圾处理和污水治理等项工作,确保村容村貌整体上有质的提升。逐步完善脱贫人口住房安全动态监测机制,加大力度实施农村危房改造,以确保脱贫人口的基本住房安全。对于农村已建供水工程要实施定期维护与巩固,以确保农村供水保障水平的进一步提升。要持续加强对控辍保学工作机制的完善工作,尽最大能力确保除身体原因不能上学的情况以外的其他脱贫家庭义务教育阶段适龄儿童少年都要做到能够正常上学,减少失学辍学情况的发生。滇西边境片区内各区县县情、村情显著不同,地理位置、经济基础、资源禀赋、民风民俗也存在较大差异。要遵循一切从实际出发的基本原则,根据各县(市、区)、各乡、各村的具体情况实施有针对性的策略,统一科学规划,优化资源配置,进一步提升农村基础设施和基本公共服务水平,促进生态宜居的美丽乡村建设。

(四)衔接产业振兴,激活要素资源实现产业可持续发展

滇西边境片区由于区位、交通、地理、市场等多种条件限制,产业发展相对比较困难。但发展产业是实现脱贫的根本之策,乡村振兴需要通过产业兴旺来为其提供坚实的经济基础。脱贫攻坚同样需要通过自有产业的发展,从而从救济式扶贫方式转为开发式扶贫方式。在巩固拓展脱贫攻坚成果,接续推进乡村振兴战略的过程中要做好产业发展的协同,把产业振兴与发展贯穿于巩固脱贫攻坚成果的全过程,同步协调好市场与政府作用的发挥。通过全面激活生产要素、发挥主体作用与完善规范市场,推进乡村产业振兴,建立长效机制,确保农民持续稳定增收。

第一,要通过各项资源要素的激活,增加农村贫困人口财产性收入来源;对于农村土地资源,要继续深入实施农村土地制度的系列改革,积极探

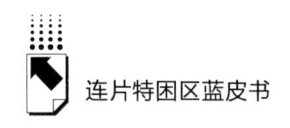

索支持农村集体经营性建设用地集中入市,以更加充分地利用土地资源重点支持乡村产业的可持续发展。

第二,要坚持农业农村优先发展,加大基础设施建设力度,进一步加快农业现代化进程和促进农民就近城镇化,同步构建富有特色的现代乡村产业体系。区域产业的协同发展需要优先考虑所发展产业是否与贫困地区的资源禀赋条件等实际情况相匹配的问题,产业的发展需要根据滇西边境片区内各地区资源禀赋条件的不同而选择发展相应产业,以确保各项生产要素与资源的集中优化配置与使用。需要做好区域内产业发展规划和配套政策措施的有效对接,基于农业供给侧结构性改革要求,承接发达地区产业转移并优先发展那些贫困人口参与程度高、辐射带动能力强、市场前景看好的优势特色产业。通过出台相应政策引导和鼓励乡村企业就地建立产业基地,确保本地贫困人口能够就近实现就业;逐步扩大推行农业订单化生产,并逐步探索建立企业和贫困农户的利益连接机制,促进农民的稳定增收。

第三,要不断完善和加强财政引导、多元投入共同扶持乡村集体经济发展机制,通过政府拨款、减免税费等形式加大对乡村集体经济发展的支持。依据资源禀赋条件创新发展乡村特色产业、乡村旅游、民族文化、民宿休闲、田园观光等多种集体经济,不断提升集体经济的自主发展能力。遵循生态产业化、产业生态化的发展思路,立足当地实情,开发与挖掘当地特色资源,逐步发展壮大乡村产业,科学合理规划、优化产业布局,打造产业—企业—农户利益共同体,确保农户更多分享农业全产业链的增值收益。积极开发国家地理标识特色农产品,推出系列名、特、优、新、稀的特色农产品。努力打造好"一县一业"和"一村一品"。有效延长农业产业链,建立起特色农产品的加工、包装、物流、服务等项目,通过产业链的延长,提高农产品附加值。并要积极打造各种特色农产品的宣传推介平台,加大对本土农特产品的宣传推广力度。

(五)衔接人才振兴,促进从救济扶贫到自主发展升级

滇西边境片区劳动人口素质对贫困人口的自我脱贫和后续的振兴发展能

力具有关键性的决定作用,贫困地区贫困人口要实现脱贫与振兴发展根本出路在于教育。通过文化振兴与人才振兴,可以进一步增强滇西边境片区内贫困人口的现代文明意识,提升贫困人口的人力资本。滇西边境片区基于历史性原因,区域内农村贫困人口平均受教育年限短。虽然教育扶贫取得了一定的成效,但是滇西边境片区内也还存在贫困人口的教育面临身体条件不适合学习、失学人口超龄、失学人心理上对学习的抵触等情况以及控辍保学率不稳定的现象。从整体片区的人均可支配收入、人均消费支出等指标分析来看,虽然与云南省及全国的差距正在不断缩小,呈现持续向好发展的态势,但其中包含了政策性帮扶因素的影响,要实现从输血扶贫到真正的内生发展能力的提升还需要不断提升贫困人口的素质与自身发展能力。

在滇西边境片区乡村整体转型过程中,只有不断提升"人"要素的素质质量,才能更好地促进"人"的转型发展,从而增强贫困人口内生发展动力,提升自我发展能力。乡村转型的实现需要"人业地"三要素彼此的协同与相互作用:"人"要素的转型提升可以更好地保障和推动"业"要素的转型提升,为"业"的转型与发展提供人才支撑与基础;反过来,通过"业"转型发展可以更好地引导、培养和带动贫困人口自我发展素质与能力的提升。特别是乡村振兴离不开产业的支撑,滇西边境片区的脱贫地区经济活力依靠"业"要素来体现,而贫困地区后续经济社会发展的强大后劲则需要"人"要素的质量提升来提供充分的保障。所以,要注重加强对本土乡村特色传统文化的挖掘、传承与发展,并与区域脱贫和乡村振兴有机融合,创新性重构乡村社区系统。优化调整区域内教育布局,增大对教育的资源投入,通过政策引导、科学合理配置,强力推动优势教育资源向贫困乡村流动,进一步探索教育扶贫促进人才振兴的内在影响机理。加大区域内教育设施建设力度,努力确保城乡之间、各县域内基础教育资源的均衡;通过全面实施中职教育免费工程,以提升劳动人口素质并增强其就业能力;根据各地区实际情况,开展好初高中、职业教育并行试点工作,努力推进"新型学徒制"职业教育。实施对贫困人口职业教育培训的同时,有针对性地重

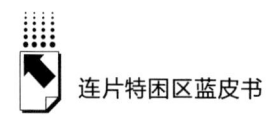

点做好贫困人口的转移就业和创业工作，并加快人力资源市场和就业服务体系建设。同时，注重加强对村干部和各类专业人才的培育，在建好后备人才库的基础上，通过集中轮训方式不断提升其能力。总之，采取各种有效方式，努力提升贫困人口的人力资本质量和存量，以有效促进和增强贫困乡村脱贫与振兴协同发展的自主性和可持续性。

B.9
大兴安岭南麓山片区的脱贫成效、转型特征与乡村振兴展望[*]

商兆奎 陈少华 姚爽[**]

摘　要： 近十年来，大兴安岭南麓山片区脱贫攻坚取得显著性成效，区域性整体贫困得到彻底解决。从"人业地"三个维度的乡村转型测度结果来看，片区乡村综合转型进展比较缓慢，各县（市、旗）乡村转型能力也呈现不尽相同的发展轨迹。基于镇赉县、林甸县和阿尔山市的个案考察发现，三县市在推动农民、农业、农村的三重转型方面进行了极具价值的探索和实践，也为片区各地乡村转型发展提供了可资借鉴的示范样本。乡村振兴战略实施进程中要继续在发展壮大乡村产业、全面实施乡村建设、强化人才支撑等方面着手，加速推进片区乡村转型的进程。

关键词： 大兴安岭南麓山片区　脱贫攻坚　乡村转型　乡村振兴

一　引言

大兴安岭南麓山片区是我国14个集中连片特困地区之一，涵盖黑龙江

---

[*] 本文得到国家社会科学基金项目"西南易灾民族地区韧性乡村建设与农户生计可持续发展研究"（项目编号：20XMZ091）、湖南省社会科学基金资助项目"大湘西片区易灾农户脆弱性诊断及增韧机制研究"（项目编号：19YBA275）的资助。

[**] 商兆奎，博士，吉首大学商学院副教授，硕士生导师，研究方向为区域减灾与农村社会发展；陈少华，吉首大学商学院2019级硕士研究生；姚爽，吉首大学商学院2020级硕士研究生。

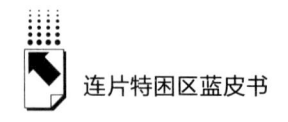

省、吉林省、内蒙古自治区5个市（盟）共计19个县（市、旗），国土总面积为11.2万平方公里，其中耕地5750万亩，草场3700万亩。作为典型的农牧区，农牧业是大兴安岭南麓山片区的优势特色产业，片区16个县（市、旗）被列入《全国新增千亿斤粮食生产能力规划（2009—2020年）》。自2011年《中国农村扶贫开发纲要（2011—2020年）》将其列为新时期扶贫攻坚的主战场以来，国务院扶贫办、国家发展改革委《大兴安岭南麓山片区区域发展与扶贫攻坚规划（2011—2020年）》和农业部《大兴安岭南麓山片区农牧业发展规划（2012—2020年）》先后出台，成为片区10年扶贫攻坚工作的纲领性文件。在党中央、国务院的坚强领导下，各级党委和政府全面贯彻精准扶贫、精准脱贫的基本方略，至2020年我国现行标准下大兴安岭南麓山片区农村贫困人口全部实现脱贫，贫困县全部摘帽，区域性整体贫困得到根本性解决。目前，乡村振兴战略持续走向深入，如何做好脱贫攻坚和乡村振兴的有效衔接，大兴安岭南麓山片区各级政府也展开了一系列积极的探索和实践。一方面，三省区将继续巩固脱贫攻坚成果，坚持"摘帽"后不摘责任、不摘政策、不摘帮扶、不摘监管，实时跟踪监测脱贫质量和返贫风险；另一方面，三省区的战略重心由局部性的贫困乡村、贫困人口逐渐转向全局性的所有农村地区和全体农村人口，在战术打法上也由原来的快速覆盖转向长期发展，进而实现农业的提质升级、农村的转型发展和农民的增收致富。

二 大兴安岭南麓山片区脱贫攻坚的显著性成效

（一）19个国家级贫困县（市、旗）全部"脱贫摘帽"

2012年12月，国务院扶贫办发布全国832个国家级贫困县名单，内蒙古31县（市、旗）、黑龙江省20县（市）和吉林省8县（市）共计59个县（市、旗）列入国家级贫困县序列，其中地处大兴安岭南麓山片区的县（市、旗）共计19个。从比例来看：黑龙江省地处大兴安岭南麓山片区的国家级贫困县（市）分布于齐齐哈尔、大庆、绥化三市共计11个，占比高达57.9%；吉林省地处大兴安岭南麓山片区的国家级贫困县（市）集中在白城市共计3个，占比15.8%；内蒙古自治区地处大兴安岭南麓山片区的国家级贫困县（市、旗）集中在兴安盟共计5个，占比26.3%。党的十八大以来，黑龙江省、吉林省、内蒙古自治区三省区全面落实党中央决策部署，团结和带领各族人民，不忘初心、艰苦奋斗，立足区情区况把握减贫规律，执行了一系列定位精准、行之有效的政策体系、工作体系和制度体系，最终如期高质量打赢了精准脱贫攻坚战。

国务院扶贫办数据显示，2017年第一批达到脱贫摘帽条件的贫困县来自11个省区市的共计40个贫困县，其中黑龙江省甘南县、富裕县、望奎县榜上有名，后经国家专项评估检查正式退出贫困县序列，成为大兴安岭南麓山片区首批"脱贫摘帽"的贫困县。2018年，吉林省镇赉县和内蒙古自治区阿尔山市、扎赉特旗、科尔沁右翼中旗，以及黑龙江省龙江县、泰来县、克东县、兰西县、明水县共计9个国家级贫困县（市、旗）先后实现"脱贫摘帽"。2019年，黑龙江省拜泉县、林甸县和青冈县，内蒙古自治区突泉县和科尔沁右翼前旗，吉林省大安市和通榆县共计7个贫困县（市、旗）如期"摘帽"，后经省级审核验收正式退出贫困县序列。至此，大兴安岭南麓山片区19个贫困县（市、旗）全部清零，脱贫攻坚战取得决定性胜利（见表1）。

表1 大兴安岭南麓山片区县（市、旗）脱贫摘帽时间表

省（区）	市（盟）	县（市、旗）脱贫摘帽时间
黑龙江省	齐齐哈尔市	甘南县(2017年)、富裕县(2017年)、龙江县(2018年)、泰来县(2018年)、克东县(2018年)、拜泉县(2019年)
	大庆市	林甸县(2019年)
	绥化市	望奎县(2017年)、兰西县(2018年)、明水县(2018年)、青冈县(2019年)
吉林省	白城市	镇赉县(2018年)、通榆县(2019年)、大安市(2019年)
内蒙古自治区	兴安盟	阿尔山市(2018年)、扎赉特旗(2018年)、突泉县(2019年)、科尔沁右翼中旗(2018年)、科尔沁右翼前旗(2019年)

资料来源：根据国务院扶贫办公布数据整理而得。

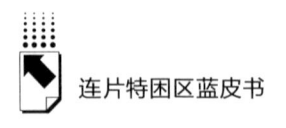

（二）区域性整体贫困得到彻底解决

2011年，大兴安岭南麓山片区农村贫困人口为129万人，占全部14个片区总贫困人口的2.1%。①《大兴安岭南麓山片区区域发展与扶贫攻坚规划（2011—2020年）》全面实施以来，扶贫攻坚工作不断取得新的突破和进展，贫困人口呈逐年大幅递减态势。2015年，片区贫困人口下降至59万人，5年间减少贫困人口70万人，占全部贫困人口的54.3%。"十三五"时期，大兴安岭南麓山片区脱贫攻坚进入了啃硬骨头、攻坚拔寨的冲刺阶段。在《中共中央 国务院关于打赢脱贫攻坚战的决定》这一纲要性文件的指导和引领下，片区脱贫攻坚工作最终取得了丰硕的成果，贫困人口数量从2016年的46万人减少至2019年的4万人，剩余贫困人口占全部14个片区总贫困人口的比重下降为1.3%。从减贫总体规模上来看，8年来累计减少贫困人口125万人，年均减少贫困人口15.6万人。

从农村贫困发生率来看，2011年大兴安岭南麓山片区贫困发生率为24.1%，低于全部14个片区平均水平4.9个百分点。"十二五"期间，片区农村贫困发生率降至2015年的11.1%，低于全部片区平均水平2.8个百分点。2016～2019年，大兴安岭南麓山片区农村贫困发生率持续大幅下降，从2016年的8.7%下降至2019年的0.7%，仍然低于全部14个片区平均水平0.8个百分点（见图1）。根据2020年各省区政府公布数据：黑龙江省包括大兴安岭南麓山片区3市11县在内的全省贫困发生率降至0.07%；吉林省包括大兴安岭南麓山片区白城市3县市在内的全省贫困发生率也降至0.07%；内蒙古自治区包括大兴安岭南麓山片区兴安盟5县（市、旗）在内的全区贫困发生率降至0.11%。

---

① 本部分数据除专项注明外，均来自2012～2020年《中国农村贫困监测报告》，后文不再赘述。

大兴安岭南麓山片区的脱贫成效、转型特征与乡村振兴展望

图1 2011~2019年大兴安岭南麓山片区农村贫困人口数量及贫困发生率

资料来源:《中国农村贫困监测报告》(2012~2020),中国统计出版社,2012~2020。

(三)农村居民收支水平持续较快提升

如图2所示,大兴安岭南麓山片区农村常住居民2013年人均可支配收入为6244元,次年上涨至6801元,名义增速达8.9%。此后,片区人均可支配收入持续高速增长,从2014年的"6000+"开始每年上升一个台阶,经"7000+""8000+""9000+""10000+"提高到2019年的11876元,名义增速高达74.6%。对比来看,2019年大兴安岭南麓山片区人均可支配收入高于全部14个片区的平均水平,在所有片区中居于大别山片区、西藏片区、新疆南疆三地州、秦巴山片区之后,位列第五。从14个片区整体统计来看,2019年人均可支配收入结构中:工资性收入占比为34.9%,从2014年的2188元大幅提高至3990元;经营净收入仍然占有最大比重,为36.9%,其中一产净收入占26.1%;转移净收入占比为26.9%,从2014年的1446元大幅提高至3076元。这表明,工资性收入和农业经营性收入仍然是农村居民收入的主要构成部分,政府的各项惠农补贴对于增加农民收入也起到非常重要的作用。

大兴安岭南麓山片区农村常住居民人均消费支出2013年为5191元,此后呈逐年上升态势。2014~2018年,片区农村常住居民人均消费支出从

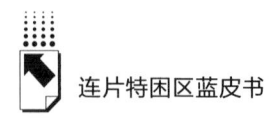

图 2　2013~2019 年大兴安岭南麓山片区农村常住居民人均可支配收入和人均消费支出

资料来源：《中国农村贫困监测报告》（2014~2020），中国统计出版社，2014~2020。

5958元大幅提高至8396元；2019年更是实现了跨越式增长，高达10096元，名义增速为20.2%。脱贫攻坚进入决胜阶段，片区农民收入水平不断跃升的同时，消费信心和消费能力也不断增强，有力地促进了区域经济增长。对比来看，2019年大兴安岭南麓山片区人均消费支出也略高于全部片区的平均水平，在所有片区中居于大别山片区、武陵山片区、秦巴山片区、罗霄山片区之后，位列第五。大兴安岭南麓山片区农村常住居民人均消费支出占人均可支配收入的比重从2013年的83.1%微升至2019年的85.0%，收支剩余绝对值有小幅增加。从14个片区整体统计来看，2019年人均消费支出结构中，食品烟酒占31.2%，居住占21.9%，衣着占5.4%，生活用品及服务占5.8%，交通通信占12.2%，教育文化娱乐占11.7%，医疗保健占10.1%，除居住和生活用品及服务相较于上年名义增速为9%和9.3%以外，其他各项支出比上年名义增长均超过10%，其中交通通信名义增速高达17.1%。这表明片区农村居民消费结构获得显著性改善，服务性消费持续稳步增长，消费质量不断提高。

（四）农村居民生活条件得到明显改善

伴随着脱贫攻坚工作不断走向深入，大兴安岭南麓山片区农村居民的人均可支配收入持续快速增长，人均消费支出也实现了不断跃升，生活条件得到了整体性改善和提高。从大兴安岭南麓山片区农户住房及家庭设施状况来看：居住竹草土坯房的农户比重从2014年的17.9%下降至2019年的4.5%；使用管道供水的农户比重从2014年的39.7%上升到2019年的85.1%；使用经过净化处理自来水的农户比重从2014年的30.6%上升至2019年的73.9%；独用厕所的农户比重从2014年的98.9%上升至2019年的99.6%；炊用柴草的农户比重从2014年的96.8%下降至2019年的74.4%。对比来看，大兴安岭南麓山片区居住竹草土坯房的农户比重为14个片区最高，远远高于1.3%这一平均水平3.2个百分点，表明片区尚有较少比例农户仍然居住于集老旧危险于一身、隐患比较大的房屋中，危房改造工作尚需碾压式、覆盖性推进。片区炊用柴草的农户比重仍然处于高位水平，超过片区平均水平35.7%一倍有余，这固然与农户的传统习惯密切相关，但柴草的使用势必对生态环境造成破坏和污染。因此，片区应进一步采取措施改善能源结构，推动电力、煤气、天然气、沼气等清洁能源更为广泛地普及和使用。

从大兴安岭南麓山片区农户耐用消费品拥有量来看（见图3）：2014年每百户农户拥有汽车8.2辆、洗衣机82.2台、电冰箱68.7台、移动电话166.6部、计算机9.0台；2019年各项耐用消费品拥有量均有较大幅度增长，每百户农户拥有汽车20.0辆、洗衣机92.9台、电冰箱93.7台、移动电话219.5部、计算机15.4台。对比来看，大兴安岭南麓山片区每百户农户拥有汽车、洗衣机和电冰箱的数量均超过全部14个片区的平均水平，而移动电话、计算机拥有量低于全部片区的平均水平，尤其是移动电话拥有量仅列全部片区第11位，片区尚需进一步采取举措提升移动电话普及率，强化农村信息化建设力度。

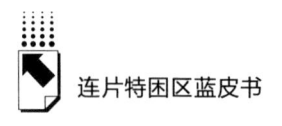

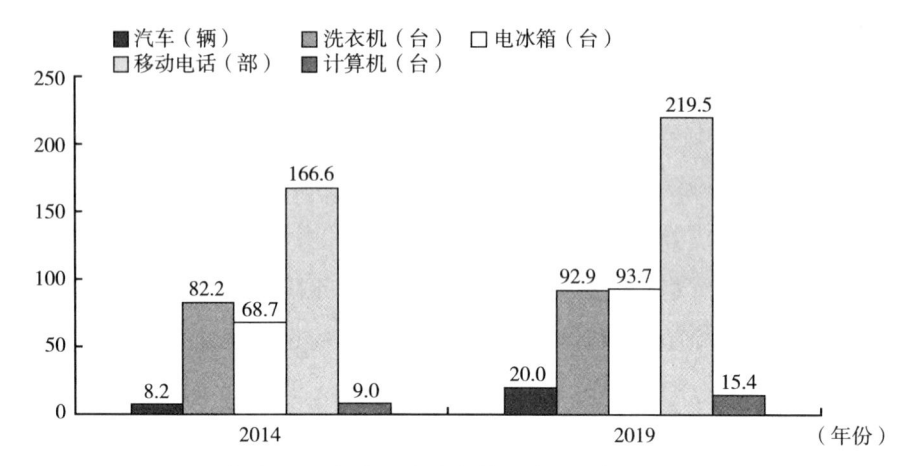

图3 2014年和2019年大兴安岭南麓山片区农户耐用消费品拥有量

资料来源:《中国农村贫困监测报告》(2015、2020),中国统计出版社,2015、2020。

(五)农村基础设施和公共服务水平显著提高

近年来,大兴安岭南麓山片区农村基础设施建设和公共服务水平取得了长足的进步,极大改善了农村居民的生产生活条件(见表2)。2019年,片区

表2 2019年大兴安岭南麓山片区农村基础设施和公共服务情况

单位:%

区域	所在自然村通公路的农户比重	所在自然村通电话的农户比重	所在自然村能接收有线电视信号的农户比重	所在自然村进村主干道路硬化的农户比重	所在自然村能便利乘坐公共汽车的农户比重
大兴安岭南麓山片区	99.5	100.0	100.0	100.0	92.5
全部片区	100.0	100.0	99.0	99.4	75.7

区域	所在自然村通宽带的农户比重	所在自然村垃圾能集中处理的农户比重	所在自然村有卫生站的农户比重	所在自然村上幼儿园便利的农户比重	所在自然村上小学便利的农户比重
大兴安岭南麓山片区	100.0	61.2	96.5	88.9	86.4
全部片区	97.2	85.1	96.1	90.1	92.3

注:数据整理自《中国农村贫困监测报告2020》,中国统计出版社,2020。

所在自然村通公路的农户比重为99.5%，通电话的农户比重达100%，能接收有线电视信号的农户比重达100%，进村主干道路硬化的农户比重达100%，能便利乘坐公共汽车的农户比重为92.5%，通宽带的农户比重达100%，垃圾能集中处理的农户比重为61.2%，村有卫生站的农户比重为96.5%，上幼儿园便利的农户比重为88.9%，上小学便利的农户比重为86.4%。

对比来看：片区农村居民所在自然村通电话、能接收有线电视信号、进村主干道路硬化、通宽带的农户已实现100%全覆盖，均达到或超过全部片区平均水平；所在自然村能便利乘坐公共汽车的农户比重达92.5%，为全部片区最高，远超75.7%这一整体平均水平16.8个百分点。从农村公共服务建设来看：片区村级卫生站覆盖率略高于全部片区平均水平0.4个百分点；农村居民在学前教育和小学教育的便利性上略低于全部片区平均水平；而在垃圾能集中处理这一指标上，片区大幅落后于全部片区平均水平23.9个百分点，在14个片区中列最后一位。因此，大兴安岭南麓山片区农村公共服务建设尚有较大提升空间，尤其是要进一步加强农村卫生环境整治与建设，推动农村垃圾集中处理设施的普及化，促进农村环境"脏、乱、差"问题得到根本性解决。

三 大兴安岭南麓山片区乡村转型测度及县际比较

脱贫攻坚工作的持续推进，"国家"与"市场"强力下沉到乡村社会，对于区域经济与社会发展产生了深刻的影响，并且在客观上起到催化乡村社会重构与转型的重要作用。其实，继之而来的乡村振兴战略，其本质上亦是乡村社会的全方位、立体式的重构，包括作为"人"的主体重构、作为"地"的空间重构和作为"业"的要素重构。因此，做好脱贫攻坚与乡村振兴的有效衔接，有必要认识和掌握脱贫攻坚进程中乡村转型进展，进而为后续乡村振兴战略实施的政策设计和制度安排奠定基础。本部分拟从"人业地"三个维度兼职化非农化、人力资本提升、金融素养增强、产业非农化、农业现代化、市场组织化、经济金融化、整体发展水平、公共服务优化九大指标对大兴安岭南麓山片区乡村转型进行测度，以厘清其经济重构、社会重构和空间重构的过程与概貌。由于乡村指标数据统计缺乏连贯性，兼职化非农化、农业现代化等指标内涵在2013年发生变动，相应的各县（市、旗）乡村转型指数无法直接比较。有鉴于此，将研究时限分为2个主要阶段，即2011~2012年为第一个阶段，2013~2019年为第二个阶段。同时，基于测度结果对转型指数进行分级，将片区19个县（市、旗）进行四等分，转型指数排在前1/4为高水平县（市、旗），排在1/4至2/4处为较高水平县（市、旗），排在2/4至3/4处为较低水平县（市、旗），排在最后1/4为低水平县（市、旗）。阿拉伯数字4、3、2、1分别代表高、较高、较低、低四个等级，各县（市、旗）各维度转型指数及综合指数分级结果见表3~6。

表3 2011、2012、2013和2019年大兴安岭南麓山片区各县（市、旗）"人"的转型内部结构分级

县市旗	兼职化非农化				人力资本提升				金融素养增强			
	2011年	2012年	2013年	2019年	2011年	2012年	2013年	2019年	2011年	2012年	2013年	2019年
扎赉特旗	1	1	1	3	2	1	1	2	2	2	4	3
科尔沁右翼中旗	1	1	3	2	3	1	4	4	4	4	3	3
科尔沁右翼前旗	2	2	2	4	4	2	4	2	1	2	4	4
突泉县	1	1	3	3	3	1	4	2	2	3	2	2
阿尔山市	4	4	4	4	1	2	1	1	3	4	3	4
大安市	4	4	2	3	1	2	1	2	3	3	4	3
通榆县	2	2	2	1	4	3	3	4	4	4	3	2
镇赉县	3	3	2	2	4	2	3	3	2	2	3	2
克东县	2	4	1	2	1	3	2	3	3	3	2	2
拜泉县	1	1	2	2	1	1	1	1	1	1	1	1
泰来县	3	3	4	3	3	4	3	2	3	3	2	2
龙江县	1	2	4	4	2	2	3	3	4	3	2	1
甘南县	2	1	2	1	1	1	2	4	3	2	2	3
富裕县	3	4	4	2	2	2	3	2	2	2	1	2
林甸县	2	3	1	1	2	2	3	2	1	1	3	4
明水县	1	2	2	2	2	4	1	1	1	1	1	1
望奎县	3	2	2	2	2	2	1	3	1	1	1	2
兰西县	4	3	3	3	3	4	2	2	2	2	2	1
青冈县	4	3	1	2	4	3	4	3	3	3	1	2

注：阿拉伯数字4、3、2、1分别代表转型指数高、较高、较低、低四个等级。
资料来源：《中国县域统计年鉴（县市卷）》（2012~2020），中国统计出版社，2012~2020。

（一）乡村"人"的转型进展

从片区各县（市、旗）的比较来看，乡村"人"的转型呈现不尽相同的变化趋势，如表3所示。从兼职化非农化指标来看：第一阶段，片区大部分县（市、旗）都比较稳定，少部分县（市、旗）发生变动，且主要集中在黑龙江省诸县；第二阶段，仅少部分县（市、旗）兼职化非农化水平相对稳定，其余县（市、旗）均有不同程度的升降变化，其中，扎赉特旗、科尔沁右翼前旗、大安市、克东县、明水县、青冈县6县（市、旗）呈上升态势。从人力资本指标来看：第一阶段，片区黑龙江省各县基本上都有所提升，内蒙古自治区扎赉特旗、科尔沁右翼中旗、科尔沁右翼前旗与吉林省通榆县均有所下降；第二阶段，片区黑龙江省大部分县人力资本均已达到较高或高水平，内蒙古自治区与吉林省各县（市、旗）人力资本提升后劲不足，大部分县（市、旗）均处于较低或低水平。从金融素养指标来看：第一阶段，片区黑龙江省各县整体水平偏低，吉林省整体水平较高，内蒙古自治区扎赉特旗与科尔沁右翼前旗水平较低，其余县（市、旗）均达到较高或高水平；第二阶段，片区黑龙江省各县整体水平仍然偏低，仅林甸县、甘南县逐渐达到较高或高水平，内蒙古自治区与吉林省逐渐形成金融素养高值区域，仅突泉县处于较低水平，且均呈现相对稳定性。

整体来看（见图4）：第一阶段，大兴安岭南麓山片区乡村"人"的转型出现小幅下降，下降幅度为9.93%，其内部结构中兼职化非农化与人力资本水平均有小幅提升，与此同时金融素养水平却出现急剧下滑，下降幅度达35.86%，是制约片区乡村"人"的转型向好发展的关键因素；第二阶段，片区乡村"人"的转型有所提升，但增幅不大，其内部结构中人力资本上升幅度最大，兼职化非农化与金融素养均有不同程度下滑。人力资本提升表明，在教育扶贫工程全面推进的背景下，尤其是党的十八大启动教育扶贫全覆盖行动以来，片区基本公共教育服务水平得到大幅提升，进而推动片区乡村"人"的转型向好发展。兼职化非农化水平下降，其原因主要在于两个方面：一是片区二、三产业发展仍然较为滞后，无法为农民务工、转移就业提供一个庞大的"资源池"；二是在产业扶贫推进过程中，片区大力发展农牧业，有效稳定和吸纳了第一产业的从业人口。金融素养水平的下降与片区人口流失问题密切相关，高素质、高技能人口向发达地区集聚，留驻本土的低收入、低学历人口一定程度上拉低了整体金融素养水平。综观来看，大兴安岭南麓山片区乡村"人"的转型上未获得显著性提升，与其本身所固有的农牧业主导发展模式和人口流失困局密切相关。

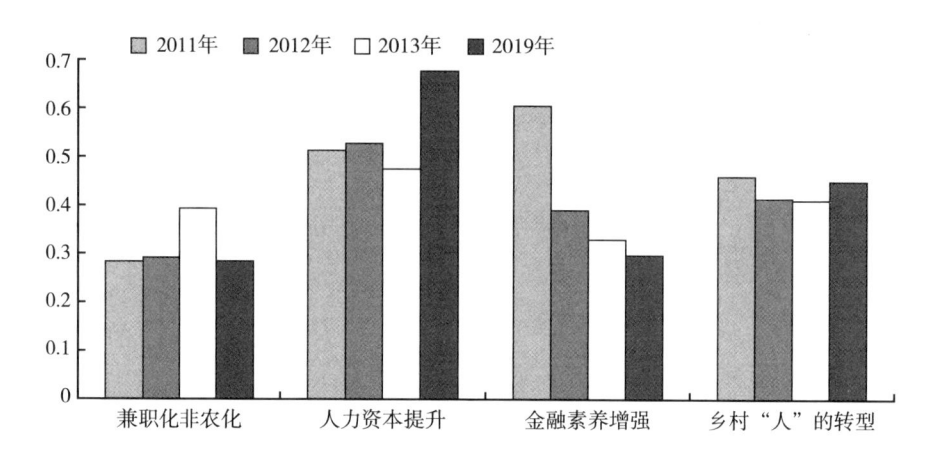

图4 2011、2012、2013和2019年大兴安岭南麓山片区"人"的转型及其内部结构变化趋势（均值）

资料来源：《中国县域统计年鉴（县市卷）》（2012~2020），中国统计出版社，2012~2020。

（二）乡村"业"的转型进展

片区各县（市、旗）乡村"业"的转型及其内部结构的变动趋势如表4所示。从产业非农化指标来看：第一阶段，片区各县（市、旗）整体上较为平稳，仅少数有小幅变动，黑龙江省各县整体水平偏低；第二阶段，片区内内蒙古自治区各县（市、旗）较为稳定，吉林省各县市有所下降，黑龙江省各县变动较大，克东县与龙江县逐渐上升，拜泉县、甘南县与青冈县有所下降。从农业现代化指标来看：第一阶段，片区大部分县（市、旗）非常稳定，无明显变化，个别县市有升降变化，阿尔山市由低水平转为较低水平，富裕县由较低水平转为低水平；第二阶段，片区各县（市、旗）农业现代化水平变动幅度较大，吉林省各县市仍保持较高或高水平，内蒙古自治区各县（市、旗）则整体下降，其中突泉县下降幅度最大，黑龙江省各县均有不同程度升降，其中克东县、泰来县、明水县上升为较高水平。从市场组织化指标来看：第一阶段，片区内处于高或较高水平的县（市、旗）大部分分布在内蒙古自治区和吉林省，黑龙江省各县整体上处于低或较低水平，且均保持相对稳定性；第二阶段，片区内内蒙古自治区各县（市、旗）整体下降，吉林省各县市局部下降，如通榆县下降为较低水平，黑龙江省各县呈现局部上升的态势，其中水平上升的县占45.45%。从经济金融化指标来看：第一阶段，片区内吉林省整体上水平较高，在片区内各县市均处于领先水平，内蒙古自治区水平整体偏低，黑龙江省处于低或较低水平的县市占比达54.55%；第二阶段，片区内内蒙古自治区与吉林省经济金融化整体水平较高，片区内低水平的县（市、旗）大多聚集在黑龙江省内。

表4　2011、2012、2013和2019年大兴安岭南麓山片区各县（市、旗）"业"的转型内部结构分级

县市旗	产业非农化				农业现代化				市场组织化				经济金融化			
	2011年	2012年	2013年	2019年	2011年	2012年	2013年	2019年	2011年	2012年	2013年	2019年	2011年	2012年	2013年	2019年
扎赉特旗	1	2	1	1	4	4	2	1	3	3	3	2	2	2	3	3
科尔沁右翼中旗	3	3	3	3	3	3	1	4	3	3	4	3	2	2	2	3
科尔沁右翼前旗	2	2	2	2	2	2	2	2	3	4	3	3	1	1	3	3
突泉县	3	3	2	2	2	2	4	2	4	3	4	2	2	2	2	2
阿尔山市	4	4	4	4	1	3	3	1	3	3	3	3	3	3	3	3
大安市	4	4	4	4	3	3	3	3	4	4	4	4	4	4	4	4
通榆县	4	4	4	4	4	4	4	4	3	3	2	3	3	3	3	3
镇赉县	4	4	4	4	3	3	4	4	3	3	3	3	3	3	3	3
克东县	3	3	3	3	3	3	3	2	3	3	4	3	3	3	2	2
拜泉县	2	2	3	2	1	1	3	2	1	1	1	2	1	1	1	1
泰来县	2	2	3	3	4	4	2	2	2	2	4	2	2	2	2	2
龙江县	1	1	2	3	3	3	3	3	2	2	1	2	1	1	1	1
甘南县	2	1	3	2	2	2	1	4	2	2	1	4	3	3	3	3

续表

县市旗	产业非农化				农业现代化				市场组织化				经济金融化			
	2011年	2012年	2013年	2019年	2011年	2012年	2013年	2019年	2011年	2012年	2013年	2019年	2011年	2012年	2013年	2019年
富裕县	3	3	2	2	2	1	3	4	3	3	3	3	3	4	3	2
林甸县	3	3	3	3	4	4	4	4	2	2	2	3	4	3	4	4
明水县	2	2	1	1	1	1	1	3	1	1	1	1	1	1	1	1
望奎县	1	1	1	1	1	1	1	1	2	2	3	1	1	1	1	2
兰西县	1	1	1	1	1	1	1	1	2	2	2	1	2	1	1	1
青冈县	1	1	2	1	2	2	3	2	1	1	1	3	1	1	1	1

注：阿拉伯数字4、3、2、1分别代表转型指数高、较高、较低、低四个等级。
资料来源：《中国县域统计年鉴（县市卷）》（2012～2020），中国统计出版社，2012～2020。

整体来看（见图5），片区在两个阶段乡村"业"的转型整体波动不大，第一阶段转型指数有所提升，第二阶段则有小幅下降。第一阶段，片区产业非农化、农业现代化、经济金融化水平等均有小幅提升，市场组织化水平稍有下降。第二阶段，片区产业非农化、农业现代化、经济金融化三项指标均有不同程度的降低，市场组织化水平有小幅上升。在各项指标中，产业非农化指数最高，表明脱贫攻坚以来，片区通过大力推动三产融合发展、壮大农畜产品加工业、发展生态休闲旅游等举措，进一步优化了片区产业结构。农业现代化水平的小幅下降，主要原因在于两个方面：一是片区大力拓展休闲农业、庭院农业、生态农业等现代农业模式，改善了传统农业结构；二是片区大力发展畜牧业，畜牧业在农业中所占的比重不断上升，进一步稀释了设施农业在传统农业结构中的占比。在四项指标中，经济金融化指数最低，表明片区农村居民金融素养有待于进一步提升，政府仍需通过布局乡村金融平台，大力发展农村普惠金融，助力乡村社会发展。市场组织化水平提升，表明片区以特色优势资源为基础的招商引资工作取得了明显成效，规模以上工业企业数量持续攀升，市场活力不断增强，有力地推动了乡村社会经济的转型发展。

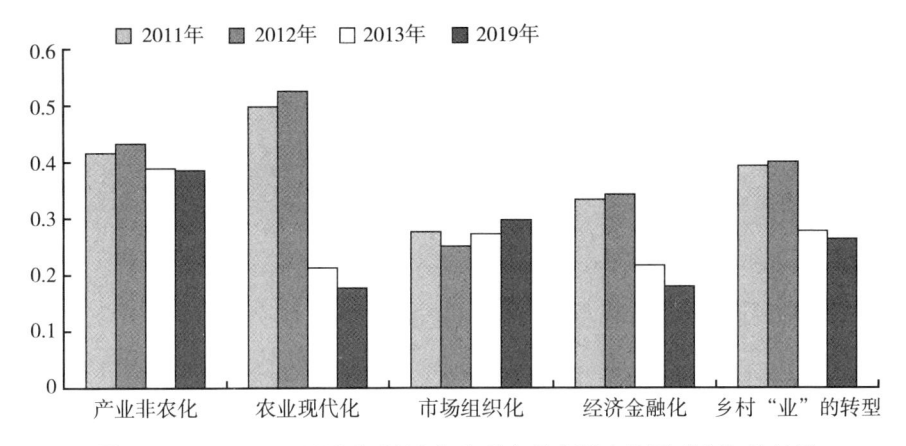

图 5　2011、2012、2013 和 2019 年大兴安岭南麓山片区"业"的转型
及其内部结构变化趋势（均值）

资料来源：《中国县域统计年鉴（县市卷）》（2012~2020），中国统计出版社，2012~2020。

（三）乡村"地"的转型进展

片区各县（市、旗）乡村"地"的转型及其内部结构的变动趋势如表 5 所示。从整体发展水平指标来看：第一阶段，片区各县（市、旗）保持相对稳定状态，仅黑龙江省克东县和望奎县等级发生小幅变化；第二阶段，片区内黑龙江省各县整体发展水平仍然较低，仅克东县达到较高水平，吉林省各县市整体发展水平最高，内蒙古自治区整体水平较好，仅突泉县处于较低水平。从公共服务优化指标来看：第一阶段，片区内吉林省与内蒙古自治区各县（市、旗）整体水平相对稳定，其中吉林省整体水平最高，黑龙江省各县均有不同幅度升降，其逐渐向好的县有拜泉县、泰来县、甘南县、兰西县；第二阶段，片区内吉林省各县市普遍下滑，内蒙古自治区部分县（市、旗）发生变动，科尔沁右翼中旗降为较低水平，阿尔山市上升为较高水平，黑龙江省整体逐渐向好发展，较高或高水平的县市占比约为 54.55%。

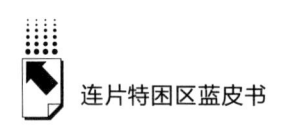

表5　2011、2012、2013和2019年大兴安岭南麓山片区各县（市、旗）"地"的转型内部结构分级

县市旗	整体发展水平				公共服务优化			
	2011年	2012年	2013年	2019年	2011年	2012年	2013年	2019年
扎赉特旗	3	3	3	4	2	2	1	1
科尔沁右翼中旗	3	3	3	3	1	1	4	2
科尔沁右翼前旗	3	3	3	3	3	3	3	3
突泉县	2	2	2	2	2	2	2	2
阿尔山市	4	4	4	4	1	2	2	3
大安市	4	4	4	4	4	4	4	2
通榆县	4	4	4	3	4	3	4	2
镇赉县	4	4	4	4	4	4	4	3
克东县	2	1	1	3	1	1	1	1
拜泉县	1	1	1	1	3	4	2	1
泰来县	2	2	2	2	2	4	3	4
龙江县	2	2	1	2	3	2	2	1
甘南县	2	2	2	2	2	3	2	4
富裕县	3	3	3	3	1	3	3	4
林甸县	3	3	3	2	4	2	3	4
明水县	1	1	2	1	3	3	3	3
望奎县	1	2	2	1	3	1	1	3
兰西县	1	1	1	1	1	3	1	1
青冈县	1	1	1	1	2	1	1	2

注：阿拉伯数字4、3、2、1分别代表转型指数高、较高、较低、低四个等级。
资料来源：《中国县域统计年鉴（县市卷）》（2012~2020），中国统计出版社，2012~2020。

整体来看，如图6所示，大兴安岭南麓山片区乡村"地"的转型在不同阶段均呈现下降的态势，内部结构中整体发展水平与公共服务优化能力整体上均有不同程度的下降。片区整体发展水平的下降，其实是近年来东北地区经济社会发展的一个缩影，资源依赖、产业衰退、人口流失、高老龄化、营商环境差等一系列问题造成区域经济发展后劲不足，下行压力倍增。以片区 19 县（市、旗）中占 11 席位的黑龙江省为例，2019～2020 年连续两年人均 GDP 位列全国倒数第二，仅高于甘肃省。公共服务水平下降，与区域经济发展水平密切相关，片区地方政府作为公共服务的供给主体需进一步加大投入力度，提升公共服务水平。

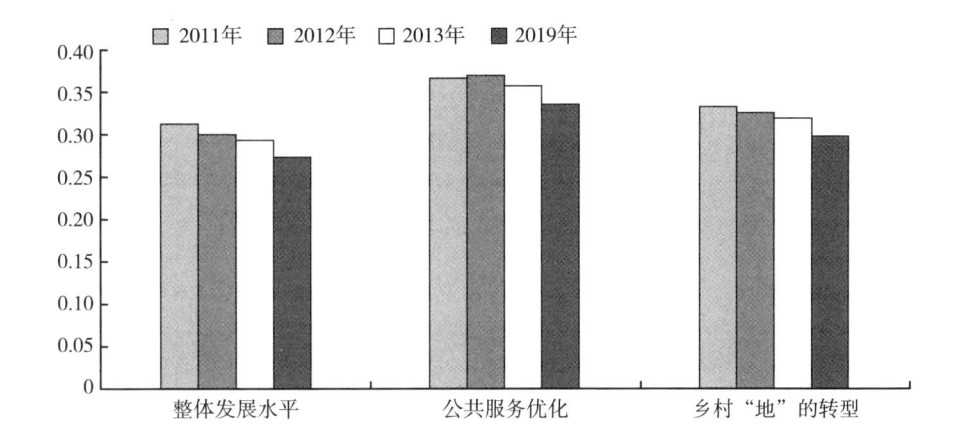

图 6　2012、2012、2013 和 2019 年大兴安岭南麓山片区"地"的转型及其内部结构变化趋势（均值）

资料来源：《中国县域统计年鉴（县市卷）》（2012～2020），中国统计出版社，2012～2020。

（四）乡村综合转型进展比较

综合以上结果，大兴安岭南麓山片区各县（市、旗）乡村综合转型进展具有很强的地域性，如表 6 所示。吉林省的大安市、通榆县、镇赉县 3 县市在两个时期均呈现较高或高的乡村转型水平。黑龙江省泰来县、林甸县与富裕县乡村转型能力较强且比较稳定，拜泉县、明水县、望奎县、兰西县等县乡村转型能力在两个时期内均处于较低或低水平，且存在低值聚集的现象。内蒙古自治区科尔沁右翼中旗与阿尔山市乡村转型能力一直处于较高或高水平，扎赉特旗、科尔沁右翼前旗、突泉县 3 旗县在两个时期内均处于较低或低水平。

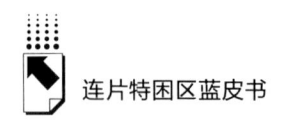

表6 2011、2012、2013和2019年大兴安岭南麓山片区各县（市、旗）乡村综合转型及其内部结构分级

县市旗	"人"的转型				"业"的转型				"地"的转型				综合转型			
	2011年	2012年	2013年	2019年	2011年	2012年	2013年	2019年	2011年	2012年	2013年	2019年	2011年	2012年	2013年	2019年
扎赉特旗	1	1	2	2	3	3	2	1	3	2	2	2	2	2	2	2
科尔沁右翼中旗	3	1	3	4	3	3	3	3	2	1	3	2	3	3	3	3
科尔沁右翼前旗	2	1	4	3	2	2	3	2	3	3	3	2	3	2	3	2
突泉县	2	2	3	1	2	2	4	2	3	2	4	2	3	2	4	1
阿尔山市	3	3	3	4	3	3	3	4	4	4	4	4	4	4	3	4
大安市	2	3	1	3	4	4	4	4	4	4	4	4	4	4	4	4
通榆县	4	3	2	3	4	4	4	3	4	4	4	3	4	4	4	3
镇赉县	4	4	4	4	4	4	4	4	4	4	4	4	4	4	4	4
克东县	1	3	2	3	3	3	2	3	1	1	1	1	2	3	1	2
拜泉县	1	1	1	1	1	1	1	1	1	2	1	1	1	1	1	1
泰来县	4	4	3	2	3	3	2	3	2	3	3	3	3	3	3	3
龙江县	3	2	4	2	2	2	1	2	2	2	2	2	2	2	2	2
甘南县	1	1	1	1	1	1	1	1	1	1	1	1	1	1	2	2
富裕县	3	3	1	2	2	2	3	3	3	3	3	3	2	3	3	3
林甸县	2	2	1	4	4	4	3	4	3	3	3	3	3	3	3	4
明水县	2	2	1	2	1	1	1	1	1	1	1	1	1	1	1	1
望奎县	1	2	2	1	1	1	1	1	1	1	1	1	1	1	1	1
兰西县	3	4	2	1	1	1	1	1	1	1	1	1	1	2	2	1
青冈县	4	4	1	3	1	1	1	2	1	1	1	1	2	1	2	2

注：阿拉伯数字4、3、2、1分别代表转型指数高、较高、较低、低四个等级。
资料来源：《中国县域统计年鉴（县市卷）》（2012~2020），中国统计出版社，2012~2020。

整体来看（见图7），不同时期大兴安岭南麓山片区乡村综合转型发展趋势有所不同。第一阶段，片区乡村综合转型指数出现小幅下降，其中"人"的转型下降幅度最大；第二阶段，片区乡村综合转型指数有小幅上升，其中"人"的转型指数上升较为明显，"业"的转型与"地"的转型指数均有微小的下降。综观来看，大兴安岭南麓山片区乡村综合转型进展比较缓慢，特别是"业"的转型和"地"的转型不升反降，且下行压力继续存在,极大制约了片区乡村社会的转型发展进程。在脱贫攻坚全面推进过程中,政策倾斜导向下的资源下乡,集聚于贫困乡村和贫困农户,对于快速化、覆盖性推进扶贫减贫工作起到重要作用。但是这种快速推进模式是否真正契合区域社会经济发展实况,能否深度融于当地产业的基因和血脉之中,尚值得商榷。大兴安岭南麓山片区有其先天的弱势条件和后天的发展困局,仅依靠脱贫攻坚的辐射带动效应尚不足以整体上解决产业羸弱、资源依赖、人口流失等诸多症结性问题,也就无法实现真正的转型发展。这其实正是乡村振兴战略继之而起的重大价值所在,明晰了乡村转型的短板和弱环,在探明病灶的基础上对症下药,大兴安岭南麓山片区乡村振兴之路也就有了精准的着力点和发力点。

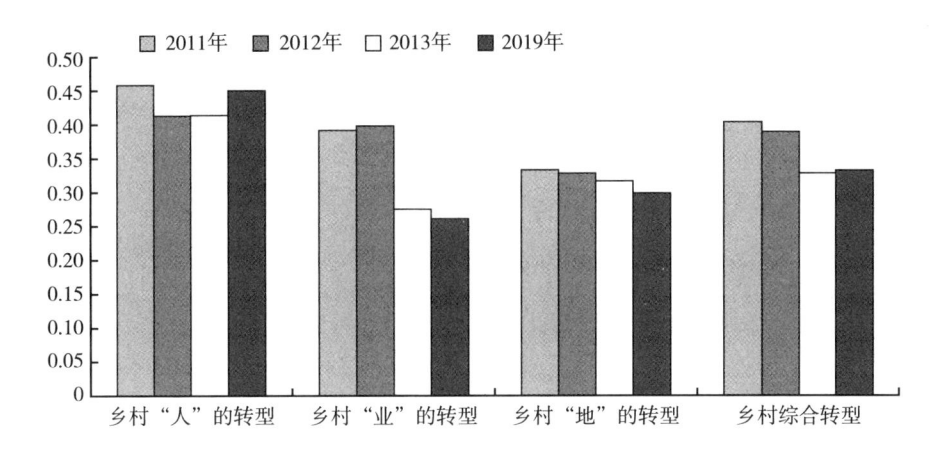

图7 2011、2012、2013 和 2019 年大兴安岭南麓山片区综合转型及其内部结构变化趋势(均值)

资料来源:《中国县域统计年鉴(县市卷)》(2012~2020),中国统计出版社,2012~2020。

四 大兴安岭南麓山片区脱贫攻坚与乡村转型的典型案例分析

大兴安岭南麓山片区19县(市、旗)中:吉林省镇赉县并不在片区第一批"脱贫摘帽"之列,但乡村综合转型指数最好,且一直保持稳定;黑龙江省林甸县在片区中最后一批实现"脱贫摘帽",但乡村综合转型指数是全省片区内唯一能够在第二阶段达到高水平的县;内蒙古自治区阿尔山市是片区第二批完成"脱贫摘帽"的县市,其两个阶段乡村综合转型指数为全区最高,也是唯一达到高水平的县市。以上三县市分别来自三省区,且乡村综合转型指数为片区省域内最高,因而将其作为典型案例分析。

(一)"农民"的重构推动乡村"人"的转型发展

1. 新型农业经营主体持续壮大

片区各地政府积极贯彻落实党的十九大提出的"培育新型农业经营主体"这一理念,将其作为推进农业现代化、农民增收致富的重要力量。这些不断壮大的新型农业经营主体,虽然包括一些农业产业化经营龙头企业,但主要部分仍然是以普通农民为主体构成的农民合作社、家庭农场和种养大户。以2020年成立的镇赉县新型农业经营主体联合会为例,全部会员中农民合作社和家庭农场占比高达87.9%。脱贫攻坚进程中,镇赉县大力推动农业适度规模化经营,农民合作社、家庭农场等新型农业经营主体无论是数量规模还是发展水平均呈逐年跃升态势。截至2019年底,全县在营合作社达2425个,培育市级典型示范合作社42个,市级典型家庭农场20个,市级土地规模经营示范点10个。2020年,依托于《镇赉县2020年高素质农民培育实施方案》的有效实施,全县共培育高素质农民574人,包括新型经营主体和服务主体带头人230人,专业生产型人才250人,贫困村致富带头人94人。林甸县通过"菜园革命"大力发展庭院经济,在规划、生产、经营、奖补等环节因户因地对农户予以全程跟踪指导,推动农户适度规模化生产经营。2020年,全县1.4万余户农户参与到"小菜园"产业中,其中贫困户3000余户,收益超过900万元,户均增收2000元以上。

2. 农村居民就业方式渐趋多样化

片区各地政府大力实施各项促进就业和鼓励创业政策,不断拓宽就业渠道,扩大就业空间,促进了农村居民就业方式的多样化。一是转移就业。镇贲县通过在全县82个贫困村建立贫困劳动力台账，在141个行政村打造"半小时"就业服务圈，"十三五"期间每年均有3万~5万名农村劳动力实现转移就业。林甸县通过劳务经济宣传、强化组织协作、发放转移就业补助等方式引导农村劳动力转移就业，2019年全县2440名建档立卡贫困劳动力实现转移就业，实现就业增收3400多万元。二是就近就地就业。通过招商引资、上马项目实现带动就业，是片区各地政府的主要策略。镇赉县投资2.5亿元，建设了4个大型养殖扶贫基地，并且辐射到59个非贫困村，实现了贫困农户在家门口直接分红和就近就业。阿尔山市大力发展旅游产业，通过松贝尔现代农业旅游观光示范产业园、北纬47°风情小镇戏雪园、明水河镇景观园等一批重点项目的建设，直接和间接带动就业人口达4万人，40%的建档立卡贫困户通过旅游业实现了增收脱贫。三是以创业带动就业。镇赉县通过整合资源、搭建平台、创业培训等举措，大力推进创新创业工程建设，仅2018年全县就提供创业担保贷款890万元，扶持89人创新创业，带动就业人口超过千人。林甸县通过开展"春风行动"、搭建创业平台、发放小额担保贷款等举措积极扶持培育贫困人口创业，2020年发放创业担保贷款84笔，金额达1262万元。

3.农村居民综合素质不断提升

片区各地政府多措并举，大力培育有知识、懂技术、爱农业、会经营的新式农民，鼓励其扎根美丽乡村，深耕现代农业，为农村社会经济发展提供持久的动力。镇赉县整合多部门资源和力量，通过"走出去、请进来"和举办培训班等方式，紧密结合农民的致富需求，充分利用冬闲时节深入村屯开展"科技之冬""绿色证书工程""阳光工程"等系列培训活动，提升了村民的综合素质，增强了致富技能。阿尔山市通过连续举办"高素质农牧民培育培训班"，开展肉羊养殖、中草药种植、现代农业生产经营、化肥农药减量增效、农牧民合作社建设等方面的系统培训，经过培训后的农牧民思想观念获得极大转变，综合素质获得显著提升。林甸县通过开展"高素质农民培训"系列活动，分层分类培育一批批高素质农民，2020年有超过300名脱贫攻坚带头人参加培训。学员在培训课堂中解放思想、开阔眼界、汲取

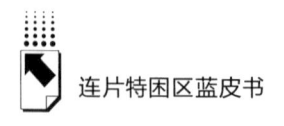

知识、提升技能，一批批高素质农民又如同一颗颗"种子"返回家乡，让新理念、新技术在家乡的土地上传播开来。

（二）"农业"的重构推动乡村"业"的转型发展

1. 三次产业结构不断优化

三次产业结构的不断优化，是近年来片区县域经济发展的显著性特征之一。党的十八大以来，镇赉县按照"调优做精第一产业，发展壮大第二产业，重点突破第三产业"的产业发展思路，不断推进产业结构优化升级，2020年，三次产业比优化至19.7∶43.2∶37.1。第一产业对经济增长贡献率为20.5%，第二产业贡献率为13.2%，第三产业贡献率为66.3%。阿尔山市实施主导产业提质、传统产业升级、新兴产业倍增"三大行动"，在推动高质量发展上寻求新突破。2020年全市三次产业比例由2019年的19.2∶13.3∶67.5优化至21.9∶13.4∶64.7，以特色农牧业为代表的第一产业持续快速增长。林甸县立足资源和产业基础，围绕"粮头食尾""农头工尾"，加速转型升级，畜牧养殖、特色种植、新能源等一批优势产业不断发展壮大。2020年，三次产业增加值占地区生产总值的比重分别为45.1%、15.8%、39.1%，二产占GDP的比重提升2.3个百分点，结构日趋优化。

2. 农牧业现代化水平持续提升

脱贫攻坚以来，片区各县（市、旗）紧紧围绕农田水利化、作业机械化、生产科技化、加工产业化、环境生态化、服务社会化、体制新型化等目标，全面推进农牧业发展，农牧业综合效益和现代化水平不断提升。镇赉县紧扣"率先实现农业现代化，争当现代农业排头兵"的要求，大力提升农业机械化水平，2020年，全县农机总动力达到110万千瓦，综合机械化率达到94%，新建高标准农田12.3万亩，水稻病虫害飞防作业面积达到19万亩。林甸县多措并举实现主要农作物生产全程机械化，2019年被评为全国第三批率先基本实现主要农作物全程机械化示范县，2020年全县农机总动力达107.32万千瓦，综合机械化水平达98.93%。阿尔山市重点打造和推进特色产业发展，布留克、黑木耳已进入全国名特优新农产品名录，2018年新增观光农业种植面积达4500亩，布留克种植面积达1.2万亩。

3. 一、二、三产业加速融合发展

片区各地政府将三产融合发展作为产业振兴的主要抓手，通过农业与加工流通、休闲旅游、文化体育、科技教育、健康养生和电子商务等产业深度融合，催生出大量的新产业、新业态、新模式。镇赉县将三产融合作为"转方式、调结构、促升级"的重要突破口，通过积极规划和引导，不断培育新的经济增长点。一是依托于水稻、玉米、杂粮杂豆、小冰麦等资源优势，大力开发柠檬酸、氨基酸、军工食品、功能性食品、保健品的深加工项目。二是依托龙头药企大力发展中草药种植加工项目，实现中草药等产业链的前移后延和新品种、新配方的开发利用。三是依托现代农牧业产业孵化园和国家农村产业融合发展示范园建设，打造一批集休闲度假、产业发展、研学培训于一体的生态特色产业旅游小镇。林甸县坚持"以加工带动基地，以基地推动加工"的发展思路，打通饲料、养殖、加工、销售四个环节，推进农牧结合、种养加销一体，构建现代奶业全产业链。2020年，林甸县奶牛规模牧场数量、商品奶奶量、原料奶质量居全省首位、全国前列。阿尔山市逐渐探索形成"全域旅游+五小经济"模式，因户施策推广小种植、小养殖、小商业、小劳务和小合作五种经济发展模式。曾经只有28户居民的贫困村——白狼镇鹿村，依托"小养殖"和"小商业"模式，主攻梅花鹿饲养、特色旅店和饭店开发，逐渐发展成为有97户居民的特色村。

（三）"农村"的重构推动乡村"地"的转型发展

1. 公共服务能力和水平不断提升

片区各级政府把公共服务能力建设作为乡村振兴的重要基础，努力实现公共资源在乡村社会的均衡配置，建立起全民覆盖、普惠共享的基本公共服务体系。林甸县结合脱贫攻坚战略实施，累计投入20多亿元，全力加强基础设施建设，补齐农村水、路、房三大短板。一是追加投入4036万元，实施农村饮水安全巩固提升工程，全县自来水实现村屯全覆盖，农村群众全部吃上"安全水"。二是新建改建农村道路1463公里，农村群众全部走上"硬化路"，获评省级"四好农村路"建设示范县。三是投入1.84亿元，改造农村危房13778户，全县4264户建档立卡贫困户全部住上"安全房"。镇赉县快速推进美丽乡村建设，成绩斐然。一是高标准实施82个贫困村274个自然屯555.4公里村级道路建设工程，141个行政村全部实现客车村村通。二是新建农村安全饮水工程103处，巩固提升92处，自来水实现村屯全覆盖。三是创新提出D级危房修缮除险加固模式，10861户危房改造任务全部完成。四是全县141个行政村村级办公场所全部达200平方米以上，全部配备标准的文体活动室，广播电视覆盖率、通信通达率均达100%。

2. 村容村貌和人居环境得到极大改善

片区各级政府将农村环境整治和美丽乡村建设统筹推进，全面推进生态治理、垃圾处理、厕所革命，村容村貌和人居环境得到极大改善。镇赉县开展农村人居环境整治三年行动，围绕"干净、整洁、有序"目标，实施"五化"工程建设，成绩斐然。全县高标准建成绿美村屯180个，其中省级绿美示范村屯2个，新建县级标准村22个；农村厕所改造5000户，居全市第一位；建立形成了"户分类、村收集、乡转运、县处理"的垃圾治理体系，成功创建白城市唯一全国第一批农村生活垃圾分类和资源化利用示范县。林甸县投入3855万元，对标"六清两化一改"，大力实施"村庄清洁"行动，绿化村屯118个，绿化面积达3350亩，安装路灯500盏，改造农厕3388户，农村残垣断壁得到有效整治，垃圾、柴草全部出村出屯，农村人居环境发生了翻天覆地的变化。阿尔山市通过制定村容村貌整治管理办法，大力开展农村牧区人居环境整治提升行动，推进改厕、垃圾污水处理和种植养殖废弃物资源化利用。2020年五岔沟镇牛汾台村、白狼镇鹿村和明水河镇西口村成功获批盟级乡村振兴样板村。

3. 基层党建和乡风文明建设持续推进

片区各级政府积极探索和实践党建引领乡村治理，坚持把提升乡风文明作为贯彻落实"乡村振兴战略"的重要载体，不断书写乡村振兴"新答卷"。镇赉县积极探索"党建+"脱贫攻坚新路径，充分发挥全县141个村级党组织领导核心作用，实行"村级组织+项目+政策扶持"模式壮大村级集体经济。全县村党组织领办创办合作社51个，与22家公司、协会开展"村企""村协"联建，带动6575户贫困户户均增收1200~3000元。林甸县着力加强"农村文化大院"建设，实现了由"送文化"向"种文化"的根本转变，促进了健康思想文化在村屯的传播，丰富了农村居民的精神文化生活。阿尔山市以新时代农牧民素质提升工程为抓手，广泛开展"我脱贫、我光荣，我奋斗、我幸福"主题宣传教育活动、"六好家庭"积分评议和"十星级文明户"等评选活动，引导广大群众树牢"幸福都是奋斗出来的"理念，营造积极向上、崇德尚善的文明氛围。

五 大兴安岭南麓山片区乡村振兴的基本方略及实现路径

大兴安岭南麓山片区如期完成了脱贫攻坚的重大历史任务，在正视斐然成就的同时，片区乡村振兴进程中所面临的矛盾和问题仍不容小觑。整体来看：受东北区域经济环境下行压力的影响，各县域经济增长空间同样受到一定程度的挤压；片区各县（市、旗）一产不强、二产不大、三产不优等问题仍普遍存在，产业结构调整面临既要"赶超"又要"转型"的双重任务；片区农作物种植结构仍显单一，产业化、专业化、科技化水平仍有待提升，农村经营管理人才和实用技术人才仍然匮乏；农村基础设施和公共服务能力建设历史欠账太多，农村居民精神文化生活相对落后贫乏。因此，新形势下，大兴安岭南麓山片区各县（市、旗）要以问题和矛盾为基本面向，借鉴乡村转型走在前列的镇赉县、林甸县、阿尔山市等县市的宝贵经验，探索出一条既符合区域经济发展实况，又能体现"三农"现代化本质要求的乡村振兴之路。

（一）发展壮大乡村产业，打造农牧业全产业链条

农牧业是大兴安岭南麓山片区经济社会发展的基础型产业和优势产业，从脱贫攻坚的伟大实践来看，立足农牧业、依靠农牧业依然是片区乡村振兴

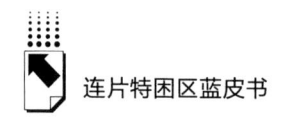

的主要抓手。

1. 继续巩固壮大扶贫产业

脱贫攻坚进程中,各县(市、旗)均形成了各自具有优势特色的产业扶贫模式,如绿色生态农业、特色养殖业、农产品加工业、庭院经济等,其成为广大农户赖以脱贫致富的主导产业。进入乡村振兴阶段,各级政府仍然要紧紧抓住这一主线,持续巩固壮大扶贫产业,推动其从量的积累到质的提升,不断做大做强,使之成为农民增收致富的不竭源泉。种植业方面:一是要继续改造传统农业,适度扩大优质水稻种植规模,优化调整玉米种植结构,挖掘大豆单产潜力;二是继续巩固和扩大中药材、蔬菜、食用菌、瓜果等经济作物优势区域,壮大棚膜(养殖)园区和庭院经济规模。畜牧业方面:一是继续做大做强"两牛"养殖规模,建设规模化绿色优质奶源基地和优质肉牛规模化养殖示范基地;二是积极发展猪、鸡等畜禽产业和鹿、野猪等特色养殖业,推进适度规模化经营。

2. 全面构建农牧业全产业链发展模式

片区各级政府要从根本上改变传统农牧业发展模式,引入现代产业发展理念和组织方式,以"粮头食尾""农头工尾"为抓手,持续开发农牧业多种功能,促进种、养、加、销全产业链融合发展。一方面,片区要以全产业链理念发展农产品精深加工,依托大型农产品加工基地和龙头加工企业,继续推进玉米、水稻深加工以及畜禽养殖加工一体化项目建设,实现农产品多层次、多环节转化增值。另一方面,片区要通过与伊利、蒙牛等大型乳业集团的通力合作,加快酸奶、奶酪、乳珍、奶油等产品的开发力度,提高乳品加工附加值;通过与肉牛龙头加工企业的深度合作,构建集繁育饲养、加工销售一体的肉牛产业链条,加强熟食制品、休闲食品等中高端牛肉产品开发力度,形成多品类的高附加值产品。

3. 依托特色资源推进农旅融合发展

片区要依托多元特色旅游资源,大力发展生态旅游、避暑休闲、冰雪旅游、乡村旅游、红色旅游、自驾自助游等多品类旅游业态,打造各类主题乡村旅游目的地和精品线路,推动农旅融合发展,创造更多农民就业增收的机会。片区内黑龙江省诸县和吉林省诸县市要立足田园风光、生态资源、民俗文化等资源优势，以农业为基础，大力发展休闲农业与乡村旅游，形成以休闲农业、采摘体验、农耕体验等为主的休闲农业与乡村旅游供给体系。片区内内蒙古自治区诸县（市、旗）要大力挖掘"矿泉、火山、冰雪、林俗、蒙元、边境"六大主题元素[①]，以带动农业发展为目标，持续推进以旅助农、以旅促农、以旅富农。

（二）大力实施乡村建设行动，打造共建共治共享的美丽乡村

片区各级政府要结合经济发展、产业布局、人口流动、要素配置等要求，继续完善乡村基础设施建设，提升公共服务水平，打造共建共治共享的美丽乡村。

1. 继续改善农村基础设施条件和农村人居环境

全面改善农村基础设施条件和农村人居环境是现阶段片区乡村建设的主要抓手。农村公共基础设施建设方面：一是在全面完成乡镇和建制村道路硬化的基础上，继续推进硬化路向自然村（屯）延伸，实施农村公路安全生命防护工程和危桥改造工程，大力改善水利、电力、通信等基础设施条件；二是继续实施农村饮水安全巩固提升工程，推进农村饮水安全管理的制度化、规范化和长效化。农村人居环境方面：一是要继续整合优化村屯布局建设，加大村屯撤并力度，推进农牧区危旧房改造的全面覆盖；二是加强农村人居环境整治行动实施力度，探索推广适宜北方高寒地区的改厕模式，积极推进农村生活垃圾治理和农村生活污水治理工程建设；三是加大乡村生态系统保护与修复力度，稳步改善乡村自然生态系统功能，打造各具特色、各有亮点的生态乡村。

2. 加强和完善基层党建和乡村治理体系

秉承"治理有效"这一基本理念，片区要突出加强农村基层党组织

---

① 于相贤：《内蒙古城镇旅游形象定位研究》，《内蒙古财经大学学报》2015年第5期，第20~23页。

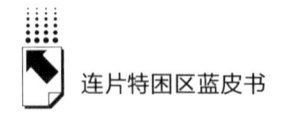

建设，进一步完善乡村治理体系，大力弘扬社会主义核心价值观，全面提升农村居民的综合素养。一是要科学构建简约高效的基层管理体制，充分发挥乡村基层党组织在乡村治理的核心作用，常态长效推进"四议两公开"① 工作和"三务"② 公开工作，有效化解基层矛盾，不断提升乡村村民自治水平。二是深入实施村党组织带头人整体优化提升行动，强化乡村干部素质培训，提高其民主政治素质、法律素质和市场化素质，稳步推进乡村"互联网＋"政务服务，实现乡村公共治理机构的职能转变。三是吸收和借鉴积分制、数字化等乡村治理典型经验，丰富村民议事协商形式，完善乡村便民服务体系，推进农村集体"三资"乱象治理，实现乡村治理、精神文明建设、村屯环境整治和提升村民自身素质的有机结合。

3.全面推进农村公共文化服务能力建设

片区各级政府要针对农村公共文化服务的短板和弱环强化建设力度，切实提高农村群众的思想觉悟、道德水准、文明素养、法制观念。一是以县域为整体，以县、乡（镇）、村三级为单位，整合人员队伍、资金资源、平台载体和项目活动，按照公共义化建设标准对未达标公共文化设施进行全面升级改造，构建布局合理、发展均衡、网格健全的公共文化服务体系。二是通过广播电视村村通、乡镇综合文化站、农村电影放映、农家书屋、村文化室等工程建设，形成覆盖乡村、结构合理、运行高效的布局体系，满足农牧民读书看报、广播电视、电影放映、文体活动、文艺演出、展览展示等群众基本文化需求。三是创新农村文化设施的运行机制，提高各项设施的使用效益，发挥好草根艺人的带动作用，吸引更多农民群众参与，树立农民群众在推进农村文化建设的主体地位。

---

① 刘建川：《构建"四议两公开"制度体系 推进农村基层治理能力现代化》，《农村·农业·农民》（B版）2020年第2期，第33～36页。
② 袁剑峰、缪江天、王佳杰、钱晓娴、刘凡、张桑伟：《用"三务公开户户通"改变农村政治生态》，《广播电视网络》2021年第2期，第90～93页。

（三）汇聚多元力量，强化乡村振兴人才支撑

片区各地政府要多措并举进一步创新乡村人才工作机制，一方面要"引进来"，吸引优秀人才到农村就业创业，另一方面要充分发掘现有人才存量，打造具有鲜明本土特色的人才培养体系。

1. 培育和壮大新型职业农牧民群体

培育新型职业农民群体是乡村振兴的主要内容之一，同样也唯有新型职业农民规模不断壮大，方能将农业产业化发展、高质量增长变为可能。片区各级政府要加大"头雁"工程实施力度，重点实施新型农业经营主体带头人轮训、现代青年农场主（农业职业经理人）培养和农村实用人才带头人培训，不断培育和壮大一批适应现代农业需要的"土专家"、"田秀才"和"致富带头人"，以达到培育一人从而带动一片的效果。在实施过程中要结合乡村振兴的需求实况完善相关配套政策体系，建立教育培训、规范管理和政策扶持"三位一体"的新型职业农民教育培训体系。

2. 加强农村专业人才队伍建设

片区各级政府要营造重视人才、尊重人才、服务人才、成就人才的良好氛围，促进各方面人才在农村引得来、留得住、用得好。一是立足本土挖掘人才，建立农村实用人才信息库，根据农村专业人才的不同特点，培育一批致富能手、乡村工匠、传统艺人、电商人才等。二是加强乡土人才孵化中心建设，回引返乡创业能人、专业技术、管理营销等各类人才反哺农村，让农村成为施展才能的大舞台，充分发挥其作为激发返乡创业集聚效应、辐射效应和示范效应的重要载体。三是强化激励机制，鼓励农业科研人员出资或以技术入股方式，联合涉农企业、农民专业合作社等规模化经营主体，建立农业社会化服务公司，探索公益性和经营性农技推广融合发展机制，允许农技人员通过提供增值服务合理取酬。

3. 动员全社会力量积极投身于乡村振兴

片区政府一是要建立城乡、区域、校地之间人才培养合作与交流机制，引导和支持企业家、党政干部、专家学者、医生教师、技术人才等，通过下

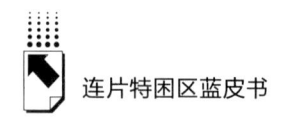

乡担任志愿者、投资兴业、行医办学、捐资捐物等方式助力乡村振兴①；二是要创新人才机制，主动与高校、科研机构等智库对接，采取顾问指导、兼职服务、短期聘任等方式，实施特色人才项目引智入片区，建立高层次人才合作交流机制；三是鼓励各县（市、旗）到京津冀、长三角、珠三角等地区设立科研育成基地，推动构建"人才飞地"，加大外部人才引进合作力度。

---

① 刘奇：《充分发掘乡村振兴的民间力量》，《中国发展观察》2019年第9期，第52~54页。

B.10 燕山-太行山片区脱贫成效、乡村转型比较及振兴展望*

黄祥芳**

摘　要： 2011年以来，燕山-太行山片区脱贫攻坚总体成效显著，片区贫困人口全部脱贫、贫困县全部脱贫摘帽，农民收入、消费水平普遍提升，经济发展水平、可持续发展能力增强，基础设施、基本公共服务水平持续提高。本文基于"人业地"视角的乡村转型进展分析发现，燕山-太行山片区乡村转型发展过程中，各地转型发展不均衡，但整体上乡村转型水平比较低，"人"和"业"的转型好于"地"的转型，"地"的转型增长相对较快，"业"的转型增长乏力。结合燕山-太行山片区乡村振兴中的困境、难题和典型案例，本文从"人业地"三个方面提出了片区乡村振兴的可行路径。

关键词： 燕山-太行山片区　脱贫成效　乡村振兴

---

* 本文得到武陵山片区扶贫与发展2011协同创新中心开放基金项目"燕山-太行山片区脱贫成效县际比较及乡村振兴展望"（项目编号：21JDZB039）、"武陵山片区产业扶贫研究"（项目编号：19JDZB070）、教育部人文社会科学研究基金项目"武陵山片区地理标志农产品品牌多元主体协同共建绩效提升研究"（项目编号：19XJC630003）的资助。
** 黄祥芳，博士，吉首大学商学院副教授，硕士生导师，研究方向为乡村振兴与区域经济发展。

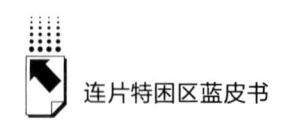

一 引言

地处燕山和太行山腹地，跨河北、山西、内蒙古三省（区）的燕山－太行山集中连片特困区（以下简称"燕山－太行山片区"）是我国14个集中连片特困区之一，共包括33个县（市、区），其中，河北省22个县（市、区），山西省8个县（区），内蒙古自治区3个县。片区基本上囊括了首次由亚洲开发银行（2005）所提出的"环首都贫困带"区域，相较于其他连片特困区，该片区的特殊性在于紧邻京津特大城市，因生态保护政策压力及虹吸效应，致贫原因更为复杂。[1] 党的十八大以来，片区坚持实施精准扶贫、精准脱贫方略，以脱贫攻坚统揽经济社会发展全局，努力走好精准、特色、可持续的脱贫路子。经过不懈的努力，片区已如期完成新时代脱贫攻坚任务。2011~2020年，片区实现223万名贫困人口全部脱贫，33个贫困县脱贫摘帽，贫困发生率下降了24.3个百分点，全面消除了区域整体性贫困和绝对性贫困。贫困群众生活质量显著提高，2019年农村居民人均可支配收入和人均消费支出分别是2013年的1.9倍和1.7倍。基础设施和公共服务显著改善，基本实现贫困村通电、通硬化路、自然村通路的目标，截至2020年，片区基本公共服务接近全国平均水平。在脱贫攻坚实践中，片区探索形成了"双带四起来"[2]旅游扶贫模式、"三零"[3]产业扶贫模式、"林业生态＋"扶贫模式、"政银企户保"[4]金融扶贫模式等一批燕山－太行山片区经验，成为全国精准脱贫的样本。当前，我国已进入巩固拓展脱贫攻坚成果、全面推进乡村振兴的新起点、

---

[1] 段世江、张雪：《燕山－太行山片区减贫与发展政策目标及实践路径》，《河北学刊》2019年第11期，第119~125页。

[2] 即：景区带村、能人带户；把群众组织起来，把产业培育起来，把利益连接起来，把文化和内生动力弘扬起来。

[3] 即投入零成本、经营零风险、就业零距离。

[4] 即"政府搭台＋银行参与＋保险兜底＋企户受益"的政银企户保"五位一体"的金融扶贫模式。

新阶段，作为 14 个连片特困区之一的燕山－太行山片区是实现巩固脱贫攻坚成果同乡村振兴有效衔接的重点区域，因此，总结脱贫攻坚成果及经验，指出其后续要求，并进一步探索乡村振兴发展路径，对于片区具有非常重要的意义。

二 燕山－太行山片区脱贫攻坚总体成效

（一）贫困人口全部脱贫，贫困县全部脱贫摘帽

自 2011 年启动新一轮扶贫开发以来，燕山－太行山片区现行标准下的贫困人口大幅度减少，贫困发生率同时大幅度下降。按照 2300 元（2010 年不变价）的扶贫标准，2011~2020 年片区累计实现 223 万人农村贫困人口脱贫，占全国脱贫总人口的 1.82%，相当于河北省农村脱贫总人口的 39.75%、山西省农村脱贫总人口的 50.22% 和内蒙古自治区农村脱贫总人口的 1.39 倍。2011~2020 年片区贫困发生率下降了 24.3 个百分点，其下降幅度比全国及冀、晋、蒙分别高出了 11.6 个百分点、14.2 个百分点、5.7 个百分点和 12.1 个百分点。

2017~2020 年，片区 33 个县（市、区）陆续实现脱贫"摘帽"，如表 1 所示。河北平泉市、望都县和易县走在片区脱贫摘帽的前列，河北平泉市和望都县于 2017 年成为片区首批实现脱贫摘帽的贫困县市，随后 2018 年河北易县宣布脱贫摘帽。大部分县（市、区）集中在 2019 年和 2020 年脱贫摘帽，分别占片区的 36.36% 和 54.55%。截至 2020 年 2 月末，山西省和河北省的贫困县全部摘帽。2020 年 3 月 5 日，内蒙古自治区 3 县的脱贫摘帽，标志着片区 33 个贫困县（市、区）全部实现脱贫摘帽，提前完成脱贫攻坚任务。片区的农村贫困人口基本实现全面脱贫，贫困发生率基本为零，如期实现了现行标准下农村贫困人口全部脱贫，确保了全面建成小康社会底线目标的基本实现。

表1　2017~2020年燕山－太行山片区贫困县（市、区）"摘帽"情况

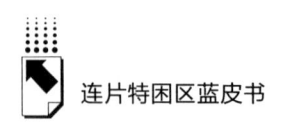

年份	县（市、区）名单	所属省（区）个数（个）	占比（%）
2017	平泉市①、望都县	河北2个	6
2018	易县	河北1个	3
2019	浑源县、云州区②、灵丘县、繁峙县、阳高县、万全区③、唐县、宣化区④、承德县、曲阳县、涞水县、顺平县	山西5个、河北7个	36.36
2020	兴和县、化德县、商都县、天镇县、广灵县、五台县、丰宁县、围场县、尚义县、康保县、张北县、怀安县、沽源县、涞源县、蔚县、阜平县、阳原县、隆化县	内蒙古3个、山西3个、河北12个	54.55

资料来源：据对应省份历年退出贫困县序列的相关公告（或公示）整理而得。

（二）农民收入稳步增长，消费水平普遍提升

燕山－太行山片区农村常住居民人均可支配收入从2013年的5680元持续增长到2019年的10797元，增加了5117元，提前一年实现了"贫困县农村常住居民人均可支配收入10000元以上"的增收目标，年均增速11.3%。截至2019年，片区农村居民人均可支配收入比全国农村居民人均可支配收入少5881元，比冀、晋、蒙农村居民人均可支配收入分别少4576元、2105元和4485元。虽然片区农村居民人均可支配收入水平与全国及冀、晋、蒙仍有较大的差距，但2013~2019年，片区农村居民人均可支配收入增速明显高于同期全国及冀、晋、蒙农村居民人均可支配收入的增速。如图1所示，2013~2019年，片区的农村居民人均可支配收入增速一直高于同期全国及冀、晋、蒙水平，平均增速比全国及冀、晋、蒙分别高出2.8个百分点、2.6个百分点、3.2个百分点和2.4个百分点。

---

① 2017年4月，国务院批准同意撤销平泉县，设立县级平泉市。
② 2018年2月，国务院批复撤销大同县，设立大同市云州区。
③ 2016年1月，国务院批复同意撤销万全县，设立万全区。
④ 2016年1月，国务院批复同意撤销宣化县、宣化区，设立新的宣化区。

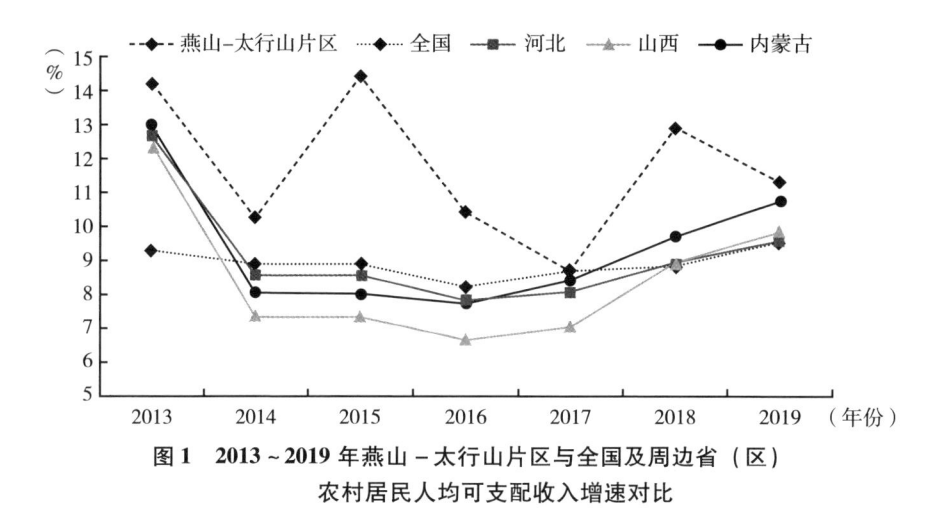

图 1 2013～2019 年燕山－太行山片区与全国及周边省（区）农村居民人均可支配收入增速对比

资料来源：据《中国农村统计年鉴》（2014～2020）和《中国农村贫困统计监测报告》（2014～2020）整理得到。

具体到各县（市、区），从 2013 年至 2019 年，农村居民人均可支配收入的低收入县域数量逐年减少，中、高收入的县域数量增加。如表 2 所示，到 2019 年，片区有 19 个县域的农村居民人均可支配收入大于 1 万元，占片区的 57.58%。其中，河北分片区[①]15 个县域农村人均可支配收入大于 1 万元，占该分片区的 68.18%，山西分片区[②]2 个县农村居民可支配收入大于 1 万元，占该分片区的 25%，内蒙古分片区[③]2 个县农村居民可支配收入大于 1 万元，占该分片区的 66.67%。在农村居民人均可支配收入的 8000～1 万元，片区有 13 个县，占比达 39.39%。其中，河北分片区、山西分片区、内蒙古分片区分别有 6 个、6 个、1 个县，分别占各分片区的 27.27%、75%、33.33%。仅有河北分片区的 1 个县农村人均可支配收入在 8000 元以下，占该分片区 22 个县（区）的 4.55%，占整个片区的 3.03%。

---

① 河北分片区包括保定市的涞水县、阜平县、唐县、涞源县、望都县、易县、曲阳县、顺平市，张家口市的宣化区、张北县、康保县、沽源县、尚义县、蔚县、阳原县、怀安县、万全区，承德市的平泉市、承德县、隆化县、丰宁县、围场县 22 个县（市、区）。
② 山西分片区包括大同市的天镇县、阳高县、广灵县、灵丘县、浑源县、云州区和忻州市的五台县、繁峙县 8 个县（区）。
③ 内蒙古分片区包括乌兰察布市的化德县、商都县、兴和县 3 个县。

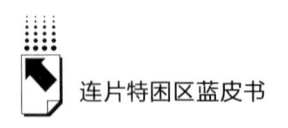

表2 2019年燕山-太行山片区及分片区县（市、区）
农村居民人均可支配收入分布

单位：个

收入分级	河北分片区	山西分片区	内蒙古分片区	燕山-太行山片区
大于1万元	15(68.18%)	2(25.00%)	2(66.67%)	19(57.58%)
8000~1万元	6(27.27%)	6(75.00%)	1(33.33%)	13(39.39%)
8000元以下	1(4.55%)	0(0%)	0(0%)	1(3.03%)

注：括号中的数字表示占所在片区的百分比。
资料来源：据2020年各县（市、区）统计公报整理得到。

2013~2019年片区农村居民人均消费支出由5680元上升到9696元，占收入的比重由96.43%下降到89.80%。2019年，片区农村人均消费支出分别占全国及周边冀、晋、蒙农村居民人均消费支出的64.74%、70.23%、76.50%和83.68%。在消费增速方面，如图2所示，2013~2016年片区的农村人均消费支出增速明显低于全国及周边冀、晋、蒙的水平，但在2017~2019年片区的农村人均消费支出增速高于全国及周边冀、晋、蒙的水平。

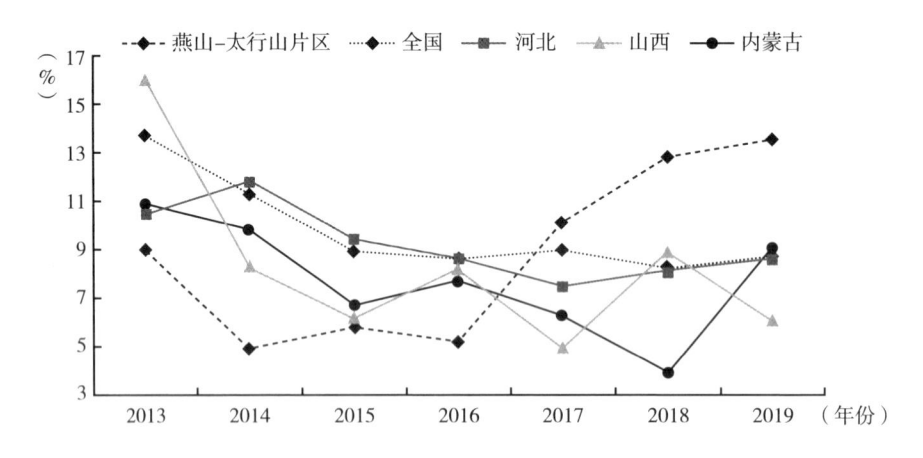

图2 2013~2019年燕山-太行山片区与全国及周边省（区）农村居民消费支出增速对比

资料来源：据《中国农村统计年鉴》（2014~2020）和《中国农村贫困监测报告》（2014~2020）整理得到。

（三）经济发展水平显著提升，可持续发展能力增强

如图 3 所示，从人均 GDP 的数量变化来看，2019 年燕山 - 太行山片区的人均 GDP 为 27299 元，整体上比 2011 年增加了 14290 元，增长了 109.85%。虽然燕山 - 太行山片区及其各分片区在 2011~2019 年的人均 GDP 整体上保持了稳定的增长，但片区相对于全国及周边的冀、晋、蒙而言，仍存在较大的差距，且这种差距呈现逐年扩大趋势，2011 年，燕山 - 太行山片区的人均 GDP 比全国及冀、晋、蒙分别低 21796 元、19362 元、16750 元和 43367 元，2019 年的差距分别为 43593 元、19401 元、18425 元和 40627 元。这表明如何加快经济发展以缩小与周边省（区）及全国平均水平的差距，仍是片区未来所面临的重要挑战。如图 4 所示，从增长速度来看，片区人均 GDP 增速低于全国的平均水平，2011~2019 年，片区年人均 GDP 增速为 8.72%，同期全国年人均 GDP 增速为 10.11%，相差 1.39 个百分点。但与周边的冀、晋、蒙比较而言，片区的人均 GDP 增速分别高出 2.76 个、1.71 个和 1.13 个百分点。

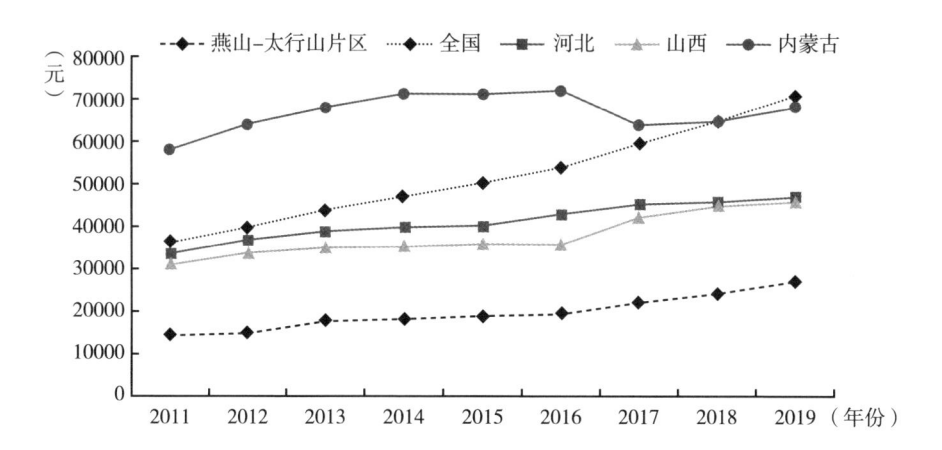

图 3　2011~2019 年燕山 - 太行山片区与全国及周边省（区）人均 GDP 对比

资料来源：据《中国统计年鉴》（2012~2020）和《中国农村贫困监测报告》（2012~2020）整理得到。

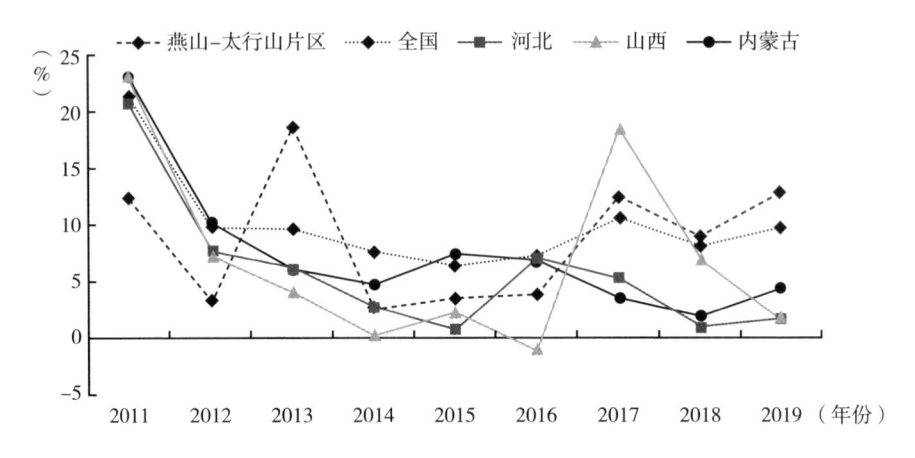

图 4　2011～2019 年燕山－太行山片区与全国及周边省（区）人均 GDP 增速对比

资料来源：按《中国统计年鉴》（2012～2020）及《中国农村贫困监测报告》（2012～2020）整理得到。

片区内各县（市、区）人均 GDP 水平差异较大，呈现分化态势，如表 3 所示，2019 年片区内大部分县（市、区）的人均 GDP 分布在 2 万～4 万元和 2 万元以下，仅有 2 个县（区）的人均 GDP 大于 4 万元，占比为 6.06%，23 个县域的人均 GDP 在 2 万～4 万元，占比为 69.70%，8 个县的人均 GDP 在 2 万元以下，占比为 24.24%。从分片区来看，河北分片区有 1 个县的人均 GDP 大于 4 万元，占比为 4.55%，7 个县的人均 GDP 在 3 万～4 万元，占比为 31.8%，11 个县的人均 GDP 在 2 万～3 万元，占比为 50%，3 个县的人均 GDP 在 2 万元以下，占比为 13.63%。山西分片区有 1 个县的人均 GDP 大于 4 万元，占比为 12.5%，3 个县的人均 GDP 在 2 万～3 万元，占比为 37.5%，4 个县的人均 GDP 在 2 万元以下，占比为 50%。内蒙古分片区人均 GDP 主要在 2 万～3 万元和 2 万元以下两个区间，分别是 2 个县和 1 个县，分别占比为 66.67% 和 33.34%。2019 年山西分片区的云州区（大同县）[①]的人均 GDP 在燕山－太

[①] 2018 年 2 月 9 日，国务院批复撤销大同县，设立大同市云州区。

行山片区所有县中最高，为64873万元，同样是山西分片区的浑源县人均GDP为14117元，为片区最低值，最高的县与最低的县相差50756元。河北分片区的人均GDP最高的是怀安县，为46178元，最低的是蔚县，为18380元，二者相差27798元。可见，各县（市、区）经济发展水平虽有提升，但仍存在较为明显的差距，如何在片区整体经济发展水平提升的基础上缩小相对差距，是脱贫攻坚成果巩固与乡村振兴中需要引起重视的问题。

表3　2019年燕山－太行山片区及分片区县（市、区）人均GDP分布

单位：个

人均GDP分布	河北分片区	山西分片区	内蒙古分片区	燕山－太行山片区
大于4万元	1(4.55%)	1(12.5%)	0(—)	2(6.06%)
3万~4万元	7(31.8%)	0(—)	0(—)	7(21.21%)
2万~3万元	11(50%)	3(37.5%)	2(66.67%)	16(48.48%)
2万元以下	3(13.63%)	4(50%)	1(33.34%)	8(24.24%)

注：括号中的数字表示占所对应片区的百分比。

资料来源：据《中国县域统计年鉴2020》整理得到。

燕山－太行山片区地处北京的上风上水带，是首都生态环境的重要屏障和京津冀最重要的水源涵养地。近年来，燕山－太行山片区立足于自身的生态资源，践行"绿水青山就是金山银山"的发展理念，通过发展生态产业，实现精准脱贫与生态环境保护相结合的可持续发展，形成了"大同蓝+生态经济+生态扶贫"的院地合作模式、"水生态文明城市+沟域经济+特色产业"的生态扶贫等可持续发展模式，可持续发展能力不断提升。

（四）基础设施明显改善，基本公共服务水平持续提高

党的十八大以来，随着基础设施和公共服务投入的不断增大，燕山－太行山片区的水、电、路、网络通信等基础设施大为改善，全面解决了贫困人

口安全饮水问题,基本实现贫困村通电、通硬化路,自然村通路通信的目标,提升了片区的交通通行能力,贫困群众生产生活条件明显改善。如表4所示,整体来看,片区的所有基础设施指标2016~2019年都有明显提升。其中,所在自然村通公路、通电话的农户比重和所在自然村进村主干道道路硬化的农户比重分别在2017年、2018年和2019年达到100%,所在自然村能接收有线电视信号的农户比重由2016年的90.3%上升到2019年的99%,所在自然村能便利乘坐公共汽车的农户比重由2016年的84.3%上升到2019年的88.6%,所在自然村通宽带的农户比重由2016年的86.5%上升到2019年的98.8%。

表4 2016~2019年燕山-太行山片区基础设施状况

单位:%

指标名称	2016年	2017年	2018年	2019年
所在自然村通公路的农户比重	99.2	100	100	100
所在自然村通电话的农户比重	99.3	99.7	100	100
所在自然村能接收有线电视信号的农户比重	90.3	97.2	96.8	99
所在自然村进村主干道路硬化的农户比重	98	98.4	99.6	100
所在自然村能便利乘坐公共汽车的农户比重	84.3	86.7	89.8	88.6
所在自然村通宽带的农户比重	86.5	92.8	97.3	98.8

资料来源:《中国农村贫困监测报告》(2017~2020)。

公共服务方面,针对片区学前教育资源供给不足、乡村卫生诊疗水平落后、基层就业服务体系不完善、乡村文化体育设施品质和使用效率不高等问题,片区出台了具体方案和细化措施,持续改善公共服务水平。从表5中具体的公共服务指标可以看出,2016~2019年,片区的公共服务水平稳步提升。所在自然村有卫生站的农户比重在2019年达到99.5%,而这一指标在2016年只有95.2%。所在自然村上幼儿园和小学便利的农户比重虽然在2019年尚未达到90%以上的水平,但2016~2019年分别提升了4.6个和9.3个百分点,提升幅度明显。

表5　2016～2019年燕山-太行山片区公共服务状况

单位：%

指标名称	2016年	2017年	2018年	2019年
所在自然村有卫生站的农户比重	95.2	96.2	98.1	99.5
所在自然村上幼儿园便利的农户比重	80.4	86	86.6	85
所在自然村上小学便利的农户比重	79.3	82.1	88.6	88.6

资料来源：《中国农村贫困监测报告》（2017～2020）。

三　燕山-太行山片区乡村转型进展及县际比较

2011年以来，在精准扶贫方略指引下，燕山-太行山片区不仅取得了全面脱贫摘帽的显著成效，还加快了乡村经济结构、社会结构与空间结构的重构，从而促进乡村"人业地"全方位地转型发展。依据总报告基于"人业地"分析框架构建的乡村转型度评价指标，本文对燕山-太行山片区县域的乡村转型进行测度与比较分析。

（一）片区整体层面的乡村转型进展

1. 总体特征

根据乡村转型度测算公式分2011～2012年和2013～2019年两个阶段[1]对燕山-太行山片区32个县（市、区）（不包括河北省张家口市宣化）[2]的乡村转型度进行测算。如图5所示：在第一阶段，2011年和2012年片区乡村转型综合评价值分别为0.400和0.410，乡村转型水平略有提升，年增长率为2.50%；在第二阶段，2013～2019年乡村转型综合评价值

---

[1] 由于"兼职化非农化（H1）、农业现代化（I2）"两个转型指标在2013年前后使用不同的代理指标，以及公共服务优化中每万人医疗机构床位数在2013年前没有数据，为解决前后不一致，不能直接比较的问题，分两阶段对乡村转型度进行测度与分析。
[2] 河北省张家口市宣化县行政区划范围在2016年发生改变，考虑数据的不延续性，对该地区的乡村转型不进行测度。

逐年增加，转型综合评价值从2013年的0.296上升到2019年的0.376，增长127%，年均增长率为4.07%，最高增长率出现在2017年，为8.47%。综合两阶段来看，片区的乡村转型水平虽然较低，但在考察期内呈现缓慢上升趋势。这说明经过实施脱贫攻坚战，片区的乡村转型初见成效，但未来进一步推进乡村转型发展的任务仍很艰巨。

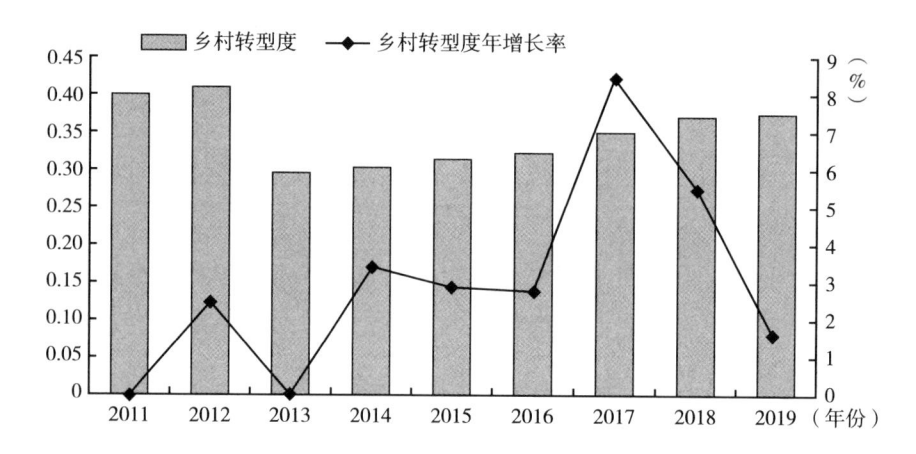

图5 2011~2019年燕山－太行山片区乡村转型度及其年度增长率变化趋势

资料来源：经测算得到。

2. "人业地"各分维度特征

（1）"人"和"业"的转型相对好于"地"的转型

从燕山－太行山片区乡村转型的"人业地"分维度年均值来看（见图6）：第一阶段（2011~2012年）各分维度转型度均值分别为0.477、0.369和0.346，"人"和"业"的转型度值高于"地"的转型度值，特别是"人"的转型度值在三个维度中最高；第二阶段（2013~2019年）各分维度特征与第一阶段基本类似，即"人"的转型度值一直维持相对较高水平，均值为0.384，"业"的转型度均值为0.331，而"地"的转型度值相对最低，均值为0.259。从两个阶段的乡村转型分维度的均值比较来看，片区在基础设施、公共服务等"地"的转型方面仍存在较多的欠缺，这成为制约片区经济社会转型发展的瓶颈。

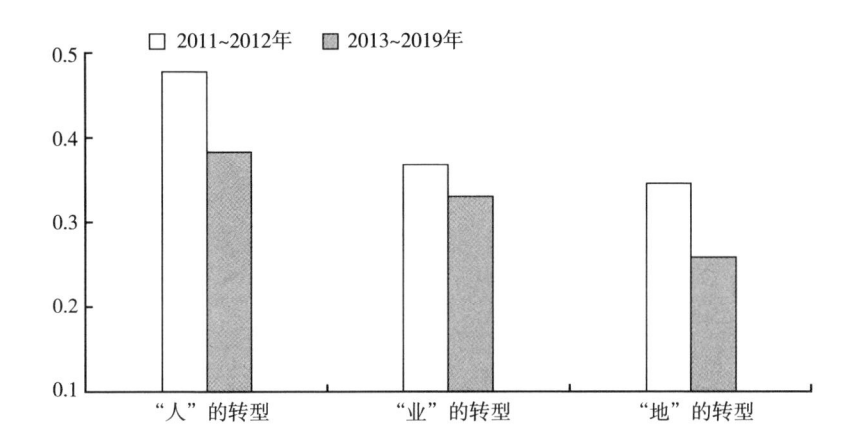

燕山-太行山片区脱贫成效、乡村转型比较及振兴展望

图6 2011~2012年和2013~2019年两阶段燕山-太行山片区
乡村转型各维度比较

资料来源：经测算得到。

（2）"地"的转型增长相对较快，"业"的转型增长乏力

从时间维度来看，燕山-太行山片区乡村转型的"人业地"三维度呈现不同的变化趋势。如图7所示：在第一阶段（2011~2012年），片区"人"的转型度和"地"的转型度分别上升了0.031和0.053，"业"的转型度2012年仍维持在2011年的水平；在第二阶段（2013~2019年），片区乡村转型的"人业地"三维度均呈现上升趋势，但各维度的上升幅度大小不一，分别提高了0.082、0.040和0.179。不难看出，无论是在第一阶段还是第二阶段，片区"地"的转型增长相对较快，而"业"的转型增长乏力。这说明在脱贫攻坚实施中，特别是在精准扶贫的"两不愁三保障"的任务目标导向下，燕山-太行山片区重视与"地"相关的交通、医疗卫生等基础设施和与"人"相关的教育的投入，使得基础设施和教育方面的提升较大，虽然与"业"相关的产业扶贫得到重视，但在产业基础薄弱和生态环境压力背景下，燕山-太行山片区产业转型升级相对比较缓慢。

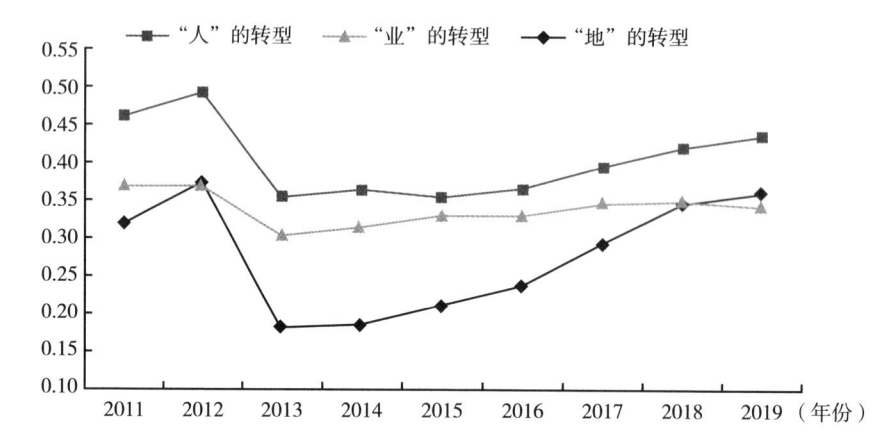

图7　2011~2019年燕山-太行山片区乡村转型各维度得分变化趋势及对比

资料来源：经测算得到。

（二）分省（区）片区层面的乡村转型进展

1. 总体特征

燕山-太行山片区的3个省域分片区在自然条件、资源禀赋、区位条件、社会经济、城市辐射及区域政策等多因素共同影响下，其乡村振兴转型度存在一定的差异。如图8所示：在第一阶段（2011~2012年），河北分片区、山西分片区和内蒙古分片区的乡村转型度的年均值分别为0.408、0.417和0.358，山西分片区的乡村转型好于其他两个分片区，内蒙古分片区的乡村转型相对较差；在第二阶段（2013~2019年），3个分片区的乡村转型的年均值分别为0.357、0.311和0.294，河北分片区的乡村转型好于其他两个分片区，内蒙古分片区的乡村转型与山西分片区的相对差距较小。比较两个阶段的情况来看，河北分片区由第一阶段第二位上升到第二阶段第一位，山西分片区由第一阶段第一位下降到第二阶段第二位。

从时间维度来看，如图9所示：在第一阶段（2011~2012年），3个分片区的乡村转型度都呈现上升趋势，其中，内蒙古分片区上升的相对比较多；在第二阶段（2013~2019年），3个分片区的乡村转型度逐年攀升，但

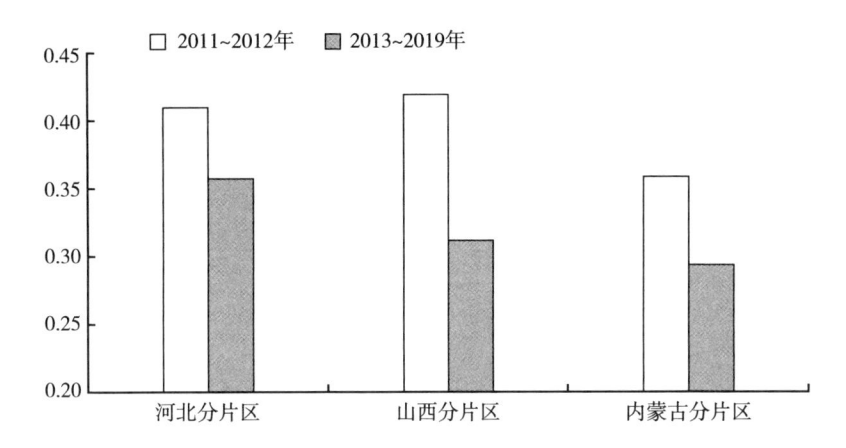

图8 燕山-太行山各分片区乡村转型度对比

资料来源：经测算得到。

分片区的最高值和最低值的差距呈扩大趋势，由2013年的0.039扩大到2019年的0.098。河北分片区一直处于领先地位，这可能是由于河北分片区更能受到京津大都市的辐射，内蒙古分片区近年来提升比较快，与山西分片区差距呈缩小趋势。综合两阶段的乡村转型度演变趋势来看，乡村转型优势分片区与劣势分片区的差距有扩大趋势，应该引起警惕。

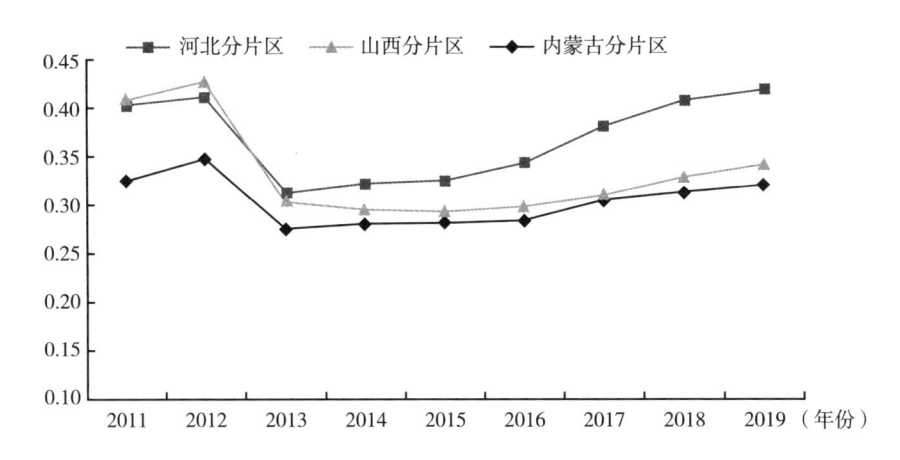

图9 2011~2019年燕山-太行山各分片区乡村转型度对比

资料来源：经测算得到。

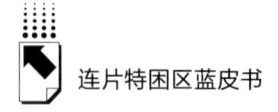

2. "人业地"分维度特征

(1) "人"的转型发展较不平衡

如图10所示：在第一阶段（2011~2012年），就"人"的转型度而言，3个分片区都呈现上升趋势，山西分片区转型度均值为0.528，处于相对领先地位，其次是河北分片区，均值为0.473，内蒙古分片区最低，均值为0.308；第二阶段（2013~2019年）各片区的"人"的转型度总体上仍保持上升趋势，在这一阶段，河北分片区处于相对领先地位，均值为0.433，其次是山西分片区，均值为0.344，内蒙古分片区排名最后，均值为0.237。综合两阶段来看，3个分片区"人"的转型呈现不平衡状态，优势分片区与劣势分片区的差距一直存在。

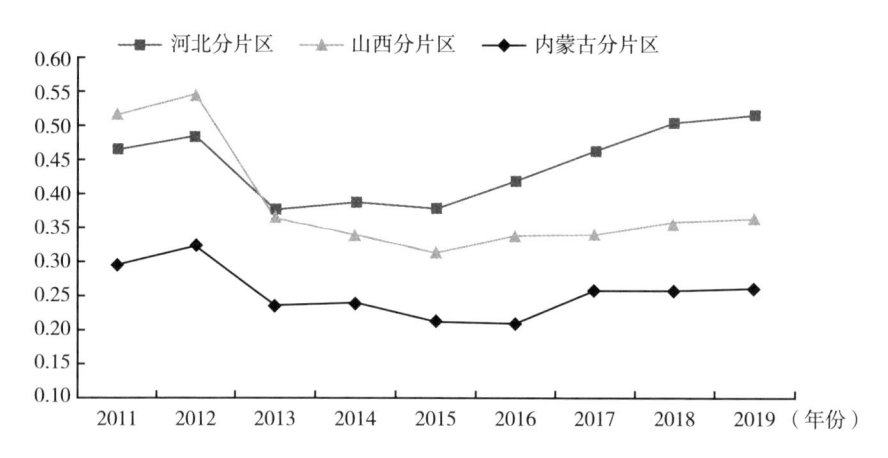

图10 2011~2019年燕山-太行山各分片区"人"的转型度对比

资料来源：经测算得到。

(2) "业"的转型差距小

图11显示了2011~2019年河北、山西和内蒙古3个分片区"业"的转型度的变化趋势。由图11可以看出：在第一阶段，3个分片区的"业"的转型度年均值分别为0.376、0.366和0.354，转型度值在0.348~0.383，最高值仅比最低值高0.035；在第二阶段，3个分片区"业"的转型度年均值分别为0.332、0.328、0.346，各分片区的"业"的转型度值在0.306~0.363，最高

值比最低值也仅高出 0.057。相对来说，内蒙古分片区的"业"的转型提升比较明显，河北分片区提升较慢。整体来看，无论是在第一阶段（2011~2012年）还是在第二阶段（2013~2019年），3 个分片区的"业"的转型差距都不大，且转型提升不明显。这说明燕山－太行山片区各省域分片区因生态保护政策压力及京津经济圈的虹吸效应，普遍面临着"业"的转型难的问题。产业转型发展不仅是破解贫困地区"脱贫又返贫"困境的关键举措，也是实现产业振兴的重要途径，各片区都应在"业"的转型方面做出更多的努力。

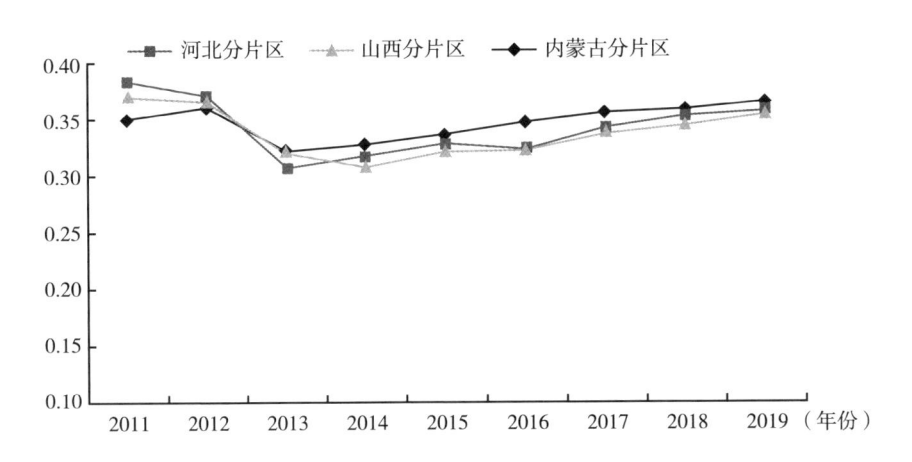

图 11　2011~2019 年燕山－太行山各分片区"业"的转型度对比

资料来源：经测算得到。

（3）"地"的转型提升明显

就"地"的转型度而言，如图 12 所示，3 个分片区的"地"的转型度值普遍不高，在第一阶段，河北分片区、山西分片区和内蒙古分片区的转型年均值分别为 0.361、0.315 和 0.331，第二阶段的年均值分别为 0.291、0.209 和 0.255。但从 3 个分片区"地"的转型度值的演变趋势来看，两阶段都呈现比较明显的提升趋势，第一阶段的河北分片区、山西分片区和内蒙古分片区分别提升了 0.037、0.054 和 0.038，第二阶段 3 个分片区分别提升了 0.186、0.088 和 0.087。从两个阶段各分片区"地"的转型度均值和演变趋势来看，河北分片区的转型好于其他两个分片区，山西分片区的转型相对最低。

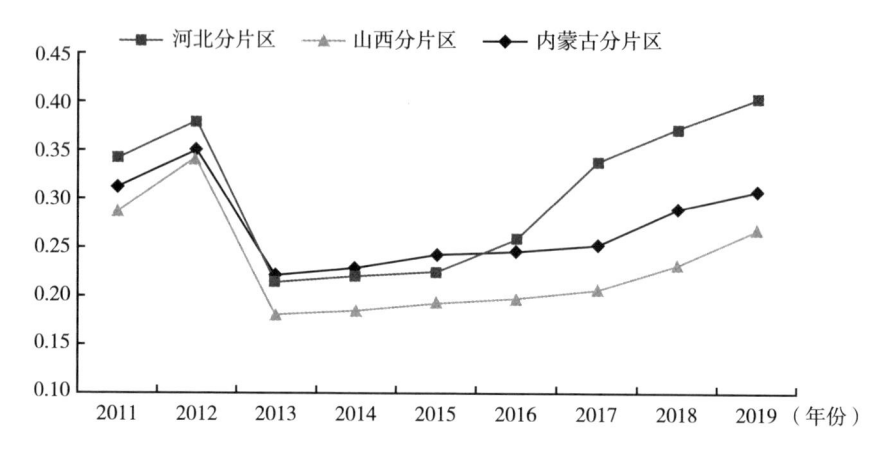

图12　2011~2019年燕山－太行山各分片区"地"的转型度对比

资料来源：经测算得到。

（三）县域层面的乡村转型进展

1. 总体特征

采用三分位法对燕山－太行山片区县（市、区）的乡村转型度（包括各子维度）进行分类判断。具体而言，本文将各县（市、区）划分为相对较强（转型度得分排在前1/3的县〔市、区〕，用A表示）、较弱（转型度得分值排在后1/3，用C表示）和中等（其他得分值，用B表示）三类。考虑到县（市、区）层面的考察单元较多，且近期的数据分析更有价值，故本次分析主要聚焦于第二阶段，并选取2013年、2016年和2019年3个时间截面以考察不同县（市、区）层面乡村转型度的演变趋势。由表6可知，县（市、区）层面的乡村转型度呈现以下特点。第一，乡村转型度得分较高和较低的县（市、区）分别主要集中在河北分片区和内蒙古分片区，且相对较稳定。燕山－太行山片区2013年、2016年和2019年均保持A类水平的6个县中有5个县（市）属于河北分片区，仅有1县（繁峙）属于山西分片区，到2019年，河北分片区所有的县（市、区）的转型度得分都在B类及以上水平。2013年、2016年和2019年内蒙古分片区的三县的转型度得分都处于B类及以下水平。第二，乡村转型度较高的县域数量不断增加，乡村转型度较低的县域数量不断减少，燕山－太行山片区各县（市、区）的乡村转型度整体上呈现上升趋势。2013年，燕山－太行山片区乡村转型度属于A类的县（市、区）有6个，2016年增加了4个，到2019年上升到16个；2013年，C类县（市、区）有17个，2016年下降到12个，到2019年仅有3个。第三，考察期内，多数县（市、区）的乡村转型度得分值变动幅度不大，部分县（市、区）则有较明显的变化。其中，围场县、阜平县、万全区、丰宁县、望都县、涞水县、灵丘县的乡村转型得分水平持续上升，而阳高县、五台县等县（市、区）的乡村转型得分水平有所下降。

表6 燕山－太行山片区各县（市、区）乡村转型度对比
（2013年、2016年、2019年）

转型类别	2013年	2016年	2019年
高水平区（A）	平泉县、涞源县、顺平县、承德县、繁峙县、张北县（河北5个、山西1个）	平泉县、张北县、万全区、顺平县、丰宁县、承德县、怀安县、涞源县、繁峙县、阜平县（河北9个、山西1个）	张北县、怀安县、万全区、丰宁县、平泉市、隆化县、顺平县、繁峙县、灵丘县、承德县、阜平县、涞源县、围场县、涞水县、望都县、唐县（河北14个、山西2个）
中等水平区（B）	万全区、怀安县、丰宁县、隆化县、灵丘县、阳高县、云州区、五台县、化德县（河北4个、山西4个、内蒙古1个）	涞水县、隆化县、唐县、望都县、阳原县、曲阳县、易县、化德县、商都县、灵丘县（河北7个、山西1个、内蒙古2个）	阳原县、曲阳县、蔚县、易县、康保县、尚义县、沽源县、商都县、化德县、广灵县、云州区、五台县、天镇县（河北7个、山西4个、内蒙古2个）
低水平区（C）	阳原县、阜平县、唐县、易县、蔚县、望都县、涞水县、曲阳县、兴和县、尚义县、商都县、沽源县、浑源县、围场县、康保县、广灵县、天镇县（河北12个、山西3个、内蒙古2个）	广灵县、天镇县、五台县、云州区、浑源县、阳高县、蔚县、兴和县、围场县、尚义县、沽源县、康保县（河北5个、山西6个、内蒙古1个）	阳高县、浑源县、兴和县（山西2个、内蒙古1个）

资料来源：据乡村转型度公式测算结果整理得到。

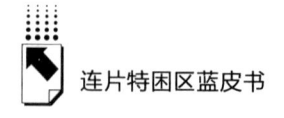

2. "人业地"分维度特征

(1) "人业地"转型县域差异明显

从乡村转型各分维度来看，由表7可知，各县（市、区）在空间分布上存在较大差异。以2019年为例："人"的转型度得分相对高的县（市、区）主要集中在河北片区，共16个，得分相对较低的县（市、区）主要集中在山西片区和内蒙古片区，分别占所在分片区的50%和100%；"业"的转型度得分相对较高的县域河北分片区、山西分片区和内蒙古分片区，分别有9个、4个和2个，得分相对较低的县域河北分片区有5个，其余两个分片区各有1个；"地"的转型度得分相对较高的县域河北分片区有15个，山西分片区有5个，内蒙古分片区有2个，分别占所在分片区的46.8%、62.5%和66.7%，转型度得分相对较低的县域是内蒙古分片区的兴和县。

(2) 多数县域"人业地"转型均呈增长趋势

从乡村转型各分维度的演变趋势来看，各维度高水平区的县域逐渐增多，较低的县域逐渐减少。如表7所示，就"人"的转型而言，2013年，处于A类水平的县（市、区）包括丰宁县、平泉市、张北县、易县、天镇县5个县（市），处于C类水平的县（市、区）有尚义县、康宝县等14个，2019年，处于A类水平的县（市、区）增至17个，处于C类水平的县（市、区）降至9个。2013~2019年，32个县（市、区）中有18个转型类别有提升，有10个转型类别维持不变，有3个转型类别下降，1个转型类别出现波动。就"业"的转型而言，2013年，处于A类水平的县（市、区）包括万全区等11个县（市、区），这一类别的县（市、区）到2019年增加到15个，处于C类水平的县（市、区）也由2013年的15个下降到2019年的7个。考察期间，有12个县（市、区）的转型类别得到提升，10个县（市、区）的转型类别不变，4个县（市、区）的转型类别下降，6个县（市、区）的转型类别出现波动。就"地"的转型而言，A类县（市、区）的个数由2013年的3个上升到2019年的22个，C类县（市、区）的个数由2013年的22个下降到2019年的1个。考察期间，有27个县（市、区）的转型类别得到提升，3个转型类别不变，2个转型类别出现波动。

表 7 燕山－太行山片区各县域乡村转型分类（2013 年、2016 年、2019 年）

县（市、区）	"人"的转型				"业"的转型				"地"的转型			
	2013年	2016年	2019年	趋势	2013年	2016年	2019年	趋势	2013年	2016年	2019年	趋势
万全区（原万全县）	B	B	A	↑	A	A	A	→	B	A	A	↑
丰宁县	A	A	A	→	B	B	B	→	B	A	A	↑
唐县	B	A	A	↑	C	B	A	↑	C	A	B	∧
围场县	B	B	A	↑	C	C	C	→	C	B	A	↑
尚义县	C	C	B	↑	C	C	A	↑	C	B	A	↑
平泉市（原平泉县）	A	A	A	→	A	B	A	∨	A	A	A	→
康保县	C	C	B	↑	C	C	C	→	C	B	A	↑
张北县	A	A	A	→	B	B	A	↑	B	A	A	↑
怀安县	B	A	A	↑	A	A	A	→	B	A	A	↑
承德县	B	A	A	↑	A	B	A	∨	A	A	A	→
易县	A	B	B	↓	A	C	C	↓	C	B	B	↑
曲阳县	C	B	A	↑	C	B	B	↑	C	C	B	↑
望都县	B	B	A	↑	C	C	B	↑	C	B	A	↑
沽源县	C	C	C	→	C	C	C	→	C	B	A	↑
涞水县	B	A	A	↑	B	A	A	↑	C	B	B	↑
涞源县	B	A	A	↑	A	B	B	↓	A	A	A	→
蔚县	B	B	A	↑	C	C	C	→	C	B	B	↑
阜平县	B	B	A	↑	C	B	B	∧	C	A	A	↑
阳原县	B	A	A	↑	A	A	A	→	B	A	A	↑
隆化县	B	A	A	↑	B	B	A	↑	B	B	A	↑
顺平市	C	B	B	↑	A	A	A	→	C	C	B	↑
云州区（原大同县）	C	C	C	→	B	C	A	∨	C	B	A	↑
天镇县	A	B	C	↓	C	C	B	↑	C	C	A	↑
广灵县	B	C	C	↓	A	A	A	→	C	C	B	↑
浑源县	C	C	C	→	C	A	C	∧	C	C	A	↑
灵丘县	C	B	B	↑	A	A	A	∨	C	C	A	↑
繁峙县	C	C	A	↑	A	A	A	→	B	B	A	↑
阳高县	C	C	C	→	A	B	B	↓	C	C	B	↑
五台县	B	C	B	∨	B	B	A	↑	C	C	A	↑
兴和县	C	C	C	→	C	B	C	∧	C	B	C	∧
化德县	C	C	C	→	A	A	A	→	B	A	A	↑
商都县	C	C	C	→	C	A	A	↑	C	C	A	↑

注："↑"代表分类类别上升；"→"代表分类类别不变；"↓"代表分类类别下降；"∧"或"∨"代表分类类别有波动。

资料来源：据乡村转型度公式计算结果整理得到。

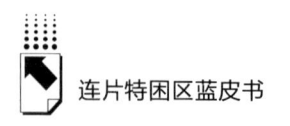

3. 基于"人业地"的乡村转型制约分类

为进一步考察各县（市、区）乡村转型的制约维度，根据2019年各县（市、区）乡村转型3个子维度得分的分类，将燕山－太行山片区划分为"人"的制约型、"业"的制约型和"地"的制约型3种类型。如所考察县（市、区）在其中某一子维度的分类为C或B，则认为这一子维度是制约该县（市、区）乡村转型的制约因素，可将其归类到这一维度的制约型。如表8所示，片区乡村转型主要受"业"的转型的制约，共有17个县（市、区）的"业"的转型维度分类为C或B，占片区总体的53.12%，其中河北分片区12个，占所在分片区的57.14%，山西分片区4个，占所在分片区的50%，内蒙古分片区1个，占所在分片区的33.33%。另外，有15个县（市、区）的"人"的转型维度得分水平为C或B，占片区总体的46.8%，河北、山西和内蒙古分片区分别有5个、7个和3个，分别占所在分片区的23.81%、87.5%和100%。有10个县（市、区）受到"地"的转型的制约，占片区总体的32.26%，河北、山西和内蒙古分片区分别有6个、3个和1个，分别占所在分片区的28.57%、37.5%和33.33%。此外，部分县（市、区）同时落入两个以上的制约类型，其中，沽源县、天镇县、广灵县、浑源县和康保县同时受到"人"和"业"的转型制约，云州区、阳高县、顺平县和五台县同时受到"人"和"地"的转型制约，蔚县、曲阳县同时受到"业"和"地"的转型制约，兴和县、易县则同时受到"人业地"所有子维度的转型制约。综上所述，不同县（市、区）应结合自身乡村振兴的制约方面，合理有序推动乡村转型发展，从而实现巩固脱贫攻坚成果与乡村振兴的有机衔接。

表8 燕山－太行山片区各县（市、区）乡村转型制约类型（2019年）

类 型	"人"的制约型	"业"的制约型	"地"的制约型
县(市、区)	沽源县、云州区、天镇县、广灵县、浑源县、阳高县、兴和县、化德县、商都县、尚义县、康保县、易县、顺平县、灵丘县、五台县	围场县、康保县、易县、沽源县、蔚县、浑源县、兴和县、承德县、曲阳县、望都县、涞源县、阜平县、阳原县、天镇县、广灵县、化德县、丰宁县、阳高县	兴和县、唐县、易县、曲阳县、涞水县、蔚县、顺平县、云州区、阳高县、五台县

续表

类　型	"人"的制约型	"业"的制约型	"地"的制约型
备注	河北分片区5个,山西分片区7个,内蒙古分片区3个	河北分片区12个,山西分片区4个,内蒙古分片区1个	河北分片区6个,山西分片区3个,内蒙古分片区1个

资料来源：据乡村转型库测算结果整理得到。

四　燕山－太行山片区脱贫攻坚与乡村转型典型案例——以阜平县为例

随着脱贫攻坚的圆满收官和乡村振兴的持续推进，燕山－太行山片区涌现出许多脱贫攻坚与乡村振兴推进的经典案例。作为"全国脱贫攻坚总号角吹响的地方"的河北省阜平县，经过8年的持续奋斗，如期完成了新时代脱贫攻坚目标任务，实现了从"贫中之贫"到物阜民丰的转变。在决胜全面建成小康社会的实践中，阜平县创造了许多创新性的做法和经验，解读阜平县的脱贫密码和乡村转型之路，可以为其他地区乡村转型和乡村振兴提供有价值的借鉴。

（一）阜平县脱贫攻坚主要成效

阜平县地处河北省保定市西部，太行山中北部东麓，大清河水系沙河上游，是两省四市九县交会处，被誉为"冀晋咽喉""畿西屏障"。2020年末，阜平县总人口22万人，总面积为2496平方公里，辖5个镇8个乡。阜平县是典型的全山区县，山地面积达326万亩，占全县总面积的87%，而耕地面积仅为21.9万亩，素有"九山半水半分田"的说法。同时，阜平县因其境内地形复杂，曾是晋察冀边区政府所在地，是典型的革命老区和贫困地区。正是基于客观自然条件限制和其他历史原因，阜平县长期以来处于贫困状态，经济社会发展相对滞后，自"八七"扶贫攻坚以来就是国定贫困县，是"燕山－太行山"片区扶贫开发重点县，

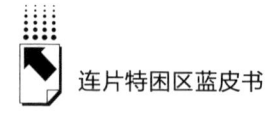

贫困范围广、程度深。2012年，习近平总书记深入阜平县龙泉关镇骆驼湾村考察扶贫工作，并在这里向全党全国发出了脱贫攻坚的动员令。2013年阜平县被国家列为"燕山－太行山片区区域发展与扶贫攻坚试点"。

2012年以来，阜平县扎实推进脱贫攻坚，习近平总书记"尽快让乡亲们过上好日子"的殷切嘱托和群众脱贫致富的急切期盼，已在阜平县变为生动现实。2011~2020年，阜平县的GDP从25.84亿元增长到50.10亿元，全社会固定资产投资由33.51亿元增长到69.3亿元，居民储蓄存款余额由49.12亿元增长到121.91亿元，农村居民人均可支配收入从2614元增长到10830元。教育、医疗扶贫政策全面落实，累计资助救助贫困学生10.8万人次共计1.32亿元，医疗保障和救助政策惠及贫困人口13万人次共计6.3亿元，义务教育阶段入学率和巩固率、建档立卡贫困人口参保率和资助率均达到100%。2020年2月阜平县脱贫摘帽，2020年6月，阜平县剩余贫困人口实现脱贫。2019年，阜平县骆驼湾村被农业农村部评选为"2019年中国美丽休闲乡村"，并与顾家台村、花山村一同入选"2019年度河北省乡村旅游重点村"。2020年骆驼湾村入选全国文明村镇（第六届）。2021年，阜平县上榜首批全国脱贫攻坚交流基地（全国仅50个县）名单，阜平县骆驼湾村、顾家台村、史家寨绿色循环农业示范区、红草河现代农业园区、阜平县职业技术教育中心5个考察点入选脱贫攻坚考察点（全国仅91个考察点）①。

（二）阜平县乡村重构转型主要经验

"人业地"是脱贫攻坚中乡村重构转型的关键要素。以下主要从"人业地"三个维度切入，对阜平县脱贫攻坚中的乡村重构转型的主要做法进行介绍。

---

① 《保定市3县入选首批全国脱贫攻坚交流基地》，河北新闻网－保定新闻，http://bd.hebnews.cn/2021-02/18/content_8370220.htm，最后检索时间：2021年11月20日。

1. "人"的转型

推进乡村转型离不开广大有技能、有知识、有情怀、有活力的各类人才的参与和奉献，阜平县结合"内扶"和"外引"，积极打造适应乡村转型的人才队伍。首先是对内采取志智双扶，通过引导群众思想转型和加强教育培训，提升本地人的自我发展能力。长期以来，久陷于贫困的阜平县干部群众脱贫信心不足，有的是因为思想封闭僵化，有的是因为自身发展能力不足。早期，阜平县在调动贫困群众积极性、激发内生动力上做得不够，传统的救济式扶贫导致贫困群众"等靠要"思想严重，自力更生能力薄弱。2012年习近平总书记到河北省保定市阜平县考察时为贫困群众打气鼓劲，提出"只要有信心，黄土变成金"①。自此，阜平县开展扶贫工作以此引导群众摒弃"等靠要"思想，并通过宣传引导、干部示范、典型感化和文化陶冶等多种方式深入开展扶贫扶志工作。在对内扶智方面，阜平县重视教育培训。早在1994年11月，阜平县就组建了以"发展职教、志在富民"为办学宗旨的阜平县职业技术教育中心。2013年以来，在国家机关事务管理局推动和协调下，一汽、上汽、长安等8家大型车企与阜平职教中心联合创办"阜平梦翔汽车培训基地"，重点招收阜平本地学生。截至2021年8月，阜平县职教中心累计向社会输送技能型人才2.4万多人，累计向社会输送技能型人才2万多人，学校也因此而获得国家首批中等职业教育改革发展示范学校、全国职业教育先进集体等殊荣。为确保义务教育的可及性和提高教育质量，截至2019年底，阜平县新建13所农村寄宿制学校、2所城区学校，改造提升93所乡村小规模学校和薄弱学校。其次，在对外引才方面，阜平县多形式、多层次、多渠道地整合人力资源。一是围绕产业需求构建引才体系，采取为个人创业担保贴息贷款、初次创业社会保险补贴、租赁经营场地租金补贴等贷款补贴方式激励本籍在外人才返乡创业。二是持续深化与高等科研院所对接合作，为进一步推进特色农业提质升

---

① 《只要有信心，黄土变成金》，新京报电子报，http://epaper.bjnews.com.cm/html/2012-12/31/content.401130.htm?div=-1，最后检索时间：2021年11月20日。

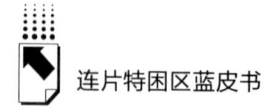

级，与李玉院士工作站、太行山农业创新驿站、食用菌研究院等平台长期合作，搭建"院士周末工作坊""长江学者工作站"等高端智库平台。

2. "业"的转型

一是以市场需求为导向、以资源本底为基础，调整农业产业结构。早期，依据当地农户的种养习惯，阜平县大力推广基于一家一户的"两种（核桃、大枣）两养（养羊、养牛）"扶贫产业，然而，由于受制于小农经济，应对市场能力不足，"两种两养"脱贫成效甚微。[1] 后来，经过深入调研与专家论证，发现阜平县山区的地理气候条件适宜种植食用菌，因此种植食用菌被确定为发展扶贫产业的突破口，且引入龙头企业，以"企业+农户"模式发展现代农业。当前，阜平县着力发展现代食用菌、高效林果、中药材、规模养殖、家庭手工业、生态旅游六大产业，基本形成"长短结合、多点支撑、绿色循环"的产业体系。二是把握城乡发展转型机遇，培育乡村新业态。阜平县顺应居民消费需求新变化，利用红、绿资源，大力发展旅游产业，打造阜平经济增长新支柱。近年来，阜平县围绕全要素、全链条、全区域规划县域旅游线路，拓展延伸文旅产业链，加强旅游配套设施建设；重点扶持骆驼湾、顾家台、花山等乡村旅游重点村，推进花溪谷景区、仙人山等旅游项目建设，着力打造北方知名旅游目的地；利用紧邻京津雄地区的区位优势，通过挖潜、融合与拓展，开发出一批与度假、养老等相结合的康养旅游新业态、新模式。

3. "地"的转型

"地"是乡村振兴战略实施和资源配置的载体，是吸引"人"和"业"聚集的保障。在基础设施建设方面，自2012年以来，阜平县加大基础设施投入，农村地区的交通、水利、电力、通信等基础设施条件大为改善。目前，阜平县农村地区已基本形成"外通内联、通村畅乡、安全便捷"的公路交通网络；农村饮水安全、农业用水灌溉、农村水环境、农村用电、农村

---

[1] 《太行山上挂金伞》，光明网，https://view.inews.qq.com/a/20200724A02M1800?tbkt=E&openid=｜OPENID｝&uid=1000114319582，最后检索时间：2021年11月20日。

网络通信都得到相应的保障，基本满足农村居民生产生活需要。在公共服务体系构建方面，阜平县的教育、医疗质量和均等化程度明显增强，农村地区民生福祉不断增强。在农村人居环境改造方面，阜平县多管齐下，扎实推进工作，并取得较明显的成效。首先是为了提高农村居民对人居环境改造的认识，提出"干干净净迎小康"的口号并开展各类人居环境整治宣传公益活动和推进会。其次是明确负责部门，成立农村人居环境提升行动指挥部，设办公室在县综合执法局，将县执法局所属工作人员分配到全县各乡各执法中队，再包村到人，层层压实责任。再次是重视村民参与，发动村民因村制宜，改造和美化乡村。最后是制定《阜平县农村环卫考核办法》对农村人居环境治理方面进行考核监督，以形成有效的激励和约束。

五 燕山-太行山片区乡村振兴展望

2020年3月，燕山-太行山片区所辖33县（市、区）全部实现脱贫摘帽，夺取了脱贫攻坚的全面胜利，贫困地区的经济社会面貌发生了翻天覆地的变化，贫困乡村通过经济重构、社会重构和空间重构在"人业地"的转型发展上取得一定成效。贫困乡村的重构转型，是实现产业振兴、人才振兴、文化振兴、生态振兴、组织振兴的必由之路，也为实现产业兴旺、生态宜居、乡风文明、治理有效、生活富裕的乡村振兴目标提供了可靠的保障。虽然在脱贫攻坚时期，燕山-太行山片区在乡村转型发展方面取得一定成效，但在全面推进乡村振兴的新时期，片区在人口、产业和空间环境等方面所面临的矛盾和问题还较多，未来应继续以"人业地"的转型发展为工作重心，不断巩固拓展前期脱贫成果，并积极探索片区乡村振兴的可行路径。

（一）打好"引、育、留"组合拳，强化乡村振兴"人"的支撑

农村空心化，农业劳动力老弱化、低能化是燕山-太行山片区各地普遍存在的现象，这意味着无论从总量还是从数量上来看，现有的人力资源都无法支撑片区的乡村发展。前文的乡村转型进展分析表明，2011年以来，虽

然片区"人"的转型相对好于"业"的转型和"地"的转型,但"人"的转型度评价得分并不高,在"人"的转型方面仍有较大的提升空间。为强化乡村振兴"人"的支撑,片区各地应从战略和长远的视角出发,做好人才的"引、育、留"相关工作,以会聚各路英才,激活"人才引擎"新动能,助力乡村振兴。

1. 分类施策,精准引才

乡村振兴人才不仅包括本地的农村居民,还包括本地外出务工人员、本地外出求学学子、外来人才和专家人才等,不同的人才需求各异,参与乡村振兴的动力也不同,应通过分类施策,实现精准引才。具体来说,对于本地外出务工人员和本地外出求学学子而言,应强调"以情引才",加强情感投入,依托片区高校学子联盟、务工人员联盟等方式打好亲情牌,力促其返乡创新创业。对于外来人才而言,应重视"以业引才",讲好人才优惠政策,梳理人才发展规划、畅谈乡村发展美好未来,促进人才与项目对接、与企业互动、与产业相融。在引进专家人才时,则宜"刚柔相济",对于少部分专家人才可以实施"高层次人才引进"等刚性引才计划,而对于大部分专家人才则应"不求所有,但求所用",采用"特聘顾问、技术共享、院地合作、挂职交流"等柔性引才举措。

2. 多策并用,科学育才

一是整合各类职业教育资源,围绕片区"果品产业""食用菌产业""小杂粮产业""蜂蜜养殖产业"等主导产业,分阶段分批次地对选拔出来的优秀农民开展特色职业技术培训,培育一批"土专家""田秀才",起到"培养一批,带动一片"的效果。二是通过产学研合作,与京、津、冀、晋、蒙高校合作建立一批人才培训基地,让有潜力、有带动优势的本土人才接受更专业化和系统的培训。三是健全人才跟踪培养体系,分层分类开展人才培训、人才座谈会,建立联系帮带机制、岗位轮换机制等,为各类人才"充电赋能",助力人才成长成熟。

3. 双管齐下,用心留才

为充分调动各类人才服务乡村建设的主动性和创造性,需要从激励、服务方面"双管齐下"。一是强化激励。具体的激励措施包括各类物质激励（资金激励）和非物质激励（灵活设岗、职位晋升等方面）。物质激励方面，对返乡创业者提供创业帮扶资金，对创新创业成果进行奖励补助，对农户带动率高的给予政策扶持并积极争取相关的财政资金补助。非物质激励方面，给予人才可预计的发展空间和上升通道，切实增强人才的被认同感、成就感和获得感，发掘利用人才的家国情怀、理想抱负、大局意识，以增强人才的使命感和担当精神。二是强化服务保障。要在乡村创业用地、资金、基建等方面强化服务保障，落实干事创业服务扶持政策清单。加快推进各类人才服务平台建设，定期组织对各类人才的评选表彰、教育培训、健康体检、心理咨询等活动。推行党政领导干部联系优秀人才制度，畅通与人才沟通渠道，营造尊重人才、关心人才、善待人才的良好氛围。

（二）立足资源禀赋和区位条件，推动"业"的提质增效

在脱贫攻坚时期的产业扶贫实践中，燕山－太行山片区大部分地区已形成相应的扶贫产业，但产业的发展质量和发展效益都离乡村振兴的要求相差甚远。前文的乡村转型进展分析中也表明，相对于"人"的转型和"地"的转型而言，"业"的转型对总体乡村转型的贡献呈下降趋势，片区的产业转型增长乏力。片区应立足脱贫地区的资源禀赋和区域条件，创新发展思路，推动"业"的提质增效，最终实现产业兴旺。

1. 围绕生态主线，推进生态产业发展

燕山－太行山片区既是环境承载力低的生态脆弱区，也是京津地区生态环境的重要屏障，实现经济发展与生态环境保护双赢是片区面临的重要课题。因此，片区的产业发展应围绕生态主线，推进生态产业发展。一是立足生态资源优势，大力发展特色生态农业。片区的农产品资源丰富，干鲜果品、特色种养殖等生态农产品品质出众，应利用生态农产品的资源优势打造市场优势，重点提升绿色、有机农产品生产能力，推进农业生产经营专业化、标准化、集约化和品牌化，打造环首都绿色蔬菜产业带、优质果品产业带、食用菌产业带、小杂粮产业带、奶牛、生猪和肉鸡标准化养殖示范区等

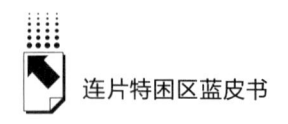

特色生产基地。二是充分挖掘旅游资源，推进生态旅游业发展。片区拥有丰富的地质景观、生态资源、历史文化资源及红色文化资源等，可以依托这些资源开发适合周边消费者休闲度假的山水休闲游、红色主题游、文化遗产研学、康体健身游等多种旅游业态。三是加快三产融合，推动产业兴旺繁荣。鼓励和支持片区各地依托产业优势和基础，因地制宜地探索"农业+""乡村旅游+"等多种产业融合模式，形成三产融合、综合一体化开发的多元复合产业形态，激发产业发展综合带动效益，推动产业兴旺繁荣。

2. 借势京津冀协同发展，做好产业转型和产业承接转移

燕山-太行山片区毗邻京津大都市圈，应善用这一区位条件，在京津冀协同发展大局中做好产业转型和产业承接转移。一是瞄准京津市场，做好产业转型。利用毗邻京津的区位优势，搭建各类平台，引导产业发展面向京津市场，顺应新时代消费需求趋势，结合本地资源与产业基础，发展绿色高品质农业，推动旅游业从景点旅游向休闲旅游、全域旅游转变，培育"生态+""电商+"等多种乡村新业态。二是紧抓京津冀协同发展机遇，做好产业转移。片区各地应在理顺自身与转移地的产业链条关系的基础上，依据各地的资源禀赋优势和产业承接能力，合理规划布局，提高承接产业转移的效率。同时，片区各地之间为避免产业同质化发展，也应积极推动形成片区的产业转移对接联动机制，着力打造承接京津产业转移的集聚区。

3. 优化产业政策和营商环境，营造乡村产业发展良好生态

一是优化产业政策。首先是要推进相关政策部门协同发力，围绕乡村产业发展出台多元一体化的政策，以有效激活产业发展的多重价值。其次是抓牢精准施策。围绕片区乡村产业高质量发展亟须突破的市场主体、科技人才、产业资金等瓶颈问题，出台燕山-太行山片区产业发展专项政策，为企业、人才、资金等产业发展要素集聚奠定良好基础，力促产业高质量发展。最后是要抓实政策兑现，精准对接确保产业发展政策落实，并通过"线上+线下"的方式专人答疑解惑，用足用好政策，切实把政策红利转化为产业发展的动力。二是优化营商环境。首先是做好亲商优商服务，改造升级群众服务中心，简化办事流程、规范服务标准、提高便民服务效率，强化服

务人员的专业素质和服务意识。其次是抓好产业项目建设和招商引资，定期深入开展相关调查活动，及时核查相关问题，协调解决项目建设和产业主体经营过程中的政策问题、手续问题和土地问题等。最后是通过优化政府各部门间的协调机制和强化跨部门合作信息共享，为企业提供更有效和更全面的服务。

（三）多措并举，推进乡村"地"的调整优化

经过长期的脱贫攻坚实践，燕山－太行山片区在"地"的转型方面取得了一定的成绩。前文的乡村转型进展测评表明，2011～2019年，片区在"地"的转型方面转型度指数由2013年的0.181增加到2019年的0.360，提升了0.179，且历年一直保持着上升趋势，这说明一方面从自身的发展角度来看，片区各地在诸如基础设施、公共服务等"地"的转型方面有了长足的进步，但另一方面，片区"地"的转型的提升，很大程度上是由于片区各地在"地"的因素方面基础弱、基数小。因此，未来片区仍需进一步推进"地"的调整优化。

1. 强化系统思维，做好乡村规划

从系统的空间共时性出发，片区的乡村规划应重视各规划要素之间的联系，并对各要素和各系统进行整合思考和规划，形成对乡村空间形态、人居环境、产业布局、基础设施、公共服务等统筹规划和系统设计。从系统的时间历时性来看，片区的乡村规划应在尊重村庄自我发展演化路径的基础上，对其进行持续性的更新修补。从系统的适应性来看，片区的乡村规划应该因时、因地、因需制宜，以适应技术、功能、环境与人居需求的发展。

2. 完善基础设施，夯实乡村发展基础

一是加快推进农村交通、水利、信息等基础设施建设，并进一步优化基础设施结构，提高基础设施等级。特别是要重视信息基础设施建设，为弥合城乡数字鸿沟，为"三农"获得更多的"互联网＋"红利提供平台。二是从资金和制度方面给予强力支持。在资金方面既要保障财政对农村基础设施的重点投入，确保力度不减弱、总量有增加，又要通过采取各种激励策略，

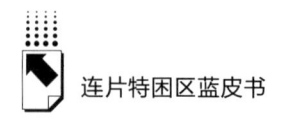

鼓励多元社会力量参与农村基础设施建设，创新农村基础设施运营模式。在制度方面，完善农村基础设施定价制度、农户缴费制度、运营补贴制度等。

3. 提升公共服务水平，增进乡村民生福祉

一是要围绕农民的主体需求和乡村产业发展的需求提供公共服务产品。从当前燕山－太行山片区的需求状况调查来看，应重点在农村教育、医疗、社保等公共服务方面提供高质量的供给。二是要改变公共服务的城市和市民偏向，推动公共服务向农村延伸，大幅度提高三农公共服务供给水平，最终实现在教育、医疗、住房、养老等方面全面实现城乡公共服务均等化。

B.11 罗霄山片区脱贫成效、乡村转型进展差异及振兴展望

唐振宇 王文菊 冯云鹤*

摘 要： 罗霄山片区脱贫攻坚总体成效分析表明，片区贫困发生率明显下降，农村居民生活水平极大提升，落后面貌根本改变，特色产业蓬勃发展，片区脱贫攻坚取得显著成效。进一步地，对片区县域乡村转型进展测度和比较发现，2011～2019年，片区乡村"业"的转型水平最高，"人"的转型水平次之，"地"的转型水平最低，片区乡村转型度指数逐年提高，但整体水平相对偏低，且片区中各地差异较大。最后，本文从易地搬迁、产业扶贫、红色资源等方面剖析了罗霄山片区脱贫攻坚和乡村转型的典型案例，并针对片区在乡村转型过程中遇到的难点，结合片区实际，提出了推进片区乡村振兴的总体思路和乡村重构转型的具体举措。

关键词： 罗霄山片区 脱贫成效 乡村振兴 乡村转型

一 引言

罗霄山片区地处罗霄山脉中南段及其与南岭、武夷山连接地区，包括湘、

---

* 唐振宇，博士，吉首大学商学院讲师，研究方向为供应链管理、乡村振兴；王文菊，吉首大学商学院2020级硕士研究生；冯云鹤，吉首大学商学院2020级硕士研究生。

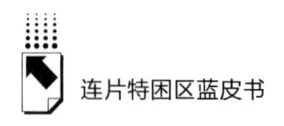

赣两省23个县（市、区），其中湖南省6县，江西省17县（市、区），国土总面积5.3万平方公里，是国家扶贫攻坚的主战场之一。片区地貌类型以山地、丘陵为主，山洪、滑坡、泥石流等自然灾害频发，气候类型为亚热带季风性湿润气候。该区域是长江支流赣江和珠江支流东江的发源地，水源涵养、水土保持和环境污染防治的任务较重。片区内矿产资源富集，森林覆盖率高，光热资源充沛，物种多样，发展特色农林产业的条件优越。2019年，片区总人口1181.29万人，其中城镇人口385.03万人，乡村人口796.26万人，人口城镇化率为32.59%，较2011年度有大幅提升。全区生产总值达3371.51亿元，一、二、三产业结构由2011年的21.8∶45.1∶33.1调整为2019年的13.8∶41.4∶44.8，第三产业占比显著提升。2019年，全区人均GDP达28540.91元，相当于全国平均水平的40.25%。截至2020年底，片区内所有行政村都已完成农网改造，村村都通上了水泥路，片区交通运输能力不足、县乡公路网络化程度低、出行条件差，电力供应能力薄弱的落后面貌已彻底改观。治河任务基本完成，农户饮水安全等关键问题已得到根本解决。目前，片区农村适龄儿童入学率在99%以上，农村居民平均受教育年限在9年以上；新型农村合作医疗参保率达100%，农村低保已实现全面覆盖。罗霄山片区乡村转型已取得巨大成功，无论是公共服务和社会管理方面的硬性指标还是综合实力都发生了翻天覆地的变化，片区农村经济发展趋势和转型路径导向明确，为片区乡村振兴提供了重要保障。

二 罗霄山片区脱贫攻坚总体成效

（一）生活水平显著提升

2011~2019年，罗霄山片区农村贫困人口累计减少197万人，实现了从贫穷落后到全面小康的历史性飞跃。通过脱贫攻坚，片区贫困发生率迅速降低，且显著低于全国全部片区平均水平，总体成效显著（见图1）。片区贫困户基本生活水平已得到有效保障，应季衣物被褥准备充足；贫困人口受

罗霄山片区脱贫成效、乡村转型进展差异及振兴展望

教育机会明显增多、综合素质持续提高,片区已无贫困家庭子女义务教育阶段辍学现象发生。县、乡、村三级医疗卫生服务体系持续完善,看病难、看病贵问题得以有效解决。通过实施农村饮水安全和巩固提升工程,饮用水量和水质全部达标,建档立卡贫困户已100%解决饮水安全问题。

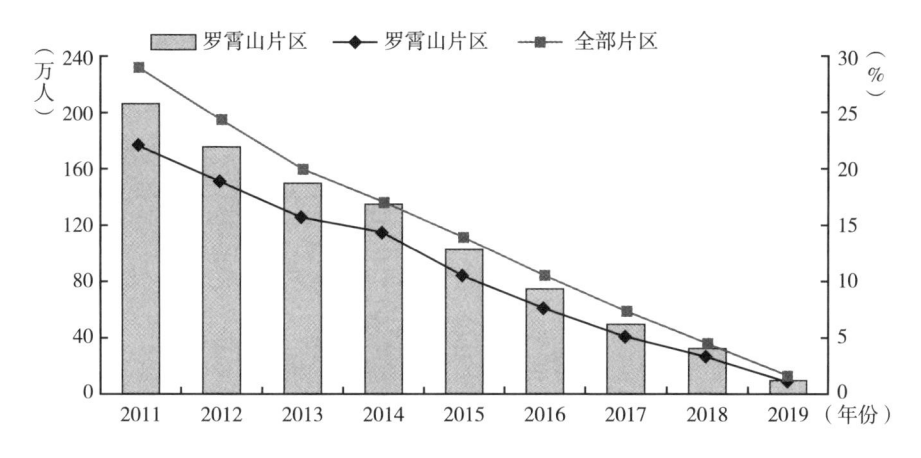

图1 2011~2019年罗霄山片区农村贫困人口数及贫困发生率

资料来源:《中国农村贫困监测报告》(2012~2020)。

如图2所示,片区农村常住居民人均可支配收入从2011年的4565元持续增长到2019年的11746元,年均增长12.5%,略高于全部片区平均水平。贫困人口自主性增收脱贫能力提升显著,转移性收入占比逐年下降,贫困群众的生活发生了巨大变化。人均支出随着收入的上涨同向变化,近年来片区农户在生活用品及服务、交通通信、教育文化娱乐、医疗保健等方面的支出增长率明显高于食品烟酒和居住等方面的增长率,说明脱贫攻坚已解决片区内农户的住房与饮食问题,人们更加注重个人健康和教育水平等方面的提升。截至2019年底,片区每百户农户平均拥有汽车19.9辆、洗衣机71台、电冰箱96.4台、移动电话284.7部以及计算机22台。

"十三五"以来,罗霄山片区农村贫困人口居住环境显著改善,如图3所示,2019年居住竹草土坯房的农户只占0.2%,基本实现户户拥有独立厕所,随着天然气的普及和农村供电水平的提升,农户使用柴草做饭的比例显

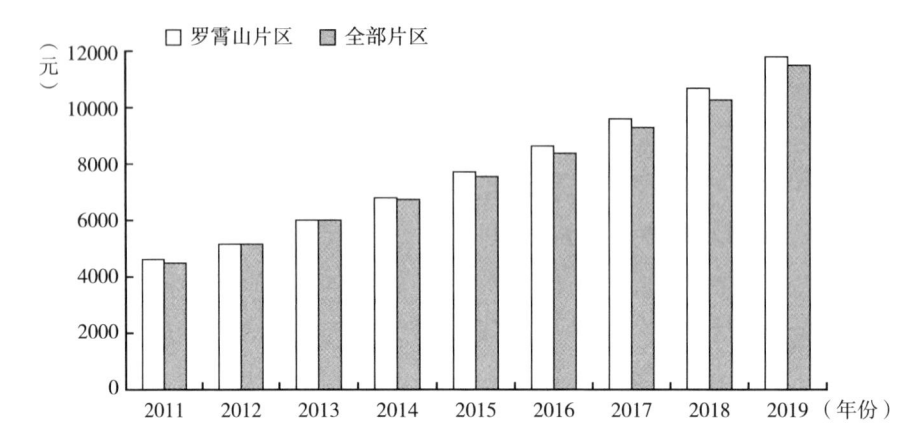

图 2　2011～2019 年罗霄山片区农村常住居民人均可支配收入变化趋势

资料来源：《中国农村贫困监测报告》（2012～2020）。

著下降，既保护了农户的生命财产安全，又保护了生态环境。片区地理位置偏僻，交通落后，耕地面积少，山体滑坡等自然灾害频发。在充分尊重群众意愿的基础上，对"一方水土养不好一方人"的地区实施易地搬迁有利于困难群众生产生活条件的根本改善。在罗霄山片区推进避险避灾、易地扶贫搬迁项目中，茶陵县浣溪镇易地扶贫搬迁项目贷款 2.3 亿元，从贷款调查、上报、投放，中国农业发展银行茶陵县支行仅用 7 天就全部完成。通过中低产田改造、开荒造田、农田水利、道路、人畜饮水工程、农电等基础设施建设和搬迁户住房建设，完善安置点配套设施，积极为搬迁群众创造就业机会，彻底改善了迁出人口的生产生活条件，实现了困难群众搬得出、稳得住、逐步能致富。

如图 4 所示，2011～2019 年罗霄山片区农村常住居民人均公共预算支出持续加大，增长额高达 4591 元，实现了翻倍增长，说明政府扶贫力度持续增大，社会保障持续兜底。郴州是罗霄山片区脱贫攻坚的主战场之一，通过精准认定，截至 2019 年，郴州市共保障社会救助兜底保障对象 65525 人，其中社会救助兜底保障一类对象 14492 人，二类对象 24793 人，三类对象 26240 人。通过养老机构建设、志愿帮扶以及供养服务设施改造升级多点发

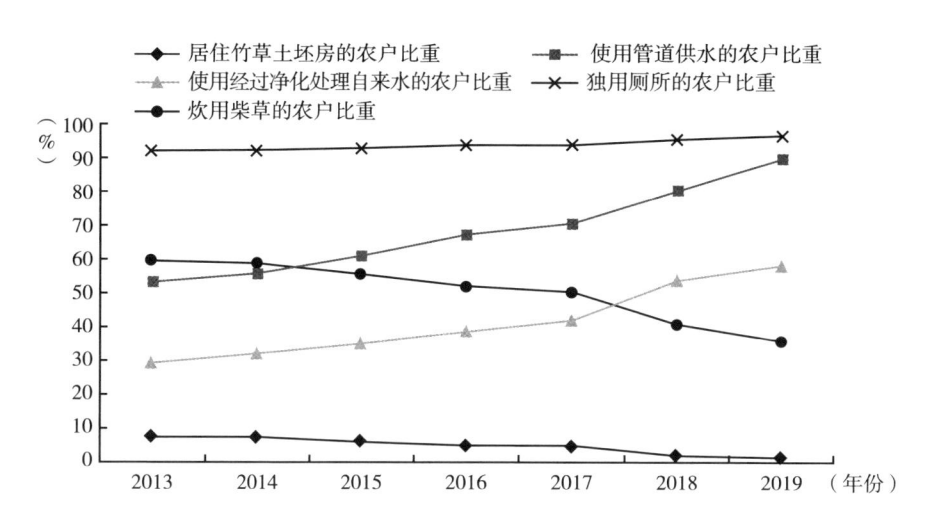

图 3　2013～2019 年罗霄山片区农户住房及家庭设施状况

资料来源：《中国农村贫困监测报告》（2014～2020）。

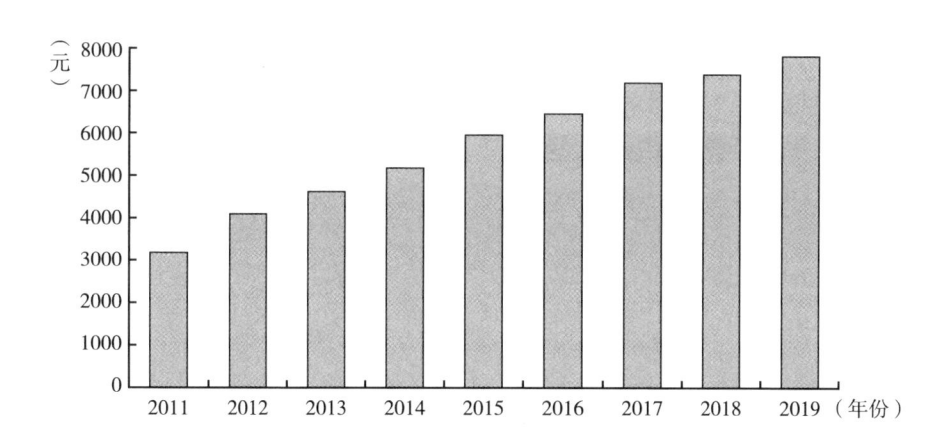

图 4　2011～2019 年罗霄山片区农村常住居民人均一般公共预算支出情况

资料来源：《中国农村贫困监测报告》（2012～2020）。

力，中国福利基金会连同地方政府援建了多所爱心公寓和养老机构，有效保障了贫困老人供养服务体系，实现特困人员"两不愁"。2020 年湖南省开展了以"福康工程"为典型的一系列专项脱贫攻坚工程，有效提升了贫困残疾人员的康复水平，同时组织专家团队深入罗霄山片区贫困县，对符合手术

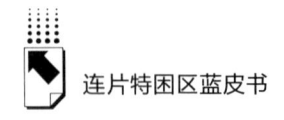

的45名筛查患者进行了针对性治疗，为289名筛查患者安装假肢矫形器，并为近700人发放康复辅具。通过持续提升残疾特困人员照料服务水平，逐步实现由传统物质救助升级为物质帮扶与日常照料、精神抚慰等非物质供养服务相结合的照护模式，特殊群体关爱帮扶力度进一步加大。

就业能力显著增强，虽然罗霄山片区人口稠密，但劳动力短缺问题仍屡屡出现，主要原因在于片区贫困人口的知识储备和专业技能难以匹配用人单位的基本要求。面对这些群体，相关部门积极开展职业教育，结合罗霄山片区精准扶贫的实际情况，充分整合现有教育资源，以实现高质量的职业技术教师团队建设为目标，积极采取外聘方式来拓展教师规模，加强培养职业技术教师队伍；根据用地适宜性合理确定学校选址，完善校园教育基础设施建设。与此同时，根据学思结合与启发诱导的教学方法，兼顾学生的共性和差异性，累计培训近20万人次，有效提升了片区贫困群众的职业技能，帮助他们找到赖以生存的工作，让贫困人口转化为促进经济发展的产业大军，推动了扶贫工作稳步向前发展。

（二）落后面貌根本改变

长期以来，罗霄山片区基础设施薄弱，社会保障欠缺，经济发展滞后，公共服务水平有待提升。脱贫攻坚战实现了片区农村贫困人口全部脱贫，出行难、用电难、用水难、通信难等持续制约片区发展的难题已逐一破解，落后面貌发生了历史性巨变。"十三五"期间，当地政府把基础设施建设作为脱贫攻坚基础工程，成功构建了高质量、高水平的立体交通运输网络，成功实现了通村畅乡和客车到村目标。如图5所示，2019年底，罗霄山片区自然村已实现100%通公路、通电话和进村主干道路硬化，接收有线电视信号的农户比重高达96.6%，76.1%的农户可以便利乘坐公共汽车。片区水利基础设施水平大幅提升，水利支撑片区发展的能力显著增强。通过实施农村电网改造升级和输电通道建设等专项工程，片区的供电服务品质有所提升，基本实现了可持续的稳定供电服务，超过98%的贫困村开通光纤且拥有4G网络。同时，片区信息化建设实现跨越式发展，远程医疗、远程教育、电子商务覆盖片区内所有贫困县。基础设施的极大改善，畅通了片区与外界的交流渠道，从根本上破解了片区脱贫致富的难题，为其发展提供了有力的硬件支撑。

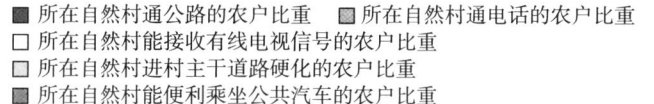

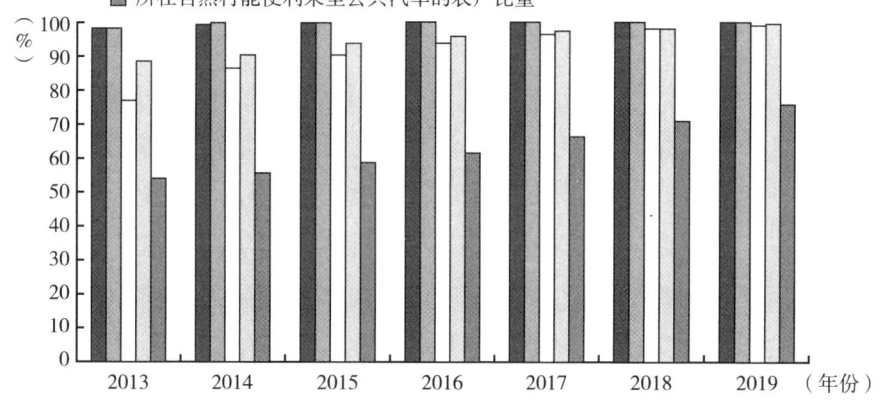

图5 2013~2019年罗霄山片区农村基础设施和公共服务变化趋势

资料来源：《中国农村贫困监测报告》（2014~2020）。

片区教育、医疗、文化、社会保障等基本公共服务水平大幅提升，基本实现学有所教、病有所医、老有所养、弱有所扶。其中尤以教育扶贫成效最为突出，让每个孩子都有人生出彩的机会，阻断贫困代际传递是根治贫困的重要举措。2013年以来，片区师资力量不断增强，政府资助能力和服务保障能力持续巩固，因家庭贫困辍学的学生在经济资助保障下顺利返校，已全面保障适龄儿童接受九年制义务教育。通过积极实施定向招生和职教脱贫等倾斜政策，保障学生就业，拓展贫困学生纵向流动渠道，促进了教育公平。片区公共文化服务水平明显提高，截至2020年底，片区内各社区的基层文化中心建设完成比例接近100%，村级基础文化设施基本全覆盖，村级组织的文化服务水平提升明显，为贫困群众的平淡生活增色添彩。医疗条件显著改善，片区各贫困县均有二级以上医院，乡、村两级医疗卫生机构和人员配备齐全，基础病、多发病均能就近及时诊治，越来越多的大病、重病在县城就可得到有效治疗，片区综合保障体系趋于健全。

片区经济持续快速发展，脱贫群众精神面貌焕然一新。脱贫攻坚极大释放了片区经济发展的潜力，产业结构逐步优化，涉农电商、生态旅游等充分展现了地方特色，刺激了群众消费需求，扩大了市场有效供给，促进了地方经济多元化发展。片区生产总值保持较快增长，2015年以来，片区农村常住居民人均一般公共预算收入（见图6）年均增幅高出同期全国平均水平约4个百分点。整体收入的持续稳定增长，为贫困群众建立了良好预期，一方面夯实了部分贫困群众自主创业的经济基础，另一方面刺激了部分贫困群众对品质生活的需求，共同推动村镇的经济发展，促进国内大循环。具体表现为底气更足、信心更坚、脑子更活，发生了从内而外的深刻改变。脱贫攻坚拓宽了贫困群众的增收渠道，唤醒了贫困群众对美好生活的追求，极大提振和重塑了贫困群众自力更生、自强不息、创业干事的精气神。

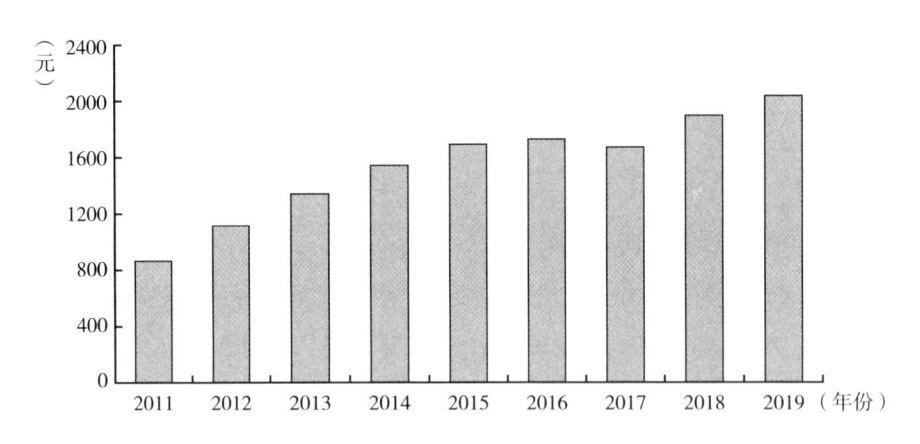

图6 2011～2019年罗霄山片区农村常住居民人均一般公共预算收入变化趋势

资料来源：《中国农村贫困监测报告》（2012～2020）。

扶贫发展与防止水土流失、环境保护、生态建设相结合，坚持脱贫攻坚与环境保护实现共赢，片区生态保护修复力度不断增强。贫困群众主动投身于国土绿化、退耕还林还草等生态工程建设，以及森林和湿地等生态环境的保护和修复工作，开展木本油料等经济林种植和森林旅游，不仅拓宽了增收渠道，而且显著改善了片区生态环境。仅江西省2016年在防护林建设、天然林保护补助、森林质量提升和林业产业发展等方面就投入10亿元支持片区生态脱贫。2016~2019年，赣州市凭借全国木本油料产业精准扶贫试点的实施，获得60亿元信贷资金额度。罗霄山片区巩固生态安全屏障、加快林业产业发展为推进脱贫攻坚步伐提供了有力支撑，守护了绿水青山、换来了金山银山，极大改善了片区生态环境，广大农村旧貌换新颜，生态宜居水平不断提高。

脱贫攻坚为片区带来了先进的发展理念，现代科技设备和科学的管理模式很大程度上提升了贫困地区的社会治理水平，为基层社会治理探究了新路径，加快了基层管理服务体系的建立和完善，使社会治理更具法制化、智能化和专业化，片区预防和解决基层社会矛盾的能力显著提高，社会更加安定和谐。

（三）特色产业蓬勃发展

罗霄山片区地跨湘、赣两省，是著名的革命老区，红色旅游资源丰富，历史底蕴深厚。近年来片区产业非农化趋势较为明显，非农产业产值占比平稳增长（见图7），非农产业在吸纳大量农村劳动力的同时，有利于促进农村经济实现跨越式发展。从另一角度来看，产业非农化还可以拓宽农业产业链，片区非农产业中较多企业属于农产品加工领域，面对庞大的原料市场，不仅减少了运输时间还缩短了生产周期，一方面对农产品的销售价格及销售市场起到了非常积极的促进作用，另一方面也有益于同农业生产良性协调，促进农业农村的健康发展。

近年来，随着积极推动以红色旅游为代表的湘、赣两省融合发展，红色旅游产业取得了长足进步。在《罗霄山红色旅游发展总体规划》的指导下，通过合理利用、科学开发，改变了长期以来品牌不响、发展不均且各自为政的落后态势，成功打造了全国性的红色生态文化旅游目的地，形成了以井冈山为特色的典型线路。作为红色革命的发源地，井冈山拥有厚重的红色历史

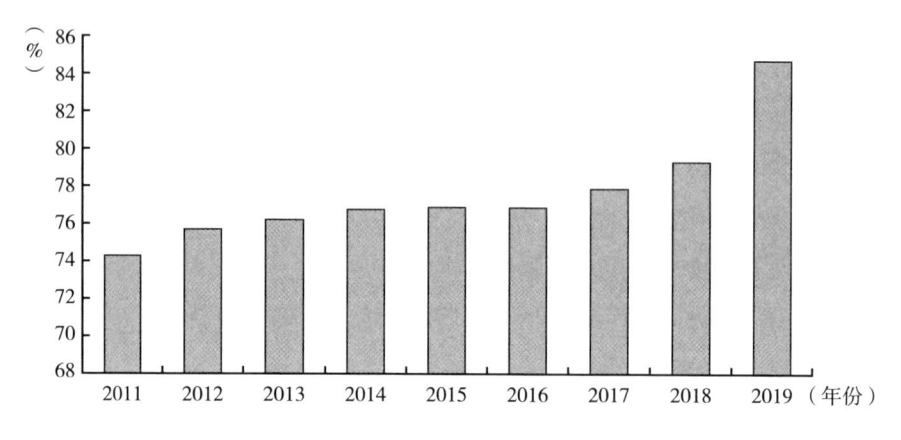

图 7　2011～2019 年罗霄山片区非农产业产值变化趋势

资料来源：《中国农村贫困监测报告》(2012～2020)。

文化和优美的绿色环境，井冈山市不仅拥有百余处珍贵的革命旧址、22 处全国重点文物保护单位，还有大自然馈赠的美好自然风景，多达 86% 的森林覆盖率让这里成为一个巨大的氧吧。2014 年，井冈山旅游人数就突破 1000 万人次大关，旅游收入达到近 90 亿元。红色旅游寓教于游，寓教于乐，对加强全民思想政治教育，促进革命老区经济快速发展具有重要意义。

罗霄山片区江西区域牢牢把握扶贫攻坚与区域发展、综合扶持脱贫以及贫困群众自我发展相结合等原则，主动推进扶贫资源整合，发展自身特色产业，提升产业的竞争力。近 4 年来，江西分片区内各县域围绕着脱贫攻坚奔小康的目标，积极兴办工业企业，大力开发旅游资源，培养了一批特色产业。例如：遂川县的三大特色产业——茶叶、金橘和板鸭；井冈山市的高产油茶产业和竹木加工等；宁都县抢先开展电子商务，抓住了开拓农村市场的有利时机，运用"互联网＋扶贫"的思维模式，加强电子商务与精准扶贫的进一步融合，借助省级电子商务示范基地——宁都县电商孵化园，大力开展电子商务，直达群众，帮扶到家，不仅使得农村电商充满生机，更让贫困群众借助电商脱贫摘帽，现如今已经建成"农村淘宝""邮政 e 邮"等 4 个县级运营中心和 95 个村级服务站，建成了 2 个宁都馆，全县共计有土特产网店500家，相关企业81家，带动了贫困群众近千人从事电商行业，从业人员人均收入达6000元。宁都特产脐橙、黄鸡、白莲、大米、茶油等也借助互联网打响了宁都品牌；寻乌县牢牢抓住金融扶贫试点的有利机遇，坚持将金融扶贫作为精准扶贫的重要抓手，探索出一条"政府搭台、银行唱戏、贫困户受益"的金融扶贫路子。

如图8所示，2011~2019年，罗霄山片区每万人规模以上工业企业数逐年上涨，9年间涨幅高达81.7%。产业发展是脱贫摘帽最有效、最直接的方法，也是为贫困地区"补钙"、帮助贫困群众在家就能就业的长远之计。推动片区因地制宜发展地方特色产业，鼓励电商扶贫、旅游扶贫等新型产业发展，依托东西部扶贫协作推进食品加工、服装制作等劳动密集型产业梯度转移，很多地方特色产业优势初具规模，大大增强了片区经济发展动力，累计建成各类产业基地近千个，其中赣州新型电子、瑞金线束线缆、南康家具、万安电子电路板、茶陵电工电器、安仁工程机械等产业基地蜚声全国。片区内形成了颇具特色、带贫面广的扶贫主导产业，打造了500余个地方特色农产品品牌，发展了500余家市级以上龙头企业，80%的贫困户同新型农业经营主体建立了紧密联系，近99%的贫困户受益于产业帮扶政策，具备一定劳动力以及劳动意愿的贫困群众基本参与到产业扶贫之中。

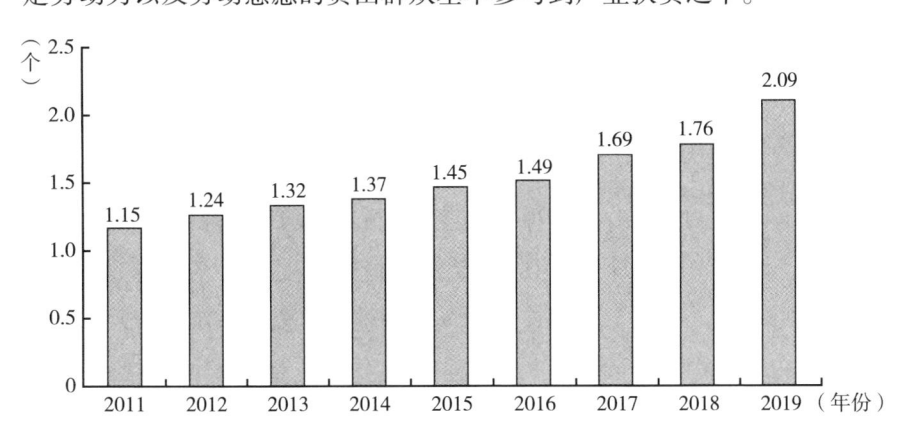

图8 2011~2019年罗霄山片区每万人规模以上工业企业数

资料来源：《中国农村贫困监测报告》（2012~2020）。

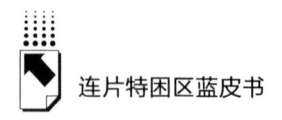

在长期脱贫攻坚之下，罗霄山片区面貌已发生巨变，深度贫困地区的重难点问题得到根源性解决，基础设施和公共服务水平显著提高，特色主导产业飞速发展，社会文明程度大幅提升。接下来面对更多的发展机遇，罗霄山片区要持之以恒坚定推进融合治理，发展地方特色产业，开展职业技能教育，用好互联网大数据，让数字精准赋能"三农"发展，迈入乡村振兴阶段后继续描绘更加壮美的蓝图。

三 罗霄山片区乡村转型进展及县际差异

本部分选取兼职化非农化（H1）、人力资本提升（H2）、金融素养增强（H3）、产业非农化（I1）、农业现代化（I2）、市场组织化（I3）、经济金融化（I4）、整体发展水平（E1）、公共服务优化（E2）9个指标构建罗霄山片区乡村转型度指标体系。由于统计口径在2013年发生变化，而兼职化非农化（H1）、农业现代化（I2）两个转型指标在2013年前后使用不同的代理指标，以及公共服务优化中每万人医疗机构床位数在2013年前没有数据，为了解决前后不一致、不能直接比较的问题，本部分分两阶段标准化各指标。即：2011~2012年，对各指标进行标准化，测度出转型度指数，进行比较；2013~2019年，再对各指标进行标准化，测度出转型度指数，进行比较。

（一）罗霄山片区2011~2019年乡村转型整体概述

由表1可知，罗霄山片区各贫困县在2011~2012年两年中转型度指数增减不一。湖南省内：株洲2县2012年乡村转型度指数相较于2011年有16%左右的增幅；郴州4县，宜章、汝城、桂东、安仁2012年乡村转型度指数较2011年均为上升趋势，其中桂东县乡村转型度指数增幅最大，其次安仁县，再次为汝城县，宜章县增幅最小。江西省内：抚州市乐安县2012年乡村转型度指数相较于2011年小幅度下降；萍乡市莲花县两年内指标基本持平；吉安4县（市）中，遂川和永新两县2012年乡村转型度指数较2011年均呈下降趋势，但下降幅度较小，万安县基本持平，井冈山市是4县（市）中乡村转型度指数唯一上升的；赣州11县（市、区）中，赣县、宁都、于都3县2012年乡村转型度指数较2011年基本持平，其余8县（市、区）2012年乡村转型度指数较2011年均有不同幅度的上升。

表1 罗霄山片区各县（市、区）2011~2012年乡村转型度指数

地区			2011年	2012年	趋势
湖南省	株洲市	茶陵县	0.3063	0.3564	上升↑
		炎陵县	0.3580	0.4188	上升↑
	郴州市	宜章县	0.3881	0.3999	上升↑
		汝城县	0.3532	0.3644	上升↑
		桂东县	0.1931	0.2638	上升↑
		安仁县	0.1859	0.2230	上升↑
江西省	抚州市	乐安县	0.2159	0.2050	下降↓
	萍乡市	莲花县	0.3274	0.3284	基本持平
	吉安市	遂川县	0.2271	0.2079	下降↓
		万安县	0.3298	0.3245	基本持平
		永新县	0.4362	0.4251	下降↓
		井冈山市	0.4508	0.4779	上升↑
	赣州市	赣县	0.3348	0.3388	基本持平
		安远县	0.3829	0.4173	上升↑
		石城县	0.3725	0.3860	上升↑
		上犹县	0.3251	0.3559	上升↑
		宁都县	0.3001	0.3009	基本持平
		兴国县	0.4224	0.4630	上升↑
		于都县	0.3540	0.3523	基本持平
		南康区	0.4195	0.4361	上升↑
		会昌县	0.3127	0.3267	上升↑
		寻乌县	0.4251	0.4844	上升↑
		瑞金市	0.3616	0.3798	上升↑

资料来源：作者测算得到。

2011年罗霄山片区乡村转型度指数均值为0.3384，乡村转型度指数超过0.4的有永新、井冈山、兴国、南康、寻乌5县（市、区）；片区中转型最成

功的是井冈山市，桂东县和安仁县转型度指数均低于0.2。2012年罗霄山片区乡村转型度指数均值为0.3581，较2011年小幅提升；乡村转型度指数超过0.4的有炎陵、永新、井冈山、安远、兴国、南康、寻乌7县（市、区），乡村转型度指数低于0.3的有桂东、安仁、乐安、遂川4县；片区中转型最成功的是寻乌县，遂川县仍处于垫底位置。总体来看，片区内23个贫困县乡村转型度指数两年内波动都很小。波动幅度超过10%的有茶陵、炎陵、桂东、安仁、寻乌5县，超过30%的仅有桂东县，其余各县的波动幅度都在10%以内。乡村转型度指数波动较小的原因主要和国家政策有关，2013年精准扶贫政策出台之前，片区内各县（市、区）大多仍采取较为平缓的传统扶贫措施，各项指标均没有发生显著变化；且两年时间跨度较短，难以从两年的指标数据中窥知长期趋势。

结合表2和图9可知，虽然片区少数县（市、区）在2013～2019年中的某个年份指标出现回落，但罗霄山片区2013～2019年乡村转型度指数均值整体呈上升趋势，其中2013年为0.3083，2019年为0.4364。自2013年11月习近平总书记在十八洞村首次提出"精准扶贫"后，片区扶贫攻坚工作进入快车道，各项扶贫政策实施不断落地到位，脱贫攻坚取得巨大成效。

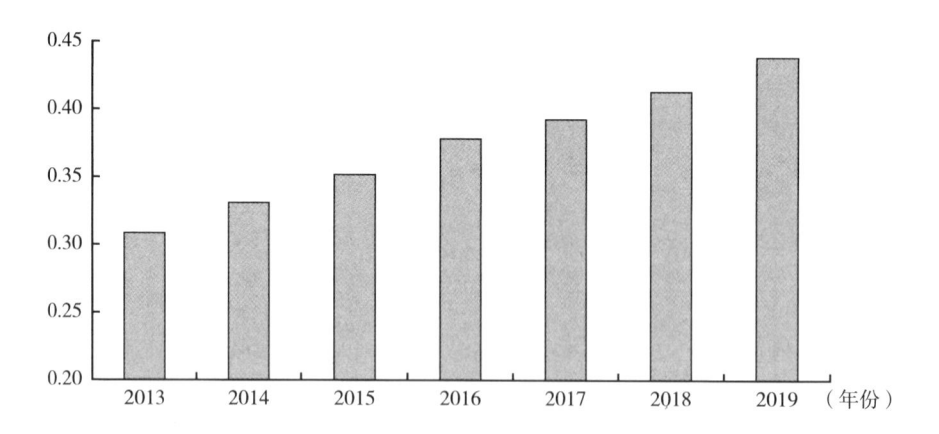

图9 罗霄山片区2013～2019年乡村转型度指数均值

资料来源：作者测算得到。

表2 罗霄山片区各县（市、区）2013~2019年乡村转型度指数

地区			2013年	2014年	2015年	2016年	2017年	2018年	2019年
湖南省	株洲市	茶陵县	0.3121	0.3337	0.3653	0.3756	0.3542	0.4357	0.4509
		炎陵县	0.3240	0.3368	0.3396	0.3763	0.4093	0.4550	0.4755
	郴州市	宜章县	0.4238	0.4497	0.4449	0.4644	0.4218	0.4448	0.5070
		汝城县	0.2501	0.2769	0.3051	0.3283	0.3225	0.3405	0.3627
		桂东县	0.1946	0.2145	0.2438	0.2562	0.2522	0.2744	0.3262
		安仁县	0.3001	0.3150	0.2991	0.3143	0.3099	0.3363	0.3683
江西省	抚州市	乐安县	0.1773	0.1768	0.1827	0.1961	0.1994	0.2324	0.2432
	萍乡市	莲花县	0.2997	0.3383	0.3554	0.3801	0.3827	0.3418	0.3688
	吉安市	遂川县	0.3491	0.3344	0.3707	0.3843	0.3859	0.4345	0.4447
		万安县	0.3736	0.3721	0.4010	0.4288	0.5577	0.5266	0.5499
		永新县	0.2733	0.2946	0.3139	0.3407	0.3308	0.3596	0.3289
		井冈山市	0.5677	0.5498	0.5523	0.5802	0.6339	0.6712	0.6736
	赣州市	赣县	0.3302	0.3599	0.3775	0.4158	0.4331	0.4659	0.5007
		安远县	0.2408	0.2881	0.3092	0.4145	0.4388	0.4436	0.4565
		石城县	0.2503	0.2619	0.3197	0.3648	0.3302	0.4069	0.4248
		上犹县	0.3569	0.4260	0.4593	0.4995	0.4857	0.4970	0.5547
		宁都县	0.2717	0.3269	0.3374	0.3334	0.3794	0.4392	0.4549
		兴国县	0.2948	0.3045	0.3611	0.4080	0.4102	0.3738	0.4172
		于都县	0.3434	0.3756	0.4173	0.4207	0.4548	0.4695	0.4870
		南康区	0.3731	0.4089	0.4138	0.4786	0.5137	0.5346	0.5451
		会昌县	0.2271	0.2485	0.2730	0.3117	0.3012	0.2766	0.3100
		寻乌县	0.2983	0.3255	0.3443	0.3518	0.3798	0.3940	0.4163
		瑞金市	0.2589	0.2612	0.2752	0.2648	0.3132	0.3282	0.3709

资料来源：作者测算得到。

（二）罗霄山片区乡村转型比较分析

1. 片区乡村"人"的转型进展

图10反映了罗霄山片区乡村"人"的转型进展及区域差异。分析发现，"人"的转型指数平均水平变化呈小幅波动，其中，2011~2012年转型指数上升的有株洲市、萍乡市、赣州市，转型指数下降的有郴州市、抚州市、吉安市。2013~2019年片区各地"人"的转型指数整体呈上升趋势，其中吉安市、

赣州市、株洲市高于片区平均水平，尤其是吉安市明显高于其他地区；郴州市、萍乡市、抚州市低于片区平均水平，特别是抚州市显著低于片区平均水平，与其他地区的差距较大。由此可知，片区在"人"的转型层面，整体水平偏低，且增长速度较为缓慢。未来，片区要着力提升困难群众的劳动生产技能，强化人才培养机制改革，高度重视农村义务教育，促进劳动力跨地域、跨产业、跨部门流动，以此推动创新和片区乡村转型发展。

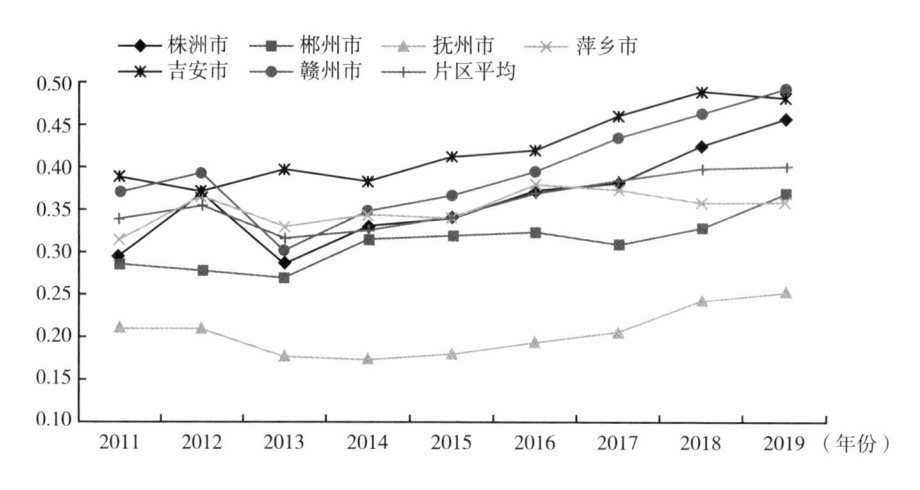

图10 2011~2019年罗霄山片区乡村"人"的转型分片区比较

资料来源：作者测算得到。

2. 片区乡村"业"的转型进展

图11反映了罗霄山片区乡村"业"的转型进展及区域差异。分析发现，"业"的转型指数值平均水平变化呈小幅增长趋势，其中，2011~2012年转型指数上升的有株洲市、郴州市、吉安市、赣州市，转型指数下降的有抚州市和萍乡市。2013~2019年片区各地"业"的转型指数整体呈小幅上升趋势，其中吉安市和萍乡市高于片区平均水平，赣州市和株洲市与片区平均水平变化趋势高度一致，郴州市和抚州市低于片区平均水平，特别是抚州市片区显著低于片区平均水平。由此可知，在罗霄山片区内部，吉安市在"业"的转型维度进展最为成功，但整体水平仍偏低。未来，片区要立足现有资源，学习新型农业生产技术，积极转变农业生产模式，使农业生产与生态环境相适配，促进

特色农业发展；同时，充分利用城镇空间，完善产业基础设施，积极推进新型工业化，加快升级第三产业，优化产业结构，推动经济高质量发展。

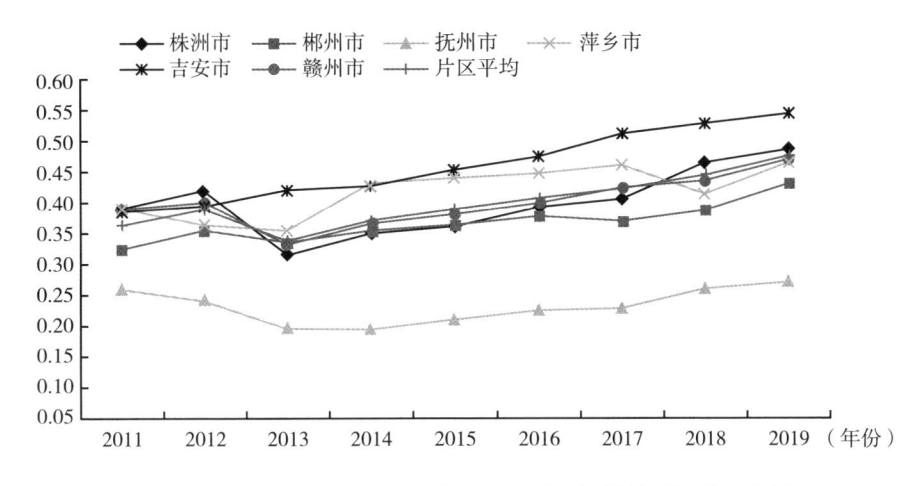

图 11　2011~2019 年罗霄山片区乡村"业"的转型分片区比较

资料来源：作者测算得到。

3. 片区乡村"地"的转型进展

图 12 反映了罗霄山片区乡村"地"的转型进展及区域差异。分析发现，"地"的转型指数值平均水平变化呈小幅增长趋势，其中，2011~2012 年转型指数上升的有株洲市、郴州市、吉安市、赣州市，转型指数下降的有抚州市和萍乡市。2013~2019 年片区各地"地"的转型指数虽然在某些年份出现反复，但整体仍呈小幅上升趋势，其中吉安市和株洲市高于片区平均水平，赣州市与片区平均水平变化趋势相近，郴州市、萍乡市和抚州市低于片区平均水平，特别是抚州市显著低于片区平均水平。由此可知，在罗霄山片区内部，吉安市和株洲市在"地"的转型维度进展较为成功，但整体水平仍偏低，片区在"地"的转型层面相对滞后。未来，片区要继续加强基础设施建设，大力完善基本公共服务，提升医疗福利水平；同时，优化资源配置，全面推进产业核心区建设，贯彻落实各项有利政策，积极推动区域整体高水平发展。

4. 片区乡村综合转型进展

图 13 反映了罗霄山片区乡村综合转型进展及区域差异。其中，2011~

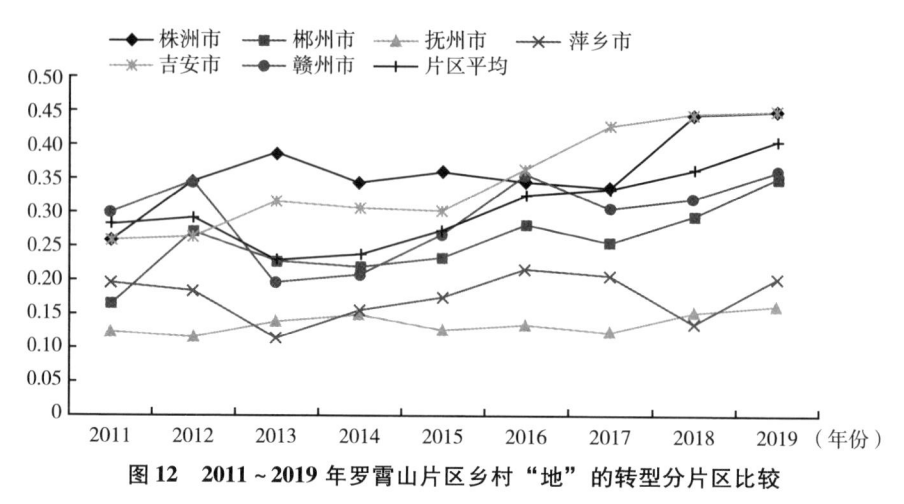

图 12　2011～2019 年罗霄山片区乡村"地"的转型分片区比较

资料来源：作者测算得到。

2012 年片区各地综合转型指数上升的有株洲市、郴州市、赣州市，综合转型指数下降的有吉安市、抚州市和萍乡市。2013～2019 年片区各地综合转型指数整体呈稳步上升趋势，其中：吉安市大幅高于片区平均水平，处于领先地位；株洲市和赣州市略高于片区平均水平；郴州市、萍乡市和抚州市低于片区平均水平，特别是抚州市显著低于片区平均水平。片区乡村综合转型进展方面，除抚州市水平仍然严重偏低外，其他地区都有不同程度的提升。

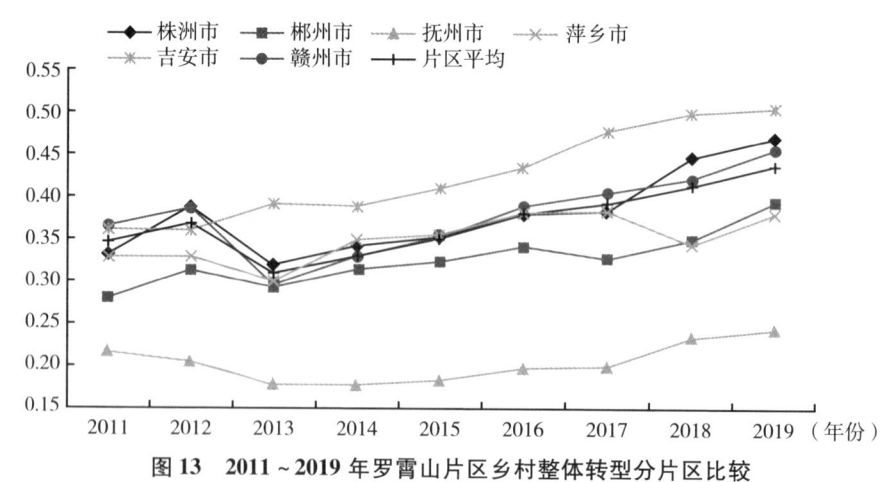

图 13　2011～2019 年罗霄山片区乡村整体转型分片区比较

资料来源：作者测算得到。

5. 片区乡村转型进展分类及演变

根据计算得到的 2011~2019 年罗霄山片区各县域乡村转型指数值，可将罗霄山片区各县域的乡村转型水平分为高水平区（0.45 以上）、较高水平区（0.40~0.45）、中等水平区（0.30~0.40）、低水平区（0.30 以下）4 类。

为方便分析，选取 2013 年、2016 年和 2019 年的县域乡村转型指数值，分别得到相应年份的空间分布情况（见表3）。对比分析可以发现，高水平区数量从 2013 年的 1 个，增加到 2016 年的 4 个和 2019 年的 11 个，增长趋势明显。同时，低水平区数量从 2013 年的 12 个，下降到 2016 年的 3 个和 2019 年的 1 个；低水平区占比从 2013 年的 52.2% 下降到 2019 年的 4.3%，保持了较高的转化率。

2019 年罗霄山片区乡村转型指数超过 0.5 的县（市、区）有 6 个，占比 26.1%。超过 0.54 的有上犹、井冈山、万安和南康 4 县（市、区）。上犹和井冈山两地处于湘赣交界，井冈山是闻名遐迩的红色旅游胜地，发展水平一直以来位居片区前列；上犹特定的气候条件和土壤非常适合茶叶生产，是著名的茶叶基地；南康自 2014 年改市设区后，经济社会发展进入快车道，人力资本、产业结构、公共服务水平都处在赣州市最前列，目前是享誉全国的家具生产基地。转型指数介于 0.45~0.5 的有 5 个，占比为 21.7%，这些地区主要处于罗霄山片区的中部。转型指数介于 0.4~0.45 的有 4 个，占比为 17.4%，这些地区主要处于罗霄山片区边缘区域。转型指数介于 0.3~0.4 的有 7 个，占比为 30.4%，集中于片区的西北和东南部。0.3 以下的仅有 1 个，占比为 4.3%，地处片区东北部。整体来看，2019 年罗霄山片区乡村转型水平相对较高，绝大部分地区的得分处在中等及以上水平。

因此，罗霄山片区在未来的乡村振兴中，要立足自身优势，抓住发展机遇，利用好紧邻珠江三角洲地区和海峡西岸经济区的区位优势，统筹城乡融合发展机制，积极推动县域多维能力建设，对交通、水利、能源、旅游等产业进行政策扶持，提升医疗教育水平，积极引才，加强政府管理，形成稳健的社会经济条件保障乡村转型，建设具有特色的先进制造业基地，有效推动当地经济社会发展。

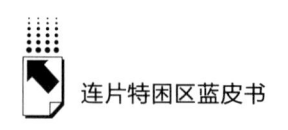

表3 罗霄山片区乡村转型水平分类（2013年、2016年、2019年）

单位：个

2013年		
类型	数量	县市区名称
高水平区（0.45以上）	1	井冈山市
较高水平区（0.40~0.45）	1	宜章县
中等水平区（0.30~0.40）	9	茶陵县、炎陵县、安仁县、万安县、遂川县、赣县、上犹县、于都县、南康区
低水平区（0.30以下）	12	汝城县、莲花县、永新县、石城县、宁都县、兴国县、寻乌县、瑞金市、桂东县、乐安县、安远县、会昌县
2016年罗霄山片区乡村转型水平分类		
类型	数量	县市区名称
高水平区（0.45以上）	4	宜章县、上犹县、南康区、井冈山市
较高水平区（0.40~0.45）	5	万安县、赣县、安远县、兴国县、于都县
中等水平区（0.30~0.40）	11	茶陵县、炎陵县、汝城县、莲花县、安仁县、遂川县、永新县、石城县、宁都县、寻乌县、会昌县
低水平区（0.30以下）	3	桂东县、瑞金市、乐安县
2019年罗霄山片区乡村转型水平分类		
类型	数量	县市区名称
高水平区（0.45以上）	11	茶陵县、炎陵县、安远县、宁都县、于都县、南康区、宜章县、井冈山市、万安县、赣县、上犹县
较高水平区（0.40~0.45）	4	遂川县、石城县、兴国县、寻乌县
中等水平区（0.30~0.40）	7	安仁县、汝城县、桂东县、莲花县、永新县、会昌县、瑞金市
低水平区（0.30以下）	1	乐安县

资料来源：作者测算得到。

四 罗霄山片区脱贫攻坚与乡村转型典型案例

（一）桂东县大水村易地搬迁实现安居乐业

大水村是桂东县的深度贫困地区，由原来的三个建制村合并而成，全村共计833户2542人。当地有一首民谣：大水不是好地方，生成一条漏底江；

一年四季累死人,半年米来半年糠!这里地势复杂、道路蜿蜒崎岖,村民们分散在一个个山头上,通信不畅,交通落后,生产生活严重不便,其中建档立卡贫困户367户共计1058人。随着国家精准扶贫政策的落地,桂东县大水村的村民们通过易地搬迁,不仅告别了往日的艰难生活,而且逐步实现安居乐业,走出了一条易地扶贫搬迁的样板路。据统计,至2019年底,该县贫困发生率从2015年的41.6%降至0.4%,村民人均年收入从2015年的2400元增加至8700元。

打消贫困群众搬迁顾虑,实现安居。一是村干部积极动员群众。许多村民一开始不愿意搬迁,离开祖祖辈辈生活的地方,担心新环境不适应,顾虑生活无法得到保障,新居住地工作难找,因此,即便报名同意搬迁,后期也会犹豫放弃。村干部积极做村民工作,给村民算经济账、长远账,带不愿搬迁的村民下山参观安置点,使村民提前感受搬迁新居的便利性,并以村民动员村民的形式,开启搬迁热潮。二是完善配套设施基础建设,在当地牵头单位充分调研的基础上,通过综合评判,最终决定将新址定在沙田镇周江村安置点。周江易地扶贫搬迁点坚持基础配套,以促进乡风文明和产业发展。三是对联建点的水、电、路网等配套设施基础建设和主体工程同步设计,同步施工,同步验收。在这个易地扶贫搬迁联建点,停车位、垃圾场、服务中心、幼儿园、物业管理等设施一应俱全,构成了一个完整的生活小区,让贫困群众搬得放心,住得安心。截至2017年底,搬迁新址建设完成,迎来了大水村833户村民陆续入住。

搬得出,还须稳得住、逐步能致富,实现乐业。一是培育扶持当地特色产业。迁入新居后,桂东县沙田镇大水村村支书张菊容带领村民大力种植中药材,发展林下经济。免费教授村民中药材种植技术,鼓励村民利用杉树下的土地资源种植七叶一枝花,既提升了土地资源使用效率,又拓展了村民的收入来源。当地特色产业不但要培育,还要成规模,在张菊容的指导下,村民罗正光参与成立药材种植农民专业合作社,带动10多户村民加入,种植七叶一枝花和厚朴等中药材。目前,大水村全村中药种植初见规模,有效扶持40多户村民脱贫。二是打破地域限制,发展"飞地经济",通过建设中药材示范基地、蔬菜基地，在安置点附近安排土地用于群众自耕自种，并设置小区公益岗位和专用服务窗口，解决贫困家庭就业问题，同时补充企业劳动力。截至2018年底，周江易地扶贫搬迁安置点已解决搬迁贫困户650人就业，真正实现易地搬迁困难群众安居乐业。

从桂东县大水村易地搬迁的典型案例可以看出，易地搬迁成效显著，工厂、学校、医院、农贸市场等配套齐全，人居环境极大改善，村民住上了新房，孩子们坐进了明亮宽敞的教室，多项民生保障措施落地生效，看病难、上学难的问题迎刃而解。在扶贫干部和专业技术人员的指导下，村民大都能在家门口实现就业，生产生活极为方便，其根本原因在于人力资本的提升，也就是乡村转型中"人"的维度取得了长足进展。

（二）莲花县神泉村实现"产业扶贫绿色发展、可持续脱贫不返贫"

坐落于罗霄山脉棋盘山脚，有着光荣革命传统的江西萍乡莲花县神泉乡神泉村，有5个村小组，全村贫困人口69户240人。林多地少的神泉村，人均耕地面积仅有0.5亩，林地总面积为1.7万亩。全村青壮年大多常年外出务工，村里留守老人和留守儿童居多，没有主导产业，是典型的贫困村、空壳村。目前，该村在驻村书记张春才的带领下，创新产业扶贫发展新模式，实现"产业扶贫绿色发展、可持续脱贫不返贫"，发展壮大农村集体经济。

以"党建+公司+贫困户"，推行"珠湖扶贫模式"。一是以公司管理促党支部建设，强化村党支部战斗堡垒和扶贫攻坚作用。2016年4月，由省监狱管理局下属公司注资110万元成立公司，江西省监狱管理局派驻莲花县神泉乡神泉村第一书记张春才为公司法人代表，公司聘请村干部为公司管理人员，每月发放管理津贴。公司所有的种养产品按照市场价由省监狱管理局全部回收销售，实行投入产出一条龙服务，带动贫困户可持续脱贫致富。二是公司租赁村集体山地，发展林下经济。经村"两委"多次开会研究讨论，并经村民代表大会同意，公司租赁神泉村集体山地150亩30年，发展黄金梨、蜜柚种植和特色生态家禽养殖等林下经济。将3000棵黄金梨和

1000 棵红心蜜柚等果树分配给 15 户贫困户管理，给他们传授剪枝、施肥、除虫等专业技术，每人负责管护固定区域，每户平均管理 270 株梨树，按标准发放管理费，仅此一项就为每户贫困户增加了 7200 元的收入。2018 年销售收入达 2 万余元，2019 年销售收入达 1.6 万元。"珠湖模式"已初见成效，让贫困户尝到甜头，为村集体经济发展打下了基础。

采用"公司＋合作社＋农户"的模式，发展种植和养殖产业。成立了莲花县神泉开元种养专业合作社，由公司负责保价收购，并以合作社为平台，带动贫困户 5 户、非贫困户 9 户养殖崇仁麻鸡，全年养殖麻鸡 1.4 万只左右，并由省监狱管理局兜底销售。为增加贫困户的收入，公司每年拿出 40% 的收益作为全村贫困户的分红，另外拿出 40% 的收益作为长期工作人员的工资收入，剩下的 20% 收益作为公司今后扩大发展基金。这些举措，既增加贫困户收入，也带动神泉村产业发展。

争取上级配套资金支持，助力产业发展。神泉村积极争取上级配套资金，省监狱系统出资 103 万元援助神泉村建设农贸市场，神泉村结合农贸市场建设打造扶贫车间，在美化亮化交易环境、便利村民销售采购物资的同时积极创造就业岗位。2019 年初，该村又充分利用省司法厅机关党委的 10 万元资金发展长远产业，种植油茶 100 亩，截至 2019 年 9 月，已种植 50 亩 7000 株。如今的神泉村已经摘掉了贫困的帽子，圆满高质量完成扶贫各项任务。未来的神泉村要创新产业扶贫方式，巩固发展壮大扶贫产业，不断发挥自身职能优势，提升神泉村社会治理能力和乡村振兴发展水平。

从莲花县神泉村脱贫的典型案例可以看出，对口扶贫单位可针对帮扶对象在有效需求和供给之间搭建桥梁，生活水平的提高增强了人们的健康意识，绿色生态农产品前景广阔。神泉村脱贫成功的主要原因在于绿色生态农产品的发掘以及农村集体经济的壮大发展，也就是乡村转型中"业"的维度获得了稳步提升。实践中"珠湖模式"产生了非常好的效果，值得推广，但在具体应用过程中要结合帮扶对象的实际情况，不能盲目应用。

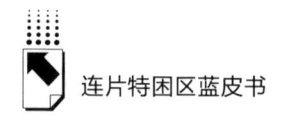

（三）汝城县沙洲村充分挖掘红色资源，创新发展红色旅游

2016年10月21日，习近平总书记在纪念红军长征胜利80周年大会上发表重要讲话，深情讲述了"半条被子的故事"。1934年11月，红军长征经过沙洲村时，徐解秀老人留宿了3位红军女战士，临走时，为了感谢徐解秀，这3名红军女战士把仅有的一条被子剪下一半给老人留下了。什么是共产党？共产党就是自己仅有一条被子，也要剪下半条给老百姓。如今，"半条被子"的故事仍温暖着全中国，昔日红军艰苦奋斗的场景历历在目，沙洲村要讲好"半条被子"的故事，充分挖掘红色资源，搞好红色教育，传承红色基因。

依托红色故事，建起红色旅游综合景区。沙洲村地理区位优势明显，交通便利，这里不仅是党性教育培训基地，同时也吸引着众多游客前来参观游玩，以"半条被子"的故事为核心，沙洲村开发了众多文旅项目和景点，建起红色旅游综合景区，总投资近4亿元，4年来，来自全国各地的游客多达250万人次，沙洲村的旅游收入逐年增长。

采取"旅游+扶贫"的模式，实现贫困群众在家门口创业就业。通过发展红色旅游，带动相关产业发展，实现贫困人口脱贫就业。开展各行业人员技能培训，如农家乐厨师培训、特优水果种植培训等，实现300多名贫困群众在家门口脱贫就业。2018年沙洲村实现整村脱贫；2019年，全村人均可支配收入13840元，比2016年增加6000多元；村集体收入40万元，比2016年的0.48万元增长82.3倍；2020年人均可支配收入达1.5万元，村集体收入达到55万元。不足1平方公里的沙洲村，成为汝城这个国家扶贫重点县的亮点。2020年9月16日，习近平总书记考察湖南时，首站就来到这里。2013年，习近平总书记在湘西十八洞村提出"精准扶贫"，7年后，总书记在湘南沙洲村看到脱贫攻坚的成效。央视新闻报道称，从十八洞到沙洲村，这两个小小的湖南村庄，注定将在中国走向伟大复兴的征程上留下浓墨重彩的一笔。

延长产业链，带动旅游经济发展。沙洲村拥有各具特色的古建筑多达

37处，结合红军长征主题，提升游客观感，游客既能欣赏到独具特色的古建筑风格，也能学习红色革命精神。同时，提供旅游一条龙服务，景区内吃、住、游、玩一应俱全，不仅方便了游客，更鼓起了村民的钱袋子，加速了村民脱贫致富的步伐。自从习近平总书记来到湖南汝城县沙洲村朱小红家的土菜馆调研座谈后，朱小红家的土菜馆成为红色足迹的网红打卡地，两层楼的餐馆座无虚席，每天都有不下十桌客人，每天收入保持在3000元以上，两个月的总收入逼近10万元。这"半条被子"，是革命精神的象征，是共产党为人民服务精神的集中体现。如今，它又成为沙洲村脱贫致富的孵化器和保温器。

从汝城县沙洲村脱贫的典型案例可以看出，红色文化和生态旅游的有机融合有效带动了当地经济社会发展，不仅能使游客身心得到放松，还能丰富其精神世界，老区精神激励村民奋发向上、锐意进取、开拓创新，解决了当地基础设施薄弱、社会事业滞后等突出问题，切实保障和改善民生。沙洲村脱贫的关键在于其红色文化底蕴以及由此培育的红色旅游资源，通过不断挖掘和完善，红色资源不断丰富，乡村转型中"业"的维度进展飞速。未来，"红色资源+生态旅游"仍大有可为。

（四）瑞金市多措并举助推乡村振兴

党建夯实基层堡垒，保障乡村振兴。瑞金市探索实行基层党建巡查制度，组建党建巡查小组，小组成员按每月10%的比例在党支部中随机抽取，定期巡查、跟踪督改，确保巡查全面覆盖；加强基础设施建设，提升公共服务水平，让群众办事更方便；采用择优汰劣机制，选拔有能力的村党支部书记任职；发展村集体经济，为村党组织建设赋能，让村党组织有能力、有资金为群众办事；开展党组织整顿，加强党的建设，提升党组织在人民群众中的威信，增强基层党组织战斗堡垒作用。

塑造文明新风，提振乡村振兴。瑞金市深入开展各项活动，建设乡风文明，为乡村振兴注入文化之魂。一是破除农村陈规陋习，提倡喜丧从简；二是开展感恩教育，培育感恩之风；三是打造新媒体平台，助力思想教育宣传

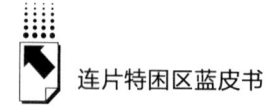

工作;四是深入挖掘红色资源,加强文化建设,打造红色旅游景区。截至2020年5月,16个美丽乡村示范点已在瑞金市成立。

"互联网+"助力乡村振兴。为解决农产品销售问题,带动农民增收致富,助力乡村振兴,瑞金市利用"互联网+"平台助力赣南脐橙营销推广,在村里建立电商服务站、开设淘宝网店,而且建设扶贫网站平台,通过新经济推广模式,为顾客带来更低价格、更高质量的产品和服务,抢占脐橙产业的线上市场,提升赣南脐橙的品牌影响力。截至2019年底,瑞金市农村电商服务体系基本完善。不仅如此,该市还开通多条城市快递直通专线,并建立赣南脐橙瑞金集散中心和加工服务中心,畅通物流服务。

巩固生态优势,推进乡村振兴。瑞金市坚决抓好中央环保督察及"回头看"和省环保督察反馈问题整改,截至2020年底,瑞金万年青水泥有限责任公司环境问题整改工作圆满完成,涉及云石山乡田心村600米卫生防护距离范围内的293户农户,已全部签订拆迁协议并拆除房屋,全面完成防护区内居民搬迁工作;全面落实"河长制""湖长制""林长制",坚决打好"蓝天、碧水、净土"保卫战。实施山水林田湖草生态保护修复、农业面源污染治理、饮用水源地保护等重点生态工程,截至2019年初,改造低质低效林7.39万亩,人工造林2.52万亩。15个乡镇23个中心圩镇污水处理设施基本完工,新建乡镇污水截污干管2.82万米。绵江河断面未再出现V类水,集中式饮用水水源地水质100%达标。空气质量优良率达96.92%,位居全省前列。

从瑞金市的典型案例中可以看出,在当地各级党组织的坚强领导下,当地公共服务水平和社会管理水平持续优化,特色产业兴旺,人民生活富足,群众拥有更多的获得感,生态环境持续向好,当地村民不仅富起来,精神文明面貌亦焕然一新。瑞金市成功的根本原因在于各方面体制机制的不断完善,乡村转型中"地"的维度取得突破性进展。未来,乡村振兴阶段仍要继续坚持结合地方实际优化各项举措。

五 罗霄山片区乡村振兴展望

（一）特色产业助繁荣

根据前述分析可知，罗霄山片区在乡村转型中"业"的维度进展较为缓慢。在乡村振兴新阶段，要有清晰的战略定位，立足片区资源禀赋，做大做强绿色生态农业；加强基础设施和产业集聚区建设，改善投资环境，形成空间布局合理、经济联系紧密、产业特色鲜明、城镇体系完善的发展格局。以市场需求为导向，坚持旅游产业、生态环境以及扶贫开发三者相协调，倡导民间资本进入，推进罗霄山片区经济全面发展。具体分为三个方面。

1. 提升特色产业层次

提升特色产业层次，推动片区特色产业高质量发展是产业振兴的长远之策。罗霄山片区各县（市、区）已发展起不少产业，这些产业成为当地社会经济的重要支撑。但有些县（市、区）在产业选择上侧重投资小、见效快的"短平快"产业，忽视了产业培育和产业长期发展的规划性，影响片区稳定脱贫、长效脱贫。在巩固拓展脱贫攻坚成果、接续推进乡村振兴征程的背景下，产业层次的提升尤为重要，要生产具有比较优势的特色产品，培育能带来稳定收益的产业，提升产品市场竞争力和抗风险能力。同时，还需强化地域特色品牌培育，并以此为中心，扩大辐射范围，强化纵向产业延伸与横向产业融合，努力打造具有区域特色的产业体系，重视产业的可持续性和可发展性。要推动绿色和有机产品认证及国家农产品地理标志登记保护，推动电子商务和特色农业深度融合，提供线上销售、产品溯源等服务，助力开拓市场，继续大力实施消费帮扶，强化农产品流通企业、电商、批发市场等与区域特色产业精准对接。

2. 促进产业园区发展

罗霄山片区连接鄱阳湖生态经济区、长株潭城市群和海峡西岸经济区，是内地连接粤港澳与厦漳泉地区的重要通道，要充分利用好区位优势，面向广东、福建等东南沿海地区消费市场，逐步开设沿海加工贸易梯度转移重点承接地，形成自己的特色。促进罗霄山片区产业园区发展，不仅要高质量招商引资，将优质企业引进来，更要让优质企业留得住、发展得好。片区各县（市、区）要抓住机遇，利用好优惠政策，大力引进优质企业；结合各地资源禀赋，延长产业链条，推动全产业链发展，壮大产业集群。此外，还需持续优化营商环境，提高行政效能，加快行政审批效率，落实好片区企业租金减免、金融支持等各项优惠政策，为企业提供便捷高效服务。

3. 优化旅游产业结构

目前片区的旅游扶贫模式主要依赖政府资源，大部分旅游项目的建设资金完全依赖政府财政投入，投资渠道有待向多元化方向发展，旅游业创收效应不显著，对当地社会经济水平的带动作用不明显。在政府的有效监管下，民营企业的加入可助推旅游资源向旅游产品迈进，使之与市场需求相对接。通过设置激励机制、推出优惠政策，激发民间资本的参与热情。引进全资本力量，因地制宜发展符合当地特色的旅游项目；精准定位旅游项目受益目标人群，提升旅游资源的利用效率。此外，还要加大县（市、区）级财政资金投入，引入市场主体，发挥市场在资源配置中的决定性作用。

（二）绿水青山留乡愁

罗霄山片区是我国南方地区重要的生态安全屏障。在乡村振兴新阶段，要加强江河源头保护和江河统筹治理，持续完善生态补偿机制，重点关注生态工程建设，维护生物多样性，提升生态环境和人居环境质量的同时，全力发展现代生态农业建设工程。具体有以下两个举措。

1. 特色农业生态化

片区经过脱贫攻坚时期的努力，各类名优农作物的培育和加工都取得了显著成效，但从总体发展情况来看，在绿色、有机食品规模化生产，生态产品价值实现等方面仍处于起步阶段。农业生产模式仍比较粗放，广种薄收，农作物普遍依靠大水大肥，产品质量安全难以保障，农村有机废弃物循环利用不足。为缓解乡村农业污染问题，保障特色农产品质量安全，需要创新产业流程，提高循环利用率，建设具有环境适应性的产业而不是环境包容性的产业。最重要的是要把绿色发展理念贯穿到农业生产、产品加工、废物资源化的全过程，加强生产和生活的有机链接，使人类活动到土地利用的闭环循环往复。通过恢复和保持各种形式的生态调节能力，推广化肥减施增效技术，减少施用总量，加快推广有机肥替代化肥和病虫害绿色防控，建立具有"环境标志"的绿色产品制度，完善农药风险评估技术标准体系，健全溯源机制，确保产品质量安全。

2. 持续优化人居环境

片区水资源丰富，是洪涝灾害易发、多发区，当前防洪减灾体系仍在建立健全阶段，当地经济社会发展受到严重制约。在乡村振兴这一新的历史时期，要加强对东江湖、渌水源头、洮水水库、黄岑水库等水源地保护，抓好中小河流流域治理，加大水利基础设施建设投资支持力度。乡村振兴的质量和成效，要靠绿水青山作为底色，要靠生态宜居作为本色，否则乡村的"颜值"注定不会美丽，"气质"更是无从谈起。片区已把桂东县、茶陵县和宜章县等地区拥有的多个大型森林公园和湿地公园列入生态功能区重点保护范围，为良好人居环境创造了基本的生态功能圈。未来要继续通过全域垃圾整治、污水治理、厕所革命、生态修复、增绿增收等手段，实现从垃圾围村到清洁发电，从污水靠蒸发到清水绕人家，从残垣断壁到仪态万千，从草木稀疏到杨柳成行，从根本上提升乡村风貌，凸显乡土风情，再现田园风光，实现惬意生活。

目前，生态保护补偿机制在片区内的试点工作已卓有成效，接下来要继续完善补偿细则，运用除碳汇交易、生态产品服务标志之外的新型补偿方式，促进各类受益主体履行生态补偿责任。片区内宜章、汝城、桂东、安仁四县重点矿区重金属污染严重，未来应采取土壤置换、恢复植被、河道底泥清理等措施，推进土壤重金属污染治理与修复。在发展工业的同时，要加强工业废水的集中控制和水污染源达标排放的长效管理，积极完善工业园区、工业集中区污水处理设施，提高工业废水无害化处理率和达标排放率。严格控制河湖沿线的生产生活垃圾污染，改善水环境，保护水资源。

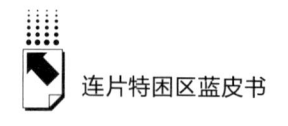

（三）社会事业展风貌

通过前述分析可知，罗霄山片区在乡村转型中"人"的维度进展滞后。未来，片区要积极探索欠发达革命老区乡村振兴的经验和路径，进一步加快乡村整体转型发展。提升教育水平，强化人才培养，协调推进片区内外就业，促进返乡就业；提高农村劳动力素质，鼓励资源就地转化，完善医疗卫生等公共服务水平。具体分为三个方面。

1. 保障提升教育水平

百年大计，教育为先。片区农村教育现代化发展过程中面临着观念落后、师资短缺、内容过时、水平低下、设施陈旧等困境，出现了教学条件弱质化、办学模式单一化、教师人才流失化等难题。此前，宜章一中、汝城一中、桂东一中、安仁四中学等普通高中已完成了初步扩容提质工作。在乡村振兴的新阶段，片区应继续大力发展学前教育、义务教育和职业教育等各类教育。要抓好村、镇两级幼儿园建设，强化农村义务教育标准化学校建设，完善中小学教学楼、学生宿舍、食堂、运动场、厕所及安全设施，全面改善义务教育薄弱教学点办学条件，推进义务教育均衡发展。要引导社会各界支持职业教育，创新各层次各类型职业教育模式，努力建设有地方特色的职业教育体系。政府层面要加大片区教育支持力度，努力让每个人都有人生出彩的机会，要通过改善乡村教师生活待遇、强化师资培训、结对帮扶等方式，加强贫困地区师资队伍建设，全面落实乡村教师生活补助政策。

2. 人才培养多元化

人才是实现乡村振兴的关键所在，要兼顾本土培养与外来引进。一方面，要培养本土化人才，在农村开展实用技能培训，提高农民种植养殖水平，积极扶持农村技术能人、农村致富带头人、创新创业人才等接受更先进、更完善的培训；基于片区各地特色产业，带动脱贫人口发展生产、参与市场竞争，提升共同致富增收能力，实现农业转型升级和提质增效。另一方面，积极开展人才引进政策，通过资金、项目补助等，引进高科技、高技术人才和片区社会事业与公共服务紧缺人才，继续实施高校毕业生"大学生村官""三支一扶"计划,强化教师队伍建设,引导人才扎根基层,持续服务乡村振兴。片区大部分县(市、区)农副产品加工企业以家庭式手工作坊生产为主,且初级产品多,产品附加值低。新时期,可引导科研院所和高校开展专家服务基层活动,建立特色产业专家服务的长效长久联系机制,实现技术专家团队与技术需求单位的无缝对接,解决当地产业发展困境。同时,大力培养二、三产业发展人才,加强电商人才和创新创业人才培育,开展线上线下相结合的多层次人才培育模式。

3. 织牢基层医疗网络

健康乡村建设是乡村振兴战略的重要内容,农村医疗服务供给水平和广大农民朋友的生命健康息息相关。片区农村医疗卫生领域存在"三缺三低三不足"的现象,即:缺医疗设备、缺乡村医生、缺药品,工资水平低、学历水平低、业务水平低,经费投入不足、办公用房面积不足、政策宣传不足,因而完善和发展农村医疗卫生服务成为乡村振兴时期的重要工作任务。新时期片区应重点建立疾病预防控制、心理咨询、妇幼保健、应急救治等公共卫生服务体系,实现从疾病治疗到疾病预防、从身体健康到心理健康的跃升。目前,片区部分地区已实现电子病历系统和居民健康档案的建立,但针对偏远农村地区的远程医疗咨询、远程医学教育与培训等领域的信息化程度仍应加强。在数据共享方面,要逐步建立跨地区的医疗数据共享交换标准体系,促进医院间健康档案和检验报告等医疗信息共享,节约公共资源,为老百姓减轻看病压力。

B.12 吕梁山片区脱贫成效回顾、乡村转型测度及振兴展望[*]

黄利文 柳艳红 余方薇[**]

摘 要： 2011~2020年吕梁山片区脱贫成效显著，主要表现为片区整体经济实力显著增强、贫困发生率大幅下降、农村居民快速增收、基础设施和公共服务水平明显改善。吕梁山片区乡村转型进展也随之加快，其中"人"的转型相对明显，"业"的转型稳中有升，"地"的转型相对滞后，片区内陕西片区的乡村转型度略高于山西片区。同时，片区内县域乡村转型进展不均衡，岚县、清涧县、兴县转型度较高。此外，片区内部分地区走在了脱贫攻坚与乡村振兴有效衔接的前列，如大宁县、忻州市、吕梁市等。不过，吕梁山片区仍存在稳就业稳增收动力不足、农业生产条件差、农产品缺乏市场竞争力、基础设施和公共服务滞后等主要难点。未来应从激发乡村内生动力、推动产业可持续发展、建设生态宜居乡村三个方面着力，推进乡村振兴。

关键词： 吕梁山片区 脱贫成效 乡村转型 乡村振兴 县域

---

[*] 本文得到武陵山片区扶贫与发展2011协同创新中心开放基金项目"武陵山片区生态扶贫研究"（项目编号：19ZDZB080）、"武陵山片区扶贫产业可持续发展策略研究"（项目编号：20JDZB042）以及生态旅游湖南省重点实验室开放基金项目"乡村振兴视角下生态资源产业化减贫效应研究"（项目编号：STLV19015）的资助。

[**] 黄利文，博士，吉首大学商学院讲师，研究方向为区域贫困治理与区域金融；柳艳红，吉首大学商学院2019级硕士研究生；余方薇，吉首大学商学院2019级硕士研究生。

一 引言

吕梁山片区是全国 14 个集中连片特困地区之一,属于深度贫困地区,包括山西、陕西两省共 4 市 20 个县,其中涉及陕西 1 市 7 县、山西 3 市 13 县。片区土地面积约 3.6 万平方公里,位于我国北方半干旱地区,年均降水量 500~600mm,水土流失严重,属于黄土高原丘陵沟壑水土保持生态功能区,具有生态环境脆弱、自然条件恶劣、产业基础薄弱、基础设施滞后、经济可持续发展能力弱等特征。2011 年以来,吕梁山片区聚焦解决"两不愁三保障"突出问题,精准落实扶贫政策,片区脱贫攻坚取得了决定性进展。贫困人口由 2011 年的 104 万人降到 2019 年底的 5 万人,贫困发生率从 30.50% 降为 1.40%。2020 年 2 月 27 日,佳县、清涧县、子洲县 3 县进入退出贫困县序列,至此,片区 20 个县全部摘帽,区域性整体贫困基本解决。当前,吕梁山片区在巩固拓展脱贫攻坚成果同乡村振兴衔接方面进行了诸多实践探索。如"七彩大宁"多措并举,主要着力于组织振兴、生态振兴、人才振兴,推动乡村转型、促进乡村振兴;忻州市因地制宜,以特色产业助推乡村转型;吕梁市以文明新风之"魂"筑乡村振兴之"路"等。片区内各县域在产业振兴、人才振兴、文化振兴、生态振兴、组织振兴五个方面的积极探索,为巩固拓展脱贫攻坚成果和有效衔接乡村振兴战略积累了经验,但仍面临农民进取意识不强、农业生产条件差、基础设施和公共服务相对落后等难题和挑战,需要在"十四五"期间继续弘扬脱贫攻坚精神,努力开创乡村振兴新局面。

二 吕梁山片区脱贫攻坚总体成效

过去 10 年,尤其是精准扶贫方略实施以来,吕梁山片区及片区县发生

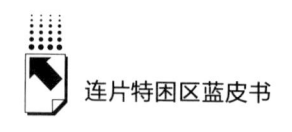

了全局性和系统性的变化①,主要表现在经济综合实力、贫困发生率、居民收支情况、交通基础设施和公共服务等方面。

(一)片区县经济综合实力显著增强

1. 片区整体经济实力增强,增速高于全部片区平均水平

从增长速度来看,吕梁山片区人均GDP增速高于全国14个集中连片特困区的平均水平。片区人均GDP增速在2013~2019年为9.98%,同期我国14个集中连片特困区人均GDP增速为8.29%,全国人均GDP增速为8.34%,吕梁山片区增长率高于全部片区平均1.69个百分点,高于全国平均1.64个百分点。从人均GDP绝对值变化来看,2019年吕梁山片区比2011年增加了14852元,增长123.84%。其中,2013~2019年片区增长了76.96%,同期全国14个连片特困区总体增长了61.30%,全国平均增长了61.68%,吕梁山片区人均GDP绝对值增速快于全国平均水平和全部片区总体水平。从人均GDP数值看,吕梁山片区与全国14个连片特困区的平均水平基本持平,但远低于全国平均水平且绝对差距进一步拉大。另外,从山西、陕西两省分片区来看,山西分片区2019年人均GDP达到22030元,比2011年增长了12068元,增幅121.14%;陕西分片区增长了18408元,增幅126.93%;片区内陕西分片区与山西分片区人均GDP增速基本持平,均远超全国平均水平和全国片区总体水平(见表1)。

表1 2011~2019年吕梁山片区人均GDP情况

单位:元、%

片区	2011年	2012年	2013年	2014年	2015年	2016年	2017年	2018年	2019年	年均增长率
吕梁山片区	11993	13612	15170	16521	15462	16821	20280	23662	26845	9.98
全部片区	—	—	17343	16074	17214	18668	20173	21802	27974	8.29

---

① 孙久文、张静、李承璋、卢怡贤:《我国集中连片特困地区的战略判断与发展建议》,《管理世界》2019年第10期,第150~159、185页。

续表

片区	2011年	2012年	2013年	2014年	2015年	2016年	2017年	2018年	2019年	年均增长率
全国平均水平	36227	39771	43497	46912	49922	53783	59592	65534	70328	8.34
山西分片区	9962	11148	11778	12661	12356	13183	16131	18704	22030	10.43
陕西分片区	14502	16626	19293	21288	19298	21209	25315	29654	32910	10.79
山西省平均	31489	33803	35136	35202	34993	35367	42060	45328	45724	4.77
陕西省平均	33464	38564	43117	46929	47301	50081	56154	62195	66649	8.99

注：（1）由于缺少部分数据，吕梁山片区、全国片区总体、全国平均水平计算2013~2019年年均增长率值；（2）陕西、山西分片区GDP由两省境内片区县加总得到，数据整理自《陕西统计年鉴》（2012~2020）、《山西统计年鉴》（2012~2020），片区数据来自《中国农村贫困监测报告》（2012~2020），全国片区总体人均GDP根据《中国农村贫困监测报告》（2014~2020）中"GDP/户籍人口"计算得到，"—"代表无数据，全国平均水平数据整理自国家统计局·年度数据。

2. 片区县经济实力增长明显，仍相对落后于全国平均水平

如表2、表3所示，2011~2019年，吕梁山片区绝大部分县域的人均GDP在1万~5万元，2019年末人均GDP 1万元以下县域数量为0，出现了横山县、清涧县2个人均GDP 5万元以上的县域。由于陕西分片区发展基础相对较好，分片区内县域人均GDP总体来说均高于山西分片区县。片区内岚县、清涧县在2011~2019年增长较快，岚县2019年人均GDP达到27020元，是2011年的6733元的4倍，清涧县由2011年的11877元增长到2019年的75461元，增长了5.35倍；但吉县、汾西县增长相对较慢，年均增长率分别仅为4.21%和4.17%，低于全国平均水平年均增长率8.34%。同时神池县、岢岚县、大宁县、临县、岚县、吴堡县、清涧县年均增长率比片区整体水平高，年均增长均超过10.60%。若片区各县人均GDP能够保持2011~2019年的增长率10.60%，则2025年片区内20个县人均GDP将全部达到5万元以上。另外，片区县人均GDP占全国的比重变化较小（见表3）。2011~2019年80%以上的县域人均GDP低于全国平均水平的一半，50%左右的县域人均GDP低于全国平均水平的1/3，截至2019年仍有30%的县域人均GDP低于全国平均水平的1/4，这说明，尽管近年来绝对贫困得到整体解决，但相对于全国水平，片区县仍处于相对落后状态。

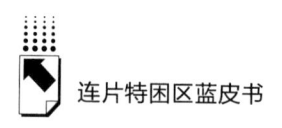

表2 2011～2019年吕梁山片区县人均GDP情况

单位：元

片区县	2011年	2012年	2013年	2014年	2015年	2016年	2017年	2018年	2019年	2011～2019年年均增长率(%)	
										值	比较
静乐县	10582	12090	12620	12447	13050	15361	17774	20802	21820	9.47	-1.13
神池县	11320	12406	18083	17753	19236	20306	20699	23228	25561	10.72	0.12
五寨县	14196	15657	17185	16215	16449	17772	19850	22443	27223	8.48	-2.12
岢岚县	13777	15754	21431	20817	21750	26379	28077	34613	37556	13.35	2.75
吉县	14741	16285	16131	17015	17300	18083	19986	19365	20498	4.21	-6.39
大宁县	5422	5943	6273	6826	6437	7391	8785	10042	13982	12.57	1.97
隰县	8173	9190	10159	11496	12002	13330	14967	15568	16663	9.31	-1.29
永和县	7644	8224	8946	10916	10042	11351	12626	13809	16243	9.88	-0.72
汾西县	10694	11450	12239	12598	12859	13944	16590	16116	14831	4.17	-6.43
兴县	17538	22010	19908	19464	18350	20148	29574	33659	39062	10.53	-0.07
临县	6341	5884	6198	6841	5816	6418	9151	11521	14969	11.33	0.73
石楼县	5372	5998	6101	7249	6561	7241	8270	9195	12000	10.57	-0.03
岚县	6733	8485	10960	16843	17211	14576	18280	23407	27020	18.97	8.37
横山县	25165	28107	32932	36781	30662	31884	40646	49587	52777	9.70	-0.90
绥德县	11242	13038	14580	15016	16353	18652	21075	26528	23607	9.72	-0.88
米脂县	15255	17884	21202	22116	18877	20224	21817	25955	29550	8.62	-1.98
佳县	10388	11851	13540	15359	12756	14742	18707	20517	21586	9.57	-1.03
吴堡县	14400	15846	17772	19789	20946	20020	26098	28436	33072	10.95	0.35
清涧县	11877	13927	16117	17829	18659	19960	23223	27356	75461	26.00	15.40
子洲县	10494	12602	15124	17420	14665	18570	20819	20939	20224	8.55	-2.05

注：计算方法同表1，其中比较列数值=片区各县增长率-片区总体2011～2019年年均增长率(10.60%)，数据整理自《中国县域统计年鉴》(2012～2020)、《陕西统计年鉴》(2012～2020)、《山西统计年鉴》(2012～2020)及各年份统计公报。

表3 2011～2019年吕梁山片区县人均GDP小于全国平均水平个数及人均GDP分布

单位：个

分类	2011年	2012年	2013年	2014年	2015年	2016年	2017年	2018年	2019年
小于全国	20	20	20	20	20	20	20	20	20
小于全国1/2	19	18	19	19	19	19	19	17	16
小于全国1/3	13	12	9	9	11	10	10	10	10
小于全国1/4	6	6	5	5	5	5	4	6	6
小于全国1/10	0	0	0	0	0	0	0	0	0
5万元以上	0	0	0	0	0	0	0	0	2
1万~5万元	14	14	16	17	17	17	17	19	18
1万元以下	6	6	4	3	3	3	3	1	0

资料来源：作者计算所得。

（二）贫困发生率大幅下降，居民收支大幅上升

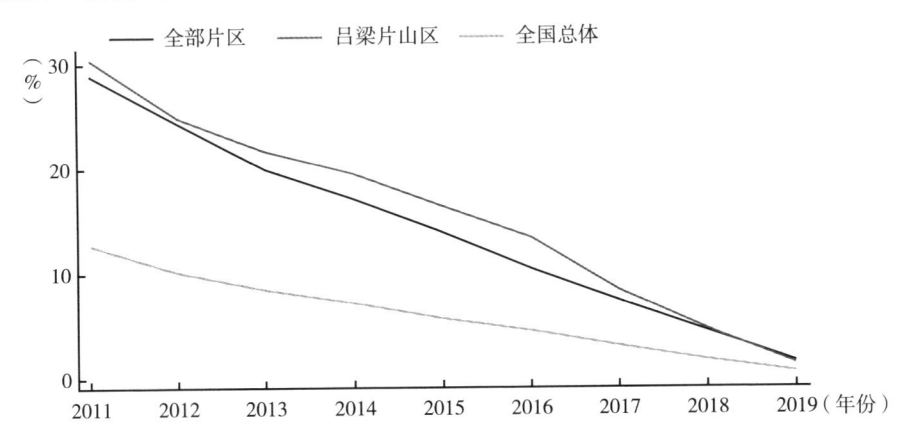

1. 2019年吕梁山片区贫困发生率首次低于全部片区整体水平

自2011年起，吕梁山片区贫困发生率逐年迅速下降，贫困人口大幅度减少。从贫困发生率看，片区贫困发生率减幅趋势与全部片区基本一致（见图1）。2016年吕梁山片区减幅为37.31%，高于全部片区减幅29.52%和全国减幅31.11%，片区2016年后下降速度明显快于全部片区减速，但片区贫困发生率一直高于全部片区贫困发生率（见图2）。即使2016年减幅高于全部片区水平，但其贫困发生率仍为13.40%，高于全部片区10.50%的贫困发生率，直至2019年吕梁山片区贫困发生率（1.40%）才首次低于全部片区整体水平（1.50%）。从贫困人口数量来看，贫困人口大幅减少（见表4）。片区贫困人口从2011年的104万人下降到2019年的5万人，全部片区贫困人口从2011年的6035万人减少到2019年的313万人，全国总体贫困人口从2011年的12238万人减少到2019年的551万人，吕梁山片区贫困人口占全部片区贫困人口的比重从2011年的1.72%下降到2019年的1.60%。吕梁山片区内贫困县最早于2018年开始脱贫"摘帽"，2018年神池县、五寨县、岢岚县、吉县、隰县、岚县、横

图1 2011~2019年吕梁山片区贫困发生率

资料来源：《中国农村监测报告》（2012~2020）。

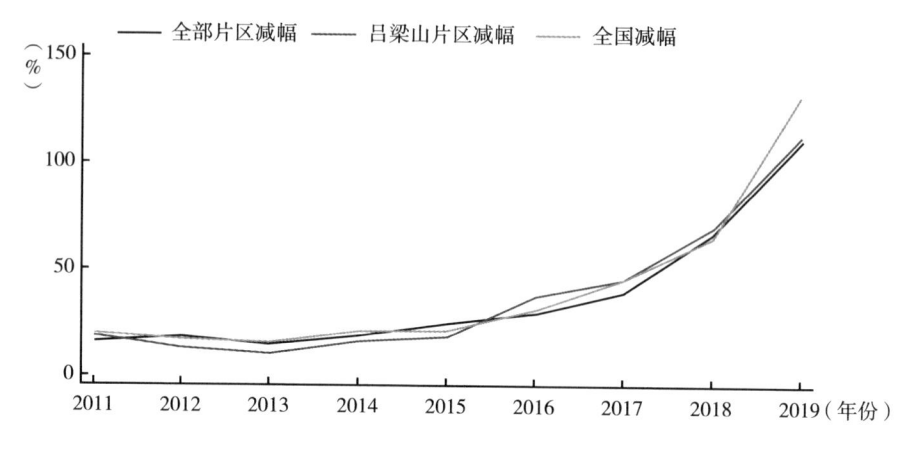

图 2 2011~2019 年吕梁山片区贫困发生率减幅

资料来源：作者计算所得。

山县 7 个县摘帽，2019 年静乐县、大宁县、永和县、汾西县、兴县、临县、石楼县、绥德县、米脂县、吴堡县 10 个县摘帽，2020 年佳县、清涧县、子洲县 3 个县摘帽，至此，吕梁山片区贫困县全部脱贫摘帽。

表 4 2011~2019 年吕梁山片区贫困人口情况

单位：万人

片区名称	2011 年	2012 年	2013 年	2014 年	2015 年	2016 年	2017 年	2018 年	2019 年
全部片区	6035	5067	4141	3518	2875	2182	1540	935	313
吕梁山片区	104	87	76	67	57	47	29	16	5
全国总体	12238	9899	8249	7017	5575	4335	3046	1660	551

资料来源：整理自《中国农村贫困监测报告》(2012~2020)。

2. 片区县农村居民增收明显，人均消费占收入比重下降

片区农民人均可支配收入增长较快，与全部片区之间的相对差距稳定。2013~2019 年吕梁山片区农村居民人均可支配收入名义增速较快，其中，2016~2019 年一直高于全国 14 个片区增速。2019 年，吕梁山片区农村居民人均可支配收入 10229 元，相当于全部片区整体平均水平的 89.39%，与 2013 年的 88.30% 基本相当。片区农村居民人均可支配收入占全部片区的比

例基本保持不变,说明吕梁山片区和全部片区之间的相对差距较为稳定。但片区农村居民人均可支配收入与全国 14 个片区平均水平之间的绝对差距逐年缩小,2018 年起绝对差值为负,逐渐高于全部片区的平均收入水平,但与全国平均水平的绝对差距逐年拉大,2019 年比 2013 年增大了 1620 元(见表5)。

表5 吕梁山片区农村人均可支配收入及人均消费支出情况

单位:元、%

片区	项目	2013年	2014年	2015年	2016年	2017年	2018年	2019年
吕梁山片区	人均可支配收入	5259	5589	6317	6884	7782	8890	10229
	收入名义增速	14.5	6.3	13	9	13.1	14.2	15.1
	人均消费支出	5537	5315	5800	6178	6637	7528	8401
	消费名义增速	30.6	-4	9.1	6.5	7.4	13.4	11.6
全部片区	人均可支配收入	5956	6724	7525	8348	9264	10260	11443
	收入名义增速	15.4	12.9	11.9	10.9	10.5	10.7	11.5
	人均消费支出	5327	5898	6573	7273	7915	8854	9898
	消费名义增速	14.2	10.7	11.4	10.7	9	11.9	11.8
全国总体	人均可支配收入	9430	10489	11422	12363	13432	14617	16021
	人均消费支出	7485	8383	9223	10130	10955	12124	13328

资料来源:数据整理自《中国农村贫困监测报告》(2014~2020),由于统计口径限制,人均可支配收入和消费数据从 2013 年开始。

随着片区农村居民收入的增加,人均消费支出逐年上升,但消费占收入的比重却在下降。2019 年片区人均消费支出 8401 元,比 2013 年消费支出 5537 元提高了 59.75%,消费占收入的比重由 2013 年的 100% 下降到 2019 年的 82.13%,消费占收入的比重低于全部片区平均水平,也略低于全国平均水平。人均消费支出与全部片区的绝对差距相差较小,但与全国平均水平相差较大。

另外,片区农村居民人均可支配收入相对偏低的县数量减少(见表6)。自 2016 年开始片区出现人均收入超过 1 万元的县(横山县),2017 年 1 万元以上收入的片区县增加至 2 个,分别是横山县、米脂县,2018 年在此基础上增加了绥德县，2019年陕西分片区各县人均可支配收入均达到1万元以上，但山西分片区县仍处于1万元以下，其中大宁县、永和县、汾西县、石楼县仍处于人均可支配收入5000元以下。但总体上，2019年人均可支配收入比2013年平均增加了至少158%，人均收入增长迅速。

表6 吕梁山片区各县人均可支配收入情况

单位：元，%

片区县	2013年	2014年	2015年	2016年	2017年	2018年	2019年	年均增长率
静乐县	4566	5138	5575	6004	6545	7160	8177	10.20
神池县	5353	5893	6257	6732	7291	8195	9154	9.35
五寨县	5121	5752	6212	6616	7152	7853	8827	9.50
岢岚县	4541	5073	5492	5898	6476	7370	8159	10.26
吉县	3562	3978	4312	4661	5211	5602	6426	10.33
大宁县	2249	2541	2690	2905	3303	3782	4485	12.19
隰县	3937	4432	4762	5129	5688	6439	7418	11.14
永和县	2462	2761	2974	3221	3636	4098	4774	11.67
汾西县	2670	2952	3136	3374	3783	4267	4962	10.88
兴县	3230	3546	3769	4006	4471	5039	5785	10.20
临县	3488	3885	4159	4446	4971	5602	6263	10.25
石楼县	2363	2586	2727	2877	3277	3768	4333	10.63
岚县	3721	4100	4370	4689	5064	5581	6206	8.90
横山县	8727	9364	9802	10582	11501	11789	12944	6.79
绥德县	6630	7517	8240	8949	9772	10021	10989	8.79
米脂县	—	—	8894	9641	10547	10966	12047	—
佳县	—	—	8174	8893	9747	9447	10392	—
吴堡县	—	7471	8156	8881	9734	9383	10332	—
清涧县	7438	8234	8235	8918	8835	9648	10622	6.12
子洲县	—	8300	8311	8322	9004	9709	10680	—
片区	5259	5589	6317	6884	7782	8890	10229	11.73

资料来源：《中国县域统计年鉴》（2014~2020）、《陕西统计年鉴》（2014~2020）、《山西统计年鉴》（2014~2020）及各年份统计公报。

（三）交通基础设施和公共服务明显改善

1. 片区交通畅通性显著改善

如表7所示，2019年吕梁山片区自然村进村主干道路硬化、自然村能便利乘坐公共汽车的农户比重均高于全部片区整体水平，但农户乘坐公共汽车的便利性仍有待提升。其中，片区所有自然村进村主干道路硬化的比重由2014年的83.9%上升至2019年的100%，自然村进村主干道路硬化方面得到明显改善，与全国14个片区总体相比，道路硬化改善程度也十分明显。吕梁山片区所有自然村农户能便利乘坐公共汽车的自然村比重由2014年的64.4%上升至2019年的90%，已基本达到片区农户在村里出门就能便利地乘坐公共汽车的水平，吕梁山片区农民在乘坐公共汽车方面更为便利，至2019年，全部片区便利乘坐公共汽车的农户比重为75.7%，农户乘坐公共汽车的便捷性有待进一步提高。与全部片区相比，吕梁山片区农户乘坐公共汽车方面的便利性明显改善。另外，到2019年底，吕梁山片区自然村通公路的比重为100%，片区内交通设施和便利程度明显改善和提高。

表7 吕梁山片区2014年和2019年交通条件、网络设施、家庭设施及公共服务状况

单位：%

分类	主要指标	2014年		2019年	
		全部片区	吕梁山片区	全部片区	吕梁山片区
交通条件	所在自然村通公路的农户比重	—	—	100	100
	所在自然村进村主干道路硬化的农户比重	62.8	83.9	99.4	100
	所在自然村能便利乘坐公共汽车的农户比重	42	64.4	75.7	90
网络设施	所在自然村通电话的农户比重	95.1	94.4	100	100
	所在自然村能接收有线电视信号的农户比重	72.6	84.2	99	95.7
	所在自然村通宽带的农户比重	44.4	51.3	97.2	96.9
	移动电话（部/百户）	196	171.9	272	210.7
	计算机（台/百户）	9.8	13.3	16.5	14.4

续表

分类	主要指标	2014年 全部片区	2014年 吕梁山片区	2019年 全部片区	2019年 吕梁山片区
家庭设施	汽车(辆/百户)	6.2	5.2	19.6	12.3
	洗衣机(台/百户)	70.1	76.7	90.8	85.8
	电冰箱(台/百户)	58.5	41.2	91.5	77.6
	居住竹草土坯房的农户比重	7	3.5	1.3	1.4
	使用管道供水的农户比重	55.9	56.3	90	91.2
	使用经过净化处理自来水的农户比重	31.7	20.1	58.2	60.6
	独用厕所的农户比重	92.5	88.7	96.5	95.6
	炊用柴草的农户比重	58.8	25.6	35.7	20.7
公共服务	所在自然村垃圾能集中处理的农户比重	—	—	85.1	76.6
	所在自然村有卫生站的农户比重	93.4	92.3	96.1	93.7
	所在自然村上幼儿园便利的农户比重	55.4	37.7	90.1	71.4
	所在自然村上小学便利的农户比重	63.7	39.5	92.3	72.2

资料来源：整理自《中国农村贫困监测报告》(2015、2020)。

2. 片区信息化基础设施建设成效明显

与2014年相比，2019年片区网络设施得到大大改善。片区内各村通电话的农户比重由94.4%提高至100%，通宽带的农户比重由51.3%提高至96.9%，各村能够接收有线电视的农户比重由84.2%提高至95.7%。同时，农户移动电话拥有量从每百户171.9部提高至210.7部，计算机从每百户13.3台提高至14.4台，即农户所需网络基础设施得到进一步改善，为加强片区居民基本通信交流以及丰富其业余生活提供了重要保障，但片区自然村通宽带及移动电话、计算机拥有量的农户比重略低于全国片区水平。可以看出，信息化基础设施的完善可以确保片区自然村与外界信息畅通，但农户使用网络的便利度和普及度需要进一步提升。

3. 片区公共服务有所改善，但仍需加强

医疗方面，2019年与2014年相比，片区各县医疗卫生机构床位数平均增加了176床，各种社会福利收养性单位床位数平均增加134床，2019年所在自然村有卫生站的比重达到93.7%，与2014年相比提高了1.4个百分点，但略低于全部片区水平的96.1%。教育方面，2019年片区所在自然村上幼儿园便利的农户比重、所在自然村上小学便利的农户比重分别为71.4%和72.2%，2014年分别为37.7%和39.5%，比2014年分别提高接近1倍，但仍低于全国片区平均水平。虽然片区在教育方面发展较为迅速，但仍存在各村适龄儿童上小学、上幼儿园不够便利的情况，其便利程度有待进一步提高。另外，截至2019年末，片区所在自然村垃圾能集中处理的农户比重仅为76.6%，低于全国片区平均水平。由此可见，吕梁山片区在公共服务方面仍存在诸多短板。在贫困救助过程中，医疗和教育是对减贫有重要作用的公共服务，需要进一步加强。

三 吕梁山片区乡村转型测度及县际比较

连片特困区作为脱贫攻坚的主战场，自2011年以来得到大量的政策资源倾斜和强大的政治势能，如"五级书记抓扶贫""扶贫干部、第一书记、结对帮扶人才"等外部精英驻村下沉等。在强大政治势能和外部精英的推动下，通过市场链接，内生动力激发，连片特困区在取得显著脱贫成效的同时，加速了贫困乡村的重构与转型，进而为巩固拓展脱贫攻坚成果、全面推进乡村振兴奠定基础。本部分采用乡村转型度指数及其测度方法（详见总报告）进一步考察吕梁山片区乡村转型进展及其内部差异。

（一）片区乡村转型明显

1."人"的转型相对明显，"业"的转型稳中有升，"地"的转型相对滞后

2013~2019年，片区乡村"人业地"各维度的转型以及乡村综合转型取得了较为明显的进展。其中，"人"的转型十分明显，各年度的转型度指数均大于乡村综合转型度，"业""地"的转型度也逐步提高，"业"的转型度与乡村综合转型度相近，"地"的转型进展相对滞后。"人业地"的转型意味着贫困乡村可持续发展能力的提升。2013年以来，作为脱贫攻坚和

乡村振兴的主体，片区"人"的转型表明其人力资本提升，兼职化非农化人口增加，且贫困乡村人口金融素养增强。2013年和2014年两年"人"的转型度较高，2015年开始略有下降，从2013年的0.4099下降到2017年的0.3717，2018年开始略有回升，由2018年的0.3729提高到2019年的0.3895。这说明2013~2014年，"精准扶贫"方略的实施对"人"的转型产生了较大影响，2015年后逐渐下降，其可能的原因是随着农村生产生活和就业环境的改善，特色农业得到一定程度的恢复和发展，非农就业人口相对2013年有所下降，而2018年开始的小幅回升一定程度上说明当前返乡就业创业是农民就业的方式之一，农村剩余劳动力非农化、兼业化仍然是未来农民就业趋势之一。

"业"的转型度与乡村综合转型度较为相近，只是个别年份"业"的转型度略有下降。如2015年转型度为0.2621，2016年略微下降至0.2459，2017年又迅速回升到0.2739，并继续稳定发展。"业"的转型稳定上升说明片区农业现代化、产业非农化、市场组织化、经济金融化不断提升、稳中有升，为产业振兴夯实基础。

"地"的转型进展总体较为滞后，转型度指数较低，"地"的转型度一直低于"人""业"的转型度和乡村综合转型度，这与片区内基础设施和公共服务滞后现实情况相符，"地"的缓慢转型也阻碍了吕梁山片区乡村进一步转型，未来需要在促进"地"的转型方面发力，促进乡村转型升级（见图3）。

2. "业""地"的转型变化幅度大于"人"的转型，但"地"的转型变化速度更快

除了各维度转型度指数与综合乡村转型度指数的比较外，从各维度的转型变化幅度方面来看，吕梁山片区的乡村转型也取得了明显的进展。2011~2012年片区除"人"的转型略有下降外，"业"和"地"以及综合的乡村转型变化均有小幅上升。2013年之后乡村转型水平相对平稳上升，从2013年的0.2716上升到2019年的0.3283，乡村转型有所提升但相对来说提升幅度较小。其中，片区2013~2019年"业""地"的转型变化幅度大于"人"的转型，但"地"的转型变化幅度快于"人"和"业"以及乡村综合转型

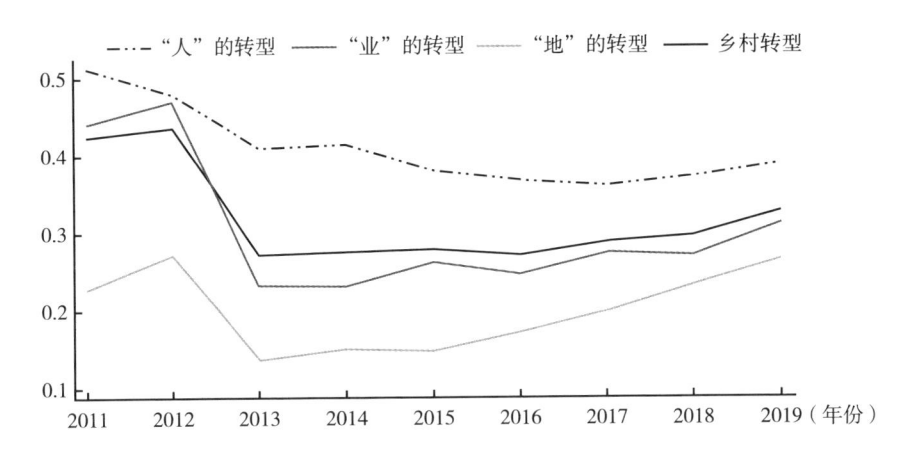

图3 吕梁山片区2011~2019年乡村转型情况

资料来源：作者计算所得。

变化幅度。

具体来说："人"的转型度指数从2013年的0.4099下降到2019年的0.3895，相对下降了0.0204；"业"的转型度指数从2013年的0.2317上升到2019年的0.3119，相对上升了0.0802；"地"的转型度指数相对变化较大，从2013年的0.1359上升到2019年的0.2650，相对提升了0.1291。其原因是2013~2014年片区"人"的转型发展较好，而随着时间的推移，"人力资本提升、兼职化非农化人口增加、贫困乡村人口金融素养增强"等方面很难再有较大幅度的提高，而"业"的转型随着产业扶贫进一步推进，"一县一品"等特色产业逐渐发展，其转型变化稳中有升，另外，"地"的转型变化较快离不开"人""业"转型的积累，属于厚积薄发。

值得注意的是，"地"的转型自2016年开始出现较大变化。根据测算结果，片区整体发展水平、公共服务优化水平2016年之前提升相对缓慢：整体发展水平由2013年的0.1635上升到2016年的0.1985，至2019年提高到0.3382；公共服务优化水平由2013年的0.1037发展到2016年的0.1223，至2019年提高到0.1939。2016年开始片区整体发展水平、公共服务优化水平大幅提升。需要说明的是，虽然公共服务优化得到一定程度的完善，但这种变化带来的转型远远不够,虽然"地"的相对转型变化较为明显,但综合来看"地"的转型程度较为滞后。因此在乡村转型中要尽快补齐"三生"空间调整、公共服务优化的短板,尤其是进一步提升农村公共服务水平的需求迫在眉睫。

3. 片区内陕西片区乡村转型进展略高于山西区域

从表8来看,陕西分片区在"人""地"转型以及乡村转型方面均比山西分片区变化明显,而"业"的转型方面山西片区比陕西片区明显(见表8)。在"人"的转型方面,山西片区和陕西片区2019年分别为0.4061和0.3586,2013年分别为0.4139和0.4025,分别负向变化了0.0078和0.0439,陕西片区负向变化更明显。可能的原因是:首先负向变化符合片区"人"的转型的总体趋势,主要受农民就业非农化、兼业化趋势变动的影响;其次,陕西负向变动明显则说明陕西分片区在非农化就业方面的变动更大,即区域内返乡就业创业农民工人数较多。

表8 2011~2019年山西、陕西分片区转型结果

年份	"人"的转型		"业"的转型		"地"的转型		乡村转型	
	山西片区	陕西片区	山西片区	陕西片区	山西片区	陕西片区	山西片区	陕西片区
2011	0.4780	0.5763	0.4563	0.4132	0.2275	0.2251	0.4204	0.4309
2012	0.4660	0.5045	0.4919	0.4305	0.2714	0.2723	0.4421	0.4248
2013	0.4139	0.4025	0.2112	0.2697	0.1306	0.1458	0.2619	0.2896
2014	0.4078	0.4258	0.2013	0.2844	0.1392	0.1675	0.2567	0.3084
2015	0.3737	0.3920	0.2458	0.2923	0.1328	0.1731	0.2661	0.3023
2016	0.3700	0.3629	0.2318	0.2722	0.1553	0.1996	0.2623	0.2880
2017	0.3717	0.3414	0.2384	0.3398	0.1790	0.2333	0.2706	0.3203
2018	0.3822	0.3555	0.2601	0.2888	0.2078	0.2780	0.2899	0.3084
2019	0.4061	0.3586	0.3049	0.3249	0.2181	0.3521	0.3214	0.3410

资料来源:作者计算所得。

在"业"的转型方面,山西片区2019年的转型结果为0.3049,2013年为0.2112,提高了0.0937,而陕西片区则2019年和2013年分别为0.3249和0.2697,提高了0.0552,即山西片区比陕西片区相对提高更大。相对来

说，陕西片区境内县域农业现代化、产业非农化、市场组织化、经济金融化基础较好、提升较缓，一定程度上与"人"的转型负向变化明显相互印证。

在"地"的转型方面，陕西片区由2013年的0.1458提高到2019年的0.3521，提升幅度为0.2063，而山西片区虽然由2013年的0.1306提高到2019年的0.2181，提升幅度为0.0875，但其各年份"地"的转型度及变化幅度均低于陕西片区，且其相对差距逐渐扩大。这说明陕西片区境内县域整体发展水平和公共服务水平一直高于山西片区境内县域，且其转型和提升明显。另外，2013~2019年综合乡村转型度陕西片区高于山西片区，说明陕西片区各县比山西片区各县乡村转型进展相对较好。

（二）片区县乡村转型进展不均衡

1. 岚县、清涧县、兴县综合转型较好

清涧县、岚县、兴县乡村转型度提高最为明显；石楼县、临县、永和县、横山县次之，提高幅度为0.09左右；隰县乡村转型度提高了约0.06，吴堡县、五寨县乡村转型度提高幅度均为0.05左右；神池县、岢岚县、吉县、汾西县变化较小，除汾西县变化几乎为0外，其余3县变化分别为0.04、0.03、0.01；米脂县、子洲县、静乐县、佳县、大宁县、绥德县均为负向变化（见表9）。究其原因：根据各县2013年和2019年的乡村转型度结果，其2013年综合乡村转型度较高、转型基础较好；综合"人业地"的转型结果，其负向变化主要是由各县"人"的转型波动引起的，其中米脂县、大宁县和绥德县还受到"业"的转型负向变化的影响。另外，比较片区县2013年和2019年的乡村转型度结果，发现部分县域虽然变化幅度不大（岢岚县、横山县），但2019年乡村转型水平仍然排名靠前。同时清涧县、岚县、兴县、临县、石楼县等县域乡村重构变化与2013年相比排名大幅提升。综合来看，吕梁山片区县乡村转型测度结果较小，清涧县、岚县、兴县、横山县位居前列，未来"5年衔接期"内巩固脱贫攻坚成果，蓄力向乡村振兴迈进尤为重要。

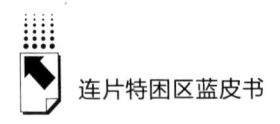

表9 2011~2019年吕梁山片区各县乡村转型测度结果

片区县	2011年	2012年	2013年	2014年	2015年	2016年	2017年	2018年	2019年	变化
清涧县	0.2936	0.2409	0.1907	0.1985	0.2292	0.2360	0.2570	0.2370	0.5390	0.35
岚县	0.4263	0.4936	0.2990	0.3483	0.3354	0.3381	0.3513	0.3735	0.5212	0.22
兴县	0.5334	0.6021	0.2974	0.3162	0.3528	0.3638	0.3915	0.3370	0.4375	0.14
石楼县	0.3520	0.3837	0.2023	0.1933	0.2079	0.2354	0.2490	0.2543	0.3123	0.11
临县	0.4139	0.4188	0.2537	0.2706	0.2609	0.2672	0.2733	0.2283	0.3492	0.10
永和县	0.1943	0.2411	0.1728	0.2086	0.2121	0.1910	0.2305	0.2467	0.2658	0.09
横山县	0.5235	0.5215	0.3290	0.3789	0.4021	0.3218	0.4270	0.4332	0.4021	0.07
隰县	0.4402	0.4378	0.2500	0.2369	0.2431	0.2139	0.2422	0.2670	0.3105	0.06
吴堡县	0.5523	0.6026	0.3204	0.3377	0.3837	0.3315	0.4068	0.3678	0.3708	0.05
五寨县	0.5036	0.5351	0.2963	0.3185	0.3377	0.3278	0.3150	0.2763	0.3443	0.05
神池县	0.3470	0.4101	0.1501	0.0664	0.1336	0.1196	0.1225	0.1486	0.1926	0.04
岢岚县	0.5639	0.5928	0.3250	0.3254	0.3083	0.2987	0.3128	0.3506	0.3503	0.03
吉县	0.4019	0.3361	0.2558	0.2453	0.2427	0.2550	0.2662	0.2656	0.2634	0.01
汾西县	0.4685	0.4709	0.2894	0.2773	0.2787	0.2754	0.2838	0.4500	0.2890	0.00
米脂县	0.5264	0.4617	0.3059	0.3037	0.2876	0.3019	0.2620	0.2919	0.2983	-0.01
子洲县	0.2882	0.3207	0.2316	0.2485	0.1901	0.1999	0.2278	0.2049	0.2200	-0.01
静乐县	0.4709	0.5137	0.3047	0.3190	0.3052	0.2945	0.2604	0.3306	0.2928	-0.01
佳县	0.3942	0.3564	0.2415	0.3048	0.2342	0.2299	0.2551	0.2428	0.2163	-0.03
大宁县	0.3490	0.3108	0.3081	0.2113	0.2408	0.2296	0.2186	0.2407	0.2500	-0.06
绥德县	0.4378	0.4698	0.4079	0.3864	0.3890	0.3951	0.4066	0.3815	0.3401	-0.07

注：变化＝2019年乡村转型度－2013年乡村转型度，考量其2013~2019年的相对变化，按变化降序排列。

资料来源：基于《中国县域统计年鉴》（2012~2020）相关指标计算获得。

2. 吴堡县、清涧县、石楼县、隰县"人"的转型度较高

由表10可知，2019年"人"的转型度吴堡县、清涧县、石楼县、隰县最高，其中，吴堡县、石楼县、隰县2013年"人"的转型基础较好，而清涧县则是由于"人"的转型变化提高迅速，最终进入片区县"人"的转型度较高的梯队。其次，汾西县、岚县、吉县、五寨县、永和县、绥德县、兴县、岢岚县在片区县平均水平（0.39）以上，而佳县变化幅度小且直至2019年转型水平仍处于片区最低水平。这是因为佳县是农业大县，其"业"

的转型度较好，特色产业发展尤其是红枣产业的大力发展，一定程度上保证了农民能够依附土地实现稳定增收，因此非农化就业较少。另外，2013~2019年吴堡县、清涧县、石楼县、隰县、岚县、五寨县、永和县、兴县"人"的转型度相对提高较快，但其余12个县"人"的转型相对变化为负向，即"人"的转型变化增速放缓，其中，佳县、静乐县、绥德县负向变化最为明显。这可能受到片区县兼职化非农化人口"精准扶贫"实施后返乡就业创业的影响，也可能与农村剩余劳动力年龄结构和学生就学人数的变化有关，若农村老年人较多则非农化就业减少，若适龄中学生人数减少，则学生人数就减少，进而影响人力资本提升水平的计算。

表10　2011~2019年吕梁山片区各县"人"的转型情况

片区县	2011年	2012年	2013年	2014年	2015年	2016年	2017年	2018年	2019年	变化
吴堡县	0.8667	0.8789	0.5078	0.4894	0.6109	0.4625	0.5225	0.5938	0.5823	0.07
清涧县	0.3220	0.1220	0.1998	0.1589	0.1737	0.1701	0.1696	0.1713	0.5619	0.36
石楼县	0.5820	0.6400	0.4496	0.3792	0.3499	0.4813	0.4800	0.4835	0.5214	0.07
隰县	0.5194	0.5009	0.4820	0.4640	0.4311	0.3922	0.4247	0.4748	0.5154	0.03
汾西县	0.4367	0.4068	0.5027	0.4794	0.4637	0.4623	0.4849	0.5127	0.4777	-0.02
岚县	0.4089	0.4166	0.3929	0.4906	0.4824	0.4793	0.4614	0.4907	0.4768	0.08
吉县	0.5380	0.4972	0.4972	0.4885	0.4782	0.4841	0.4756	0.4753	0.4718	-0.03
五寨县	0.5366	0.4358	0.4078	0.5090	0.4109	0.3798	0.3639	0.3295	0.4715	0.06
永和县	0.4352	0.4361	0.4260	0.4717	0.3912	0.3730	0.4050	0.4411	0.4486	0.02
绥德县	0.6578	0.6758	0.5926	0.5367	0.5010	0.4953	0.4724	0.4528	0.4094	-0.18
兴县	0.4812	0.5101	0.3212	0.2478	0.3465	0.3578	0.3869	0.2867	0.4086	0.09
岢岚县	0.4685	0.4558	0.5006	0.5126	0.4116	0.3559	0.3832	0.4439	0.4039	-0.10
米脂县	0.7148	0.4470	0.4303	0.4000	0.3715	0.4297	0.2892	0.3579	0.3720	-0.06
静乐县	0.5711	0.5292	0.4651	0.4954	0.4583	0.4074	0.3117	0.3244	0.3189	-0.15
大宁县	0.3395	0.3233	0.3642	0.3707	0.3385	0.3147	0.3019	0.3341	0.3177	-0.05
临县	0.5570	0.4941	0.3779	0.3504	0.2259	0.2129	0.1964	0.1976	0.3055	-0.07
横山县	0.4702	0.3988	0.3240	0.4265	0.4629	0.4560	0.4434	0.4431	0.2480	-0.08
子洲县	0.4557	0.5291	0.3733	0.4025	0.2466	0.2337	0.2187	0.1911	0.2338	-0.14
神池县	0.3394	0.4124	0.1940	0.0426	0.0696	0.1090	0.1568	0.1748	0.1410	-0.05
佳县	0.5471	0.4799	0.3899	0.5668	0.3772	0.2930	0.2741	0.2787	0.1030	-0.29

注：表10、表11、表12"变化"计算方式同表9，且均按2019年转型降序排列。
资料来源：基于《中国县域统计年鉴》（2012~2020）相关指标计算获得。

3. 岚县、清涧县"业"的转型明显

从2013~2019年"业"的转型提升幅度来看（见表11）：岚县、清涧县提高最为明显，分别提高了0.36、0.26；临县、永和县次之，分别提高了0.17和0.16；再次是兴县、石楼县、横山县、岢岚县、神池县、隰县、佳县，达到片区县"业"的转型变化的平均水平（0.08）及以上；子洲县、静乐县、吉县、汾西县、五寨县变化相对较小，低于片区县变化平均水平，其中汾西县和五寨县相对变化几乎为0。从2019年片区各县"业"的转型度来看，岚县、横山县、清涧县、兴县、临县、岢岚县高于片区县平均水平（0.31），其中，岚县转型度指数高达0.6549，清涧县也从2013年的0.2065迅速提升至0.4687，成为片区县"业"的转型较好的县域之一。从2013年和2019年"业"的转型对比情况来看，岚县、清涧县、临县在"业"的转型方面经过迅速变化后其转型水平跻身片区县前列，永和县、石楼县、神池县和隰县虽然变化速度较快，但其2019年"业"的转型结果仍处于片区县落后位置，而佳县虽然"人"的转型度2019年片区最低，但其"业"的转型度较好。佳县2018年入选全国农村一、二、三产业融合发展先导区，以"能源化工、红枣加工及文化旅游"为重点的产业体系正在逐步完善，为实现乡村振兴产业兴旺奠定了坚实基础。

表11　2011~2019年吕梁山片区各县"业"的转型情况

片区县	2011年	2012年	2013年	2014年	2015年	2016年	2017年	2018年	2019年	变化
岚县	0.5610	0.6118	0.2924	0.3264	0.3078	0.3153	0.3432	0.3516	0.6549	0.36
横山县	0.6338	0.6436	0.3767	0.4100	0.4267	0.2713	0.4691	0.4359	0.4986	0.12
清涧县	0.2789	0.2922	0.2065	0.2468	0.3006	0.3117	0.3444	0.2907	0.4687	0.26
兴县	0.6109	0.7000	0.3170	0.3924	0.4157	0.4122	0.4188	0.3428	0.4445	0.13
临县	0.3790	0.4153	0.2111	0.2533	0.3269	0.3395	0.3425	0.2298	0.3855	0.17
岢岚县	0.6851	0.7170	0.2540	0.2476	0.2798	0.2751	0.2776	0.3055	0.3707	0.12
静乐县	0.5368	0.6399	0.2732	0.2757	0.2661	0.2649	0.2638	0.3820	0.3007	0.03
佳县	0.3723	0.3225	0.2020	0.2092	0.1937	0.2073	0.2632	0.2274	0.2847	0.08
五寨县	0.5708	0.6902	0.2827	0.2617	0.3622	0.3364	0.3105	0.2379	0.2835	0.00
绥德县	0.3681	0.4071	0.3589	0.3474	0.3736	0.3680	0.3950	0.3374	0.2711	-0.09

续表

片区县	2011年	2012年	2013年	2014年	2015年	2016年	2017年	2018年	2019年	变化
吴堡县	0.5081	0.5861	0.2732	0.2919	0.2965	0.2924	0.3825	0.2471	0.2674	-0.01
米脂县	0.5100	0.5394	0.2870	0.2977	0.2824	0.2633	0.2721	0.2640	0.2664	-0.02
大宁县	0.4354	0.3743	0.3605	0.1575	0.2404	0.2309	0.2086	0.2329	0.2634	-0.10
隰县	0.5155	0.5149	0.1605	0.1417	0.1750	0.1382	0.1666	0.1811	0.2475	0.09
汾西县	0.5904	0.6305	0.2227	0.2084	0.2276	0.2196	0.2203	0.5416	0.2271	0.00
石楼县	0.2980	0.3176	0.1010	0.1259	0.1733	0.1422	0.1642	0.1615	0.2264	0.13
子洲县	0.2214	0.2222	0.1837	0.1879	0.1724	0.1915	0.2519	0.2191	0.2172	0.03
神池县	0.3805	0.4342	0.0989	0.0475	0.1716	0.1008	0.0697	0.0997	0.2092	0.11
永和县	0.0600	0.0793	0.0218	0.0504	0.1217	0.0895	0.1406	0.1504	0.1856	0.16
吉县	0.3089	0.2695	0.1499	0.1285	0.1271	0.1489	0.1732	0.1645	0.1645	0.01

资料来源：基于《中国县域统计年鉴》（2012~2020）相关指标计算获得。

4. 片区县"地"的转型升级明显

片区各县"地"的转型逐年提高，并无负向变化。如表12所示，清涧县、兴县、横山县提高最为明显，2019年较2013年分别提高了0.55、0.26和0.20，其次，绥德县、临县、五寨县、吴堡县达到片区县平均变化水平（0.13）以上，其余各县虽然变化较小，但逐年提高。同时，2019年清涧县、兴县、横山县"地"的转型度最高，其次，绥德县、临县、五寨县、吴堡县达到片区县"地"的转型度平均水平（0.27）以上，吉县、永和县、汾西县、隰县、大宁县转型度仍然较低。其中，转型变化大的县域2019年"地"的转型度均处于片区县前列。综合片区县整体发展和公共服务水平来看，清涧县、横山县、兴县整体发展和公共服务水平较高，而岢岚县、佳县、吴堡县虽然整体发展水平高但公共服务优化方面是短板，影响了最终"地"的转型。目前佳县"撤县设区"正在积极推进，可以积极向横山县学习，促进"地"的转型升级。综合来看，清涧县是片区"人业地"三方面变化最大的县域，兴县、横山县的乡村转型变化也较为显著。

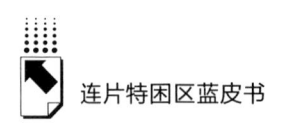

表12 2011~2019年吕梁山片区各县"地"的转型情况

片区县	2011年	2012年	2013年	2014年	2015年	2016年	2017年	2018年	2019年	变化
清涧县	0.2827	0.3130	0.1337	0.1415	0.1398	0.1537	0.1814	0.2115	0.6820	0.55
兴县	0.4226	0.5071	0.2053	0.2367	0.2008	0.2483	0.3285	0.4092	0.4691	0.26
横山县	0.3292	0.4166	0.2139	0.2161	0.2332	0.2208	0.2893	0.4089	0.4178	0.20
绥德县	0.2383	0.2767	0.2158	0.2280	0.2355	0.2925	0.3228	0.3729	0.3994	0.18
临县	0.2572	0.2980	0.1494	0.1777	0.1501	0.1732	0.2265	0.2773	0.3305	0.18
五寨县	0.2725	0.3043	0.1391	0.1367	0.1478	0.2158	0.2421	0.2842	0.2823	0.14
吴堡县	0.1236	0.1678	0.1191	0.1942	0.2170	0.2065	0.2698	0.2906	0.2738	0.15
米脂县	0.2431	0.2851	0.1397	0.1529	0.1561	0.1809	0.1884	0.2498	0.2537	0.11
岚县	0.1066	0.3201	0.1537	0.1593	0.1528	0.1533	0.1819	0.2274	0.2507	0.10
神池县	0.2730	0.3435	0.2068	0.1565	0.1455	0.1866	0.2005	0.2302	0.2385	0.03
佳县	0.1870	0.2306	0.0875	0.1001	0.0921	0.1795	0.2009	0.2206	0.2350	0.15
静乐县	0.1266	0.1596	0.1091	0.1261	0.1422	0.1761	0.1630	0.2079	0.2271	0.12
岢岚县	0.4142	0.5075	0.2059	0.2039	0.2037	0.2609	0.2828	0.3062	0.2043	0.00
子洲县	0.1719	0.2164	0.1111	0.1394	0.1384	0.1631	0.1810	0.1918	0.2033	0.09
石楼县	0.0947	0.1125	0.0376	0.0468	0.0520	0.0523	0.0696	0.0989	0.1740	0.14
吉县	0.4081	0.2306	0.1136	0.1282	0.1352	0.1341	0.1457	0.1653	0.1599	0.05
永和县	0.1266	0.3239	0.1272	0.1643	0.1370	0.1400	0.1623	0.1608	0.1578	0.03
汾西县	0.2071	0.1678	0.0939	0.1070	0.0917	0.0971	0.1011	0.1038	0.1232	0.03
隰县	0.1078	0.1286	0.0810	0.0913	0.0948	0.1023	0.1231	0.1310	0.1198	0.04
大宁县	0.1411	0.1243	0.0750	0.0753	0.0727	0.0793	0.1003	0.0996	0.0982	0.02

资料来源：基于《中国县域统计年鉴》（2012~2020）相关指标计算获得。

四 吕梁山片区脱贫攻坚与乡村转型典型案例

随着脱贫攻坚的圆满收官和乡村振兴的持续推进，吕梁山片区内涌现出了一批脱贫攻坚与乡村振兴推进的典型案例，它们的做法和经验，可以为片区内其他县域或者其他片区的乡村转型和乡村振兴提供参考和借鉴。

（一）大宁县：多措并举，助推"人业地"转型

大宁县位于吕梁山片区深处，是国家扶贫开发工作重点县和山西省深度贫困县，同时也是限制开发的国家级生态保护区，受自然条件和地理环境制

约严重,村民深陷贫困陷阱,村庄基础设施落后。但在"绿水青山就是金山银山"的绿色发展理念指引下,大山深处的大宁县重新焕发了生机。

1. 探索新型治理模式,通过组织振兴助推"人""业"转型

在具体举措上,对内优化领导班子结构,提高乡村基层治理能力。通过积极开展专题党课、党员活动等形式加强基层党组织建设,改变以往基层党员干部思想观念滞后、领导班子不团结、基层领导创业致富能力较弱的情况,提高基层党员干部素质。通过提高乡村基层党组织领导自身致富能力,以党员带动群众,自上而下提高村民村庄治理能力,以组织振兴为手段,以基层党组织为媒介,提高党员干部和农户人力资本,加快"人"的转型,并通过"村社合一"的合作经营模式,带领村内群众将自有财产折股量化参与合作社经营,强化农户主人公意识,将村民的个体单打独斗变为集体抱团式发展。

对外积极开展改革试点,打破落后僵局。为了少走脱贫弯路,大宁县以"先行试点、先易后难、创出经验、全面推广"为指导方针,在全县积极展开村级改革试点工作,由合作社牵头,探索有效脱贫模式,宣传先进脱贫经验,推广先进脱贫举措。例如,曲峨镇道教村通过成立"大宁县道教强民农牧林专业合作社"发展特色种植业,流转难以利用的土地资源帮助农户增收,成为临汾市的农村集体经济发展的模范。通过不断创新帮扶机制、探索基层治理组织和经济组织之间的结合方式,优化配合机制,奠定乡村基本治理体系。通过在脱贫攻坚阶段对乡村治理模式和脱贫模式的探索,乡村原有治理困境得到改善,并形成了以领导干部发动贫困农户,村社一体创新的乡村致富模式,以"组织振兴"为手段,为乡村"人"的转型和"业"的转型提供制度保障,完善制度供给。在"人"的转型上帮助农民就业向兼职化非农化转变,优化村民就业收入结构,在"业"的转型上促进农业现代化发展,探索农业经济金融化模式,以组织振兴为手段助推乡村"人"与"业"的转型。

2. 推广益贫模式,通过生态振兴带动"业""地"转型

在精准扶贫与乡村振兴的有机衔接阶段,大宁遵循乡村发展的内在规

律，对原本的益贫模式进行纵向深化，巩固脱贫成果的同时，加强美丽乡村建设，以"地"为载体，以"业"为手段，充分发挥人的主体作用，调动村民的主人翁意识，不仅让农户成为乡村发展的受益者，更让其成为乡村振兴的参与者。脱贫攻坚初期，"购买式造林"帮助大宁县破解了"保护生态还是发展经济"的难题，由本地贫困户代替外聘施工队承接绿化造林工程，在政府兜底保障的基础上，增加合作社集体经济收入。仅2017~2020年，"购买式造林"4年内总计带动1991名农户，共增收6573万元，山西省通过推广这一模式吸纳贫困劳动力就业7万多人。"购买式造林"这一举措不仅为后续大宁的生态振兴打下了坚实基础，更提高了当地生态环境质量，促进了本地"三生"空间优化，推动"地"的转型。

随后山西省对这一模式进一步推广，将贫困户的参与建设领域由单一的"造林工程"拓展到乡村公路铺设、小型水利工程建设等农村小型基础设施建设层面，在提高村民参与度、拓宽贫困户受益面的基础上，帮助村民就业向兼职化非农化转变。这一举措提高了乡村基础设施建设水平，推动了本地"人"和"地"的转型，改善乡村整体风貌，建设生态宜居美丽新乡村。

3. 加强顶层设计，通过人才振兴推进"人""地"转型

乡村振兴的根本目标是实现农业农村现代化，其中人才振兴是关键举措。脱贫攻坚阶段建立的人才塑造和人才吸纳机制为乡村振兴提供了人才支持，乡村振兴阶段，一方面留住前期表现优异的领导干部和乡土人才，另一方面依托新型经营主体培育新型就业人才，提高乡村人力资本，加快内部人才重塑，加快乡村"人"的转型，助推"业"的发展。在吸纳人才方面，2019年4月，大宁乡村振兴研究院正式成立，由北京大学、中国人民大学等11所院校共同组成了大宁乡村振兴"智囊团"，用项目化运行机制携手共建乡村振兴的"大宁样板"。专家学者们从"人""业"两个维度发力，加强对乡村振兴的引导，加快大宁在"人业地"三个维度的乡村转型速度。

在"人"的维度：一方面，加强劳工技能培训，提升村民人力资本。将本地贫困人口、外出务工但收入不固定人口集中组织起来进行专业技能培

训,参与沿黄旅游公路等大型道路建设,共吸引全县6个乡镇514人参与其中;另一方面优化营商环境,吸引外来企业投资入驻,增加就业岗位,帮助农民就业走向兼职化和非农化,拓宽收入渠道,提高农户自身金融素养。例如投资11.9亿元的鸿锐集团创造了460个就业岗位,投资11.35亿元的新大象集团百万头生猪养殖项目为108户入股的贫困户带来641万元的收益分红。

在"业"的维度,加强大宁产业发展的顶层设计,因地制宜制定未来发展战略。由专家学者们组成实践考察团,对大宁县内生态资源、文旅资源以及社会生活等进行实地调研,提出未来大宁要以市场为导向,提高市场组织化程度,精准定位目标客户,把金融村社体系建设与全面深化农村改革、推动乡村产业振兴和治理有效工作结合起来,促进经济金融化,统筹规划,提高乡村整体经济发展水平,推动乡村"业"的转型,有序推进乡村转型与乡村振兴。①

在"地"的维度,通过在"人""业"两个维度的发力,大宁县外出务工但就业不稳定人员就业稳定性增强,就业收入增加,加上地方特色产业定位清晰准确,让地方政府财政压力减缓,本地道路建设和其他基础设施建设得到相应提高,生产空间、生活空间和生态空间的"三生"空间结构优化。县域整体经济实力的增强间接带动了其他公共服务设施水平提高,社会保障体系更加健全,带动加快大宁县"地"的转型速度。

在大宁县的乡村人才振兴过程中,不仅专注于乡土人才培养和党政人才吸纳,更是将目光投向全国,借助高校和科研院所的先进管理经验和发展理念,加强乡村振兴顶层设计,整合优势资源,充分利用现代互联网技术和物联网速度加快与外部市场对接,提高乡村人力资本,提高农户相关金融素养和乡村整体经济发展水平,优化乡村基础设施建设,通过加快"人业地"的转型推动乡村人才振兴,实现共同富裕。

---

① 《攻坚深度贫困的大宁探索:一场赋权于民的嬗变与革命》,《临汾时报》2019年9月23日,第1版。

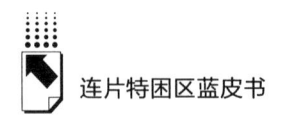

（二）忻州市：发展特色产业，以"业"兴"人"

忻州市位于吕梁山片区山西分片区，是山西省脱贫攻坚的主战场之一，包括静乐、神池、五寨、岢岚4个深度贫困县。精准扶贫政策实施以来，忻州坚持"创新、协调、绿色、开放、共享"发展理念，立足本地实际，顺应产业发展规律，通过大力发展功能农业和紧抓农村信用工程，构建了一、二、三产业融合发展的新格局。忻州市的产业发展之路主要集中在以下三个方面。

1. 多种扶贫产业助推"人"的转型

在脱贫攻坚初期，为帮助贫困人口在家门口实现就业增收，忻州市政府部门采取多种扶贫方式帮助增加就业岗位，以"业"的发展助推"人"的转型。例如，通过旅游扶贫助力农民就业。忻州市共有118个建档立卡村被设立为旅游扶贫重点村，经过山西省旅游开发委员会积极落实忻州旅游扶贫项目政策，帮助带动2571户建档立卡户实现4637人稳定就业。再比如，通过光伏扶贫增加农民收入。仅2016~2017年累计下达光伏项目1439个，发电量36.576万千瓦时，规模占山西省的30.14%，带动15558户贫困户增收。[①] 通过金融扶贫提高农民金融素养、推动产业发展，其中农村合作信用社通过深化农村金融改革，抓好公民信用体系建设，对接了37.55万户农户，帮助农户建档、评级、提高授信率，同时定制农户金融贷款产品，14家县级行社先后研发推出惠农贷、春耕贷、杏福贷等支农支小信贷产品，夯实乡村产业发展基础，助推忻州乡村产业振兴。

发展多样化的小农扶贫方式有助于实现扶贫产业与消费市场的有效对接，加上政府兜底缓解市场风险，在脱贫攻坚阶段，这些多样化扶贫方式不仅充分挖掘了乡村的多种功能价值，帮助乡村贫困户实现增收，同时也为乡村振兴的实现奠定物质基础，帮助推进乡村"人"的转型，提高农户的金融素养，帮助贫困户的就业转向兼职化和非农化，同时帮助乡村经济走向金融化，更好地与市场进行对接。

---

① 《忻州光伏扶贫总量全省第一》，《山西日报》2018年6月11日，第9版。

2. 延长杂粮产业链，加速"业"的转型

依托本地杂粮种植优势，创建"中国特色农产品优势区"，提升杂粮品质，推进杂粮的全产业链建设，带动贫困人口致富。具体举措包括以下几点。第一，依托本地杂粮资源优势，壮大杂粮加工产业，提高杂粮产业的非农化水平。结合本地杂粮种植资源，由政府引导，重点扶持杂粮加工和销售龙头产业，帮助引进先进技术设备，提高杂粮质量和产量。第二，完善利益联结机制，充分发挥产业益贫效应，以"业"促"人"。坚持以"人"为主体，创新产业扶贫路径，连接贫困户与企业、新型经营主体、园区之间利益，建立"市场主体、村级经济组织、贫困户"利益联盟，通过企社帮带营造集团效应，实现抱团发展。第三，扩大杂粮品牌效应，提高市场占有率和产业的市场组织化水平。以政府为主导，打破区域间和部门间限制，推行简政放权，打造一批具有较高知名度的优质杂粮品牌。到2020年，全市杂粮食品精深加工企业82家、省级龙头企业14家，发展杂粮合作社1550多个，吸收带动种植户55万户，杂粮商品率达到70%以上。在精准扶贫与乡村振兴政策实施的交汇期，产业振兴是重中之重，立足贫困地区的特色资源禀赋，借助其差异化和不可复制属性，打造地区特色产业品牌，提高农产品竞争力并占领消费市场，推动农业现代化和产业组织化，加速忻州市"人"的转型和"业"的转型。

3. 产业融合，促进"业"的转型升级

产业振兴是乡村振兴的基础，忻州市着力推动本地杂粮产业的农业现代化进程和市场组织化程度。一方面，针对各县特殊地理情况开展特色农业种植，引导位于黄土丘陵的岢岚、静乐、五寨、神池四县发展特色农产品种植业和畜牧养殖业，提高农产品质量，纵向联合形成系列品牌效应。其中静乐县发展农产品加工业，农副产品加工企业达37家，通过构建长效利益联结机制，带动相关农户增收。另一方面，加快产业融合步伐。以五寨县为例，五寨县依托本地特色甜糯玉米农产品，发挥当地龙头企业带动作用，挖掘其深加工潜力，延长玉米产销加工链，提高玉米附加值，其中，康宇集团投资700多万元引进先进机械设备，增加生产流水线，同时借助国内外信息平

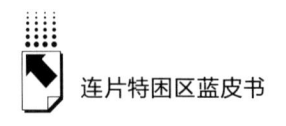

台，与国际、国内市场对接。

此外，依托本地旅游资源优势，一、二、三产业融合发展，建立乡村综合价值体系，带动农户增收，促进农村经济发展，增强农村产业发展的可持续性，助推乡村产业振兴。推动乡村经济发展，既是乡村振兴的需要，也是乡村振兴的基础，在乡村经济的发展过程中，产业兴旺不能局限于第一产业的发展，更应该着眼于一、二、三产业融合、功能多样的高质量现代农业体系建设，推进农业农村的市场组织化和产业非农化。值得注意的是，"业"的转型升级同时也提高了乡村整体经济发展水平和基础设施建设水平，促进了"地"的转型，为乡村振兴夯实基础。

（三）吕梁市：倡导文明新风，助推"人""地"转型

吕梁市位于山西省中部西侧，因吕梁山脉由北向南纵贯全境而得名。吕梁撤地设市的历史尚不足20年，作为山西最年轻的城市，"落后""穷"是吕梁甩不掉的标签。一代代吕梁儿女与恶劣的自然和发展环境做斗争，不服也不屈于"命运的安排"，凭着一股子劲儿，一步步走出贫困的大山，锻造出宝贵的"吕梁精神"。

乡风文明作为乡村德治的本质体现，也是乡村振兴的文化基础。吕梁市在积极推进乡村文明建设时，将两种文明进行有机结合，融为一体，形成了具有本地特色的现代乡风文明体系。举例来说，地处晋西北的岚县曾经一度是因婚丧嫁娶大操大办让群众"头疼"，被媒体"点名"的重点对象。因此地方政府出台了一系列村党员干部婚丧嫁娶相关规定，全部136个行政村建立起"一约四会"，明确彩礼、随礼、殡期、宴席上线标准，实行"事前报备、事中监督、事后反馈"，喜事新办、丧事简办、余事合办等新鲜事蔚然成风。临县在总结推广"孝心基金"的基础上，广泛设立"道德银行""文明超市"，用积分兑奖形式鼓励群众革除陋习。人口不足1万人的"信访大乡"兴县贺家会乡，连续举办三届"传承好家风、争当文明户"评选表彰活动，用身边事教育身边人，村民精神面貌焕然一新。方山县发挥妇女重要

作用，传家训、立家规、扬家风，以家庭"小气候"带动社会"大气候"。① 这既是乡村"人"的成功转型的重要体现，又促进了"地"的整体发展水平的提升，以文化振兴为手段，以乡风文明为目标，同时推动吕梁市"人"和"地"的转型，助力乡村振兴。

五 吕梁山片区乡村振兴展望

脱贫攻坚以来，吕梁山片区的乡村发生了一系列变化，其减贫成效明显，人民生活水平稳步提升，乡村重构转型加速，并在产业振兴、人才振兴、文化振兴、生态振兴、组织振兴等方面进行了积极探索，为推进脱贫攻坚与乡村振兴接续创造了更多有利条件。但片区县乡村转型也存在"人"的转型为负、"地"的转型发展相对滞后、片区县乡村转型进展不均衡等问题。因此，吕梁山片区要继续弘扬脱贫攻坚精神，接续和全面推进乡村振兴。

（一）吕梁山片区推进乡村振兴的难点

1. 稳就业稳增收动力不足

片区20个贫困县中有12个县"人"的转型相对变化为负，即"人"的转型度相对下降，这就意味着片区县非农化或者兼业化就业减少，同时，人力资本和金融素养提升陷入瓶颈。一方面，片区农民文化程度低、劳动技能缺乏、受教育程度低阻碍了"人"的转型。片区农民文化程度基本在高中（包括中专）及以下，占主导地位的仍然是根深蒂固的传统小农思想，主要表现为观念因循守旧、不思变革、不愿接受新事物、思维模式单一、缺乏开拓性、目光短浅、满足于现状等。另一方面，部分农户仍然存在依赖思维，进取意识不强。这一思维延续到乡村振兴阶段表现为农民

---

① 冯凯治：《村美民富产业兴——我市推进乡村振兴战略综述》，《吕梁日报》2020年2月13日，第4版。

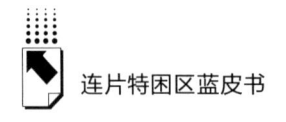

"等安排，靠政府"形成思维惯性，没有形成乡村发展的"主人翁"意识，乡村发展"人"的转型升级内生动力不足，人力资本积累速度渐慢，兼职化、非农化人口就业比例增长停滞，农村居民金融素养提升效率降低等问题逐渐凸显。

与此同时，非农化就业人口减少则意味着返乡创业就业人数增多，但片区特色农业发展水平有限，无法吸纳大批返乡就业人员，"家门口"就业机会相对趋于饱和，随着现代农业的发展，乡村发展所需要的劳动力有限，青壮年劳动力滞留乡村却得不到相应的就业岗位和就业收入将导致部分人力资源浪费。农村剩余劳动力仍然需要以"进城务工"的方式稳定就业，保证其增收致富。另外，片区人均可支配收入低于全部片区水平、全国平均水平，未来，如何巩固脱贫攻坚成果、阻止脱贫人口大规模返贫、保证乡村人口非农就业比率和乡村人力资本水平提升是吕梁山片区乡村振兴的难点之一。

2. 农业生产条件差，农产品缺乏市场竞争力

片区县大多是农业县，第一产业在地区经济发展中比重相对较大，而第一产业生态对自然环境和气候条件的依赖程度要远高于二、三产业。但片区生态环境脆弱。地形上长期受制于黄河流域干旱的气候条件和黄土丘陵地貌，地形沟壑纵横，山多川少，土地贫瘠，植被稀少，水土流失严重，风沙灾害频繁。其中，隰县、永和、大宁、吉县等地，不仅有梁峁丘陵，而且有小块残塬，由于沟蚀严重，塬面被蚕食不断缩小。岚县、静乐、岢岚、五寨、神池一带则分布着小型山间盆地。气候上属于半干旱地区，春季多风少雨，冬季寒冷干旱，水资源严重缺乏，降水利用率低，无效降水占全年降水的15%~20%，有"连年春旱""十年九旱"之说，仅存的少量水资源，也因为水低地高的地貌特征而难以利用。农业生产活动面临着严峻的自然灾害威胁，而且作为国家限制开发区，其农业生产如何发展也是重要问题。

同时，片区内还存在低产耕地、撂荒的现象，由于农户的种植规模普遍较小，生产链条短，农产品附加值低，农产品缺乏市场竞争力。"灾年愁减产，丰年愁销售"，在脱贫致富过程中，片区普遍存在农产品销售难的问题。虽然已有部分片区县进行了农村电商扶贫的探索，积极改变农产品流通

环节多、成本高、卖不出去或者卖不出好价的问题，但因为片区网络覆盖建设不足、电子商务人才匮乏、物流设施不够完善、农民电子商务意识淡薄，电商扶贫困难重重，所以农产品销售是其农业发展主要困境之一。

3. 基础设施和公共服务滞后

"地"是乡村发展的主要载体，基础设施和公共服务提升也是产业振兴和人才振兴的重要基础。"要致富、先修路"，但吕梁山片区以丘陵、山地为主，由于地形复杂，基础设施建设成本高，长期以来片区道路等级低、路况差、通行能力弱，物资交流和商品输出困难。同时，片区农田水利及防洪设施年久失修，抗灾能力弱，不能满足农业生产需要。在吕梁山片区贫困县"地"的转型测度中，只有兴县、清涧县的"地"的转型相对明显，20个贫困县中有8个县"地"的转型度指数在0.1以下。基础设施和公共服务水平作为乡村"地"的转型程度的重要衡量指标，基础设施建设不完善和公共服务供给不足是导致"地"的转型停滞不前的重要原因。

近年来，虽然吕梁山片区基础设施投资力度不断加大，但并没有彻底改变基础设施的相对落后状况。如2011~2014年：吕梁山片区实际完成总投入1439.78亿元，仅占规划总投资3986亿元的36.12%；基础设施累计完成投资843.23亿元，占规划总投资1932.52亿元的43.63%；公共服务累计完成投资61.52亿元，占规划总投资147.36亿元的41.75%。[①] 此外，片区农村饮水、道路、用电、住房、物流、信息网络等基础设施建设需要进一步加强，农村教育、医疗、卫生、社会保障、文化体育等公共服务水平需要进一步提升，农村污染治理和生态环境保护，农业农村绿色发展，建设山清水秀、天蓝地绿的生态宜居需要进一步推动。

（二）吕梁山片区推进乡村振兴的突破点

1. 激发乡村发展内生动力，夯实人才振兴基础

一是改善乡村人口向城市的单向流动格局，留住乡村振兴人才与推动外

---

① 常香荷：《集中连片特困地区精准扶贫的对策——基于吕梁山集中连片特困地区的分析》，《宏观经济管理》2017年第7期，第73~77页。

出务工人口市民化双管齐下。一方面,鼓励城乡产业联动、资本联结、技术联合,引导人才、资本以及其他要素向农村流动,改善农村产业发展弱势地位,在乡村或城乡接合部创造更多稳定非农就业岗位,吸引外出务工但就业不稳定人口返乡创业就业。另一方面,建立乡村人才振兴的管理体制,为返乡创业人才、农业生产经营人才、乡村公共服务人才等多种人才创造充足合适的就业岗位,完善人才激励和人才保障体系,解决相关事业单位岗位设置不合理、缺少人才就业保障等问题。营造有利于激发人才创新活力的良好环境,例如,针对片区内吕梁市内普遍存在的贫困地区医疗条件差、卫生人员紧缺的情况,在基层一线和经济基础尤其薄弱地区适当放宽编制申请门槛,为紧缺型人才打通就业渠道,解决制度性障碍和提高基础福利待遇,吸引外出人口返乡创业就业。

二是进一步激发农户主体意识。通过大力宣传典型脱贫案例、先进致富人物事迹,开办农村先进经验讲习等方法改变农户观念,激发农户主体意识,让农户意识到自己不仅是乡村振兴的受益者,也是乡村振兴的参与者,提高农户主体参与欲望。片区农户主体意识薄弱的关键节点在于没有处理好政府主导与农户主体之间的关系,要激发乡村内生动力,就需要在脱贫攻坚阶段对农户"扶志+扶智"双管齐下改善乡村精神面貌的基础上,提升乡村人才的人力资本。

三是加强农户职业技能培训。乡村中的部分农户不愿意参与村级事务管理和乡村风貌建设的原因是缺乏相关职业技能,农村基层党组织要积极开展农户的农业种植技能和科学养殖培训,将政府主导与农户主体进行有机结合,增强农户参与乡村建设信心。

2. 推动产业可持续发展,破解农业发展困境

产业发展在脱贫攻坚阶段和实现乡村振兴过程中都发挥着关键作用,推动产业升级是实现二者有机衔接的必行之举,也就是将对产业益贫性的追求转化为注重农户可持续性生计水平的提高。一是发展特色种养殖业,立足本地资源禀赋,形成地区品牌效应,增强产品市场竞争力。以忻州为例,忻州打造杂粮名片,整市推进杂粮生产专业化,提高现代特色农业核心竞争力。

二是在原有扶贫产业基础上,延伸农业产业链,推进第一产业和第二产业融合发展,提高农产品附加值,增强扶贫产业益贫性的同时提高产业发展的可持续性。尤其在特色产业种植区,如岢岚、神池、静乐等县。三是运用现代生产技术提高农产品生产效率。将现代工程技术、卫星遥感技术、计算机技术、生物技术和喷灌技术运用到农业生产当中,提高农作物产量,推动传统耕作方式向现代化农业生产方式转变,这在片区内需要得到足够重视,尤其是地势稍微平坦且拥有特色种植农业的榆林、忻州两市所辖贫困县。四是兼顾小农生产主体。促进产城融合,以市场为导向,带动乡村小农生产供给侧结构转型,促进一、二、三产业联动发展,发展精品农业。以吕梁市为例,2019年起吕梁市着力创建"一县一业一联盟、一乡一特一园区、一村一品一基地",在发展当地特色农产品种植业的基础上,举办"吕梁名特优功能食品展销会",在整个片区发挥了以市场为导向发展精品农业的典型示范作用。

3. 提高基础设施和公共服务水平,建设文明宜居乡村

加快建设美丽乡村,包括基础设施建设、公共服务水平提高及精神文明建设三个方面。首先,加快乡村基础设施建设,完善乡村田间水利工程、电网改造工程、乡村道路铺设工程以及互联网覆盖工程等工程建设,以此带动本地产业发展,留住乡村振兴人才,增加人才人力资本。例如借鉴榆林市做法,有序推进农村道路硬化工程,深化农村公路养护体系改革,加快"四好公路"建设,推进清洁能源(如燃气)下乡,加强水源地的建设与保护。其次,提高乡村公共服务水平。加快城乡医疗并轨进程、推进城乡教育一体化、完善农村养老服务体系、提高残障人士社会保障标准。完善乡村留守儿童和孤寡老人的"政府、家庭、社会"三位一体社会关爱服务体系,加快建设农村服务社区,加强基层社会管理服务工作,创新公共服务的提供方式,推进优质公共医疗服务资源和中小学教育资源到乡村开展"基层行"活动。最后,加强乡村精神文明建设,自下而上加强农户的主人翁意识,实现村民由"要我振兴"到"我要振兴"的思想转变;努力发展乡村文化产业,将本地特色文化融入乡村文艺创作当中去,如中阳剪纸、碗碗腔以及道情戏等本地特色文化都已经发展成为当地特色文化名片,进而推动当地乡村文化振兴。

Abstract

As the main battleground identified in "the Program for Poverty Alleviation and Development in Rural China (2011 – 2020)", the 14 Contiguous Destitute Areas have played a pivotal role in the fight against poverty in the past decade, making key contributions to winning the battle against poverty as scheduled, building a moderately prosperous society in all respects and creating a Chinese miracle in the history of poverty reduction. Of the 832 counties in China that have been lifted out of poverty, 680, or 82 percent, are in the Contiguous Destitute Areas. However, although these counties have made remarkable achievements in poverty reduction, there is still a long way to consolidate and expand the achievements and to implement rural revitalization, they still are the key and difficult areas of rural revitalization in the counties which lifted out of poverty across the country.

The theme of "The Development Report of China Contiguous Destitute Areas (2020 – 2021)" is Reviewing the Great Achievements of Poverty Alleviation and Looking forward to the Bright Prospects of Rural Revitalization. In this book, the whole Contiguous Destitute Areas and the 11 individual Contiguous Destitute Area have been taking as research objects, the great achievements of poverty alleviation are reviewed and the rural transformation progress driven by poverty alleviation are measured and compared since 2011. Also, the typical cases of poverty reduction and rural transformation are introduced. Besides, the difficulties and challenges in the stage of rural revitalization and the breakthrough points of rural revitalization in "the 14th Five-year Plan period" of the whole region and each region are considered and discussed. The book consists of 12 chapters in 2 parts of general report and sub-reports. The general report firstly

Abstract

summarizes the overall results of poverty alleviation in the past decade, explains the internal logic of poverty alleviation, rural restructuring and transformation, and rural revitalization, then, constructs the measurement index system and methods of rural transformation, measures and compares the progress of rural transformation in the 11 sub-regions, lastly, the challenges faced by the whole region in the stage of rural revitalization and the countermeasures are discussed. The sub-reports part is divided into 11 chapters. The achievements of poverty alleviation and rural revitalization exploration in Wuling Mountain Area, Dabei Mountain Area, Liupan Mountain Area, Qinba Mountain Area, Wumeng Mountain Area, Yunnan, Guangxi and Guizhou Rocky Desertification Area, West Yunnan Border Area, Southern Foot of The Great Hinggan Mountain Area, Yanshan-Taihang Mountain Area, Luoxiao Mountain Area and Lvliang Mountain Area are reviewed and prospected. Also, the regional differences of rural transformation progress within each region are analyzed.

With the perspective of rural restructuring and transformation, this book explains the internal logic of "poverty alleviation accelerates rural restructuring, rural restructuring promotes rural transformation, and rural transformation supports rural revitalization" from three dimensions of people, industry and land. The main viewpoint is that, the achievements in poverty reduction of the Contiguous Destitute Areas are not only in reducing poverty population, household income and consumption level raise, infrastructure and public services improvement and economic growth speed acceleration, more important is the restructuring of rural economy, society and space, transformation of the people, industry and land in the villages. These changes driven by the forces of administrative power guiding, the elite leading, market access improving and the endeavor of local residents, laid a foundation for rural revitalization in terms of elements upgrading, structure optimization and function expanding. The results of rural transformation measurement show that, in the past decade, the rural transformation has been accelerated but the overall level is still low in the Contiguous Destitute Areas, so, it is necessary to focus on continue urging rural reconstruction and transformation from five aspects of "talent, industry, organization, ecology and culture" in the following transition period of poverty reduction achievements consolidation and rural revitalization connection.

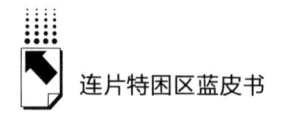

Keywords: The Contiguous Destitute Areas; Poverty Alleviation; Rural Revitalization; Rural Reconstruction; Rural Transformation

Contents

I General Report

B.1 Ten Years of Great Changes: A Review of Poverty Alleviation in the Contiguous Destitute Areas and Prospects for Rural Revitalization

You Jun, Leng Zhiming and Ding Jianjun / 001

   1. Introduction / 002

   2. The Achievement of Poverty Alleviation of the past Decade in the Contiguous Destitute Areas / 004

   3. The Relationship of Rural Restructuring, Rural Transformation, Rural Revitalization and Poverty alleviation in the Contiguous Destitute Areas / 022

   4. Progress and Comparison of Rural Transformation in the Contiguous Destitute Areas / 030

   5. Prospects of Rural Revitalization in the Contiguous Destitute Areas / 040

Abstract: The Contiguous Destitute Areas are the main battleground of poverty alleviation in China in the past decade. 680 poverty-stricken counties have been successfully removed from the poor county list, accounting for 82% of the 832 poor counties in China, making a key contribution to winning the battle

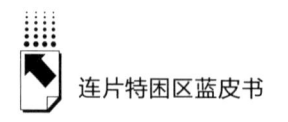

against poverty on time, building a moderately prosperous society in an all-round way and creating the Chinese miracle in the history of poverty alleviation in the world. In the past ten years, the poor counties were all removed from the poor county list, the number of the poor and poverty rate fell sharply, and the economic growth rates were higher and the tendency is upward in the 14 Contiguous Destitute Areas, and there were also a steady rise and continuous optimization of rural residents' income and consumption, besides, the infrastructure and public services of the villages and rural residents' quality of life were improved obviously. At the same time, the countermeasures like Targeted Poverty Alleviation accelerated the speed of rural reconstruction and transformation, and laid a good foundation for rural revitalization from three aspects of elements integration, structural optimization and function expansion. Applying the rural transformation measure index system, this report measured and compared the rural transformation degrees of the Contiguous Destitute Areas and found that, since 2014, the rural transformed rapidly with the annualised average speed of 3.68% comprehensively, while, on the sub-dimensions, rural "land" with the lowest transformation degree but had the fastest transformation speed, rural "people" with the highest transformation degree but had the slowest transformation speed. However, the overall transformation degree of the rural area in the Contiguous Destitute Areas was still low, and the variations among the different areas on each dimension were significant. For example, the rural transformation degrees of Luoxiao Mountain, Yanshan-Taihang Mountain, southern foot of The Great Hinggan Mountains and Dabie Mountain were high, while the rural transformation degrees of Liupan Mountain, Wuling Mountain, Wumeng Mountain and Yunnan, Guangxi and Guizhou rocky desertification area were low, and the highest value was nearly three times of the lowest value. Due to the obvious disadvantages of factors, slow structural upgrading and non-excellent functional system, the Contiguous Destitute Areas would still be a difficult area for national rural revitalization. So, we should consolidate and expand the achievements of poverty alleviation and make rural revitalization from the five aspects of talent, industry, organization, culture and ecology. Laying a good foundation for the comprehensive promotion of rural revitalization is the focal point of the work of each district during the 14th Five-year Plan period.

Keywords: Poverty Alleviation; Rural Restructuring and Transformation; Rural Revitalization; the Contiguous Destitute Areas

Ⅱ Sub-reports Part

B.2 Effect of Poverty Alleviation and Progress of Rural Revitalization in Wuling Mountain Area

Leng Zhiming, Yin Qiang and Sun Aishu / 047

Abstract: Based on the county data of Wuling Mountain area from 2011 to 2019, the effects of poverty alleviation, rural transformation trend and regional pattern of Wuling Mountain area were analyzed by using spatial measurement methods. The results show that: the overall effect of poverty alleviation in Wuling Mountain area is remarkable, which is manifested in the rural poor population and the incidence of poverty decreased significantly, the income and expenditure of rural residents are increasing day by day, the production and life of rural residents are changing with each passing day, and the education, culture and medical and health undertakings are developing rapidly. And then, through the analysis of the trend and regional pattern of rural transformation in The Wuling Mountain area, it is found that the rural transformation index of the Wuling Mountain area shows a growing trend, and there are internal differences among the sub-regions. At the same time, the regional pattern of rural transformation in Wuling Mountain area also shows obvious differences. Overall, the rural transformation index of Wuling Mountain area is not at a high stage, but it shows a trend of getting better year by year. From the perspective of the level of the rural transformation index of each region, the rural transformation index of each year in the sub-region shows obvious regional differentiation. From the perspective of the spatial pattern of rural transformation index at county level, there is an obvious spatial difference among counties. From the perspective of the spatial auto-correlation of the county rural transformation index, the county rural transformation index shows a certain degree of spatial dependence. In addition, it also identifies the "key counties of rural transformation". On this basis, taking Shibadong Village as an example, this paper analyzes the specific practice of poverty alleviation and rural transformation in Wuling Mountain area. Finally, the paper puts forward the countermeasures of rural revitalization in Wuling Mountain area.

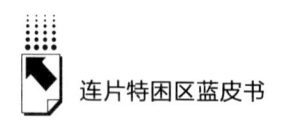

Keywords: Wuling Mountain Area; Poverty Alleviation; Rural Reconstruction; Rural Revitalization

B.3 The Effect of Poverty Alleviation, Rural Transformation and Rural Revitalization in Dabie Mountain Area

You Jun, Li Xiaobing / 081

Abstract: The Dabie Mountain area integrates contiguous destitute areas, revolutionary old areas, main grain producing areas and low-lying and flood-prone areas along the Huaihe River. It is the area with the largest population size and density in the main battlefield of poverty alleviation in contiguous destitute areas. Through ten years of fighting poverty, the Dabie Mountain area has achieved decisive achievements in poverty alleviation. The number of poor people in Dabie Mountain area is decreasing, the living standard is getting higher and higher, the area's infrastructure is becoming more and more complete, and public services are getting better and better. The overall change is getting bigger and bigger. The analysis of the county-level and rural transformation progress in the area from 2011 to 2019 found that, in addition to the downward trend in the transformation and evolution of the "people" in the area, the transformation and evolution of the "industry" and "land" in the area are both on an upward trend, and each year Both maintained a relatively stable growth rate. Based on the perspective of the transformation of "people", "industry" and "land" in the area, the typical cases of the reconstruction and transformation of poor villages in the Dabie Mountain area are analyzed and discussed. Finally, this article believes that the comprehensive promotion of rural revitalization is the inevitable way for the Dabie Mountain area to achieve further optimization, upgrading, adjustment and reconstruction after the reconstruction and transformation of "people", "industry" and "land" in the poverty alleviation; the Dabie Mountain should be cultivated and constructed in the coupling and coordination. The self-development ability of the "people", "industry" and "land" of the area is a breakthrough path for the current Dabie Mountain area to consolidate and expand the poverty alleviation achievements and to effectively connect with the rural revitalization, and the future Dabie Mountain area to accurately and comprehensively promote rural revitalization.

Keywords: Dabie Mountain Area; Effectiveness of Poverty Alleviation; Progress of Rural Transformation; Outlook for Rural Revitalization

B.4 Poverty Alleviation Achievements, Rural Transformation Progress and Revitalization Path of Liupan Mountain Area

Long Haijun, Zhao Lifang and Li Shiyu / 107

Abstract: From 2011 to 2020, through the implementation of the transportation plus poverty alleviation strategy, Liupan Mountain Area has lifted all 61 counties out of poverty, lifted all poor households out of poverty, and basically solved the regional poverty problem. Based on the perspective of human, industry and land, this paper makes a comprehensive analysis of the rural transformation in the process of poverty alleviation in 61 counties of Liupan Mountain Area, and got the following conclusions. In terms of human transformation, the financial literacy of residents in Liupan Mountain Area is significantly improved, the employment of non-agricultural is on the rise, and the human capital of residents is gradually declining. In terms of the transformation of industry, the trend of non-agricultural industry and financial economy is obvious, and the market organization rises in the fluctuation, but the progress of agricultural modernization is slow. In terms of the transformation of land, the overall development and public service optimization level rise slowly. In the future, the Rural Revitalization of Liupan Mountain Area should vigorously promote the transformation of land through the village planning, rural public infrastructure construction, and rural living environment improvement, promote the transformation of people through the combination of internal support and external guidance, and speed up the transformation of industry through the integration of three industries, function expansion and brand building.

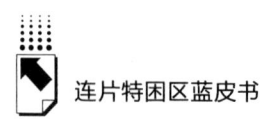

Keywords: Liupan Mountain Area; Poverty Alleviation; Rural Revitalization; Transportation Plus

B.5 Poverty Alleviation Achievements, Rural Transformation Types and Revitalization Consideration of Qinba Mountain Area

Zhu Haiying, Zhang Yanfei, Liu Zhuowei and Xiao Manhong / 146

Abstract: Based on the analysis of the evolution trend of the quality of poverty alleviation in Qinba Mountain Area from 2011 to 2019, it is found that the incidence of poverty in the area has decreased significantly, the living standard of residents has improved significantly, the rural infrastructure and public services have improved significantly, the production and living conditions and quality of farmers have effectively improved, and the overall effect of poverty alleviation is remarkable. Based on the analysis of county rural transformation progress from 2011 to 2019, it is found that the transformation level of people, industry and land is still relatively low. From the development of characteristic industries, green development, relocation, financial poverty alleviation, mechanism innovation and other fields, this paper summarizes the typical cases of poverty alleviation and rural transformation in Qinba Mountain Area. Combined with the difficulties and problems in the rural revitalization in Qinba Mountain Area, this paper puts forward the general idea of Rural Revitalization and the main path to promote the rural revitalization strategy.

Keywords: Qinba Mountain Area; Poverty Alleviation Effect; Rural Transformation; Rural Revitalization

B.6 Study on Effectiveness of Poverty Alleviation, Progress of Rural Transformation and Prospect of Revitalization in Wumeng Mountain Area *Yuan Mingda, Han Rongrong* / 182

Abstract: Since 2011, with the continuous and in-depth poverty alleviation work, the rural poor population in Wumeng Mountain area has been reduced greatly year by year, the income and consumption level of rural residents has been improved significantly, the production and living conditions have been improved fundamentally, and the public service level has undergone a qualitative leap, all 38 poverty-stricken counties, cities and districts were lifted out of poverty. Through the calculation of rural "people", "industry", "land" and the comprehensive transformation index from 2011 to 2019, it is found that: Villages in Wumeng Mountain area have made some progress in the aspects of "people", "industry", "land" and comprehensive transformation, but the overall level of transformation is not high, progress is not fast, and have ups and downs. In the context of rural revitalization, Wumeng Mountain area should not only promote the comprehensive development of "people" by strengthening the construction of ideological and moral level, highlighting the promotion of scientific and cultural literacy, and paying attention to the enhancement of financial literacy, should also promote the quality and upgrading of "industry" by strengthening the foundation of poverty alleviation industries, accelerating the transformation and upgrading of characteristic industries, and promoting the integration of traditional agriculture and digital agriculture. In addition, Wumeng Mountain area should accelerate the optimization and adjustment of "land" from the aspects of improving the fairness of rural public service allocation, innovating the coordination mechanism of rural public service supply and demand, and improving the diversified investment mechanism of rural public service.

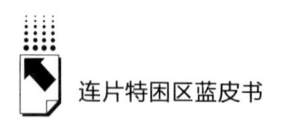

Keywords: Wumeng Mountain Area; Effectiveness of Poverty Alleviation; Rural Transformation; Prospect

B.7 Achievements in Poverty Alleviation and Prospects for Rural Revitalization in Rocky Desertification Areas of Yunnan, Guangxi and Guizhou　　　　　　　　　　*Li Feng* / 212

Abstract: Since the promulgation of the plan for regional development and poverty alleviation in rocky desertification areas of Yunnan, Guangxi and Guizhou (2011-2020). In accordance with the plan, governments at all levels in the area have made solid progress in poverty alleviation and development, the per capita income of rural residents has increased year by year, the production and living conditions have been improved day by day, and the education and medical conditions have been continuously improved in the area. By the end of 2020, all 80 counties have achieved poverty alleviation and won a comprehensive victory in poverty alleviation. To consolidate and expand the achievements of poverty alleviation and effectively link up with Rural Revitalization, counties in the area actively promote rural transformation, and explore the effective way of Rural Revitalization. Using the "people-industry-land" evaluation index system of rural transformation has been constructed, this paper studied the spatial-temporal evolution and clustering characteristics of rural transformation in Yunnan Guangxi Guizhou rocky desertification area from 2011 to 2019. The study found: the rural transformation of rocky desertification area in Yunnan, Guangxi and Guizhou is still in its infancy, the overall level of rural transformation is not high, and Guizhou area has been a precedent in this area; the rural transformation in the area presents obvious spatial characteristics of "North High-South Low", high score areas of rural transformation are mainly distributed in Guizhou Province area which which in the northern part of the area; the transformation index of "people" and "industry" is relatively stable while "land" index improve significantly. Finally, this paper divides the types of rural transformation for each county through cluster analysis, and puts forward some policy suggestions for Rural Revitalization in Yunnan Guangxi Guizhou rocky desertification area based on the result cluster analysis.

Keywords: The Rocky Desertification Area of Yunnan, Guangxi and Guizhou; Poverty Alleviation; Rural Transformation; Rural Revitalization

B.8 Achievements of Poverty Alleviation and Prospect of Rural Revitalization in Western Yunnan Border Areas

Zhu Puyi / 238

Abstract: From 2011 to 2020, the poverty alleviation work in the western Yunnan border area has achieved remarkable results. All 56 poverty-stricken counties (county-level cities and districts) were lifted out of poverty. Over the past ten years, The number of people living in poverty in rural areas has been significantly reduced year by year, the incidence of poverty continues to decline. Rural incomes have continued to grow steadily, the standard of living has been rising. Infrastructure and working and living conditions have been comprehensively improved. Social and public services have been significantly improved. Based on the measurement and analysis of the rural transformation degree index in the western Yunnan border area from 2011 to 2019, we can find that some progress has been made in rural transformation in the western Yunnan border area, and rural transformation index continues to increase year by year. However, the overall speed of transformation has been slow. In particular, the transformation of "Environment-Factor" is relatively fast, the transformation of "Human-Factor" is the slowest, and the transformation of "Industry-Factor" is in the middle. In the subsequent stage of rural revitalization strategy, some challenges still remain, such as the problem of industrial sustainable development is outstanding, the people's endogenous development capacity is insufficient, infrastructure and social security is relatively weak and other challenges. The western Yunnan border area not only needs to further promote the institutional innovation of poverty alleviation and rural revitalization, but also needs to accelerate the improvement of infrastructure and enhance the capacity of social security services. Moreover, it is necessary to activate the resource elements to realize the sustainable development of rural industry, and promote the upgrading of the poor population from helping out of poverty to independent development. By doing these works, it is achievable to speed up the transformation of rural "human-factor" and "industry-factor" in the western Yunnan border area.

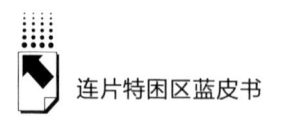

Keywords: Western Yunnan Border Area; Effect of Poverty Alleviation; Rural Transformation; Rural Revitalization; Prospect

B.9 Poverty Alleviation Achievements, Rural Transformation Characteristics and Rural Revitalization Prospect in the Southern Foothills of the Greater Khingan Mountains

Shang Zhaokui, Chen Shaohua and Yao Shuang / 273

Abstract: In the past ten years, significant achievements have been made in poverty alleviation in the southern foothills of the Greater Hinggan Mountains, and regional overall poverty has been completely solved. According to the measurement results of rural transformation from the three dimensions of people, industry and land, the comprehensive rural transformation of the region progresses relatively slowly, and the rural transformation ability of counties (cities and banners) also shows different development tracks. Based on the case study of Zhenlai County, Lindian County and Arshan City, it is found that the three counties and cities have carried out valuable exploration and practice in promoting the triple transformation of farmers, agriculture and rural areas, which also provides a model for the rural transformation and development in the region. In the implementation process of rural revitalization strategy, we should continue to develop and strengthen rural industries, fully implement rural construction, strengthen talent support and other aspects to accelerate the process of rural transformation in the area.

Keywords: the Southern Foothills of the Greater Hinggan Mountains; Poverty Alleviation; Rural Transformation; Rural Revitalization

B.10 Study on Poverty Alleviation Achievements, Rural Transformation Comparison and Prospect of Rural Revitalization in Yanshan-Taihang Mountain Area

Huang Xiangfang / 303

Abstract: The overall results of poverty alleviation in Yanshan-Taihang mountain area since 2011 are remarkable. All the poor people in the area and all the poor counties have been lifted out of poverty, the income and consumption level of farmers have generally improved, the level of economic development and the ability of sustainable development have been enhanced, and the level of infrastructure and basic public services have been continuously improved. Based on the analysis of the progress of rural transformation from the perspective of "people, industry and land", it is found that in the process of rural transformation and development in the area, the transformation and development of various regions are uneven, but the overall level of rural transformation is relatively low, "the transformation of people" and "industry" is better than that of "land", the transformation and growth of "land" is relatively fast, and the transformation and growth of "industry" is weak. Combined with the difficulties, problems and typical cases in the Rural Revitalization in the area, this paper puts forward the feasible path of Rural Revitalization in the area from the three aspects of "people", "industry" and "land".

Keywords: Yanshan-Taihang Mountain Area; Poverty Alleviation Achievements; Rural Revitalization

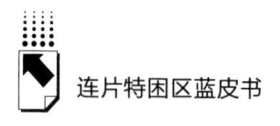

B.11 The Poverty Alleviation Achievements, Variation of Rural Transformation and Prospects for Rural Revitalization in Luoxiao Mountain Area

Tang Zhenyu, Wang Wenju and Feng Yunhe / 335

Abstract: According to the analysis of the overall effectiveness of poverty eradication in the Luoxiao Mountain Area, the incidence of poverty in the area has been significantly reduced, the living standard of residents has been greatly improved, the backward appearance of the area has been fundamentally changed, and the special industries have been flourished, so the poverty eradication in the area has achieved remarkable results. The analysis of the transformation progress of county villages from 2011 to 2019 shows that the transformation level of the "industry" dimension is the highest, the transformation level of the "people" dimension is the second-highest, and the transformation level of the "land" dimension is the lowest. The overall rural transformation index of the area is increasing year by year, but the overall level is relatively low, and there are large differences among the areas in the area. Based on perspective of "people-industry-land" transformation, we analyzed and summarized the typical cases of poverty alleviation and rural transformation in the Luoxiao Mountain Area from the perspective of relocation, industrial poverty alleviation and red resources. In view of the key difficulties encountered by the district in the process of rural transformation, combined with the actual situation of the district, the general idea of rural revitalization and specific measures to promote rural transformation in the area are proposed.

Keywords: Luoxiao Mountain Area; Poverty Alleviation Achievements; Rural Revitalization; Rural Transformation

B.12 Achievement of Poverty Alleviation, Rural Transformation Measurement and Prospects for Rural Revitalization in Lvliang Mountain Area

Huang Liwen, Liu Yanhong and Yu Fangwei / 366

Abstract: Lvliang Mountain Area has achieved remarkable results in poverty alleviation. from 2011 to 2020 Specifically, its overall economic strength has been significantly enhanced, the incidence of poverty has fallen sharply, the income of rural residents has increased rapidly, and the infrastructure and public services has improved significantly. Moreover, with the advancement of poverty alleviation, the progress of rural transformation in the area has accelerated. Among them, "people" transformation is relatively obvious, "industry" transformation is rising steadily, and "land" transformation is relatively lagging. And the rural transformation degree of 7 counties in Shaanxi is slightly higher than that of Shanxi's counties. At the same time, the progress of rural transformation in counties in Lviang moutain Area is uneven, with Lan, Qingjian and Xing counties having a higher degree of transformation. In addition, some counties in the Lvliang Mountain Area are at the forefront of effective linkage between Poverty alleviation and rural revitalization, such as Daning County, Xinzhou City, and Lvliang City. However, it still has the main difficulties in terms of stable employment and income growth, poor agricultural production conditions, lack of market competitiveness for agricultural products, and lagging infrastructure and public services. In the future, efforts should be made to promote rural revitalization in three aspects: stimulating the endogenous force of the rural areas, promoting sustainable industrial development, and constructing ecological livable countryside.

Keywords: Lvliang Mountain Area; Achievement of Poverty Alleviation; Rural Transformation; Rural Revitalization; County

社会科学文献出版社

皮 书

智库报告的主要形式
同一主题智库报告的聚合

❖ 皮书定义 ❖

皮书是对中国与世界发展状况和热点问题进行年度监测,以专业的角度、专家的视野和实证研究方法,针对某一领域或区域现状与发展态势展开分析和预测,具备前沿性、原创性、实证性、连续性、时效性等特点的公开出版物,由一系列权威研究报告组成。

❖ 皮书作者 ❖

皮书系列报告作者以国内外一流研究机构、知名高校等重点智库的研究人员为主,多为相关领域一流专家学者,他们的观点代表了当下学界对中国与世界的现实和未来最高水平的解读与分析。截至2021年,皮书研创机构有近千家,报告作者累计超过7万人。

❖ 皮书荣誉 ❖

皮书系列已成为社会科学文献出版社的著名图书品牌和中国社会科学院的知名学术品牌。2016年皮书系列正式列入"十三五"国家重点出版规划项目;2013~2021年,重点皮书列入中国社会科学院承担的国家哲学社会科学创新工程项目。

权威报告·一手数据·特色资源

皮书数据库
ANNUAL REPORT(YEARBOOK)
DATABASE

分析解读当下中国发展变迁的高端智库平台

所获荣誉

- 2019年，入围国家新闻出版署数字出版精品遴选推荐计划项目
- 2016年，入选"'十三五'国家重点电子出版物出版规划骨干工程"
- 2015年，荣获"搜索中国正能量 点赞2015""创新中国科技创新奖"
- 2013年，荣获"中国出版政府奖·网络出版物奖"提名奖
- 连续多年荣获中国数字出版博览会"数字出版·优秀品牌"奖

成为会员

通过网址www.pishu.com.cn访问皮书数据库网站或下载皮书数据库APP，进行手机号码验证或邮箱验证即可成为皮书数据库会员。

会员福利

- 已注册用户购书后可免费获赠100元皮书数据库充值卡。刮开充值卡涂层获取充值密码，登录并进入"会员中心"—"在线充值"—"充值卡充值"，充值成功即可购买和查看数据库内容。
- 会员福利最终解释权归社会科学文献出版社所有。

数据库服务热线：400-008-6695
数据库服务QQ：2475522410
数据库服务邮箱：database@ssap.cn
图书销售热线：010-59367070/7028
图书服务QQ：1265056568
图书服务邮箱：duzhe@ssap.cn

卡号：248552264629
密码：

基本子库 SUB DATABASE

中国社会发展数据库（下设12个子库）

整合国内外中国社会发展研究成果，汇聚独家统计数据、深度分析报告，涉及社会、人口、政治、教育、法律等12个领域，为了解中国社会发展动态、跟踪社会核心热点、分析社会发展趋势提供一站式资源搜索和数据服务。

中国经济发展数据库（下设12个子库）

围绕国内外中国经济发展主题研究报告、学术资讯、基础数据等资料构建，内容涵盖宏观经济、农业经济、工业经济、产业经济等12个重点经济领域，为实时掌控经济运行态势、把握经济发展规律、洞察经济形势、进行经济决策提供参考和依据。

中国行业发展数据库（下设17个子库）

以中国国民经济行业分类为依据，覆盖金融业、旅游、医疗卫生、交通运输、能源矿产等100多个行业，跟踪分析国民经济相关行业市场运行状况和政策导向，汇集行业发展前沿资讯，为投资、从业及各种经济决策提供理论基础和实践指导。

中国区域发展数据库（下设6个子库）

对中国特定区域内的经济、社会、文化等领域现状与发展情况进行深度分析和预测，研究层级至县及县以下行政区，涉及省份、区域经济体、城市、农村等不同维度，为地方经济社会宏观态势研究、发展经验研究、案例分析提供数据服务。

中国文化传媒数据库（下设18个子库）

汇聚文化传媒领域专家观点、热点资讯，梳理国内外中国文化发展相关学术研究成果、一手统计数据，涵盖文化产业、新闻传播、电影娱乐、文学艺术、群众文化等18个重点研究领域。为文化传媒研究提供相关数据、研究报告和综合分析服务。

世界经济与国际关系数据库（下设6个子库）

立足"皮书系列"世界经济、国际关系相关学术资源，整合世界经济、国际政治、世界文化与科技、全球性问题、国际组织与国际法、区域研究6大领域研究成果，为世界经济与国际关系研究提供全方位数据分析，为决策和形势研判提供参考。

法律声明

"皮书系列"（含蓝皮书、绿皮书、黄皮书）之品牌由社会科学文献出版社最早使用并持续至今，现已被中国图书市场所熟知。"皮书系列"的相关商标已在中华人民共和国国家工商行政管理总局商标局注册，如LOGO（ ）、皮书、Pishu、经济蓝皮书、社会蓝皮书等。"皮书系列"图书的注册商标专用权及封面设计、版式设计的著作权均为社会科学文献出版社所有。未经社会科学文献出版社书面授权许可，任何使用与"皮书系列"图书注册商标、封面设计、版式设计相同或者近似的文字、图形或其组合的行为均系侵权行为。

经作者授权，本书的专有出版权及信息网络传播权等为社会科学文献出版社享有。未经社会科学文献出版社书面授权许可，任何就本书内容的复制、发行或以数字形式进行网络传播的行为均系侵权行为。

社会科学文献出版社将通过法律途径追究上述侵权行为的法律责任，维护自身合法权益。

欢迎社会各界人士对侵犯社会科学文献出版社上述权利的侵权行为进行举报。电话：010-59367121，电子邮箱：fawubu@ssap.cn。

社会科学文献出版社